经河南省普通高等教育教材建设指导委员会审定

河南省“十二五”普通高等教育规划教材

# 管理学基础

GUANLIXUE JICHU

程新富　主编

安予苏　审定

河南科学技术出版社

·郑州·

## 内 容 提 要

本书以多年来课程教学与体系改革成果为基础，跟踪国内外管理学最新研究和实践，系统地介绍了管理学体系中的基本管理理论、管理方法，以及国内外管理研究的最新成果。全书共六个模块、十五个项目，主要是围绕管理基本理论、计划职能、组织职能、领导职能、控制职能、管理创新等方面来展开介绍的。

本书突出实用性和适用性相结合的特点。实用性的实训设计、富有时代特点的案例选择和分析，适合高等职业院校管理类学生学习时使用，也可作为教师教学参考书和教师手册，还可作为企事业单位从事管理工作人士的学习参考书。

**图书在版编目(CIP)数据**

管理学基础/程新富主编. —郑州:河南科学技术出版社,2013.1(2016.2 重印)
(高职高专"十二五"财经类专业规划教材)
ISBN 978-7-5349-5742-0

Ⅰ.①管… Ⅱ.①程… Ⅲ.①管理学-高等职业教育-教材 Ⅳ.①C93

中国版本图书馆 CIP 数据核字(2012)第 310219 号

出版发行:河南科学技术出版社
地址:郑州市经五路 66 号　邮编:450002
电话:(0371)65788001　65788622
网址:www.hnstp.cn
策划编辑:马国宝
责任编辑:孙林成
责任校对:丁秀荣
封面设计:张　伟
版式设计:栾亚平
责任印制:张艳芳
印　　刷:河南新华印刷集团有限公司
经　　销:全国新华书店
幅面尺寸:185 mm×260 mm　印张:21　字数:480 千字
版　　次:2013 年 1 月第 1 版　2016 年 2 月第 4 次印刷
定　　价:37.80 元

# 《管理学基础》编写人员名单

**主　编**　程新富

**副主编**　赵高潮　胡淑芳　王晓华

**编　委**　（以姓氏笔画排序）

王晓华　任华敏　刘院丽　宋民冬

张学艳　郑远红　赵高潮　胡淑芳

程新富

# 前　言

管理学基础是一门理论性和实践性都很强的课程，是教育部确定的高等教育面向21世纪教学内容和课程体系改革计划中工商管理类专业的核心课程之一，涵盖所有管理类专业学生和所有企事业单位从事管理工作的人士必须掌握的知识。

本书是高职高专“十二五”财经类专业规划教材，是以多年来课程教学与教材体系改革成果为基础，跟踪国内外管理学最新研究和实践，针对培养高素质技能型管理人才的需要而编写的一本教科书。本书力求在以下方面形成特色：

（1）坚持科学性、综合性。既注重全面系统介绍成熟的管理理论体系，又充分考虑到对管理学发展影响较大的道德与社会责任、企业基本知识、管理创新等研究成果的融入，使本书更具体系完整、内容全面、信息充足的特点。

（2）坚持技能性、职业性。围绕“工学结合”的人才培养模式，以“基于项目导向，任务驱动的教材开发理念”为指导，每个项目增设能力目标、综合实训模块，力求打破传统的以理论知识为主导的教材体系，构建新型的以能力为主导的教材体系。

（3）坚持针对性、实用性。以案例为导向，在每个项目的开篇、过程和结束时都有针对性很强的案例。每个任务中皆穿插“管理寓言”“阅读资料”“知识链接”“情景案例”等内容，与所讲的理论知识相吻合，力求让学生学习完知识就能掌握操作过程，真正实现学以致用。为了方便教师的教学和学生的学习，本书每个项目都设有“项目小结”“思考与练习”“应用案例”“项目实训”。

本书由程新富担任主编，并拟定编写大纲。赵高潮、胡淑芳、王晓华担任副主编。具体编写分工为：程新富编写项目一、项目十二和项目十三，赵高潮编写项目二、项目八，胡淑芳编写项目三、项目七，刘院丽编写项目四、项目九，张学艳编写项目五、项目六，任华敏编写项目十，郑远红编写项目十一，宋民冬编写项目十四，王晓华编写项目十五。最后由程新富对全部书稿进行了统筹与审定。

本书在编写过程中参考了国内外大量文献，在此对文献作者表示由衷的感谢！还要特别感谢河南省高等学校高职财经类教学指导委员会、河南科学技术出版社的有关领导和编辑，正是他们的大力支持，才使本书得以顺利面世。

由于我们的水平有限，加之时间仓促，书中可能存在不足之处，敬请使用本教材的教师和学生及其他读者提出意见和建议，以便修订再版时更正和完善。

编　者

2012 年 6 月

# 目　录

## 模块一　管理概论



## 模块二　计划职能

## 模块三 组织职能



## 模块四 领导职能

## 模块五　控制职能



## 模块六　管理创新

# 模块一　管理概论

## 项目一　管理的基本问题

### 知识目标

◆了解管理的基本含义、基本特征、基本职能。

◆理解道德与社会责任及两种责任观。

◆掌握管理者应该具备的素质和技能以及提高员工道德素质的途径。

### 能力目标

◆能够根据环境特点，提升管理者的素质和技能。

◆分析和解决组织中的实际管理问题。

### 导入案例

**“剪裤子”的故事**

有一天，舅舅给小明买了一条新裤子。小明高兴极了，可穿上一试，长了一点。于是他请奶奶帮忙把裤子剪短一点。奶奶说，她今天手上的活太多，让他去找妈妈。小明又去找妈妈，可妈妈也说她没空，让他去找姐姐。小明又去找姐姐，正好姐姐晚上要同男朋友约会，马上就要走了。小明想，长就长一点吧，明天可以把裤腿挽起来穿，于是就睡觉了。奶奶忙完手上的活，想起孙子的裤子，就把裤子剪短了点；妈妈忙完了，想起儿子的事，也把裤子剪短了一些；姐姐约会回来想起弟弟的裤子，又把裤子剪短了一些。这样，小明第二天早上起来一穿裤子，发现裤子短了一大截。

这虽然是一个故事，但说明任何活动都是需要管理的，如果没有管理，即使一件小事也会办得一团糟。其实本故事说的管理是指经验管理，但不管经验管理还是科学管理，都是人类实践活动的总结。

### 任务一　认知管理的概念与特征

管理活动作为人类最重要的活动之一，是与人类社会的生产和生活相伴而生的，随着生产力和社会的发展，它已经成为人们社会生活的重要组成部分。在原始社会，社会分工的产生、经济的发展和社会公共生活的要求，使得人类社会产生了简单的管理活动。随着生产力的发展和社会的进步，劳动和社会分工逐步细化，其协作程度也不断加深，社会政治、经济结构日益复杂化，从而使得生产和社会管理的要求不断提高，管理活动逐渐与其他社会活动相分离，成为专门的社会活动。到了资本主义阶段，科学技术和生产力得到迅猛发展，社会分工和生产的社会化达到空前规模，社会政治、经济结构高度分化。在此背景下，管理活动趋向于专业化、科学化、高效化和民主化，并广泛渗透到社会生活的各个领域和各个方面。特别是人类社会进入21世纪以来，管理活动和管理理论在全球化、国际化大潮的冲击下，面临着前所未有的机遇和挑战，必须适应社会变革和内外部环境的变化，不断创新和发展。

## 知识基础一　管理的概念

**小词典**

所谓管理，就是管理者在特定的环境下，对组织所拥有的资源进行有效的计划、组织、领导和控制，以便达成既定组织目标的社会实践活动和过程。

人类的管理活动自古即有，但什么是“管理”，从不同的角度可以有不同的理解。顾名思义，管理就是既管且理，那么管，管什么？理，理什么？可以理解为“管辖”“处理”“管人”“理事”等意。家庭主妇要管理家务；学生要管理自己的零用钱；每个人都要管理自己的时间。这些都是广义的管理。在管理学这门课中更强调的是组织的管理，例如，总统管理国家，将领管理军队，校长管理学校，厂长管理工厂，总经理管理公司，等等。这是狭义的管理。

长期以来，许多中外学者从不同的研究角度出发，对管理做出了不同的解释，然而，不同学者在研究管理时出发点不同，因此，他们对管理一词所下的定义也就不同。直到目前为止，管理还没有一个统一的定义。特别是20世纪以来，各种不同的管理学派，由于理论观点的不同，对管理概念的解释更是众说纷纭。其中具有代表性的有：

科学管理理论典型代表弗雷德里克·泰罗（Frederick Taylor）认为：管理就是要“确切地知道要别人干什么，并注意他们用最好的办法去干”。

管理过程理论代表人物亨利·法约尔（Henri Fayol）从管理职能角度出发，给管理所下的定义是：“管理就是实行计划、组织、指挥、协调和控制”。

美国管理学家和社会科学家赫伯特·西蒙（Herbert A. Simon）说：“管理就是决策。”他强调了决策职能，认为管理的过程就是决策的过程，决策正确与否关系到企业的成败。

美国管理协会会员哈罗德·孔茨（Harold Koontz）教授给管理定义为：管理是设计并保持一种良好的环境，使人在群体中高效率地完成既定目标的过程。他强调了“环境”的重要性。

美国著名的管理学教授、组织行为学的权威斯蒂芬·P.罗宾斯（Stephen P. Robbins）提出“管理”的定义是：“管理”这一术语是指和其他人一起或者通过其他人来有效地完成工作的过程。这一定义强调了管理是一个过程，既强调了人的因素，又强调了管理的双重目标：既要完成工作，又要讲究效率。

我国的一些学者在其编写的教科书中也给管理下了一些定义，如：

杨文士教授在其主编的《管理学原理》一书中，认为“管理就是指一定组织的管理者，通过实施计划、组织、领导、控制等职能来协调他人的活动，使别人同自己一起实现既定目标的活动过程”。

周三多教授在其主编的《管理学》一书中，认为“管理是组织中的如下活动或过程：通过信息获取、决策、计划、组织、领导、控制和创新等职能的发挥来分配、协调包括人力资源在内的一切可以调用的资源，以实现单独的个人无法实现的目标”。

上述定义从不同的侧面、不同的角度揭示了管理的含义。我们认为：所谓管理，就是管理者在特定的环境下，对组织所拥有的资源进行有效的计划、组织、领导和控制，以便达成既定组织目标的社会实践活动和过程。管理的这一定义具有如下基本含义：

**1．管理是由管理者进行的活动**

管理者是指在管理过程中组织、指挥、领导和控制其他社会成员活动和行为的人，因此，管理是管理者进行的活动。在现代社会，管理者呈现出多样性的特点，包括国家的统治者、政府的领导者和生产资料的所有者以及他们以各种形式委托的代理人和经理人、各种非政府公共组织的领导者和管理者。管理者可以是以个人形式存在的领导者和管理者，也可以是以集体形式出现的决策者和领导者。

**2．管理是在一定的环境和条件下进行的**

管理的环境和条件，主要是指管理者面临的内外部环境和条件。所谓外部环境和条件，主要是指管理者所掌握的组织和成员所面对的自然环境和社会环境。一般来说，管理的环境和条件的构成要素是多方面的。在这其中，自然环境的主要构成要素有自然资源状况、气候和地理状况等；社会环境的主要构成要素则有特定的社会文化、经济、制度、法律、政策和心理等。所谓内部环境和条件，是指管理者所管理的组织内部的状况，包括组织性质、组织制度、人员状况、组织技术水平、组织文化等。

**3．管理的目的是为了实现特定的目标**

管理的目标是管理活动的出发点和归宿，因此，管理活动应该是围绕着管理的目标而进行和展开的。就此而言，管理本质上就是为了有效地实现管理目标而进行的活动。由于管理的环境、条件、类型、性质、层次、对象以及时间跨度的不同，在现实生活中，具体的管理活动会有不同的目标。尽管如此，为了实现特定的目标依然是一切管理活动的共性。

**4．管理是资源配置的社会活动和社会实践过程**

资源是一个组织运行的基础，也是实现组织目标的前提。管理所需要的资源既包括人力、物力、财力等有形的资源，也包括机会、时间、信息等无形的资源。管理活动就是获取、开发和利用各种资源来实现组织目标的过程，其核心在于对资源的有效整合和优化配置。对于管理者来说，围绕管理目标的实现来合理运用和配置各种资源，是进行有效管理的重要途径。

**5．管理具有基本的职能**

管理职能是管理者开展管理活动的手段和方法，也是管理活动区别于其他活动的重要标志。这些基本的职能包括计划、组织、领导和控制等。在实际管理活动中，尽管具体的管理活动在其性质、组织环境和条件、管理的有效资源、管理的层次和目标等方面千差万别，但是，管理的这些基本职能是一切管理活动共同具有的。虽然在管理实践中，管理会有各种各样具体复杂的职能，但是，这些职能也不过是基本职能的具体细化。

## 知识基础二　管理的基本特征

为了更为全面地理解管理的概念，理解管理学研究的特点、范围和内容，我们还可以从以下几方面来进一步把握管理的一些基本特征。

### （一）管理是一种社会现象

只要有人类社会存在，就会有管理活动存在，因此，管理是一种社会现象。从科学的定义上讲，当人类出现了有目的的共同劳动时，管理活动也就应运而生。在人类的历史长河中，不同的时代和不同的社会，管理的基本内涵是有很大的差别的。

### （二）管理的载体是组织

管理活动在人类现实的社会生活中广泛存在，而且总是存在于一定的组织之中。两个或两个以上的人组成的，为一定目标而进行协作活动的集体就形成了组织，组织包括企事业单位、国家机关、科研机构、政治党派和社会团体等。正因为现实社会中普遍存在着组织，管理也才有存在的必要。马克思说过："一个单独的提琴手是自己指挥自己，一个乐队就需要一个乐队指挥。"只有由两个或两个以上的人组成的组织才需要管理。因为这种组织的存在与发展要在成员之间实行分工协作，这就需要管理，否则，组织将无法维持下去。管理学就是从 般原理的角度探讨各种组织管理活动的内在规律性。

### （三）管理是各种职能活动应用的过程

管理是一个动态过程，在这个过程中管理者要履行职责和发挥作用，这就是管理的职能。在现实生活中，只有具体的管理活动，没有抽象的管理。具体的管理活动就表现在各种管理职能活动上面，如计划、组织、领导、控制等，管理活动只有依靠这些职能活动才能顺利开展，撇开了职能谈管理是没有意义的。

### （四）管理的核心是处理组织中的各种人际关系

在组织的各种资源中，人是最重要的资源。人是各种资源的开发者、利用者和掌控者，只有通过人的劳动才能实现和提高资源的价值。管理不是个人的活动，它是在一定的组织中实施的。对主管人员来讲，管理是要在其职责范围内协调下属人员的行为，是要让别人同自己一道去完成组织目标的活动。组织中的任何事都是由人来传达和处理的，所以主管人员既管人又管事，而管事实际上也是管人，管理活动自始至终，在每一个环节上都是与人打交道的，因此说管理的核心是处理组织中的各种人际关系，包括：①主管人员与下属之间的关系，这是各种人际关系的主导与核心；②组织内的一般成员之间的关系，即不存在管理与被管理关系的人与人之间的关系，这种关系在组织中大量存在，它直接表现为组织的社会气氛；③群体之间的关系，群体是组织内部的团体，有正式与非正式之分，正式团体是指组织内按专业分工所划分的各个部门，而非正式团体则是指正式团体的一些成员为某种共同的感情或需要而形成的一种无形

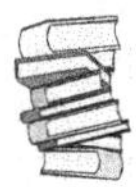

的团体，要重视非正式团体的作用，处理好它们之间与正式团体之间的关系。

需要注意的是，人际关系的内涵是随着社会制度的不同而变化的。在我们这样的社会主义国家里，任何一个组织中的层次，无论它是主管人员，还是普通成员都是国家主人，人与人之间是平等的，至于主管和下属，仅仅是由于处在不同的岗位，各司其职而已。

■小故事

三个和尚没水喝

在一座寺庙里，开始只有一个和尚的时候，这个和尚很勤劳，每天下山去挑水，从来都没有断过水喝。后来又来了一个和尚，两个人谁也不肯去挑水，只好一起下山抬水喝，日子勉强能过。再后来又来了个和尚，三人为众，众心难齐，互相扯皮推诿，就出现了没水喝的局面。

这个故事说明了，管理的核心是处理组织中的各种人际关系，处理好这种关系就不会出现故事中三个和尚没水喝的状态了。

# 任务二　认知管理职能

## 知识基础一　管理职能的含义

所谓管理的职能，是指管理者在管理过程中履行的职责和发挥的作用，即管理者各种基本活动及其功能，是人们对管理工作应有的一般过程和基本内容所做的理论概括。管理的各项职能，总体上是为管理的目标服务的。

## 知识基础二　管理职能的基本内容

确定管理职能对任何组织而言都是极其重要的，但作为合理组织活动的一般职能，究竟应该包括哪些基本内容，管理学者至今仍众说不一。最早系统地提出管理职能的是法国的法约尔。他提出管理的职能包括计划、组织、指挥、协调、控制五个职能，其中计划职能为他所重点强调。他认为，组织就是为企业的经营提供所有必要的原料、设备、资本和人员；指挥是要分配给企业各种不同的领导人各自的任务；协调就是指企业的一切工作都要和谐地配合，以便于企业经营的顺利进行；控制是指监督所进行的活动与所拟订的计划、发出的指示和确立的原则是否相一致，或者是指监督是否出现了未预料的新情况，目的是为了纠正偏差或适应新情况。这五种职能形成了一个完整的管理过程。所以，一般人都把法约尔作为管理过程学派的创始人。他的管理职能理论对现代管理有重大的影响。后来的一些关于管理职能的理论，基本上都是对法约尔管理职能理论的修改、补充或扩展。

### 资料链接

**表 1－1　国外不同学者对管理职能的划分**

| 年份 | 学者 | 管理职能 | | | | | | | | | | |
|---|---|---|---|---|---|---|---|---|---|---|---|---|
| | | 计划 | 组织 | 指挥 | 协调 | 控制 | 激励 | 人事 | 集合资源 | 信息沟通 | 决策 | 创新 |
| 1916 | 法约尔 | △ | △ | △ | △ | △ | | | | | | |
| 1934 | 戴维斯 | △ | △ | | | △ | | | | | | |
| 1937 | 古利克 | △ | △ | △ | △ | △ | | △ | | △ | | |
| 1947 | 布朗 | △ | △ | △ | | △ | | | △ | | | |
| 1951 | 纽曼 | △ | △ | △ | △ | △ | | | △ | | | |
| 1955 | 孔茨与奥唐奈 | △ | △ | | | △ | | △ | | | | |
| 1964 | 梅西 | △ | △ | | | △ | | △ | | | △ | |
| 1966 | 希克斯 | △ | △ | | | △ | △ | | | △ | | △ |
| 1972 | 特里 | △ | △ | △ | △ | △ | | | | | | |

说明：（1）△表示各学者主张的管理职能的划分。（2）①计划包括预测；②指挥包括命令、指导；③控制包括预算；④激励包括鼓励、促进；⑤沟通包括报告。

一般来说，管理职能的划分应当考虑管理实践的特征和理论研究的需要，以利于认识问题和分析问题。本书将管理职能划分为计划、组织、领导和控制四个基本职能。作为基本职能，它们集中体现了管理的基本活动和功能，并且涵盖了管理其他方面的职能。其中，计划是管理的首要职能，它为管理指明了方向，因而是一种决策性职能；组织与领导职能是根据计划职能而派生的，因而是一种执行性职能；控制的主要目的是保证既定的计划得以实现，因而是一种保证性职能。管理正是由管理的各种职能在时间上继起，在空间上并存，周而复始，永恒循环，不断提高的过程。

#### （一）计划职能

计划职能是对未来活动要达到的目的和结果所进行的事先筹划或安排。具体而言，计划职能就是明确管理的总体目标和各分支目标，并围绕这些目标对未来活动的具体行动任务、行动路线、行动方式、行动规则等方案进行规划、选择、筹谋的活动。由此可见，计划职能包含着确定管理目标和任务、决策和选择、制订和选择行动方案等内容。

计划职能是一个管理过程，这一过程一般由若干相互联系的步骤有机构成，主要包括评估机会和确定目标，分析测量条件、环境和资源，测定实现目标的备选行动方

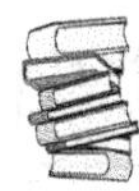

案，比较分析不同的行动方案，选择方案，根据实际情况调整计划等。

计划职能是管理活动的首要职能，它是管理活动的起点，是确定管理目标的首要步骤，也是实现管理目标的必经途径。计划职能对于管理活动具有至关重要的作用。

### （二）组织职能

组织职能是管理者按照组织的特点和原则，通过组织设计，构建有效的组织结构，合理配置各种管理资源并使之有效运行，以实现管理目标的活动。组织与管理具有密切的直接相关性，一切管理活动都是在组织中并且借助于特定的组织形式进行的，作为管理的载体和基本途径，组织对于管理具有基础性和工具性意义。组织职能是管理活动的根本职能，是其他一切管理活动的保证和依托。

在管理实践中，必须按照管理目标和任务的要求，从现实的管理环境和条件出发，构建管理组织；按照组织设计和管理活动的流程要求，配备组织人员，形成各种组织管理要素和管理规范。在组织职能中，组织特点、组织原则和组织设计的要求最终必然体现为组织结构。同时，组织结构对于管理活动和管理目标的实现具有重要的意义。在组织职能中，组织的结构设计是最关键的环节。

### （三）领导职能

领导职能是管理者按照管理目标和任务的要求，运用法定的管理权力，影响他人行为和引导员工，为了管理目标的实现而贡献力量和积极行动的活动。斯蒂芬·罗宾斯说："每个组织都包含人。于是，指导和协调这些人就成为管理工作，这就是管理的领导功能。当领导者激励下属、指导别人的活动、选择最有效的沟通渠道或解决成员之间的冲突时，就进入了领导工作"。哈罗德·孔茨和海因茨·韦里克指出："当我们分析有关领导方面的知识时，我们将重点集中在人的因素、激励、领导和信息沟通等四个方面。"可见，领导职能的基本内容包括有效地激励下属，指导他们的活动，选择有效的沟通渠道和方法，解决成员之间的冲突，进行奖励、处罚、示范等。

领导职能是管理过程的活的灵魂，集中体现了管理者的素质、能力和管理艺术，是实现管理效能的关键。领导职能常被视做管理活动的核心环节。

### （四）控制职能

为了保证目标及为此而制订的计划得以实现，就需要控制职能。控制职能是按照既定的目标和标准，对组织的管理活动和管理过程进行衡量校验，发现偏差并分析原因，采取有效措施纠正偏差，保证组织目标实现的过程。其实质就是管理者为保证实际工作与目标一致而进行的活动。控制职能一般包括制定标准、衡量工作绩效、纠正出现的偏差等一系列工作过程。工作失去控制就要偏离目标，没有控制很难保证目标的实现，控制是管理者必不可少的职能。但是，不同层次、不同类型的管理者控制的重点内容和控制方式则是有很大差别的。

上述四项基本职能，也可以认为是管理过程中的四个主要步骤。一般而言，制订好计划后，就要进行组织设计和安排、实施领导，然后对计划的执行情况和组织的运行情况进行控制。但是，计划、组织、领导、控制这四项职能并没有一个严格的次序，其中某几项职能往往同时进行，而且常常是交叉在一起的。它们是相互联系、相互影响、互为条件、共同发生作用的一个有机整体。而决策、协调、沟通等具体管理职能始终伴随着管理活动的循环过程，并渗透、融入到计划、组织、领导和控制基本职能之中。随着人类管理活动范围的扩大，管理手段的不断发展，管理的职能也会不断地丰富和完善。

**阅读资料**

比尔·盖茨和鲍尔默都是优秀的管理者。他们都是通过计划、组织、领导、控制等职能协调人力、物力和财力资源达成组织目标，从而缔造了微软帝国。面对千变万化的管理环境，管理者应创造性地运用管理方法解决实际问题。热情及具有领导艺术是鲍尔默管理的特点，比尔·盖茨放权给鲍尔默就是因为他深谙授权的艺术。

# 任务三　认知管理者与管理对象

## 知识基础一　管理者的角色与技能

管理者是指从事管理活动的人，即在组织中担负对他人的工作进行计划、组织、领导和控制等工作以期实现组织目标的人。

### （一）管理者的差异

管理者有多种类型，除了性格、经历、作风等个人特征的差别外，还存在着组织上的差别。

从组织类型来看，不同的组织决定了管理者之间所追求的日标不同。

从组织规模来看，不同的组织规模导致管理者之间具体工作内容和时间分布上的差异。

从组织层次来看，组织层次的不同决定了管理者的工作重点不同。

从组织环境来看，不同的地区、不同的社会制度、不同的文化背景等。组织环境决定了管理者的管理哲学、管理方式等的不同。

### （二）管理者的共同点

管理者之间虽然有差别，但也具有共同点。从组织地位来看，他们都是一定组织的领导者；从组织责任来看，他们负责推动他人工作，以实现组织的目标；从工作重点来看，在他们所有的工作当中，管理人的工作比其他工作更为重要。

### （三）管理者的角色

**阅读资料**

**管理学中的“电影院效应”**

假如在一个按传统方式安排座位的电影院里，大家都在看电影。在这个过程中有一个人要去洗手间，如果这个人是坐在靠边的位置上，他只要站起来悄悄离开就可以了。但如果这个人是坐在中间的位置上，他站起来往外走，则他旁边的人都要给他让路，整排的人都要站起来。

我们可以看到，同样的一个人做同样的事，影响的人和引发的场面却是如此不同。

这并不是因为他自身的影响力或素质发生了变化，只不过是因为他所处的位置不同。正是因为位置不同，所以他做同一件事所影响的范围和场面就发生了完全不同的变化。这个现象在社会生活中普遍存在。有些人能够把事情做得引人瞩目、风光无限，并不是由于他的能力有什么不同，只是因为他所处的位置不一样，即人们所扮演的角色不同。

1955 年，美国著名管理学家彼得·F. 德鲁克（Peter F. Drucker）提出了“管理者的角色”（the role of the manager）这一概念。“角色”这一概念来自于行为科学，是指某一特定职务应有的相应行为。德鲁克认为，管理是一种无形的力量，这种力量是通过各级管理者体现出来的。所以管理者所扮演的角色大体上分为三类：①管理一个组织（managing a business），求得组织的生存和发展；②管理管理者（managing manager），组织的上、中、下三个层次中，人人都是管理者，又都是被管理者；③管理员工和管理工作（managing workers & work）。

20 世纪 60 年代，加拿大的管理学家亨利·闵茨伯格（Henry Mintzberg）在经过大量观察和研究的基础上，把管理者的所有活动归纳为三个方面共 10 种不同但高度相关的角色：①人际关系方面的角色（interpersonal roles），是指管理者与其他人的关系，包括三个具体的角色，即挂名首脑（figurehead）、领导者（leader）和联络者（liaison）。②信息方面的角色（informational roles），是指所有的管理者在一定程度上都要从外界搜集和接受信息。管理者在信息方面扮演着三个明显又具体的角色，即监听者（monitor）、传播者（disseminator）和发言人（spokesman）。③决策方面的角色（decisional Roles），是指管理者必须做出选择并采取行动的事件或活动。这类角色包括四个具体的角色，即创业者（entrepreneur）、混乱处理者（disturbance handler）、资源分配者（resource allocator）和谈判者（negotiator）。

不少学者对管理者角色进行了大量的后续研究，以验证闵茨伯格的理论的有效性。这些研究涉及不同性质的组织以及这些组织的不同层次。研究结果表明，不论何种类型的组织和在组织的哪个层次上，管理者都扮演着相似的角色。但管理者角色的侧重点是随组织的等级层次变化的，特别是挂名首脑、传播者、谈判者、联络者和发言人角色，对高层管理者要比低层管理者更重要。相反，领导者角色对于低层管理者要比中高层管理者更重要。

### （四）管理者的技能

管理者所掌握的知识必须通过其工作技能反映出来。从管理者的职能和角色可以看出，管理者所承担的任务是多方面和复杂的，因而管理者需要掌握多方面的技能。美国管理学者罗伯特·卡茨（L. Katz）经过长期的研究，提出管理者需要具备三类基本技能。管理者在行使四种管理职能和扮演以上三类角色时，必须具备这三类基本技能。不同管理层次所需要的管理技能比例如图 1 - 1 所示。

（1）技术技能。技术技能（technical skills）是指“运用管理者所监督的专业领域中的过程、惯例、技术和工具的能力”。如监督会计人员的管理者必须懂会计。尽管管理者未必是技术专家，但他必须具备足够的技术知识和技能以便卓有成效地指导员工、组织任务、把工作小组的需要传达给其他小组以及解决问题。

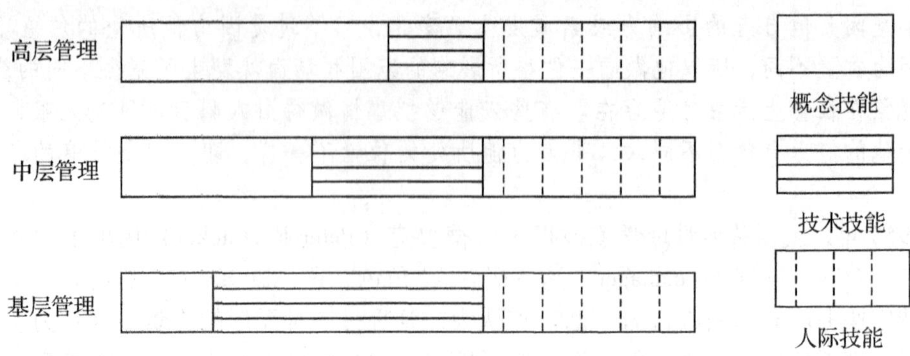


图 1-1 不同管理层次所需要的管理技能比例

由图 1-1 可以看出，技术技能对于基层管理人员最重要，对于中层管理人员较重要，对于高层管理人员不是太重要。

（2）人际技能。人际技能（human skills）是指“成功地与别人打交道并与别人沟通的能力”。人际技能包括对下属的领导能力和处理不同小组之间的关系的能力。管理者必须能够理解个人和小组、与个人和小组共事以及同个人和小组处理好关系，以便树立团队精神。管理者作为小组中的一员，其工作能力取决于人际技能。

由图 1-1 可以看出，人际技能对于所有层次管理人员的重要性大体相同。

（3）概念技能。概念技能（conceptual skills）是指管理者对复杂情况进行抽象和概括的能力。概念技能包括理解事物的相互关联性从而找出影响因素的关键能力，确定和协调各方面关系的能力，以及权衡不同方案优劣和内在风险的能力等。任何管理者都会面临一些混乱而复杂的环境，管理者应能综观全局，认清各种因素之间的相互联系，抓住问题的实质，并根据形势和问题果断地做出正确的决策。可见，管理者所处的层次越高，其面临的问题越复杂、越无先例可循就越需要概念技能。

由图 1-1 可以看出，概念技能对于高层管理人员最重要，对于中层管理人员较重要，对于基层管理人员则不太重要。

## 知识基础二　管理者与管理职能

管理人员是管理的主体，因而是管理职能的具体执行者。这就是说，所有的管理人员，不论其级别和地位，不论其具体的工作和任务是什么，都必须执行管理职能。但是，不同层次的管理人员花在每项管理职能上的时间和精力则有重大的差别。

高层管理人员用在计划和组织上的时间与精力要比中层和基层管理人员多得多。高层管理人员首先要确定组织的使命和目标。他们确定组织的使命和目标应该是什么，为了实现这些使命和目标组织应该做些什么，这些目标在组织各个层次的各个部门中的具体目标是什么。他们把这些目标下达到那些同目标实现有关的中层和基层管理人员，以便目标得以有效地实现。其次，高层管理人员还必须从事组织工作。他们要分析为实现组织的使命和目标所必须进行的各项活动；然后对这些工作进行分类并把工作划分为可以管理的活动，再进一步把这些活动划分成可以管理的作业；他们把这些作业组合成单位，进而建立组织结构并分配相应的责、权、利；他们选择中层和基层

管理人员来管理这些单位并执行这些作业。

中层和基层管理人员的时间和精力主要用于领导职能。这似乎与我们对管理的理解有些矛盾，即高层管理人员应该更多地履行领导职能。但在管理实践中，却是中层和基层的管理人员在更多地履行领导职能。当然，从严格意义上讲，上述两者在领导职能上的作用是不同的。领导作为一种影响下级去实现组织目标的艺术或过程，对高层管理人员来说，则是营造协调的组织气氛，因事择人，划分职权与授权，制订激励方案等；而对中层和基层管理人员来说，则是运用组织所赋予的职权和激励手段指挥下级去完成组织下达给本层次或本部门的既定目标。中层和基层的管理人员首先必须像高层管理人员一样，具备良好的领导品质、领导作风和领导艺术，去鼓舞、影响和激励下级去实现既定的目标，其次还必须花费大量的时间和精力，去指导和要求下级何时做，如何做等。从这个意义上说，中层和基层管理人员履行领导职能所需要的时间和精力更多。

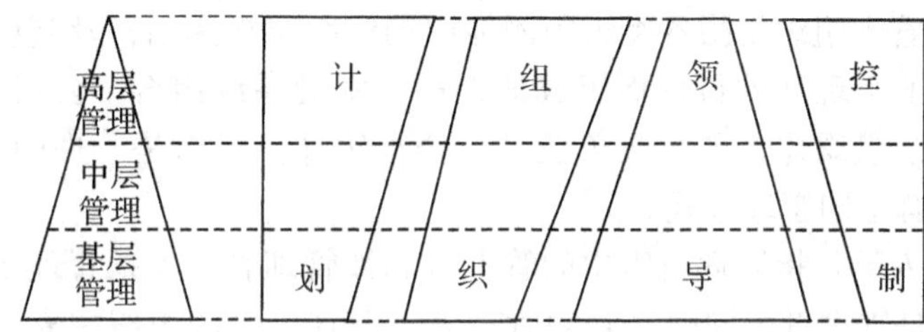


**图 1－2　各层次管理者执行的管理职能**

从控制职能的执行上看，各个层次的管理人员几乎没有任何差别。他们都需要为下级人员的各项作业制定标准，使下级集中注意于整个组织的成就。他们对下级的成就进行分析和评价，并纠正下级工作中出现的偏差，使各级的活动和作业保持在组织计划的轨道上。

因此，管理人员只有准确地理解管理职能的意义并正确无误地执行有关的管理职能，才能提高组织的效率并达成组织的目标。

## 知识基础三　管理对象

管理对象又称管理的要素，是指被确定为管理主体为达成预期目标所发挥管理职能于其上的管理客体。从实现管理目的的角度来说，科学地认识管理对象具有十分重要的意义。

关于管理的基本要素，理论界有多种观点。早期人们认为管理的基本要素包括人、财、物三个方面。近年来最为常见的一种观点是“七要素”论，即“七 M”：①人员（men）——工作评价、人事管理、人力资源开发、组织发展、组织模式；②资金（money）——财务管理、预算控制、成本控制、成本效益分析；③方法（methods）——生产计划与控制、质量管理、作业研究、分析；④机器（machines）——工厂布置、工艺装备、自动化；⑤物料（material）——物料采购、运输、储存、验收、保管等；⑥市场（market）——市场需求预测、市场导向分析以及价格和销售策略制定等；⑦士气

(morale)——领导、人群关系、公共关系、工作效率等。

我们认为管理的要素根据研究问题的需要，依据经济发展的状况和社会管理的水平可以概括为九个方面，即理念、目标、组织、人员、信息、资金、技术、物资和环境。

（1）理念。管理理念又称管理哲学，是指管理者实施管理的指导思想。它的主要内容包括：①价值方面的观点；②经营方面的观点；③人性方面的观点。管理观念决定管理行为的趋向。管理理念与企业经营的因果关系，就像火车头与火车厢一样，前者在企业经营中所占的比例虽不多，却是推动火车前进的动力，后者虽是整个中心，却要一股动力来推动或牵引。因此，管理理念是管理的基本要素。

（2）目标。管理目标是指管理者为实现组织目标的努力方向，是管理活动要达成的效果。管理观念与环境相互作用的结果导致目标的形成，管理活动以目标为始点。没有目标的管理，就如同没有航向的船一样，没有任何意义。

（3）组织。管理组织是指各类组织团体内的组织层次和结构及其层次之间的相互关系，也就是为了实现某种目标而组成的人和技术的系统组合。公司是一个组织体，医院、学校是一个组织体，各行政单位是一个组织体。组织是管理赖以展开的基础，不同的管理组织有不同管理方式。

（4）人员。人员是指管理组织中的管理者和被管理者。人是管理要素中最活跃的要素，一个人既是管理者，同时又是被管理者，但在一定的组织中充当着相对独立的“角色”。

（5）信息。管理信息是指能够反映管理内容的，可以传递和加工处理的文字、数据或信号。管理者活动的基础是信息沟通，即管理者与被管理者之间的信息交流和反馈。决策和计划靠信息，组织、指挥和控制也靠信息。在某种程度上讲，整个管理过程就是信息处理的过程。

（6）资金。资金是管理组织中物的货币表现。它是管理的手段，又是管理的目的。统筹有限的资金就是管理，管理好资金要以效益为目的。

（7）物资。物资是指管理组织中物的要素。在生产企业中主要是指原材料、燃料、辅助材料、设备、厂房、场地等。在非生产组织中指各种物资装备。在管理中，缺乏物资，其他管理要素就无从发挥作用。

（8）技术。管理技术主要是指管理程序、管理方法、管理手段、管理工具等。一定的管理技术可以提高管理的效率，是管理者不容忽视的一个重要因素。

（9）环境。管理环境是指人们活动所涉及的空间要素，是管理的内部和外部的各种因素的总和。管理的内部环境包括管理的其他要素，如人、财、物等；管理的外部环境包括自然环境和社会环境（经济、政治、思想文化环境等），它们在本质上都是一种动态环境。管理者只有根据组织所处的环境实施管理，才能产生好的效果。

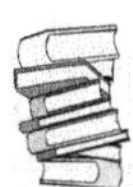

## ■管理寓言

### 管理就是这么简单

日本的一家大型化妆品公司收到客户投诉：买来的肥皂盒里面是空的。于是他们为了避免生产线再次发生这样的事情，工程师便很“努力辛苦”地发明了一台X光监视器去检验每一个出货的肥皂盒。而同样的问题发生在另一家小公司，他们的解决方法是买一台强力工业用电扇去吹肥皂盒，被吹走的便是没放肥皂的空盒。

管理启示：管理非常简单，就是把复杂的事情简单化，用正确的方法做正确的事。

奥卡姆剃刀定律是由英国奥卡姆的威廉所提出来的。他说：“切勿浪费较多东西去做用较少的东西同样可以做好的事情。”奥卡姆剃刀定律告诉我们：万事万物应该尽量简单，而不是更简单。

# 任务四　认知道德与社会责任

## ■情景案例

### 两种不同的道德选择启示

一个人一生中最早受到的教育来自家庭，来自母亲。这里有两个人，一位是服刑的犯人，一位是社会著名的成功人士。他们俩谈了同一件事：小时候母亲给他们分苹果。

那位犯人说：小时候，有一天妈妈拿来几个苹果，红红的，大小各不一样。我第一眼就看中中间那个又大又红的，十分喜欢，非常想要。这时，妈妈把苹果放到桌子上，问我和弟弟想要哪一个。我刚想说想要最大最红的那一个，这时弟弟抢先说了我想说的话。妈妈听了瞥了他一眼，责备他说：好孩子要学会把东西让给别人，不能总想着自己。于是，我灵机一动，改口说，妈妈我想要最小的，把大的留给弟弟吧。妈妈听了，非常高兴，在我的脸上亲了一下，并把那个又大又红的苹果奖励给了我。我得到了我想要的东西，从此我学会了说谎。以后，我又学会了打架、偷、抢，为了想得到的东西，不择手段。直到现在我被送进了监狱。

那位社会著名的成功人士说：小时候，有一天妈妈拿来几个苹果，红红的，大小各不一样。我和弟弟都争着要大的，妈妈把最红最大的苹果举在手中，对我们说，这个苹果最大最红最好吃，谁都想得到它。很好，现在我们来做个比赛，我们把门前的草坪分成三块，我们一人一块，负责修剪好，看谁干得最好最快，谁就有权利得到它！我们三个人比赛修剪草坪，结果，我赢了那个最大最红的苹果。

我非常感谢母亲，她让我明白了一个最简单也最重要的道理：我们想要得到最好的，就必须努力争取第一。她一直都是这样教育我们，也是这样做的。在我们家里你想得到什么好东西，都必须通过比赛来赢得，你想要得到什么，想要得到多少，就必须为此付出多少努力和代价！

道德与社会责任问题是管理学研究的新课题。20世纪60年代以前，企业的使命仅仅是获得经济利益，企业的社会责任问题并没有引起人们的重视。随着经济和社会的发展，管理理论研究和实践的深入，人们要求企业不仅提供满足消费者需要的产品或服务，而且要考虑消费者的长远利益和长期社会福利。连《财富》和《福布斯》这样的商业杂志在每年的企业排名评比中，都加上了“社会责任”的标准。

## 知识基础一　企业道德概述

### （一）道德的含义

在中国传统文化中，“道”旨意为原则、规范、规律。古人就有“道可道，非常道”之说。“德”是指人们内心的情感和信念，指人们坚持行为准则的“道”所形成的品质或境界。东汉学者许慎在《说文解字》中写道：“德，外得于人，内得于己也。”所谓“外得于人”就是“以善德施之他人，使众人得其益”。所谓“内得于己”，就是“以善念存储心中，使身心互得其益”。可见，“道”是指规范，“德”则是对该种规范的认识、情感、意志、信仰及在此基础上形成的稳定的和一贯的行为。

在西方古代文化中，“道德”一词起源于拉丁语的 mores，意为风俗和习惯。后来古罗马思想家西塞罗根据 mores 一词创造了一个形容词 moralis，指社会的道德风俗和人们的道德个性。以后英文的道德 morality 一词则沿袭了这一含义。

可见，不管是中国还是西方，道德一词包含了社会的道德原则和个人的道德品质两方面的内容。道德原则是指道德领域并非完全是地区性、个别的和特殊的，而是具有某些一般性的特征。道德品质一般指行为、作风上所表现的思想、认识、品格等的本质，即个人的道德行为、道德作风反映出来的道德思想、道德意识和道德品性等的本质。一般情况，道德品质就是对一个人的道德思想行为的总的看法。

道德作为维持人类社会正常生活的基本规范，可以分为：①有关私人生活的道德规范，如个人品德、修养、作风、习惯，以及个人私生活中处理爱情、婚姻、家庭问题及邻里关系的道德规范；②有关公共生活的道德规范，如遵守社会公共秩序、文明礼貌、讲究公共卫生、爱护公共财物、保护环境、救死扶伤、见义勇为、维护民族尊严和民族团结等；③有关职业生活的道德规范，如忠于职守、勤恳工作、诚实劳动、廉洁奉公、团结合作、维护本行业声誉等。

道德是一种社会现象，是指在社会生活中每个人必须遵循的行为原则和规范。而这些原则和规范是为了维护社会群体的共同利益和协调人们之间的相互关系而产生的，并随着社会发展而变化。道德的这一功效也与法律有些相似，但法律是靠国家执法机构采取的强制手段发挥调节功效，而道德是靠社会舆论、传统习惯、个人良心（内心信念）来调节的。

### （二）企业道德的含义

企业道德作为道德体系中的一个范畴，是一个既古老又崭新的问题。说它古老，是因为它贯穿于企业发展过程始终；说它崭新，是因为在传统的伦理著作中，多以社会道德、家庭道德、思想道德为研究内容，很少提及企业道德。在推进现代企业制度进程的今天，我们很有必要将企业道德从社会道德中分离出来，并加以专门研究。

在现代管理学中，通常把道德理解为那些用来明辨是非的原则。即认为道德在本

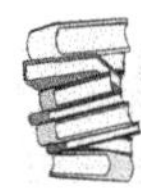

质上是规则或原则，这些规则或原则旨在帮助决策人判断某种行为是正确的或错误的，或这种行为是否为组织所接受。不同组织的道德判断标准可能不一样，即使同一组织也可能在不同时期有不同的道德标准。当然，组织的道德标准要与社会的道德标准相一致，否则，这个组织很难为社会所接纳。而这些道德原则是人们在长期的管理实践中逐渐形成并确立起来的，它标志着人们对交往活动及人与人之间关系规律的自觉遵守。

关于企业道德，有着以下四种不同的观点：

（1）道德功利观。道德功利观是从行为引起的后果来判断行为的道德性，即以某种行为能否为最大多数人带来最大利益及最大幸福为标准来判断行为的道德性。这种观点认为，决策应该完全依据其后果或结果做出。功利主义目标是为绝大多数人提供最大的利益。功利主义管理者认为，解雇20%的工人是正当的，因为这将增加企业的盈利能力，提高留下的80%雇员的工作保障，使股东获得最好的收益。一方面，功利主义鼓励提高效率和劳动生产率，符合利润最大化的目标；另一方面，功利主义也可能造成资源的不合理配置，尤其是在受决策影响的人没有参与决策的情况下，会导致这些利益相关者的权利受到忽视。

（2）道德权利观。道德权利观是决策要在尊重和保护个人基本权利的前提下做出。个人的基本权利包括隐私权、言论自由权等。比如，当雇员揭发雇主违犯法律时，应当对他们的言论自由加以保护。权利观的积极一面是，它保护了个人的自由和隐私；但它也有消极的一面，主要是把对个人权利的保护看得比工作的完成更加重要，它能造成一种过分墨守成规的工作气氛，阻碍劳动生产率和工作效率的提高。

（3）公平理论道德观。公平理论道德观是要求管理者公平地实施规则。接受公平理论观的管理者可能用公平理论向新来的员工支付比最低工资高一些的工资，因为在他看来，最低工资可能不足以维持该员工的基本生活。按照公平原则行事，有利有弊，它保护了那些利益可能未被充分体现或缺乏权利的利益相关者的利益，但它不利于培养员工的风险意识和创新精神。

（4）综合社会契约理论观。综合社会契约理论观是从“实然”和“应然”，或者说从实证（是什么）和规范（应该是什么）方面看待商业道德。也就是说，它要求决策人在决策时综合考虑实证和规范这两个方面的因素。这种道德观综合了两种“契约”：一种是经济参与人当中的一般契约，它规定了商业活动的程序；还有一种是一个社区中特定数量的人当中的较为特定的契约，它规定了哪些经济行为方式是可以接受的。这种商业道德观实质上是在说明契约的道德前提，并要求管理者依据各行业和各公司中的现有道德准则，以决定什么是对的，什么是错的。

以上四种观点本质上是围绕企业是“经济人”还是“道德人”的争论。前者的理由是：在企业理论和实践中，许多企业对其自身的道德行为持功利主义态度。从理论上，他们秉承古典经济学以来的“经济人”假设以及“私恶即公利”的信条，即追逐个人私利，客观上促进社会公共利益；从实践上，功利主义与高效率、高生产率、高额利润的目标相一致。这就使得一些管理者为自己寻找适当的理由，来追求利润最大化，他可以说他正在为绝大多数人谋取最大的利益。后者的理由是：企业的经济行为

从某种意义上可以简单地概括为追求利润的最大化。企业管理的基本功能是对企业的经济行为从财务会计的角度进行反映和控制。但同时，企业的行为又是一种社会行为，从而使得企业的经济行为又必须上升到一种伦理的层面。企业如同一枚硬币的两面，同时扮演着“经济人”和“道德人”的角色。

**小词典**

企业道德是指在企业这一特定的社会经济组织中，依靠社会舆论、传统习惯和内心信念来维持的，以善恶评价为标准的道德原则、道德规范和道德活动的综合。

### （三）企业道德规范的基本内容

（1）职工与管理者的道德规范。职工与管理者同时作为企业的人员，从一个层面来讲是一种被管理与管理的关系，这种关系是组织存在和发展的需要，也是一个组织必须有的一种最基本的结构，和早期管理相比，最根本的区别在于被管理者不再是那种“没有思想”的工具，而是被视为“活生生的人”的主动者，体现为“以人为本”的管理思想。这种管理思想要求我们弄清楚职工与管理者的伦理关系及其道德规范。首先，管理者在同职工的关系上，总的来说，就是要把以人为本的思想贯彻到管理之中，如孟子所说“爱人者人恒爱之，敬人者人恒敬之”。所谓“爱人”就是管理者要关心职工的工作生活，搞好劳保福利；所谓“敬人”就是管理者要主动维系好与职工的关系，经常与职工接触，帮助职工解决实际困难。其次，职工在同管理者的关系上，职工要关心企业、服从领导，上下关系融洽。

（2）职工与职工的道德规范。现代企业生产分工精细，任何产品的制造都通过许多环节，经由许多人的共同努力才能完成。没有劳动协作，任何产品的制造、任何科研的完成，都是难以想象的。我们应大力提倡职工之间的合作与竞争，既要团结协作、互帮互助，又要光明磊落地靠真才实学去表现自己，实现自己的奋斗目标。任何损人利己、不择手段的行为，都是社会主义企业道德所不容许的。

（3）企业与社会的道德规范。企业是市场经济的主体，是整个国民经济的细胞，在生产经营活动中，必然与其他企业、消费者、金融机构等发生关系，这些关系是否协调和谐，将直接关系到企业的生存发展。因此，企业必须高度重视与社会的道德规范问题。在处理与国家的关系时，应坚持把国家利益同企业利益统一起来，并服从和服务于国家利益为前提的道德规范。在处理与地方的关系时，应遵守平等、互利、共同发展的道德规范。在处理与其他企业的关系时，应遵守诚信、合作、互利、互助的道德规范。在处理与消费者之间的关系时，应遵守讲质量、讲信誉的道德规范。

### （四）影响管理者道德素质的因素

#### 1. 道德层次阶段

国外学者研究表明，由于对个人利益、组织利益、社会责任等的不同对待，道德水平有三个层次，每个层次又分为两个阶段。随着阶段的上升，个人的道德判断越来越不受外部因素的影响。道德水平的三个层次和六个阶段如表 1－2 所示。

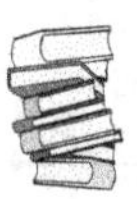

**表 1－2　道德层次阶段**

| 层　　次 | 阶　　段 |
|---|---|
| 前惯例层次<br>只受个人利益影响。决策的依据是本人的利益，这种利益是由不同行为方式带来的奖赏和惩罚决定的 | （1）遵守规则，以避免受到惩罚<br>（2）只在符合直接利益时才遵守规则 |
| 惯例层次<br>受他人期望的影响。包括对法律的遵守，对重要人物期望的反应以及对他人期望的一般感觉 | （3）做周围的人所期望的事<br>（4）通过履行允诺的义务来维持正常秩序 |
| 原则层次<br>受个人用来辨别是非的道德准则影响。这些准则可与社会规则或法律一致，也可与社会规则或法律不一致 | （5）尊重他人的权利，置多数人的意见于不顾，支持不相干的价值观和权利<br>（6）遵守自己选择的道德准则，即使这些准则违背了法律 |

道德层次和阶段对管理者的道德水平提出了挑战，要求组织努力提高管理者的道德意识和道德标准。

**2．个人价值观和自我控制强度**

每个人在进入组织时，都带着一套相对稳定的价值准则。这些准则是个人早年从父母、老师、朋友和其他人以及社会风气等外部影响那里继承发展起来的，是关于什么是对、什么是错的基本信念。除价值准则外，人们发现还有两个个性变量也影响着个人行为，这两个变量是自我强度和控制中心。自我强度用来度量一个人的信念强度。一个人的自我强度越高，克制冲动并遵守其信念的可能性就越大。这就是说，自我强度高的人更加可能做他们认为正确的事。我们可以推断，对于自我强度高的管理者来说，其道德判断和道德行为会更加一致。

控制中心用来度量人们在多大程度上是自己命运的主宰。具有内在控制中心的人认为他们控制着自己的命运，而具有外在控制中心的人不大可能对其行为后果负责，更可能依赖外部力量。相反，具有内在控制中心的人则更可能对其后果负责，并依赖自己内在的是非标准指导行为。与具有外在控制中心的管理者相比，具有内在控制中心的管理者的道德判断和道德行为可能更加一致。

**3．组织结构设计对道德的指导**

组织的结构设计有助于管理者道德行为的产生。一些结构提供了有力的指导，而另一些却令管理者模糊。模糊程度最低并时刻提醒管理者什么是“道德的”的结构设计有可能促进道德行为的产生。正式的规章制度可以降低模糊程度。职务说明书和明文规定的道德准则就是正式指导的例子。

在不同的结构中，管理者在时间、竞争和成本等方面的压力也不同。压力越大，越能降低道德标准。例如，在仅以成果评价管理者时，会增加人们“不择手段”地追求成果指标的压力。

**4. 组织文化的道德标准**

最有可能产生高道德标准的组织文化是那种有较强的控制能力以及风险和冲突承受能力的组织文化。

**5. 道德问题的重要性**

影响管理者道德行为的最后一个因素是道德问题本身的强度，它取决于以下六个因素：

（1）某种道德行为对受害者的伤害有多大或者对受益者的利益有多大？

（2）有多少人认为这种行为是邪恶的（或善良的）？

（3）行为实际发生并造成实际伤害（或带来实际利益）的可能性有多大？

（4）在行为和其预期后果之间的时间间隔有多长？

（5）你觉得行为的受害者（或受益者）与你（在社会上、心理上或身体上）挨得多近？

（6）道德行为对有关人员影响的集中程度如何？

以上六个因素决定了道德的重要性，人们所受伤害越大，就越认为行为邪恶；与行为受害者越近，就认为道德问题越大等。当道德问题越重时，人们越期望管理者应采取道德行为。

**（五）提高员工道德素质的途径**

**1. 制定和颁布正式的道德规则**

要使企业建设成一个有序、高效、文明、健康的组织，除了需要一般性的组织制度以外，建立一套严格的道德准则也是十分必要的，其目的就是让组织中的成员明白以什么样的精神从事工作、以什么样的态度对待工作，尽可能防止可能出现的不道德行为。

**2. 聘用符合组织道德准则的人**

挑选道德高素质的员工通常就是通过审查申请材料、组织笔试、面试以及特定阶段的试用等阶段，把既有专业知识，又有高道德素质的人录用进来。这是企业为提高员工整个道德素质的最基本的途径，也是实现企业人力资源优化配置的最基本的方法和手段。

**3. 管理者要以身作则**

高层管理人员在道德方面的引导作用主要体现在以下两个方面：

第一，高层管理人员在言行方面是员工的表率，他们所做的比所说的更为重要，他们作为组织的领导者要在道德方面起模范带头作用。

第二，高层管理人员可以通过奖惩机制来影响员工的道德行为。通过提薪、晋升、表扬、发放奖金、进修学习等促进群体道德水平的提高。通过降薪、降职、通报、警告，乃至开除等让组织中所有的人都认清后果，做错事要付出代价，行为不道德不是你的利益所在。

**4. 制定切实可行的工作目标**

现代企业管理制度的一个重要内容就是目标管理，这无疑是管理手段的一大进步。但是，在具体运作过程中，企业整体目标和具体目标的设定必须具有可操作性，否则

企业管理者和员工就会陷入被动和盲目的境地。如果工作目标不现实，过高的目标必然产生压力，这样，即使道德素质较高的员工也会感到困惑，很难在道德和目标之间做出选择，有时甚至为了达到目标而不得不牺牲道德。

**5. 建立优秀的组织文化**

组织文化是指组织中的成员共有的价值体系。组织文化的内容和力量对员工行为的影响绝对不可小视。如果一个办公室的所有成员都认为上班看报纸是正确的，那么一个反对上班看报纸的员工敢不看报纸吗？不敢。除非他想被其他人斥责为“假积极”并受到他们的排挤。如果一个办公室的所有成员都认为上班时不应当聊天，那么那些爱聊天的员工也不好意思再聊天了。这就是组织文化的力量。优秀的组织文化将自动告诉员工什么是对的，什么是不对的，他们应当怎样做。

**6. 对绩效进行全面评价**

如果仅以经济成果来衡量绩效，人们为了取得结果，就会不择手段，从而有可能产生不道德行为。例如，在对管理者的年度评价中，不仅要考察其决策带来的经济成果，还要考察其决策带来的道德后果。

**7. 进行独立的社会审计**

有不道德行为的人都有害怕被人抓住的心理，被抓住的可能性越大，产生不道德行为的可能性就越小。根据组织的道德准则对决策和管理行为进行评价的独立审计，会使不道德行为被发现的可能性大大提高。

## 知识基础二　企业社会责任概述

### （一）企业社会责任的定义

企业社会责任（corporate social responsibility，简称 CSR）的定义目前仍然莫衷一是。按照契约论的说法，企业是利益相关者之间各种契约交易所形成的一种法律实体。在所有的契约关系中，最核心的就是经营者与股东之间的关系，这也是现代企业制度的核心问题。在国际范围内形成两种公司治理模式，一种强调股东利益最大化，把股东与经营者之间的关系视为最核心的关系，以美国企业为代表；另一种强调企业利益相关者的作用和要求，以日本、德国企业为代表。在这两种模式里，对企业的社会责任的界定也是不一样的。世界银行将企业社会责任定义为：企业与关键利益相关者的关系、价值观、遵纪守法以及尊重人、社区和环境有关的政策和实践的集合。它是企业为改善利益相关者的生活质量而贡献于可持续发展的一种承诺。具体而言：企业在创造利润、对股东利益负责的同时，还要承担对员工、对社会和环境的社会责任，包括遵守商业道德、生产安全、职业健康、保护劳动者的合法权益、节约资源等。

为了更好地理解社会责任的概念，需要弄清楚它与社会义务和社会反应的区别。

社会义务（social obligation）是指企业尽了法律和经济所要求的义务，达到了法律的最低要求。这种类型的企业只愿意承担法律上明文规定的义务和政府的一些严格的明文规定，一切经营活动建立在满足国家法律的要求和企业经济利益要求基础之上，对一些模棱两可的社会职责往往采取漠视的态度。

社会反应（social responsiveness）是指企业以对自己和社会都有利的方式，把公司的经营活动、方针政策同社会环境联系起来的能力。这种类型的企业不仅能履行法律上规定的社会义务，而且能够满足一些基本的社会要求。他们认为，企业承担社会责任能提高企业形象，因而符合企业的根本利益，所以它们愿意利用一定的经营资源支持一些社会事业。

社会责任（social responsibility）是指企业的一切经营活动和经营决策着眼于企业的长期利益，高度重视企业经营的道德自律和道德自觉。它们不仅仅强调参与社会事业的义务性和自觉性，而且还力求取得良好的社会效果；它们不但热衷于社会的公益事业，而且还积极赞助基础科学研究、文化、艺术和教育事业等。

**小词典**

企业社会责任是指企业在创造利润、对股东承担法律责任的同时，还要承担对员工、消费者、社区和环境的责任。企业的社会责任要求企业必须超越把利润作为唯一目标的传统理念，强调要在生产过程中对人的价值的关注，强调对消费者、对环境、对社会的贡献。

如果企业在承担法律和经济义务的前提下，还承担对社会有利的长期目标的义务，我们就认为该企业具有社会责任。其中法律义务是指企业要遵守有关法律；经济义务是指企业要追求经济利益。简单地说，企业的社会责任是认真考虑企业行为对社会的影响。

**（二）企业社会责任的分类**

从法律角度可分为：法定和非法定的企业社会责任。

法定的企业社会责任是指国家有关法律、法规及相关法律性条文规定企业必须承担的社会义务。比如，企业所缴纳的税金，企业的产品质量等。非法定的企业社会责任是指除国家法定的企业社会责任以外的，企业愿意自主承担的社会义务。

从范围可分为：企业内层社会责任和企业外层社会责任。

企业内层社会责任是指企业对企业内部的投资者、雇员、客户、当地社会区域所应承担的社会责任。企业外层社会责任是指企业对政府、国内机构、社会团体、媒体、贸易机构、竞争者所应承担的社会责任。

**（三）企业社会责任的主要内容**

企业既是一种社会机构又是一种经济机构，经济活动需要在社会环境中发生，企业应承担自己的经济活动所造成的社会后果。成功的企业要在利润和责任、公平与效益之间找到平衡，以促进实现经济的可持续发展。企业社会责任的主要内容表现在以下几个方面：

（1）企业对环境的责任：①企业要在保护环境方面发挥主导作用，特别要在推动环保技术的应用方面发挥示范作用，以人为本、以人为善；②企业要以“绿色产品”为研究和开发的主要对象；③企业要治理环境。

（2）企业对员工的责任：①为员工提供安全的工作场所、宽松的工作环境，保证员工的身心健康；②努力开发和利用企业的人力资源，与他们保持密切的联系，建立和健全在劳动分工基础之上的激励机制和奖励机制，尊重和发挥企业员工的积极性和主动性，坚决克服在奖励、培训、升迁等方面对员工实施差别性对待；③企业应确保

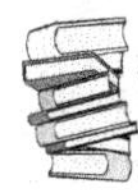

对员工进行持续性的在岗培训和离岗培训，不断地提高员工的工作技能，为他们提供具有挑战性的工作机会，提高他们的参与感和责任感，帮助他们实现人生的价值；④在生产条件和劳动条件等方面是合乎法律规定的，不能是有害于就业者健康甚至摧残就业者生命的；⑤就业机会必须体现责、权、利对等的原则，就业者应该在就业机会中获得自己应有的劳动收入和社会保障，而不是克扣劳动者的应有收入和无视就业者社会保障的就业机会。

（3）企业对顾客的责任：①向消费者提供优质安全可靠的产品。安全的权利是顾客的一项基本权利，企业不仅要让顾客得到所需要的产品，还要让他们得到安全的产品；②向消费者提供正确的信息，企业要赢得顾客的信赖，所提供的产品信息不能弄虚作假，肆意夸大，欺骗消费者；③向消费者提供售后服务，重视和切实履行售后服务是企业对消费者的承诺和责任，要建立与消费者的有效的沟通渠道，及时解决顾客在使用本企业产品时所遇到的问题和困难；④定价要公平合理。制止利用信息不对称的事实，漫天要价，损害消费者的利益。

（4）企业对竞争对手的责任：市场经济是有序的市场竞争，公平的市场竞争，作为企业不搞恶意竞争，做好企业在行业中的自律，处理好同竞争对手之间的关系。

（5）企业对投资者的责任：企业要将其财务状况及时、准确地报告给投资者，保证投资者在对企业经营管理的权利，保证投资者的股权收入。

（6）企业对所在社区的责任：企业不仅要为所在社区提供就业机会和创造财富，还要尽可能地为所在社区做出贡献。有社会责任感的企业，会意识到通过适当的方式把利润中的一部分回报给所在社区是其应尽的义务。它们积极寻找途径参加各种社会活动，通过此类活动，不仅回报了社区和社会，还为企业树立了良好的公众形象。

（7）企业对政府的责任：履行纳税义务；遵守国家政策。

# 任务五　认知企业

管理学基础以企业为训练管理能力的主要平台，是因为企业比机关、学校、医院等行政单位更具有管理的代表性。企业的经济活动离不开市场；企业的生产经营活动，要从原料进来，经过一系列的加工，变成产品以后销售出去，才能实现利润增长。在这个过程中，管理的所有要素都一一呈现，成为管理学基础的分析对象。也就是说，通过学习管理学基础，掌握以企业为平台的管理的知识、能力，其他领域、行业和部门的管理活动也是适用的。

## 知识基础一　企业和企业经营目标

**小词典**

企业是从事生产、流通和服务等活动的独立的经济核算单位。企业是拥有一定数量的固定资产和流动资产，依照法律在工商行政部门注册登记，单独在银行开设账户，具有法人资格的社会基本经济单位。

### （一）企业的特征

企业这种特殊的社会组织既具有社会组织共有的一般社会属性，又具有与其他社会组织不同的特性，企业的特征主要有：

**1. 企业依法设立**

企业必须具备法律规定的设立条件，依照法律所规定的设立程序依法设立，取得权利能力和行为能力。

企业依法设立还包括企业依据投资者的主观愿望，但必须遵循法律规定选择企业的组织形式。法律规定了企业的各类组织形式，企业只能在法律规定的范围内选择适当的组织形式，不能超越法定的企业形式范围。

**2. 企业从事的是商品经营或者营利性服务的经济活动**

企业所从事的活动主要是经济活动，根据市场经济的规律专门从事生产、销售以及提供营利性的服务，以满足人类在物质文化生活方面的需求。

一般企业经营的目的是为了赢利，实现企业利润效益，当然，也有个别的政策性和公益性企业经营的目的不单纯是满足企业效益，更重要的是为了实现社会公共利益。

是否从事经营性的经济活动这一特征是企业与国家机关、事业单位、社会团体所从事社会活动的最主要的区别。

**3. 企业是一个经济实体，是一个经济组织**

企业是从事经营活动的经济实体，具有一定的组织形式。企业需要汇集人财物，诸如劳动力、技术、资金、设备、管理等生产要素形成一定的经济实体，开展经营活动。

所谓形成经济实体即指企业具有自己的名称。占据一定的营业地点，有相对独立或者独立支配的财产，有相应的组织机构组成一种组织形态。企业以此组织形态从事经营行为，而这种行为又是一种有持续性特点的商业行为。企业的经营行为不是一次性的或瞬间的生产经营或服务活动，企业的这一特征将企业与非组织的公民个人、个体工商户区分开来。

**4. 企业具有独立或相对独立的法律人格**

独立或者相对独立的法律人格，是指企业的法律地位。企业依据其不同的企业形式具有不同的法律地位。需要说明的是企业并非都具有法人资格，企业可分为法人企业和非法人企业，两类企业都享有法律所赋予的主体资格，开展经营活动。不同的是法人企业享有独立的法律人格，而非法人企业的法律地位是相对独立的法律人格。

公司企业具有法人资格，因此，享有独立的法律人格，公司的财产与投资者的财产区分开来，公司以其全部财产对外承担债务责任，公司企业享有独立支配企业财产的权利。合伙企业和独资企业不具有法人资格，企业财产与投资人的财产没有明显的区别，企业的债务由合伙人或个人投资者承担连带责任和无限责任。

### （二）企业类型

从不同的角度，按照不同的标准可将企业划分成不同的类型。

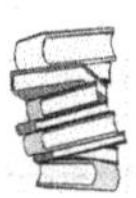

**1．按企业资产的所有制性质分类**

这是我国过去常用的一种分类方法。按照企业资产的所有制性质可将企业分成如下几种类型：

（1）国有企业，也称全民所有制企业。它的全部生产资料和劳动成果归全体劳动者所有，或归代表全体劳动者利益的国家所有。在计划经济体制下，我国的国有企业全部由国家直接经营。由国家直接经营的国有企业称国营企业。

（2）集体所有制企业，简称集体企业。在集体企业里，企业的全部生产资料和劳动成果归一定范围内的劳动者共同所有。

（3）私营企业，这是指企业的全部资产属私人所有的企业。我国《私营企业暂行条例》规定："私营企业是指企业资产属于私人所有，雇工8人以上的营利性经济组织。"

（4）混合所有制企业，这是指具有两种或两种以上所有制经济成分的企业，如中外合资经营企业、中外合作经营企业、国内具有多种经济成分的股份制企业等。

**2．根据企业制度的形态构成分类**

这是国际上对企业进行分类的一种常用方法。按此方法可将企业分成业主制企业、合伙制企业和公司制企业。企业制度是法律发展的结果，所以依这种分类方法划分而成的企业类型也称法律形式。

（1）业主制企业。它是由一个人出资设立的企业，又称个人企业。出资者就是企业主，企业主对企业的财务、业务、人事等重大问题有决定性的控制权。他独享企业的利润，独自承担企业风险，对企业债务负无限责任。从法律上看，业主制企业不是法人，是一个自然人。

（2）合伙制企业。它是由两人或数人约定，共同出资设立的企业。合伙制企业的合伙人之间是一种契约关系，不具备法人的基本条件，不是法人。但也有些国家的法典中明确允许合伙制企业采取法人的形式。根据合伙人在合伙制企业中享有的权利和承担的责任不同，可将其分为普通合伙人和有限合伙人。普通合伙人拥有参与管理和控制合伙制企业的全部权利，对企业债务负无限连带责任，其收益是不固定的。有限合伙人无参与企业管理和控制合伙制企业的权利，对企业债务和民事侵权行为仅以出资额为限负有限责任，根据合伙契约中的规定分享企业收益。由普通合伙人组成的企业为普通合伙制企业，由普通合伙人与有限合伙人共同组成的企业为有限合伙制企业。

业主制企业和合伙制企业统称为古典企业。

（3）公司制企业。公司是指依公司法设立，具有资本联合属性的企业。国际上有关公司的概念，一般认为："公司是依法定程序设立，以赢利为目的的社团法人。"因此，公司具有反映其特殊性的两个基本特征：公司具有法人资格，公司资本具有联合属性。这是公司区别于其他非公司制企业的本质特征。根据我国《公司法》规定，我国将存在国有独资公司，这是一种特殊的公司形式。

对公司制企业可进一步按照其股东的责任范围进行分类，将公司分为四类：

无限公司，是由两个以上的股东出资设立，股东对公司债务负无限连带责任的公司。

有限责任公司，是由一定数量（我国公司法规定为2～50个）的股东出资设立，各股东仅以出资额为限对公司债务负清偿责任的公司。有限责任公司不能对外发行股票，股东只有一份表示股份份额的股权证书，股份的转让受严格限制。

两合公司，是由一名以上的无限责任股东和一名以上的有限责任股东共同出资设立，无限责任股东对公司债务负无限连带责任，而有限责任股东仅以出资额为限承担有限责任的公司。

股份有限公司，是由一定数量（我国公司法规定为5个）以上的股东出资设立，全部资本分为均等股份，股东以其所持股份为限对公司债务承担责任的公司。股份有限公司的财务公开，股份在法律和公司章程规定的范围内可以自由转让。

**3. 按企业生产经营业务的性质分类**

这种分类方法也是我国常用的企业分类方法。而且，我国企业的上级主管部门也是按这一分类来设置管理机构的。按这种分类方法分成的主要企业类型有：

（1）工业企业。它是从事工业品生产的企业，为社会提供工业产品和工业性服务。

（2）农业企业。它是从事农、林、牧、副、渔业生产的企业，为社会提供农副产品。

（3）商业企业。它是从事生活资料流通和流通服务的企业。

（4）物资企业。它是从事工业品生产资料流通或流通服务的企业。

（5）交通运输企业。它是为社会提供交通运输服务的企业。

（6）金融企业。它是专门经营货币或信用业务的企业。

除上述主要类型外，还有邮电、旅游企业等。上述企业中的商业企业和物资企业统称为商品流通企业，简称流通企业。将生活资料和生产资料分开是我国计划经济体制的产物。生活资料和生产资料在生产和消费方面虽有各自的特点，因而组织流通的活动也会有所不同，但从市场经济的角度看，它们都是商品，没有本质的区别。

**（三）企业经营目标**

企业经营目标是指企业在一定时期应当达到的经营成果。主要包括：

（1）成长性目标，是表明企业成长、发展程度的目标，如产量、质量、新产品数量、市场占有率的提高等。

（2）收益性目标，是表明企业赢利程度的目标，如利润总额的增加，利润率、资金利润率的提高等。

（3）有效性目标，是表明企业改进资源利用的目标，如提高劳动生产率和设备利用率、增加流动资金、提高固定资产的现代化程度等。

（4）社会性目标，是企业对社会做出的贡献和树立企业形象的目标，如企业对环境的保护，资助社会公益事业以及企业的知名度、信誉度的提高等。

实施企业经营目标是企业领导和全体员工以及各个管理部门的共同任务，只有经过分解目标、控制目标、考核目标的整个过程之后，才能了解执行结果。为了激励广大员工实现目标的积极性和创造性，应当把考核目标与奖励工作结合起来，使在目标完成中成绩卓著者能获得更多的利益和荣誉感。

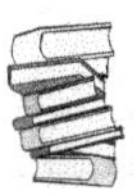

## 知识基础二 企业经营管理体系

**小词典**

企业经营管理体系又称企业经营管理系统，是指以企业的生产经营活动为管理对象，由许多相关的生产要素、生产环节、经营管理部门，以及企业与外部环境的关系等集合而成，并具有特定功能的有机网络体。

企业管理系统的特点：

（1）是一个多层次、多目标的系统。在企业的经营管理系统中，有总系统、分系统，分系统下面又可能有若干个子系统，它们都有自己的具体管理目标，分目标和子目标又都服从于总系统的大目标。

（2）是一个多功能的人工大系统。在企业计划、组织、人事、生产、销售、后勤保障等多种功能系统中，每一个系统的活动都是以人为主体，需要管理者发挥主观能动性，创造性地进行工作。再好的计划与决策，在执行之前还都是理论性的，都要在实践之中进行检验，必要时还要进行修正，这一些都要管理者主动发现，及时沟通，才能在一个集体中达成共识、进行协调，以保证各种功能产生彼此联系、相互促进、相互制约的效应。

（3）是一个能适应环境变化、开放的动态的大系统。这个大系统与它的外部环境之间、系统内部之间，都存在动态的相互作用，其中一个分系统或子系统发生变化，都会引起其他系统的变化。这个系统始终需要广大员工的支持与参与，对外对内都是一个开放的系统。

## 项目小结

管理是人类共同劳动的产物，管理是一切有组织的活动中必不可少的组成部分，是管理者在特定的环境下，对组织所拥有的资源进行有效的计划、组织、领导和控制，以便达成既定组织目标的社会实践活动和过程。

管理职能是指管理需要做的基本工作及其发挥的相应作用。管理具有计划、组织、领导和控制四种基本职能。管理人员是管理的主体，因而是管理职能的执行者。不同层次的管理人员花在每项管理职能上的时间和精力有重大差别。

管理者是指从事管理活动的人，即在组织中担负对他人的工作进行计划、组织、领导和控制等工作以期实现组织目标的人。

美国管理学家彼得·F. 德鲁克认为：管理者所扮演的角色大体上分为三类：管理一个组织、管理管理者、管理员工和管理工作。

加拿大的管理学家亨利·闵茨伯格认为，管理者所扮演的角色有三个方面：①人际关系方面的角色，包括挂名首脑、领导者（leader）和联络者；②信息方面的角色，包括监听者、传播者和发言人；③决策方面的角色包括创业者、混乱处理者、资源分配者和谈判者。

管理者在行使四种管理职能和扮演以上三类角色时，必须具备这三类基本技能。

包括：技术技能、人际技能和概念技能。不同层次的管理者对三类基本技能的要求各有侧重。

道德是一种社会现象，是指在社会生活中每个人都必须遵循的行为原则和规范。企业作为社会经济的细胞，也必须建立相应的道德规范。企业社会责任是指企业在承担法律和经济义务的前提下，还能够承担对社会有利的长期目标的义务。

企业是从事生产、流通和服务等活动的独立的经济核算单位。企业是拥有一定数量的固定资产和流动资产，依照法律在工商行政部门注册登记，单独在银行开设账户，具有法人资格的社会基本经济单位。

企业的特征主要有：企业依法设立，企业从事的是商品经营或者营利性服务的经济活动，企业是一个经济组织，企业具有独立或相对独立的法律人格。

根据国际上对企业进行分类的方法可将企业分成业主制企业、合伙制企业和公司制企业。

企业经营目标是指企业在一定时期应当达到的经营成果。主要包括成长性目标、收益性目标、有效性目标和社会性目标。

## 思考与练习

1．单选题

（1）中层管理人员的主要工作是（　　）。

A．管理　　B．现场管理

C．开拓创新　　D．组织协调

（2）企业的基层领导要成为一个内行的领导，必须具备下列哪方面知识与技能？（　　）

A．管理知识与能力　　B．技术知识与能力

C．战略知识与能力　　D．领导知识与能力

（3）在做出是否收购其他企业的决策时，管理者必须从多个角度出发，全面分析拟购企业的目前状况及可能发展余地等情况，这时管理人员需要的技能是（　　）。

A．诊断技能　　B．人际关系技能

C．概念技能　　D．技术技能

（4）管理人员与一般工作人员的根本区别在于（　　）。

A．需要与他人配合完成组织目标

B．需要从事具体的文件签发审阅工作

C．需要对自己的工作成果负责

D．需要协调他人的努力以实现组织目标

（5）从发生的时间顺序来看，下列四种管理职能的排列方式，哪一种更符合逻辑？（　　）

A．计划、控制、组织、领导　　B．计划、领导、组织、控制

C．计划、组织、控制、领导　　D．计划、组织、领导、控制

(6) 对于管理人员来说，一般需要具备多种技能，如概念技能、人际技能、技术技能等。越是处于高层的管理人员，其对于概念技能、人际技能、技术技能的需要，就越是按以下顺序排列（　　）。

A. 概念技能、技术技能、人际技能　　B. 技术技能、概念技能、人际技能

C. 概念技能、人际技能、技术技能　　D. 人际技能、技术技能、概念技能

(7) 管理者在作为组织的官方代表对外联络时，他扮演的角色是以下哪一方面？（　　）

A. 信息情报方面　　B. 决策方面

C. 人际关系方面　　D. 业务经营方面

2. 判断题

(1) 概念技能是组织高层管理者所具备的最重要的一种技能。（　　）

(2) 人是管理对象的核心要素。（　　）

(3) 技术技能是指沟通、领导、激励下属的能力。（　　）

(4) 高层管理人员必须对组织活动的各个方面都有所了解。（　　）

(5) 中层管理人员往往处理现场管理、指导操作等技术性工作较多。（　　）

3. 简答题

(1) 怎样理解管理的概念？

(2) 管理者应当具备哪些基本技能？

(3) 简述管理的基本职能及其内在联系。

(4) 企业道德规范包括哪些内容？

(5) 为什么我们要求企业必须承担一定的社会责任？

## ■应用案例

### 小企业高效管理者的角色

斯坦利是波士顿短期租赁公司（Boston Short-Tem Rentals）的总裁，这家公司的宗旨是为商务旅行人士提供高质量的公寓租赁服务，用来替代昂贵且不太方便的旅馆服务。当前，斯坦利管理着五百余套公寓房间，她拥有15名员工，公司每年有六百多万美元的收入。由于员工人数较少，斯坦利采取了亲历亲为的管理方式。她和员工一起做迎接新旅客、搬运行李、看门、前台服务等工作。实际上，从人际关系角度看，作为公司的总裁，斯坦利提供了旅客所期望的个人接触，当问题发生时旅客可以直接与她取得联系。她的员工包括木工、电工、室内装饰人员、维修人员等，在他们中间，她经常想办法激励他们为旅客提供及时、快速的服务；同时，她也能够使旅客得到其所需要的诸如干洗、餐饮、美容美发等服务。斯坦利钟爱自己多样化的工作，喜欢接触管理者、员工以及公寓里的海外来客。

波士顿短期租赁公司管理着五百余套公寓，因而它的信息管理是很灵活的，斯坦利利用它监督指挥时十分及时。她根据入住率、客人抱怨次数和其他的服务质量指标开发了一个复杂的计算机系统来帮助她评估业绩。这个系统帮助她在问题出现时能够迅速地做出反应。她还总是提供给她的员工关于客人出发与到达情况的信息，当客人

们正犹豫他们究竟是住在一个默默无闻的公寓还是住在一个有名的连锁旅馆时，她又是一个主要的信息来源。

作为一个快速发展的公司的总裁，斯坦利总是要做许多的决策；作为一个企业家，她寻找通过增加她所管理公寓的数量来提高收入的机会；她还需要处理一些突发问题，如发生在午夜的水管故障等；她还要决定花多少钱在公寓装修和档次的提高上，从而保持它们的吸引力，并要决定付给员工多少工资；她要与其他如从事清洁和粉刷服务的组织定期进行谈判，从而在最经济的条件下获得他们的服务。

像波士顿短期租赁公司这样的小企业，所有者或管理者将不断扮演着各种管理者的角色。从各方面来看，斯坦利都出色地完成了她的任务，因为她公司的规模和收入都在持续增长。对于那些想在美国其他主要城市经营小企业的管理者而言，波士顿短期租赁公司的运作模式是一个典范。

**思考题：**

1. 斯坦利都扮演了管理者的哪些角色？举例加以说明。
2. 根据案例中斯坦利所做的工作，斯坦利都具备了管理者的哪些技能？
3. 结合案例，你认为中小企业的管理者角色和技能有什么要求？

## 项目实训

**实训目的：**

能够用管理的基本知识建立现代组织，配备管理人员；培养分析、归纳管理人员素质和技能以及运用PPT的能力。

**实训内容与要求：**

（1）以自愿为原则，6～8人为一小组，组建模拟公司，公司名称自己确定。

（2）参观附近企业，主要了解：企业的行业背景、部门构成、各层次管理者技能要求及其对管理重要性的认识。

**实训成果及评估：**

（1）以小组（公司）为单位以PPT（要有参观图片等资料）的形式进行展示。

（2）由老师和学生组成评委进行评分。

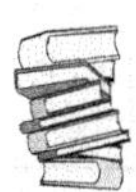

# 项目二　管理理论的形成与发展

## 知识目标

◆了解中外早期管理思想的发展与演变。
◆掌握古典管理理论代表学派的主要观点。
◆掌握行为科学理论代表学派的主要观点。
◆熟悉管理理论的最新发展。

## 能力目标

◆能够选择合适的理论学派的观点指导管理问题的解决。
◆能够选择合适的管理新方法分析解决管理中出现的新问题。

## 导入案例

### 联合邮包服务公司的标准化管理

联合邮包服务公司（UPS）雇用了15万名员工，平均每天将900万包裹发送到美国各地和其他180个国家。为了实现他们“在邮运业中办理最快捷的运送”的宗旨，UPS的管理当局系统培训他们的员工，使他们以尽可能高的效率从事工作。UPS的工程师们对每一位司机的行驶路线都进行了时间研究，并对每种运货、暂停和取货活动，都设立了标准。这些工程师记录了红灯、通行、按门铃、穿过院子、上楼梯、中间休息喝咖啡的时间，甚至上厕所的时间，将这些数据输入计算机中，从而给出每一位司机每天工作的详细时间标准。

为了完成每天取送130件包裹的目标，司机们必须严格遵循工程师设计的程序。当他们接近发送站时，他们松开安全带，按喇叭，关发动机，拉起紧急制动，把变速器推到1挡上，为送货完毕的启动离开做好准备，这一系列动作严丝合缝。然后，司机从驾驶室出溜到地面上，右臂夹着文件夹，左手拿着包裹，右手拿着车钥匙。他们看一眼包裹上的地址把它记在脑子里，然后以每秒钟3英尺（0.9米）的速度快步走到顾客的门前，先敲一下门以免浪费时间找门铃。送货完毕后，他们在回到卡车上的路途中完成登录工作。

人类的很多活动离不开管理。管理活动的出现促使一些人对这种活动进行研究和探索，经过长期的积累和总结，从而形成了一些朴素、零碎的管理思想。随着社会的发展，科学技术的进步，人们又对管理思想加以提炼和概括，总结出管理活动中带有规律性的东西，并将其作为一种假设，结合科学技术的发展，在管理活动中进行检验，在对检验的结果进行分析研究的基础上，从中找出属于管理活动普遍原理的东西，这些原理经过抽象和综合就形成了管理理论。人们把这些管理理论运用到管理的实践活动中，用以指导管理活动，同时对这些管理理论进行实践检验，这就是管理理论的形成过程。如果简单地做一个划分，可以将管理理论的形成和发展划分为三个阶段：早期管理活动或实践阶段、管理思想的萌芽阶段、管理理论的形成阶段。

早期管理活动或实践阶段是指从人类社会产生，人们结成了一定的社会关系，从有了集体劳动的分工、协作开始，到18世纪中叶这一历史阶段。这一阶段人类仅仅是为了谋求生存而进行各种活动，自觉不自觉地进行着管理活动和管理的实践，其范围是极其广泛的。但是从未对管理活动本身的重要性和必要性加以认识，提出某些见解。仅有的管理知识是代代相传或从实践经验得来的，人们凭经验去管理，尚未对经验进行科学的抽象分析。

管理思想的萌芽阶段是指从18世纪中叶到19世纪末这一历史阶段。这一时期人们逐渐地观察各种管理的实践活动，对管理活动在社会中所起的作用产生了一定的认识。在军事、经济、政治、行政等的某些领域或某些环节，提出了某些见解。但这一切都停留在一个较低水平上，还没有能够进一步系统地、全面地加以研究，因而人们对它的认识和见解仅仅散见于一些历史学、哲学、社会学、经济学、军事学等著作之中，只是一些对管理的零碎的研究。这就说明19世纪以前还没有形成一个比较完整的管理理论体系。

管理理论的形成阶段是指从19世纪末20世纪初开始直到现在这一历史阶段。这一时期随着生产力的高度发展和科学技术的飞跃进步，经过管理学者们的不断研究、观察和实践，甚至亲自实践，使对管理的科学认识不断丰富和具体，从而对其进行概括和抽象，这才逐渐地形成管理理论，管理作为一门科学才真正蓬勃地兴起。

可以说，管理活动源远流长，自古即有，但形成一套比较完整的理论，则是经历了一段漫长的历史发展过程。因此，回顾管理学的形成与发展，了解一些管理先驱对管理理论和实践所做的贡献，以及管理活动的演变和历史，这对每个学习管理学的人来说都是必要的。

## 任务一　认知人类早期管理思想

### 知识基础一　早期的管理思想与实践

管理的活动或实践自古以来就存在，它是随人类集体协作、共同劳动而产生的。人类进行有效的管理实践，大约已超过六千年的历史，早期的一些著名的管理实践和管理思想大都散见于埃及、中国、意大利等国的史籍和许多宗教文献之中。

从历史记载的古今中外的管理实践来看，素以世界奇迹著称的埃及金字塔、巴比伦古城和中国的万里长城，其宏伟的建设规模足以生动证明人类的管理和组织能力。无论是埃及的金字塔，还是中国的万里长城，在当时的技术条件下，如此浩大的工程，

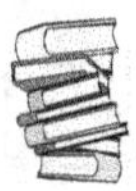

不仅是劳动人民勤劳智慧的结晶，同时也是历史上伟大的管理实践。

古罗马帝国之所以兴盛，在很大的程度上应归功于领导者卓越的组织才能，他们采取了较为分权的组织管理形式，从一个小城市发展成为一个世界帝国，在公元2世纪取得了统治欧洲和北非的成功，并延续了几个世纪的统治。

罗马天主教会早在第一次工业革命之前，就成功地解决了大规模活动的组织问题。它采用了按地理区域划分基层组织，并在此基础上又采用有很高效率的职能分工，在各级组织中配备参谋人员，从而使专业人员和下级参与制定决策的过程，但又不破坏指挥的统一。罗马天主教会之所以能够有效地控制世界各地5亿以上教徒的宗教活动，在很大程度上同它所采用的这一套组织形式有密切关系。

我国古代典籍中也有不少有关管理思想的记载，如《周礼》中记载有对行政管理制度和责任的具体叙述。《孟子》、《孙子》等著作中对于管理的职能如计划、组织、指挥、用人等，都有不少适用于今天的精辟见解。秦始皇修订李俚的《法经》，从规定到实践都体现了古代管理思想中一种改革和创新的精神。他确立的中央集权管理体制，建立的一整套行政管理机构，统一文字、货币、车轨、道宽以及度量衡制度，不仅在当时有巨大的生命力，而且对中国延续两千年的封建制度也有着重大的影响。

### 资料链接

《论语·为政》中说："为政以德，譬如北辰，居其所，而众星共之。"管理者管理组织如果以德来治理，他就会像北极星一样位于组织的中心，成员都会自觉地围绕他而行动。

公元6世纪到18世纪，在欧洲大体上是奴隶社会末期直至资本主义萌芽时期，社会生产力、商品生产有一定的发展，并产生了所谓的"重商主义"。从管理来看，主要出现两种类型的社会经济活动的组织形式：一种是商业行会（trade union）和手工业行会（craft guild）；一种是厂商组织（firm organization）。

厂商组织可以看作是最早的"前店后厂"。为了筹措资金，出现了两种主要的企业组织形式：合伙（partnership）和联合经营（joint venture）。二者都是后来公司的前身。

在中世纪，管理实践和管理思想都有很大发展。15世纪世界最大的几家工厂之一的威尼斯兵工厂（Arsenal of Venice），早在当时就采用了流水作业，建立了早期的成本会计制度，并进行了管理的分工，其工厂的管事、指挥、领班和技术顾问全权管理生产，而市议会通过一个委员会来干预工厂的计划、采购、财务等事宜。这又是一个管理实践的出色范例，也是现代管理思想的雏形。

意大利佛罗伦萨的尼古拉·马基雅维利（Niccolo Machiavelli）在16世纪所著的《君主论》一书中，对统治者怎样管理国家、怎样更好地运用权威，提出了四条原则：①群众认可，权威来自群众；②内聚力，组织要能够长期存在，就要有内聚力，而权威是必须在组织当中行使的；③领导能力，掌权之后要能够维持下去，就必须具备领导能力；④求生存的意志，就是要"居安思危"。

## 知识基础二 管理理论的萌芽

从18世纪到19世纪中期，欧洲逐渐成为世界的中心。这一时期可以说是欧洲各国在社会、政治、经济、技术等方面经历大变动，大改革的时期：几次大规模的资产阶级革命；城市（主要是商业城市）的发展；资本主义生产方式从封建制度中脱颖而出，家庭手工业的主导地位逐步被工厂制所代替。尤其是始于英国的工业革命——大机器生产和工厂制度的普遍出现，对社会经济的发展产生了重要影响。

随着工业革命以及工厂制度的发展，工厂以及公司的管理越来越突出。许多理论家，特别是经济学家，在其著作中越来越多地涉及有关管理方面的问题。很多实践者（主要是厂长、经理）则着重总结自己的经验，共同探讨有关管理问题。这些著作和实践总结为即将出现的管理运动打下了基础，是研究管理思想发展的重要参考文献。

这一时期的著作，大体上有两类：一类偏重于对理论的研究，即对管理职能、原则的研究；另一类则偏重于对管理技术、方法的研究。

### （一）亚当·斯密的劳动分工论和经济人观点

亚当·斯密（Adam Smith）是英国古典政治经济学家，他对管理问题有诸多的见解。亚当·斯密对管理理论发展的一个贡献是他的分工观点。他认为分工是提高劳动生产力的重要因素，原因是：①分工可以使劳动者专门从事一种单纯的操作，从而提高熟练程度、增进技能；②分工可以减少劳动者的工作转换，节约由一种工作转到另一种工作所损失的时间；③分工可以使劳动简化，使劳动者的注意力集中在一种特定的对象上，有利于发现比较方便的工作方法，促进工具的改良和机器的发明。斯密的分工观点适应了当时社会对迅速扩大劳动分工以促进工业革命发展的要求，成为资本主义管理的一条基本原理。

**阅读资料**

#### 亚当·斯密："劳动分工"

亚当·斯密对制针行业中的劳动分工及其经济效果做过如下描述："一个劳动者，如果对这种职业（针的制造由于分工而成为一种专门职业）没有受过相当训练，又不知怎样使用这种职业上的机械（使这种机械有发明的可能，恐怕也是分工的结果），那么纵使竭力工作，也许一天也制造不出一枚针，要做出20枚，当然是绝对不可能的。"但按照现在的经营方法，不但这种作业全部已经成为专门职业，而且这种职业分成若干部门，其中有大多数也是成为专门职业。一个人扣铁丝，一个人拉直，一个人切截，一个人削尖铁丝的一端，一个人磨另一端，以便装上圆头。做圆头需要有种不同的操作，装回头，涂白色，乃至包装，都是专门的职业。这样，针的制造分为18种操作。有些工厂，这18种操作分别由18个专门人担任。当然，有时一人也兼任两三种。我见过一个小工厂，只雇用10个工人，因此在这一工厂中，有几个工人同时担任两三种操作。像这样一个小工厂的工人，虽然很穷困，必需的机械设备也很简陋，但他们如果勤勉努力，一日也能成针12磅。有了分工，同量劳动就能完成比过去多得多的工作量。

亚当·斯密的另一个贡献是他的经济人观点。他认为，经济现象是由具有利己主义的人们的活动产生的。人们在经济活动中追求的完全是私人利益。"……人类几乎随时随地都需要同胞的协助，要想仅仅依赖他人的恩惠，那是一定不行的。他如果能够

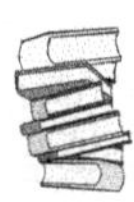

刺激他们的利己心，使有利于他，并告诉他们，给他做事，是对他们自己有利的，他要达到目的就容易得多了。不论是谁，如果他要与旁人做买卖，他首先就要这样提议，请给我所要的东西吧，同时，你也可以获得你所要的东西，这句话是交易的通义。我们所需要的相互帮忙，大部分是按照这个方法取得的。”斯密的经济人观点是资本主义生产关系的反映，它对于资本主义管理的实践和理论，都有重要的影响。

### （二）马萨诸塞车祸与所有权和管理权的分离

1841 年 10 月 5 日，在美国马萨诸塞至纽约的西部铁路上，两列火车迎头相撞，造成近 20 人伤亡。事件发生后，社会舆论哗然，对铁路公司老板低劣的管理工作进行了猛烈的抨击。为了平息公众的怒气，在马萨诸塞州议会的推动下，这个铁路公司不得不进行管理改革。老板交出了企业管理权，只拿红利，另聘具有管理才能的人员担任企业领导。这是历史上第一次在企业管理中实行所有权和管理权的分离。这种分离对人类的管理活动有重要的意义：①独立的管理职能和专业的管理人员正式得到承认，管理不仅是一种活动，还是一种职业；②随着所有权和管理权的分离，横向的管理分工开始出现，这不仅提高了管理效率，也为企业组织形式的进一步发展奠定了基础；③具有管理才能的雇佣人员掌握了管理权，直接为科学管理理论的产生创造了条件，为管理学的创立和发展准备了前提。

### （三）查尔斯·巴贝奇的作业研究和报酬制度

查尔斯·巴贝奇（Charles Babbage）是英国著名的数学家和机械工程师。他对管理的贡献主要有以下两个方面：①对工作方法的研究。他认为，一个体质较弱的人如果所使用的铲在形状、重量、大小等方面都比较适宜的话，那么他一定能胜过体质较强的人。因此，要提高工作效率，必须仔细研究工作方法。②对报酬制度的研究。他主张按照对生产率贡献的大小来确定工人的报酬。工人的收入应由三部分组成：按照工作性质所确定的固定工资；按照对生产率所做出的贡献分得的利润；为增进生产率提出建议而应得的奖金。

### （四）罗伯特·欧文的人事管理

罗伯特·欧文（Robert Owen）是 19 世纪初英国著名的空想社会主义者。他曾在其经营的一家大纺织厂中做过试验。试验主要是针对当时工厂制度下工人劳动条件和生活水平都相当低下的情况而进行的，主要包括改善工作条件、缩短工作日、提高工资、改善生活条件、发放抚恤金等。试验的目的是探索对工人和工厂所有者双方都有利的方法和制度。试验的结果如欧文所愿。欧文开创了在企业中重视人的地位和作用的先河，因此现代管理中的行为学派公认欧文为其先驱者之一。

### （五）亨利·汤尼的收益分享制度与哈尔西的奖金方案

亨利·汤尼（Henry R. Towne）是当时美国耶鲁—汤尼制造公司的总经理。他在 1889 年发表的题为“收益分享”一文中，提出对职工的报酬应采取收益分享制度，克服由利润分享制度带来的不公平。收益分享，实质上是按某一部门的业绩来支付该部门职工的收益。这样就可避免某一部门业绩好而另一部门业绩差时，实行利润分享制度使前者受损所产生的不合理现象。他提出的具体办法是：每个职工享有一种“保证工资”，然后每个部门按科学方法制定工作标准，并确定生产成本。该部门超过定额时，由该部门职工和管理阶层各得一半。定额应在 3 ~ 5 年内维持不变，以免降低工资。

弗雷德里克·哈尔西对管理的贡献也体现在工资制度方面。1891 年，他向美国机械工程学会提交一篇题为“劳动报酬的奖金方案”的论文。论文指出了当时普遍使用的三种报酬制度的弊端：计时制对员工积极性的发挥无刺激作用；计件制常因雇主不能降低工资率而“宰杀生金蛋的鹅”；利润分享制导致部门间良莠不分，有失公允。他认为，汤尼的收益分享虽有改进，但在同一部门中问题依然存在。因而，他提出了自己的奖金方案。该方案是按每个工人来设计的：①给予每个工人每天的保证工资；②以该工人过去的业绩为基础，超额者发给约为正常工资率 1/3 的奖金。

哈尔西认为他所提出的制度与其他当时所见的工资制度相比有许多优点：①不管工人业绩如何，均可获得一定数额的计日工资，工人增加生产，就可得到奖金，从而消除了因刺激工资而引起的常见的劳资纠纷；②工人奖金仅为超出部分的 1/3，即使工人增产 1 倍也不致太高，雇主从中获益 2/3，因而也不会总想削减工资率；③以工人过去的业绩为基础，旨在鼓励工人比过去进步，工人所要超越的是他本人过去的业绩，而不是根据动作和时间研究制订出来的标准。

## 任务二　认知古典管理理论

人类一直到 19 世纪末叶才出现科学管理的开端，甚至第一次使用了“科学管理”这一术语。随着企业的规模和数量不断增长，管理人员遇到了以前所没有遇到过的多种问题。人们考虑问题的重点已经转移到厂商内部的各种问题中，如加工过程、设备排列、场地布置、生产技术、刺激制度等。管理已逐步转向注意“物”的管理。人们聚集在大集体中，这又突出了组织与效率的问题。对这些问题的关心表现在管理文献中。

由于认识到需要通过社会、出版物和会议来交流观点，所以也开始了管理思想的传播和交流。管理作为一种独立实体的“能量”一直在积聚着。这一时期对管理的认识具体表现在承认管理是第一流大学里可开设的一门课程。

在短短几年内，人们对管理的认识已经有了变化，把它看成是对人类经济活动有影响的一门完整知识。管理人员被公认为受尊敬的人。管理原理这一主题已经从工业界扩散到大学的课堂，管理终于形成一个独立的研究领域。

工业革命发生在欧洲，而一百年以后的“科学管理运动”却出现在美国，这是有其历史必然性的。美国南北战争以后，资本主义经济得到较快的发展，但由于企业中管理的落后，企业劳动生产率很低，许多工厂的产量都远远低于其定额能力，美国经济的发展远远落后于当时科学技术成就和国内外经济条件所提供的可能性。因此有人认为，如果改进管理，企业的产量可以得到大幅度的提高，科学管理理论就是在这种历史背景下产生的。

## 知识基础一 泰罗的科学管理理论

### （一）弗雷德里克·泰罗及其对科学管理的探究

弗雷德里克·泰罗（Frederick Taylor），出生于美国费城一个富有的律师家庭，中学毕业后考上哈佛大学法律系，但不幸因眼疾而被迫辍学。1875 年，他进入一家小机械厂当徒工，1878 年转入费城米德维尔钢铁厂当机械工人，他在该厂一直工作到 1897 年，在此期间，由于工作努力，表现突出，很快先后被提升为车间管理员、小组长、工长、技师、制图主任和总工程师，并在业余学习的基础上获得了机械工程学士学位。在米德维尔钢铁厂的实践中，他感到当时的企业管理当局不懂得用科学方法来进行管理，不懂得工作程序、劳动节奏和疲劳因素对劳动生产率的影响。而工人则缺少训练，没有正确的操作方法和适用的工具。这都大大影响了劳动生产率的提高。为了改进管理，他在米德维尔钢铁厂进行各种试验。

1898—1901 年间，泰罗又受雇于伯利恒钢铁公司继续从事管理方面的研究。后来，他取得了一种高速工具钢的专利。1901 年后，他更以大部分时间从事咨询、写作和演讲等工作，来宣传他的一套管理理论——“科学管理”，即通常所称的“泰罗制”，为科学管理理论在美国和国外的传播做出了贡献。

泰罗的研究工作，是在他担任米德维尔钢铁厂的工长时开始的。他的特殊经历，使他有可能在工厂的生产第一线系统地研究劳动组织与生产管理问题。在他亲身体验并发现生产效率不高是由于工人们“故意偷懒”的问题后，便决心着手解决它。从 1881 年开始，他进行了一项“金属切削试验”，由此研究出每个金属切削工人工作日的合适工作量。经过两年的初步试验之后，给工人制定了一套工作量标准。他自己认为，米德维尔的试验是工时研究的开端。

1898 年，泰罗受雇于伯利恒钢铁公司期间，进行了著名的“搬运生铁块试验”和“铁锹试验”。搬运生铁块试验，是在这家公司的五座高炉的产品搬运班组大约 75 名工人中进行的。由于这一研究，改进了操作方法，训练了工人，其结果使生铁块的搬运量提高了 3 倍。铁锹试验首先是系统地研究铲上的负载应为多大问题；其次研究各种材料能够达到标准负载的锹的形状、规格问题，与此同时还研究了各种原料装锹的最好方法的问题。此外还对每一套动作的精确时间做了研究，从而得出了一个“一流工人”每天应该完成的工作量。这一研究的结果是非常出色的，堆料场的劳动力从 400 ~ 600 人减少为 140 人，平均每人每天的操作量从 16 吨提高到 59 吨，每个工人的日工资从 1.15 美元提高到 1.88 美元。

泰罗在米德维尔开始进行的金属切削试验延续了 26 年之久，进行的各项试验达 3 万次以上，80 万磅的钢铁被试验用的工具切削成屑，总共耗费约 15 万美元。试验结果发现了能大大提高金属切削机工产量的高速工具钢，并取得了各种机床适当的转速和进刀量以及切削用量标准等资料。

综上所述，这些试验集中于“动作”“工时”的研究和工具、机器、材料及工作环境等标准化研究，并根据这些成果制定了每日比较科学的工作定额和为完成这些定额的标准化工具。

泰罗一生致力于“科学管理”，但他的做法和主张并非一开始就被人们所接受，而是日益引起社会舆论的种种议论。于是，美国国会于 1912 年举行对泰罗制和其他工厂管理制的听证会，泰罗在听证会上做了精彩的演讲，向公众宣传科学管理的原理及其具体的方法、技术，引起了极大的反响。

弗雷德里克·泰罗的管理思想和管理理论在管理思想史上具有十分重要的地位，被后人称为“科学管理之父”。其代表著作是 1911 年发表的《科学管理原理》一书。

泰罗指出：“构成科学管理的不是任何一个因素，而是各种因素组成的体系。”科学管理理论包括以下几项要点：

（1）科学管理的中心问题是提高劳动生产率。正如泰罗所说：“科学管理如同节约劳动的机器一样，其目的在于提高每一单位劳动力的产量。”泰罗明确指出，最高的劳动生产率是工厂主与工人共同达到繁荣的基础。它能使工人关心的较高的工资与工厂主关心的较低的劳动成本结合起来，从而使工厂主得到最高额的利润，工人得到最高的工资，进一步提高他们对扩大再生产的兴趣，促进生产的继续发展。工厂主和工人的共同富裕，是确定各种科学管理原理、方法和技术的出发点。

（2）工作定额原理。传统的工人操作方法和所使用的工具往往是根据自己或其师傅的经验来确定的。泰罗用科学的方法调查和研究了一个普通的工人在最适当条件下所能完成的最大日工作量，进而在此基础上确定合理的日工作定额。这种科学方法称为动作与时间研究，用这种方法可制定出标准的操作方法，再用标准操作方法对全体工人进行训练，就可以制定出较高的定额，这就是工作定额原理。为了做到这一点，泰罗在所任职的企业进行了各种试验，最著名的是金属切削试验和搬运生铁块试验。

（3）标准化原理。为了使工人完成较高的工作定额，除了使工人掌握标准的操作方法以外，还必须把工人使用的工具、机器、材料以及作业环境加以标准化，这就是标准化原理。为此，泰罗进行了大量的试验，如在伯利恒钢铁公司进行的铁锹试验。

（4）为了提高劳动生产率，必须有科学的挑选和培养工人。为了获得高额报酬，工人必须经过科学的挑选，保证他们具有与工作相应的体力和智力上的条件，从而有完成规定产量的可能。然后，这些被选中的工人还须接受使其成为“第一流工人”的系统训练。泰罗认为，健全的人事管理的基本原则是使工人的能力同工作相配合。选拔和培养“第一流工人”是管理部门的职责，管理部门的任务就是为工人找到最合适的工作，帮助他们成为第一流的工人并设法激励他们发挥其最大的力量。

（5）工人和雇主两方面都来一次“精神革命”，使双方的注意力从盈余分配转到增加盈余上来，为提高劳动生产率而共同努力。泰罗认为，雇主关心的是利润的增加，而工人关心的是工资的提高，当他们用友好合作和互相帮助来代替对抗和斗争时，就能使盈余增加，这样雇主的利润和工人的工资都能得到增加。“这就是伟大的心理革命的开始，是实现科学管理的第一步”。

（6）建立一种有刺激性的差别计件工资制度。为了鼓励工人完成工作定额，泰罗提倡实行一种有差别的、刺激性的“差别计件工资制”。他认为，要提供劳动生产率就必须取得雇主和工人两方面的合作。雇主关心的是低成本，工人关心的是高工资，要使雇主和工人两方面都认识到，如果通过科学管理提高了劳动生产率，那么两者都能

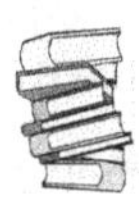

达到自己的目的。

（7）计划职能同执行职能分开。泰罗主张明确划分计划职能与执行职能，由专门的计划部门来从事调查研究，为定额和操作方法提供科学依据；制定科学的定额和标准化的操作方法及工具；拟订计划并发布指示和命令；比较“标准”和“实际情况”，进行有效的控制等工作。至于现场的工人，则从事执行的职能，即按照计划部门制定的操作方法和指示，使用规定的标准工具，从事实际的操作，不得自行改变。同时，泰罗主张实行职能工长制，将管理的工作予以细分，使所有的管理者只承担一种职能。

（8）在组织机构的管理控制上实行例外原则。泰罗等人认为，规模较大的企业组织和管理，必须应用例外原则，即企业的高级管理人员把例行的一般日常事务授权给下级管理人员去处理，自己只保留对例外事项的决定和监督权。这种以例外原则为依据的管理控制原理，以后发展成为管理上的分权化原则和实行事业部制管理体制。

**阅读资料**

### 海尔的“OEC”管理

“OEC”，其中O——overall 全方位，E——everyone 每人，everything 每件事，everyday 每天，C——control 控制，clear 清理。“OEC”管理法也可表示为：日事日毕，日清日高。即：每天的工作每天完成，每天工作要清理并要每天有所提高。“OEC”管理法的实质是借鉴泰罗制，实行科学管理，对任务的量化下达指标，考核其工作质量并实行奖惩。“OEC”管理法由三个体系构成：目标体系——日清体系——激励机制。即首先确立目标；日清是完成目标的基础工作；日清的结果必须与正负激励挂钩才有效。这样，从车间工人到集团总部的每一位干部都知道自己每天应干些什么，甚至可能自己考核自己的工作，领取自己该得到的那份报酬。具体地说，OEC 管理模式意味着企业每天所有的事都有人管，所有的人均有管理、控制内容，并依据工作标准对各自控制的事项，按规定的计划执行，每日把实施结果与计划指标对照。总结、纠偏，达到对事物发展过程日日控制与事事控制的目的，确保事物向预定目标发展。这一管理方法可以概括为五句话：总账不漏项，事事有人管，人人都管事，管事凭效果，管人凭考核。

### （二）其他人对科学管理理论的贡献

泰罗的科学管理理论在 20 世纪初得到了广泛的传播和应用，影响很大。因此在他同时代和他以后的年代中，有许多人也积极从事于管理实践与理论的研究，丰富和发展了“科学管理理论”。其中比较著名的有：

亨利・甘特（Henry L. Gantt）。美国管理学家、机械工程师。甘特是泰罗在创建和推广科学管理时的亲密合作者，他与泰罗密切配合，使“科学管理”理论得到了进一步的发展。特别是他的“甘特图”（Gantt Chart），是当时计划和控制生产的有效工具，并为当今现代化方法 PERT（计划评审技术）奠定了基石。

吉尔布雷斯夫妇（Frank B. Gilbreth and Lillian M. Gilbreth）。美国工程师弗兰克・吉尔布雷斯与夫人（心理学博士莉莲・吉尔布雷斯）在动作研究和工作简化方面做出了特殊贡献。与泰罗不同的是，吉尔布雷斯夫妇在工作中开始注意到人的因素，在一

定程度上试图把效率和人的关系结合起来。吉尔布雷斯毕生致力于提高效率，即通过减少劳动中的动作浪费来提高效率，被人们称为“动作专家”。

## 知识基础二　法约尔的一般管理理论

亨利·法约尔（Henri Fayol），法国人，1860 年从圣艾帝安国立矿业学院毕业后进入康门塔里—福尔香堡（Comentry—Fourchambault）采矿冶金公司，成为一名采矿工程师，并在此度过了整个职业生涯。后由一名工程技术人员逐渐成为专业管理者，他在实践中逐渐形成了自己的管理思想和管理理论，对管理学的形成和发展做出了巨大的贡献。亨利·法约尔是西方古典管理理论在法国的杰出代表，他的学说对当今管理理论和管理实践有着深远的影响。其代表著作是 1916 年发表的《工业管理和一般管理》一书。由于这一理论强调管理是一个综合职能，是一个过程，管理理论具有普遍性，后又经他的追随者加以发展，就形成了现代管理理论中的管理过程学派（作业学派），法约尔被视为管理过程学派的创始人。

法约尔一般管理理论的基本内容有以下几个方面：

### （一）关于经营与管理

法约尔认为经营和管理是两个不同的概念。经营共有六种活动，而管理是其中的一种活动。经营的六种活动是：①技术活动，指生产、制造和加工等活动；②商业活动，指购买、销售和交换等活动；③财务活动，指资本的筹集和合理利用等活动；④安全活动，指保护企业财产和人员安全等活动；⑤会计活动，指财产清点、制作资产负债表，进行成本考核、统计等活动；⑥管理活动，指计划、组织、指挥、协调和控制等活动。在这六种基本活动中，管理活动处于核心地位，即企业本身需要管理，同样的，其他五项属于企业的活动也需要管理。见图 2 –1。

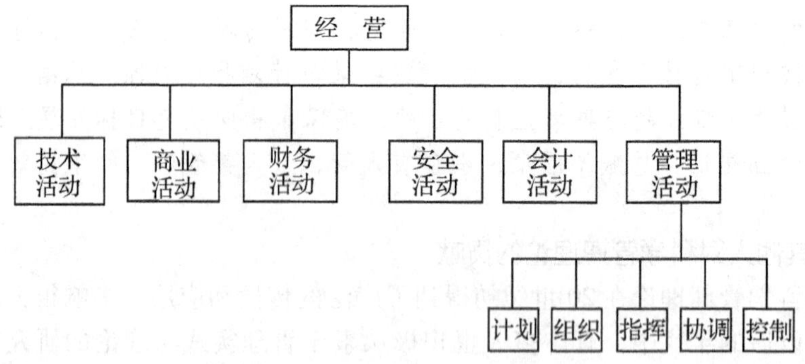


**图 2 –1　经营活动与管理的职能**

### （二）关于管理的一般原则

为了使人们在从事管理活动时有所遵循，法约尔提出了管理的十四项基本原则。其内容如下：

（1）劳动分工。法约尔认为，劳动分工不仅可以适用于技术工作，而且适用于管理工作。实行劳动分工的结果是职能专业化和权力的分散。

（2）权力与责任。权力，就是指挥和要求别人服从的权利。责任是权力的孪生物，

是权力的当然结果和必要补充，凡是权力行使的地方，就有责任。

（3）纪律。纪律实质上就是企业同其下属之间的协定相一致的服从、勤勉、积极、举止及尊敬的表示。为使企业顺利发展，纪律是绝对必要的。法约尔指出：制定和维持纪律最有效的办法，一是有各级好的领导；二是尽可能有明确而又公平的协定；三是合理执行惩罚。

（4）统一指挥。法约尔认为，无论对哪一种工作来说，一个下级只能接受一个上级的领导。如果两个领导人同时对同一个人或同一件事行使他们的权力，就会出现混乱。法约尔特别强调这一区别，认为它是一项普遍的、永久必要的准则。

（5）统一领导。这项原则表示，对于力求达到同一目的的全部活动，只能有一个领导人和一项计划。法约尔认为，这是统一行动、协调力量和集中精力的必要条件。

（6）个人利益服从整体利益。这一项原则是指在一个企业里，一个人或一些人的利益不能置于企业利益之上。在企业组织之中，企业的总目标永远享有至高无上的地位。

（7）人员的报酬。法约尔认为，企业中人员的劳动报酬应该合理，并尽量使劳资双方都感到满意。报酬是为企业组织所掌握的一个重要的动机诱导因素。法约尔分析了各种报酬制度可能会引起的一些后果，并指出，并没有一种十全十美的完善的报酬制度。

（8）集权。所有提高部下相对主要性的做法就是分权，反之就是集权。集权和分权问题在任何组织中都是一个程度问题。企业组织所面临的环境，所具备的条件，以及企业人员的素质决定了什么是集权和分权的最佳程度。

（9）等级制度。等级制度就是从最高权力机构直至最低层人员的领导系列。对于保证统一的指挥来说，等级制度是必不可少的。一般情况下不要轻易地违反它。不过平级之间的横向联系同样是十分重要的。在特殊情况下，为了克服由于统一指挥而产生的信息传递延误，法约尔设计出一种“跳板”，也叫“法约尔桥”（Fayol bridge），如图 2－2 所示，以便及时沟通信息，快速解决问题。

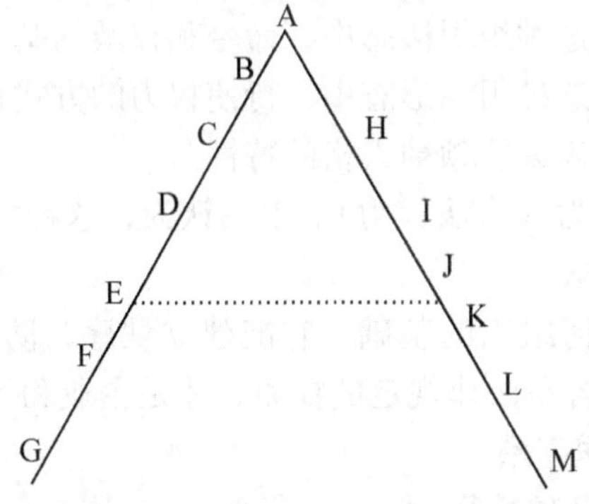


**图 2－2 法约尔桥**

（10）秩序。这一原则意味着不论是物品还是人员都应该有最合适的位置。法约尔认为，建立秩序是为了避免物资和时间的损失，并使每个人都在能够发挥出自己最大能力的岗位上任职。

（11）公平。法约尔认为，管理人员应善意、公平地对待他的下属人员。但公平不排斥刚毅，也不排斥严格，做事要公平理智，要有经验，并有善良的性格。

（12）保持人员的稳定。法约尔认为，培养出一个出色的管理人员，无疑需要付出一定的时间和代价。成功的企业往往具有更为稳定的经营管理人员。

（13）首创精神。法约尔认为，参与解决问题就是首创精神的表现，企业管理人员要有某种勇气积极支持下属的首创精神，并尽可能地鼓动和发展这种精神。

（14）人员的团结。团结就是力量。对于一个企业来说，全体人员的和谐与团结会凝集成企业巨大的力量。

此外，法约尔还坚持强调管理教育的重要性，认为可以通过教育使人们学会管理，并提高管理人员素质。

法约尔的一般管理理论的创立，为管理理论的研究构造了一个基本的理论框架和体系，为探索管理问题开辟了一条新路，有力地推动了管理理论研究的发展，这可以说是法约尔所做出的最杰出、最重要的贡献。

## 知识基础三　韦伯的理想的行政组织体系

马克斯·韦伯的贡献是提出了理想的行政组织体系理论。其代表作是《社会组织与经济组织理论》一书，这一理论体系的主要内容如下：

### （一）权威结构理论

这一理论根据组织内部的权威关系，揭示出不同的组织所具有的特性。韦伯对权力和权威作了区分。根据权威合法化的方式，他描述了三种不同的组织形态：理性—法律组织、传统组织、超凡组织。其中每一种组织形态都有其独特的管理机构或管理体制。

### （二）权力的种类

韦伯根据以上三种不同的组织形态，提出了权力也有以下三种形式：

（1）传统的权力。在这种组织形态中，命令和权威的基础是传统和习惯。

（2）超凡的权力。在这种组织形态中，行使权力的方式是基于领导者个人的人格，韦伯用“超凡魅力”一词来说明领袖人格的特性。

（3）理性—法律的权力（合法权力）。韦伯认为，这种类型的权力是以法律性和提升者发布命令的权力为依据。

韦伯认为，权力是任何组织的基础，它能建立秩序，防止混乱，推动工作。但是在三种权力当中，理性的合乎法律规定的权力，才是企业和行政组织体系的基础。

### （三）理想的行政管理体系

这种组织体系有以下几项特征：

（1）实现劳动分工，明确规定每一个成员的权力和责任，并且把这些引进权力和责任作为正式职责而使之合法化。

（2）各种职务和职位是按照职权的等级原则组织起来，形成一个指挥体系或阶层体系。

（3）根据通过正式考试或者训练和教育而获得的技术资格，来挑选组织中所有的成员。

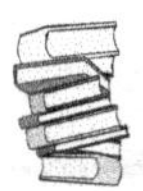

（4）所有担任公职的人都是任命的，而不是选出的。

（5）行政管理人员领取固定的“薪金”，他们是专职的公职人员。

（6）行政管理人员不是他所管辖的那个企业的所有者。

（7）行政管理人员要遵守有关他的官方职责的严格规则、纪律和制约，而不能受个人情感的影响。

韦伯认为，这种高度结构的、正式的、非人格化的理想行政组织体系是人们进行强制控制的合理手段，是达到目标、提高效率的最有效形式。这种组织形式在精确性、稳定性、纪律性和可靠性方面都优于其他组织形式，能适用于所有的各种管理工作及当时日益增多的各种大型组织，如教会、国家机构、军队、政党、经济企业和各种团体。韦伯的这一理论，对泰罗、法约尔的理论是一种补充。

# 任务三　认知行为科学理论

古典管理理论虽然对管理理论的发展做出了卓越的贡献，但他们共同的特点是着重强调管理的科学性、合理性、纪律性，而未给管理中人的因素和作用以足够重视，即使提到人，也是把它们看作单纯追求最大利益的“经济人”。从 20 世纪 20 年代美国推行科学管理的实践看，泰罗制在使生产率大幅度提高的同时，也使工人的劳动变得异常紧张、单调和劳累，这种状况日益引起工人的强烈不满，这就迫使资本家不得不寻求新的管理理论和方法，来缓解日趋紧张的劳资关系。另一方面，经济的发展和周期性经济危机的加剧，以及科学技术的发展和应用，也使得西方的资产阶级感到单纯用古典管理理论和方法已不能有效控制工人以达到提高劳动生产率的目的，这一点也为一些企业管理学者和实业家所认识。在上述背景下，从 20 世纪 30 年代到 50 年代，一批管理学家、心理学家、人类学家、社会学家开始研究管理中人的问题，从而形成了行为科学的管理理论。

## 知识基础一　霍桑试验与人际关系学说

### （一）霍桑试验

人的因素在企业管理中的作用虽然曾经引起了许多企业家和管理学者的重视，并在某些方面进行了研究和实践，但是对其进行专门、系统的研究，进而形成一种较为完整的全新的管理理论则始于 20 世纪 20 年代美国哈佛大学的心理学家伊顿·梅奥（Elton Mayo，1880—1949）等人在美国芝加哥郊外的西方电气公司霍桑工厂所进行的著名的霍桑试验。

古典管理理论认为，劳动生产率主要取决于劳动组织、劳动条件以及劳动报酬等外在因素。霍桑试验的初衷就是试图通过改善工作条件与环境，找到提高劳动生产率的途径，但试验的结果却出人预料地把这次研究引入了一个新的领域。整个霍桑试验分为四个阶段：

第一阶段：工厂照明试验（1924—1927）。该试验是选择一批工人分为两组：一组为“试验组”，先后改变工厂照明强度，让工人在不同照明强度下工作；另一组为“控制组”，工人在照明度始终维持不变的条件下工作。试验结果发现，照明度的变化对生产率几乎没有什么影响。这个试验似乎以失败告终。但这个试验得出了两条结论：①工厂的照明只是影响工人生产效率的一项微不足道的因素；②由于牵涉因素太多，难以控制，且其中任何一个因素足以影响试验结果，故照明对产量的影响无法准确测量。

第二阶段：继电器装配试验（1927—1928）。旨在试验各种工作条件的变动对小组生产率的影响，以便能够更有效地控制影响工作效果的因素。通过材料供应、工作方法、工作时间、劳动条件、工资、管理作风与方式等各个因素对工作效率影响的实验，发现无论各个因素如何变化，产量都是增加的。其他因素对生产率也没有特别的影响，而似乎是由于督导方法的改变，使工人工作态度也有所变化，因而产量增加。

第三阶段：大规模访问与调查试验（1928—1931）。两年内他们在上述试验的基础上进一步开展了全公司范围的普查与访问，调查了 2 万多人次，发现所得结论与上述试验所得相同，即“任何一位员工的工作绩效，都受到其他人的影响”。

第四阶段：接线板接线工作试验（1931—1932）。试验以集体计件工资制刺激，企图形成“快手”对“慢手”的压力以提高效率。试验发现，工人既不会为超定额而充当“快手”，也不会因完不成定额而成“慢手”，当他们达到他们自认为是“过得去”的产量时就会自动松懈下来。其原因是，生产小组无形中形成默契的行为规范，即工作不要做得太多，否则，就是“害人精”；工作不要做得太少，否则，就是“懒惰鬼”；不应当告诉监工任何会损害同伴的事，否则，就是“告密者”；不应当企图对别人保持距离或多管闲事；不应当过分喧嚷，自以为是和热心领导等。

通过四个阶段历时近 8 年的霍桑试验，梅奥等人认识到，人们的生产效率不仅要受到生理方面、物理方面等因素的影响，更重要的是受到社会环境、社会心理等方面的影响，这个结论的获得是相当有意义的，这对“科学管理”只重视物质条件，忽视社会环境、社会心理对工人的影响来说，是一个重大的修正。

### （二）“行为科学”的早期理论——人际关系学说

根据霍桑试验，梅奥于1933 年出版了《工业文明中人的问题》一书，提出了与古典管理理论不同的新观点，主要归纳为以下几个方面：

（1）工人是“社会人”。梅奥等人认为，人们的行为并不单独出自追求金钱的动机，还有社会、心理方面的需要，即追求人与人之间的友情、安全感、归属感和受人尊敬等。

（2）企业中存在着非正式组织。霍桑试验表明，企业中除了存在着古典管理理论所研究的为实现企业目标而规定的各成员相互关系和职责范围的正式组织之外，还存在有非正式组织。这种非正式组织的作用在于维护其成员的共同利益，使之免受由于其内部个别成员的疏忽或外部人员的干涉所造成的损失。由于存在着“非正式组织”，这就对企业领导人提出了新的要求：要注意倾听和沟通职工的意见，要使正式组织的经济目标同非正式组织的社会需要取得平衡。

（3）新的领导能力在于提高工人的满足度。梅奥等人认为，基于上述“社会人”和“非正式组织”的观点，在决定劳动生产率的诸因素中，生产条件、工资报酬只是第二位的，居于首位的因素是士气。士气取决于工人的满意感，满意感来源于工人个

人需要的满足和良好的人际关系。满足程度越高，士气也越高，生产效率也就越高。因此企业中新的领导能力在于有效地满足工人的需要，创造良好的人际关系，提高工人的满足度，以提高士气，从而提高劳动生产率。

## 知识基础二　行为科学理论的发展

行为科学是研究人的行为的一门综合性科学。它研究人的行为产生的原因和影响行为的因素，目的在于激发人的积极性、创造性，达到组织目标。它的研究对象是探讨人的行为表现和发展的规律，以提高对人的行为预测和激发、引导、控制能力。行为科学运用心理学、社会学、社会人类学等学科的理论和自然科学的实验和观察方法，对于人的个体行为、群体行为、组织行为、领导行为进行研究。

梅奥等人创建了人际关系学说——早期的行为科学以后，许多人都开始从这个角度研究管理问题。"行为科学"这一名称产生于 1949 年，当时，一批哲学家、社会学家、心理学家、生物学家、精神病学家，在美国芝加哥大学讨论、研究有关组织中人类行为的理论，正式定名为行为科学。20 世纪 50 年代以后，行为科学才真正发展起来。在芝加哥大学讨论后，美国福特基金会成立了"行为科学部"（"人类行为研究基金会"）。1952 年又建立了"行为科学高级研究中心"，并于 1953 年拨款给哈佛、斯坦福、密执安、北卡莱罗纳等大学，委托这些学校的专家、学者从事行为科学的研究。1956 年在美国出版第一期行为科学杂志。至此，行为科学在美国的管理学界便风行起来，无论在理论方面和实践方面都有了很大的发展。20 世纪 60 年代以后，又出现了组织行为学的名称。组织行为学是由行为科学进一步发展起来的，它的研究对象是在一定组织中人的行为的发展规律，重点则是研究企业组织中的行为。以后，不少西方国家的管理院校，都把组织行为学作为必修课程，一些著名的大学还设有行为科学系和研究中心。

行为科学在第二次世界大战以后的发展，主要集中在以下四个方面：关于人的需要和动机的理论，进而形成了组织行为学中的激励理论；关于管理中"人性"假设的理论；关于领导思想与领导方式的理论；关于组织中非正式组织以及人与人的关系的理论。这四个方面理论的介绍详见项目十一领导理论、项目十二激励，在此仅介绍 X 理论、Y 理论和超 Y 理论。

### （一）X 理论和 Y 理论

X 理论和 Y 理论是美国心理学家道格拉斯·麦格雷戈（Douglas McGregor，1906—1964）在 1960 年发表的《管理理论 X 或 Y 的抉择——企业的人性面》一书中提出的。麦格雷戈在对各类公司的企业管理进行观察、对比和分析研究的基础上，得出了这样的结论：不同的领导方式以及由此决定的领导技能来源于领导者对被领导者截然不同的看法和意义认识，即所谓的关于人的性质和人的行为的假设。他将其概括为 X 理论和 Y 理论。

X 理论是指传统的领导和控制观点。X 理论关于人性的假设认为：①一般人的天性都是好逸恶劳的，只要可能，就会设法逃避工作；②人几乎没有什么进取心，不愿承担责任，而宁愿被别人领导；③人天生就反对变革，把安全看得高于一切；④要使人们真正想干活，那就必须采用严格的控制、威胁和经常不断地施加压力。

麦格雷戈认为，科学管理是“强硬的”X 理论，人际关系学说是“温和的”X 理论，但从根本上说都是 X 理论。在人们的生活还不丰裕的情况下，胡萝卜加大棒的管理方法是有效的。但是，当人们达到丰裕的生活水平时，这种管理方法就无效了，因为那时人们的行为动机主要是追求更高级的需要，而不是“胡萝卜”（生理的需要、安全的需要）了。因而，用指导和控制来进行管理，无论是强硬的还是松弛的，都不足以激励人们的行动。传统管理中严格的管理组织，原则和措施所强调的“命令与统一”“权威与服从”，用金钱进行“奖励与惩罚”等正是基于这样的领导意识基础之上的，其结果必然会引起工人的不满和反抗。

Y 理论是麦格雷戈针对传统的 X 理论而提出的。他认为 Y 理论是将个人目标与组织目标融合起来的观点。Y 理论关于人性的假设认为：①人并不是天生就厌恶工作，工作对人们来讲，正如娱乐和休息一样自然的；②控制和威胁并不是促使人们为实现组织目标而努力的唯一办法，人们对自己所参与的目标能实现自我指挥和自我控制；③对目标做出贡献是同获得成就的报酬直接相关的。这些报酬中最重要的是自尊和自我实现的需要的满足，它们能促使人们为实现组织目标而努力；④在适当条件下，人们不但能接受而且主动承担责任；⑤不是少数人，而是多数人在解决组织的问题上，都具有想象力和创造力。但在现代工业社会的条件下，一般人的潜能只是部分地得到了发挥；⑥人们并非天生就对组织的要求采取消极的或抵制的态度，他们之所以如此，是由于他们在组织内的遭遇所造成的；⑦管理的基本任务是安排好组织工作方面的条件和作业的方法，使人们的潜能充分发挥出来，更好地为实现组织的目标和自己个人的具体目标而努力。这个过程主要是一个创造机会、挖掘潜力、排除障碍、鼓励发展和帮助引导的过程。领导者的责任就在于最大限度的激发人的这种潜力，使他们实现自我控制，以满足其自我实现的需要，达到个人与组织目标的一体化。管理中的行为科学也是以这样的认识为基础来研究人的激励和有效的管理问题的。

X 理论和 Y 理论这两种完全对立的对人性的分析，虽然对我们了解西方管理理论有其有益的一面，但也有其过于偏激的一面。有时，这两种情况往往是同时存在的。

### （二）超 Y 理论

超 Y 理论是美国管理心理学家莫尔斯（J. J. Morse）和洛斯奇（J. W. Lorsch）提出的对 X 理论和 Y 理论进行修正的一种理论观点。超 Y 理论是在试验研究的基础上，根据权变的观点提出的。通过试验，他们提出，人分为不同的类型，不同的人对管理方式的要求不同。此外，工作单位的性质不同，工作的内容和形式不同，工作的行为特点不同，其管理的指导观念和具体方式也应有所不同。

因此，超 Y 理论认为 X 理论和 Y 理论并非一无是处，也不是普遍适用的，有效管理的关键是从实际出发，依据工作性质和管理对象的特点加以选择和使用。

# 任务四　认知现代管理理论

## 知识基础一　主要的现代管理理论学派

第二次世界大战之后，随着现代化科学技术日新月异的发展，生产和组织规模的

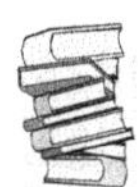

急剧增大，生产力的迅速发展，生产社会化程度的日益提高，引起了人们对管理理论的普遍重视。同时，从20世纪60年代开始，企业面临的外部市场环境也发生了重大的变化，许多产品市场开始由卖方市场向买方市场转变，那种传统的两眼向内式的管理已不能适应企业经营管理的现实需要，社会现实的发展期盼新的管理理论的形成和指导。在美国和其他许多国家，不仅从事实际管理工作的人和管理学家在研究管理理论，而且一些心理学家、社会学家、人类学家、经济学家、生物学家、哲学家、数学家等也都从各自不同的背景，不同的角度，用不同的方法对现代管理问题进行研究，这一现象带来了管理理论的空前繁荣，同时出现了各种各样的学派。已故美国著名管理学家哈罗德·孔茨（Harold Koontz）把这一现象形象地描述为“管理理论的丛林”。由于这些学派都是从各自的背景出发，以不同的理论为依据来研究同一对象——管理过程，因此随之带来了一些在管理的概念、原理和方法上的众说纷纭、莫衷一是的混乱。近年来，许多学者都在力求将各派的观点兼容并蓄，为走出“丛林”建立统一的管理理论寻找新的出路。

### （一）社会系统学派

社会系统学派的创始人是切斯特·巴纳德（C. Barnard，1886—1961）。巴纳德以最高经营者的经验为基础，一方面对组织和管理问题进行研究；另一方面又研究社会学和系统论，把社会学和系统论用到管理理论上，创立了综合性的社会系统学派。他的代表作是1938年出版的《经理人员的职能》一书，被人称为美国管理文献中的经典著作。社会系统学派是从社会学的角度来分析各类组织。它的特点是将组织看作是一种社会系统，是一种人的相互关系的协作体系，它是社会大系统中的一部分，受到社会环境各方面因素的影响。

该学派的理论有以下一些要点：

**1. 组织是一个相互作用的系统**

巴纳德在《经理人员的职能》一书中指出：“组织不是集团，而是相互协作的关系，是人相互作用的系统。”简单地说，组织是一个协作的系统，是“两个或两个以上的人，有意识协调的活动和效力的系统。”他认为这个定义适用于各种类型的组织。组织的差异在于物质和社会的环境、成员的数量和种类、成员向组织提供的贡献等。组织由人组成，而这些人的活动是互相协调的，因而成为一个系统。一个系统要作为一个整体来对待。系统有各种级别，一个组织内部的各个部门或子系统是低级系统，由许多系统组成的整个社会，是一个高级系统。这个系统能否继续生存，取决于：①协作的效果，即能否顺利完成协作目标；②协作的效率，即在达到目标的过程中，是否使协作的成员损失最小而心理满足较高；③协作目标能适应协作环境。

**2. 正式组织的存在必须具备三个条件**

巴纳德认为，作为正式组织的协作系统，不论其级别的高低和规模的大小，都包含三个基本要素：①共同目标。这是组织的基本要素。有共同的目标，就可以统一决策，统一组织中各个成员的行动。没有明确的共同目标，成员的协作意愿就无从产生。这种共同目标必须被组织的各个成员所接受。为了组织的生存和发展，必然适应环境的变化，及时对组织目标做出相应的改变。如果组织目标无法达到，组织必然趋于崩溃。②协作的意愿。这是组织不可缺少的要素。所谓协作意愿，是指组织成员愿意为组织的目标做出贡献的意志。没有协作意愿，就无法把个人的努力一致起来，也无法使个人的努力持久下去，从而组织的目标也无法达到。③信息联系。组织的一端是共同目标，另一端是参与组织的具有协作意愿的成员，把这两数端联结起来，进行调节，使组织成为动态过程。共同目标即使存在，如果不通过信息联系使组织中的成员对此目标有所了解，是没有意义的。而为了使组织的成员有协作的意愿，能合理地行动，也必须有良好的信息联系。所以，一切活动都是以信息联系为基础的。此外，他还指出，在正式组织内部还存在着非正式组织。

**3. 经理人员的职能**

巴纳德认为，经理人员有三种基本的职能：第一，建立和维持一个信息联系的系统；第二，从组织成员那里获得必要的服务；第三，制定和规定组织的目标。由此可见，组织中经理人员的作用，就是在协作系统中作为相互联系的中心，并对协作的努力进行协调，以便组织能够维持运转。

**（二）决策理论学派**

决策理论学派是从社会系统学派中发展而来的，其代表人物是美国卡内基—梅隆大学的两位教授赫伯特·西蒙（H. A. Simon）和马奇（J. G. March），他们的代表作有《管理决策新科学》和《组织》等。

决策理论学派的主要观点有以下几个方面：

**1. 管理就是决策**

西蒙认为，决策和管理是同义词，组织就是作为决策者的个人所组成的系统。一个组织的任何一个成员的第一个决策，就是参加或者不参加这个组织。而在他参加组织后，他的个人目标就开始让位于组织的目标，他个人的某些决策权就开始移交并融合于组织的决策过程。从组织的全部管理活动来看，其主要过程、主要环节都少不了决策，计划是决策，组织是决策，控制是决策，所以，西蒙等人认为，管理就是决策，决策贯穿于管理的全过程。

**2. 决策的准则和标准**

西蒙等人认为，决策的准则应该是合理和优化。但一项行动或决策是否合理，必须具备某些条件：

（1）必须有明确的目标，并且需要采取积极的行动才能达到这些目标。

（2）必须对在现有环境和限定条件下去达到目标的方针有清楚的认识。

（3）必须有一定的情报资料作为决策的依据，并能够以预定目标去分析和评价抉择方案。

（4）必须有探索用最好的办法来解决问题的强烈愿望，并能选出最满意的方案。

此外，西蒙等人认为，决策中完全的合理性是难以做到的，在大多数情况下，我们只要能取得“令人满意的”或“足够好的”决策结果就行了，没有必要也不可能按照“最优化”准则来做出决策。

**3. 决策的过程和技术**

西蒙等人认为，决策的制定过程包括四个阶段：第一，找出制定决策的理由，即

搜集情报；第二，找到可能的行动方案；第三，在各种行动方案中找出一个可行的方案；第四，对已进行的抉择进行评价。

关于决策的技术，西蒙认为，根据决策活动是否重复出现，可以把决策区分为程序化决策和非程序化决策。程序化决策是指一些重复出现的例行工作，这类活动的决策可以建立一定的决策程序，每当出现这类工作或问题时，就利用既定的程序来解决，不需要重新研究。非程序化决策是指一些不重复出现的例行活动，处理这类问题没有一成不变的方法和程序，须用个别方式加以处理。他对程序化决策和非程序化决策技术进行的分析和研究，无疑对协助企业经理人员的决策较为可行，并为今后对人工智能等问题的深入研究提供了基础。

### （三）经验主义学派

这个学派主张通过分析经验（通常也就是一些案例）来研究管理问题，因此经验主义学派又称案例学派。经验主义学派的代表人物是美国学者彼得·德鲁克（Peter F. Drucker）、欧内斯特·戴尔（E. Dale）、威廉·纽曼（W. Newman）、小阿尔弗雷德·斯隆（A. P. Sloan）等人。其中以德鲁克最为著名。他们认为应该从企业管理的实际出发，以大企业的管理经验为主要研究对象，通过研究各种各样成功和失败的管理案例，就可以了解怎样管理。德鲁克的主要代表作有《管理实践》、《有效的管理者》、《管理：任务责任和实践》等。这一学派的主要观点大致如下：

（1）作为企业主要领导的经理，其工作任务着重于两方面：①造成一个“生产的统一体”，有效调动企业各种资源，尤其是人力资源作用的发挥；②经理做出每一项决策或采取某一行动时，一定要把眼前利益与长远利益协调起来。

（2）对建立合理组织结构问题普遍重视。如德鲁克认为，当今世界上管理组织的新模式可以概括为以下五种：①集权的职能性结构；②分权的联邦式结构；③矩阵结构；④模拟性分散管理结构；⑤系统结构。他还强调，各类组织要根据自己的工作性质、特殊条件以及管理人员的特点，来确定本组织的管理结构，切忌照搬别人的模式。

（3）对科学管理和行为科学理论重新评价。这一学派中的许多人提出，科学管理和行为科学理论都不能完全适应企业实际需要，只有经验学派将这二者结合起来，才真正实用。

（4）提倡实行目标管理。1954 年德鲁克在《管理的实践》一书中首先提出目标管理的建议，其后又有许多管理学者共同参与了这一研究。

总之，经验主义或案例学派并未形成完整的理论体系，其内容也比较庞杂，但其中的一些研究反映了当代社会化大生产的客观要求，是值得注意的。

### （四）系统管理学派

系统管理学派是应用系统理论的范畴、原理，全面分析和研究企业和其他组织的管理活动和管理过程，重视对组织结构和模式的分析，并建立起系统模型以便于分析。这一理论是卡斯特（F. E. Kast）、罗森茨威克（J. E. Rosenzweig）和约翰逊（R. A. Johnson）等美国管理学家在一般系统论的基础上建立起来的，其理论要点主要有：

（1）企业是由人、物资、机器和其他资源在一定的目标下组成的一体化系统，它的成长和发展同时受到这些组成要素的影响，在这些要素的相互关系中，人是主体，其他要素则是被动的。

（2）企业是一个由许多子系统组成的、开放的社会技术系统。企业是社会这个大系统中的一个子系统，它受到周围环境（顾客、竞争者、供货者、政府等）的影响，也同时影响环境。它只有在与环境的相互影响中才能达到动态平衡。在企业内部又包含着若干子系统，它们是：①目标和准则子系统，包括遵照社会的要求和准则，确定战略目标；②技术子系统，包括为完成任务必需的机器、工具、程序、方法和专业知识；③社会心理子系统，包括个人行为和动机、地位和作用关系、组织成员的智力开发、领导方式，以及正式组织系统与非正式组织系统等；④组织结构子系统，包括对组织及其任务进行合理划分和分配、协调他们的活动，并由组织图表、工作流程设计、职位和职责规定、章程与案例来说明，还涉及权力类型、信息沟通方式等问题；⑤外界因素子系统，包括各种市场信息、人力与物力资源的获得，以及外界环境的反映与影响等。此外，还有一些子系统，如经营子系统、生产子系统，等等。这些子系统还可以继续分为更小的子系统。

（3）运用系统观点来考察管理的基本职能，可以提高组织的整体效率，使管理人员不至于只重视某些与自己有关的特殊职能而忽视了大目标，也不至于忽视自己在组织中的地位与作用。

### （五）管理过程学派

管理过程学派又称作业学派，追根溯源，它的创始人是古典组织理论的创立者亨利·法约尔。这一学派的主要代表人物是美国的管理学者哈罗德·孔茨（Harold Koontz）和西里尔·奥唐奈等人。他们的代表作是合著的《管理学》一书。这一学派的特点是把管理学说同管理人员的职能，也就是同管理人员从事工作的过程联系起来。他们认为，不论组织的性质多么不同（有营业性的、政府的、宗教的等），所处的环境多么不同，但管理人员的职能是共同的。

孔茨与奥唐奈把管理解释为“通过别人使事情做成的职能”。他们认为，管理人员的职能有计划、组织、人事、指挥、控制五项，并按此来分析、研究、阐明管理理论。他们指出，有人认为这些职能是按顺序执行的，但事实上管理者是同时执行这些职能的。他们强调，这些职能中的每一种都对组织的协调有所贡献，但协调本身并不是一种独立的职能，而是有效地应用了这五种管理职能的结果。他们对每个职能按以下几个基本问题进行分析：①这个职能的性质和目的是什么？②它的结构上的特性是什么？③它如何执行？④在它的领域里，主要的原则和理论是什么？⑤在它的领域里，最有用的技术是什么？⑥执行这一职能有什么困难？⑦完成这一职能的环境是怎样造成的？

他们认为，一切最新的管理思想都能纳入上述的结构中去。管理理论就是环绕这样的结构，把通过长期的管理实践积累起来的经验、知识综合起来，提炼出管理的基本原则。这些原则对改进管理实践是有明显的价值的。

孔茨等人认为，管理理论要吸收社会学、经济学、生理学、心理学、物理学和其他科学的技术和知识，它们是与管理工作者有关的。但是不能把这些学科的所有领域都包括到管理理论中去，因为科学的进步要求把知识分门别类，有所区别。

### （六）管理科学学派

西方的管理科学学派又叫管理中的数量学派，可以看作是运筹学的同义语。管理

科学学派认为，管理就是制定和运用数学模型和程序的系统，就是用数学符号和公式来表示计划、组织、控制、决策等合乎逻辑的程序，求出最优解，以达到企业的目标。他们开拓了管理学的另一个广阔的研究领域，使管理从定性的描述走向了定量的预测阶段。管理科学有以下几个特点：用系统观点分析各种功能关系；应用多学科交叉配合的方法；应用模型和定量化来解答问题；随着情况的变化而修改模型。

### （七）权变管理学派

权变理论是20 世纪70 年代在西方流行的一个管理学派，该学派的代表人物有弗雷德·卢桑斯、情景管理的创导人霍尔德·卡莱尔和罗伯特·莫克勒等。

所谓权变，就是指权宜应变。该理论认为，在管理中要根据环境和内外条件随机应变，没有一成不变普遍适用的“最好的”管理理论和方法。这一理论的核心是力图研究组织的各子系统内部和各子系统之间的相互联系，以及组织和它所处的环境之间的联系，并确定各种变数的关系类型和结构类型。权变管理就是根据环境的变量与管理思想和管理技术因变量之间的函数关系来确定的一种有效的管理方式。

## 知识基础二 现代管理理论的新发展

进入20 世纪90 年代，现代管理理论的最新思潮当数公司再造理论和学习型组织理论。有人甚至认为这是管理的革命，将导致传统管理理论与实践出现全面的革新，迎来全新的管理天地。

### （一）公司再造

美国管理学者迈克尔·哈默（Michael Hammer）和詹姆斯·钱皮（James Champy）于1994 年出版了《公司再造》（Reengineering The Corporation：A Manifesto For Business Revolution）这一惊世著作。该书一出版便引起管理学界和企业界的高度重视，迅速流传开来。

哈默与钱皮认为，工业革命两百多年以来，亚当·斯密的分工理论始终主宰着当今社会中的一切组织，大部分的企业都建立在效率低下的功能组织上。公司再造的基本思想是根据信息社会性的要求，彻底改变企业的本质，抛开分工的旧包袱，将硬生生拆开的组织架构，如生产、营销、人力资源、财务、管理信息等部门，按照自然跨部门的作业流程，重新组装回去。显然这样一种重新组装是对过去组织赖以运作的体系与程序的一种革命。这种革命将是美国企业恢复竞争力的唯一希望，也是面向未来的唯一选择。例如，福特汽车公司在取得日本马自达公司25%的股权之后，经过观察，福特的主管人员发现，马自达公司的物资采购部门全部的财务会计工作，竟然只用了5 个人来承担，而福特汽车公司同样的部门却用了500 多人，与马自达公司区区5 个人相比，简直有天壤之别。就算福特公司借助办公自动化，降低了两成的人事费用，仍旧无法和马自达公司精简的人事管理相提并论。其根本的不同之处在于两者作业流程的不同，因此修正这种流程就成为提高企业效率的根本。然而修正流程不能仅从财务部门具体做起，而要从整个企业的流程改革着手。

流程的改革得以建立在信息技术高度发展的今天，这是因为信息技术的发展使得效率不一定产生于分工，而有可能产生于整合之中。事实上，现代组织面临的各种管理问题已经很难将其确立为一个专业性的问题，因而将其交给一个分工性的职能部门处理已经不妥，也难使其有效处理此类问题。为了针对某一类问题而特设部门进行专门负责处理，则使得本来已经膨胀了的组织机构更加臃肿，这又会使管理成本上升，协调困难，效率降低。在信息技术发达的今天，人们已经准备了对综合性问题进行整合性处理的方案，这也就是流程革命可以进行的基础。

### （二）学习型组织

美国管理学者彼得·圣吉（Peter Senge）于 1990 年出版了《第五项修炼——学习型组织的艺术与实务》，这本著作一经出版立即引起轰动。彼得·圣吉以全新的视野来考察人类群体危机最根本的症结所在，认为我们片面和局部的思考方式及由此所产生的行动，造成了目前切割而破碎的世界，为此需要突破线性思考的方式，排除个人及群体的学习障碍，重新就管理的价值观念、管理的方式方法进行革新。

#### 资料链接

如果将一个企业比作一棵大树，学习力就是大树的根，也就是企业的生命之根，这就是树根理论。

彼得·圣吉提出了建立学习型组织的五项修炼，认为这五项修炼是学习型组织的必备技能。

第一项修炼：自我超越。“自我超越”的修炼要求人们在学习时不断深入并加深个人的真正愿望，集中精力，培养耐心，并客观地观察现实。它是学习型组织的精神基础。自我超越需要不断认识自己，认识外界的变化，不断地赋予自己新的奋斗目标，并由此超越过去，超越自己，迎接未来。

第二项修炼：改善心智模式。“心智模式”是指根深蒂固于每个人或组织之中的思想方式和行为模式，它影响人或组织如何了解这个世界，以及如何采取行动的许多假设、成见，甚或是图像、印象。个人与组织往往不了解自己的心智模式，故而对自己的一些行为无法认识和把握。改善心智模式就是要把镜子转向自己，先修炼自己的心智模式。

第三项修炼：建立共同愿景。如果有任何一项理念能够一直在组织中鼓舞人心，凝聚一群人，那么这个组织就有了一个共同的愿景，就能够长久不衰。如国际商用机器公司的“服务”，宝丽来公司的“立即摄影”，福特汽车公司的“提供大众公共运输”，苹果电脑公司的“提供大众强大的计算能力”等，都是为组织确立共同努力的愿景。建立共同愿景就是要求组织能够在今天与未来环境中寻找和建立这样一种愿景。

第四项修炼：团队学习。团队学习的有效性不仅在于团队整体会产生出色的成果，而且其个别成员学习的速度也比其他人的学习速度快。团队学习的修炼从“深度会谈”开始。“深度会谈”是一个团队的所有成员，提出心中的假设，从而实现真正一起思考的能力。“深度会谈”的修炼也包括通过学习找出有碍学习的互动模式。

第五项修炼：系统思考。组织与人类的其他活动一样是一个系统，受到各种细微且息息相关的行动的牵连而彼此影响着，这种影响往往要经年累月才完全展现出来。我们作为群体的一部分，置身其中而想要看清整体的变化，非常困难。因此第五项修

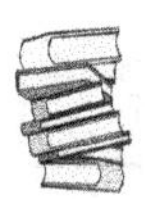

炼，是要让人与组织形成系统观察、系统思考的能力，并以此来观察世界，从而指导我们正确地行动。

## 项目小结

在人类历史上，自从有了有组织的活动，就有了管理活动。管理理论的形成和发展可以划分为三个阶段：早期管理活动或实践阶段、管理思想的萌芽阶段、管理理论的形成阶段。早期管理活动或实践阶段是指从人类社会产生到18世纪中叶这一历史阶段。管理思想的萌芽阶段是指从18世纪中叶到19世纪末这一历史阶段。管理理论的形成阶段是指从19世纪末20世纪初开始直到现在这一历史阶段。这一阶段又可以划分为古典管理理论、行为科学的管理理论和现代管理理论三个阶段。

古典管理理论主要由泰罗的“科学管理理论”和法约尔的“一般管理理论”等组成。其研究的重心是探讨如何提高企业中的劳动生产率。

行为科学的管理理论主要研究组织中人的行为问题。它的前期研究成果称作“人际关系学说”，后期的研究主要由激励理论和“人性”理论等组成。

现代管理理论主要研究企业组织如何与环境之间保持动态平衡。由于研究角度的差异，出现了诸多流派，形成了各种观点。

## 思考与练习

1. 单选题

（1）法约尔提出的组织中平级间的横向沟通被称为（　　）。

A. 等级原则　　B. 协商原则　　C. 跳板原则　　D. 秩序原则

（2）以下（　　）不属于泰罗的科学管理理论内容。

A. 工作定额　　B. 标准化

C. 合理报酬　　D. 计划与执行相分离

（3）管理应随机而变，不存在普遍适用的最好的技术和方法，该观点属于(　　)。

A. 权变学派　B. 经验主义学派　C. 社会系统学派　D. 管理科学学派

2. 多选题

社会系统学派的创始人巴纳德认为，正式组织的存在必须具备的条件有（　　）。

A. 明确目标　B. 有效控制　C. 协作意愿　D. 信息沟通　E. 良好关系

3. 判断题

（1）X 理论认为，一般人缺乏进取心，逃避责任，甘愿听从指挥，安于现状。（　　）

（2）甘特对科学管理理论的主要贡献是提出了经济人假设。（　　）

4. 问答题

（1）简述科学管理理论的主要内容。

（2）一般管理理论的主要观点有哪些？

（3）简述人际关系学说的主要观点。

## ■应用案例

### 张瑞敏和海尔

一个人在茫茫沙漠中跋涉，终于遇到绿洲。可是他不能停下看看绿洲，还是得继续跋涉——前边，仍然是茫茫沙漠……

“这个人，就是现在的我。我感到残酷。”历时数十载，终于创造了今日辉煌的海尔集团 CEO 张瑞敏如是说。

他是新中国的同龄人，1949 年 1 月生于青岛。“文化大革命”中属“老三届”，“顶班”父亲当了工人。历任班组长、车间主任、厂长、家电公司副总经理。1984 年临危受命，接手海尔。初到任时，为了借钱给工人过春节，与有钱的朋友豪饮，大醉。这年春节，工人领到了工资，每人还有 5 斤鱼。

也是 1984 年，张瑞敏第一次出国。在德国超市，他看不到一种“中国制造”的商品。主人为了取悦这位年轻的中国商人，盛赞起中国的烟花来。他高兴不起来，只觉得心里在流血：十亿中国人哪，怎么直到今天还在吃老祖宗“四大发明”的老本！就从这时起，他开始了“残酷”的跋涉，再也没有“好日子”过了。

20 世纪 80 年代中期，“出口创汇”成为中国企业家们的目标，同时也成为一种时髦。张瑞敏不愿意赶时髦，他的想法明显地与众不同，比较超前。他为海尔确定的主导方向是：“为创国际名牌而出口。”因为在他看来，出口和创国际名牌完全是两回事。如果一味地借用别人的牌子，不创自己的牌子，或者大量地倾销原料和半成品，低价换取外汇，即使出口量很大，也没有任何意义。

出奇终于使张瑞敏制胜。如今，海尔产品已全线进入美、德、日、法、澳等经济发达国家。电冰箱在德、美是亚洲出口第一，洗衣机出口日本第一，空调器出口欧盟第一。在大规模出口发达国家的影响下，发展中国家的市场迎刃而解，经销商纷纷上门争夺海尔产品的经销权。

1997 年 2 月，世界最大的家电博览会在德国科隆举行，海尔占了中国展位的一半。“引起轰动的不是这件事，而是我们在会上向 12 个国家的经销商颁发海尔产品专营证书。”张瑞敏说起当时的情景时不无兴奋，“在照相留念时，我们坐在前排，几十个外国经销商手持专营证书，站在后面。”连一位中央领导在海尔看到这幅照片时也感慨不已：“不要看中国人在前面坐着，坐着才意味着真正站起来。”包括英特尔总裁葛洛夫在内，一些国外的企业家曾经诚恳地分析过中国的企业现状。他们认为：华人这个民族对财富几乎有一种与生俱来的创造力，但华人似乎对组织的运作缺乏足够的热情与关注。

在这方面，张瑞敏无疑是个例外。对于组织的运作，他是超乎寻常的热情与关注。“中国从 20 世纪 80 年代初引进日本的管理，但并不成功，重要之点是只注重形式，忽视了思想和内容。”他说。当年，他第一个抡起铁锤，砸烂质量有问题的冰箱，轰然砸醒了员工：有缺陷的产品就是废品。

他的海尔创造了 OEC 管理法（overall every control and clear）：全面地对每个人、每一天、每件事进行控制和清理，“精细化，零缺陷”。

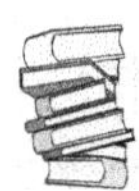

他还认为，管理中国企业只能用中国式的管理模式。他制定的公式是：日本管理（团队意识和吃苦精神）+美国管理（个性舒展和创新竞争）+中国传统文化中的管理精髓=海尔管理模式。

他把实现管理的“最高层次自主管理”作为自己的目标，说：“海尔的管理并不是为了达到某个数字标准，而是提升整个企业的凝聚力，增强每个职工的责任感。”

1995年5月，成立近80年的松下电器公司首次带着自己的企业文化来中国交流。这家公司的参事薄信兴听了海尔的企业文化介绍，参观了空调器厂。在紧张整洁有序的生产现场，工人们全神贯注的工作状态、墙上各种精细的统计报表、职工合理化建议箱、攻关揭榜栏等使他大为震惊：“在海尔这样的企业介绍松下的管理，我感到紧张和信心不足……松下得加油干，不然就赶不上海尔了！”

大家都说，海尔的成功是因为有了一个张瑞敏。而了解海尔的人往往又有一个相同的结论：只要张瑞敏在海尔，海尔就尽可放心。可张瑞敏却说：“并非如此。我在海尔与海尔一定健康发展不能简单画等号。你可能把企业做上去，你又可能把它做垮，成也萧何，败也萧何，这种事例不单中国，在世界上也举不胜举。一着不慎，企业就可能垮在自己手上。”也就是这个原因，他只能让自己永远不停地跋涉着。

对于张瑞敏，工商界有三个疑问：第一，他是“老三届”加上三年业余学习，没有学院派背景，哪来的现代企业管理知识和超人的智慧？第二，与有颇多微词的诸多企业领导人大相径庭，他在上下内外，人缘极佳，几乎是没有争议的人物，是不是有点不可思议？第三，他也是20世纪80年代创业，90年代崛起，好多人都倒下了，为什么他这么稳，这么“长寿”？

张瑞敏读了不少书，是企业家中少有的“饱学之士”。他还写得一手好文章，逻辑严谨，文字颇佳。“海尔是海”——张瑞敏曾以此为题著文，抒发了“有容乃大，无欲则刚”的博大情怀，也显露了心中拥着惊涛骇浪，雷霆万钧的非凡气魄。他时时事事就是这么一个人：静而不止，智而不诈，勇而不刚，诚而不僵。他所驾驭的海尔就是这么一个企业：不跟“热点”，不凑热闹，不追求“轰动效应”，不朝令夕改，静处从容，无所畏惧，直面市场。

“海尔学不了。”好多考察过海尔的人都这么说，“因为海尔有个张瑞敏，张瑞敏是唯一的。”“唯一的”张瑞敏，其全部秘密就在于：他是一个集古今智慧的思想者，一个儒化的企业家，一个有东方式修养的现代人。

**思考题：**

张瑞敏的哪些品质使他成了一名优秀的管理者？如何描述张瑞敏进行计划、组织、领导和控制的方法？他的管理方法在哪些方面应用了本项目所介绍的管理理论？

## 项目实训

**实训目的：**

综合运用常见的几种管理理论。

**实训内容：**

经过考察，你发现学校附近地区的餐饮是一个很有潜力的市场，你决定开设一家饭店，主要目标客户就是和你一样的在校大学生。在开设这样一家饭店之前，有以下几个问题是你必须要仔细考虑的：学校附近已经有了一些各种档次的饭店，你如何与他们展开竞争？你的优势是什么？如何来实现和保持你的这些优势？设想一下，你现在还是一片空白，为了让你的饭店尽快成立起来，你要做哪些事情？这些事情的先后顺序是什么？当饭店已经成立，开始正常营业后，可能出现什么问题？你准备如何解决？回顾一下，你在这个过程中，如何体现了管理的四项职能？在整个活动中，如何用管理理论解决遇到的实际问题？

**实训要求：**

策划运营方案应包括可行性分析、组织架构、管理制度、运营方案等部分，请分条目进行说明。

**实训考核：**

提交设计方案，分组考核。

# 项目三　管理环境

## 知识目标

◆熟悉管理环境的相关概念与管理环境的分类。
◆掌握组织一般环境的组成和各组成因素的作用。
◆了解组织特殊环境的组成和各组成因素的作用。
◆掌握组织内部环境的组成和各组成因素的重要性。
◆了解环境管理的要求与方法。

## 能力目标

◆学会探讨管理一般环境的方法。
◆掌握详细分析组织面对的经济环境的方法。
◆掌握分析企业特殊环境的方法。
◆学会管理环境综合分析与利用。

## 导入案例

### 南京菲亚特将浴火重生

在急速发展的中国车市，南京菲亚特汽车有限公司（下称“南京菲亚特”）成为汽车合资企业中“硕果仅存”的亏损户，矛盾、摩擦，一直在中外股东间上演。商务部网站援引一个消息称，近期，南汽集团与菲亚特汽车集团达成一致。南汽集团、菲亚特汽车集团分别拟追加近30亿元投资，以加快南京菲亚特的发展。菲亚特在世界市场逐步复兴，却在中国市场停滞不前，其高层难免倍感压力。

**危机化解？**

据悉，菲亚特已经说服江苏省和南京市有关政府部门通过银行向南汽贷款，南汽将用这笔资金与菲亚特共同增资南京菲亚特。虽然具体追加投资额度还未最后明确，但可以肯定的是，上述新增资金将首先用于南京菲亚特下一款新车型D200的生产。此前，菲亚特曾以“把该车型转交奇瑞生产”向南汽施压。菲亚特曾打算5年内陆续向南京菲亚特投入5亿欧元，以实现其2010年产销30万辆的战略目标。追加的投资额度虽有可能低于预期，但事情总算有了回旋的余地。危机的化解，是双方让步的结果。此前，南汽不愿增资南京菲亚特，资金紧张只是一个因素，另一个方面，是对菲亚特与奇瑞合作，并把阿尔法·罗密欧车型放在奇瑞生产不满。菲亚特早就有计划将该车型引进中国生产，但是由于南京菲亚特的经营一直不见起色，上述想法一直未能付诸实施，这才把目光投向了奇瑞。据了解，菲亚特与奇瑞的渊源始于发动机。2006 年 10 月底，菲亚特和奇瑞签订合作备忘录，奇瑞将向菲亚特提供 1.6 升和 1.8 升汽油发动机，用于在中国境内和境外生产的菲亚特汽车。随后双方的谈判内容不断扩展，直至谈到合资事项。但不管如何，谈判的结果，让南汽争取到了 D200 的生产资格而对菲亚特与奇瑞在其他层次上展开合作也只能默认，毕竟南汽的大部分重心放在名爵项目上，正所谓己所不欲，勿施于人。

**菲亚特攻势**

原本以为将陷入僵局的谈判，结果却出人意料，这与菲亚特的积极周旋和协调密不可分。"再拖两年也许菲亚特品牌就在中国市场上结束了。"菲亚特中国董事长孟斐璇在上海车展期间说出担忧，"这种对等投资的拖延和不作为已令菲亚特无法承受。"有关数据显示，近几年，在增长超过 20% 的中国车市，南京菲亚特销量持续下滑。去年其总销量仅为 30 668 辆，在国内份额仅有 0.7%。今年 1—5 月，南京菲亚特累计产量仅为 9 805 辆，同比下滑 35.7%；累计销量为 9 296 辆，同比下跌 37.4%。菲亚特品牌在中国处于被边缘化的危险地带。以目前的态势看，要在短时间内实现 8 倍的产销增长无异于天方夜谭。

南京菲亚特如欲东山再起，则必须对其输入新鲜血液，包括资金、新车型和人才。在资金方面，根据菲亚特的测算，要达成目标，菲亚特将向中国市场投资至少 5 亿欧元，约合 55 亿人民币，菲亚特要求南汽也能对等出资。但在南汽全力押宝名爵无力增资南京菲亚特的前提下，菲亚特只能唱"独角戏"。前段时间，不时有事关菲亚特与南汽矛盾激化、将重新调整中国战略的消息见诸报端。也有评论称，菲亚特此举只是为了增加自己的谈判筹码，并非想真正远离南京菲亚特。另据《中华人民共和国中外合资企业法》的相关法律规定，菲亚特若要提前从南京菲亚特撤退，必须经南汽同意，并报请审查批准机关批准，仅就这一点，就会遭到不小的阻力。菲亚特的另一个方案是，寻找顶替南汽的合作伙伴。但是，菲亚特寻找"接盘手"的努力并不顺利，虽然其一直希望奇瑞重组南京菲亚特，但在奇瑞"可以合资，但要控制权"的原则下，菲亚特的热情只是一厢情愿。不过，有分析人士称，菲亚特牵手奇瑞是迟早的事，只是合作方式还有待商榷。

新增和奇瑞的合作，增资南京菲亚特，新成立的采购中心和地区总部将负责在中国的零部件采购、整车进口和投资业务，这是菲亚特未来在中国的主要布局。在中国重塑菲亚特品牌刻不容缓，市场留给它的时间已经不多。

本案例告诉我们：组织存在于一定的环境之中，环境会对组织产生种种影响力，因此，管理者必须对环境的内容和影响力进行确定、评价。组织的环境，无论是宏观环境还是微观环境，时时刻刻都在发生变化，组织本身也在不断发生变化，管理者的活动要受到组织内外各种因素的影响。这要求管理者在进行组织管理时，时时关心纷繁复杂的环境变化，进行更为恰当和有效的管理。

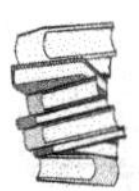

# 任务一　认知管理环境

管理是一种活动或过程。人类的活动离不开外部环境和内部条件，管理活动也必然受外部环境和内部环境的制约。一个有效的组织必须适应环境，融入环境。不能够及时适应环境的变化往往会导致一个组织走向衰亡。我国古代著名的军事战略家孙武曾经说过："知己知彼，百战不殆。"这里的"知己知彼"就是了解外部和内部环境。因此，管理者必须要充分重视管理的外部环境和内部环境的影响作用，了解外部环境和内部环境的构成，处理好管理与环境的关系，使企业的管理成本达到最低，才能有良好的经济效益。

## 知识基础一　企业与管理环境

### （一）企业与管理环境的关系

任何企业都是在一定环境中从事活动的，任何管理也都要在一定的环境中进行，这个环境就是管理环境。管理环境的特点制约和影响管理活动的内容和运行。管理环境的变化要求管理的内容、手段、方式、方法等随之调整，以利用机会，趋利避害，更好地实施管理。

**小词典**

管理环境是指存在于社会组织内部与外部的影响管理实施和管理效果的各种力量、条件和因素的总和。管理环境是组织生存发展的物质条件的综合体，它存在于组织界限之外，并可能对管理当局的行为产生直接或间接影响。

企业与环境之间存在着密切的联系。一方面，环境是企业赖以生存的基础。企业经营的一切要素都要从外部环境中获取，如人力、材料、能源、资金、技术、信息等，没有这些要素，企业就无法进行生产经营活动。同时，企业的产品也必须通过外部市场进行营销，没有市场，企业的产品就无法得到社会承认，企业也就无法生存和发展。环境能给企业带来机遇，也会造成威胁。问题在于企业如何去认识环境、把握机遇、避开威胁。另一方面，企业是一种具有活力的社会组织，它并不是只能被动地为环境所支配，而是在适应环境的同时也对环境产生影响，推动社会进步和经济繁荣。企业与环境之间的基本关系，是在局部与整体的基本架构之下的相互依存和互动的动态平衡关系。因此，企业必须研究环境，主动适应环境，在环境中求得生存和发展。

**1．企业与管理环境间的关系**

（1）对应关系。企业组织是社会系统中的子系统，企业与社会存在着对应的关系。每一个企业都是一个微缩了的小社会。企业的管理与环境之间同样存在着相互对应的关系。任何企业都不可能脱离其相对应的环境而独立的存在。

（2）交换关系。企业与环境之间不断地进行着物质、能源和信息的交换，而这种交换必然会影响到企业的管理，从而形成了企业管理与环境的交换关系。

（3）影响关系。企业的管理受环境的影响和制约；同时，企业的管理也会反作用于环境，向环境施加影响。

**2. 组织如何处理好与环境间的关系**

（1）了解认识环境。环境因素多种多样，且有较大的复杂性和不确定性。作为管理者，必须深入地了解、认识环境，尤其是要掌握与本组织及自身管理有关的静态的、动态的环境信息，把握环境发展的趋势与规律，了解关于环境的各种因素与变量，对各种环境变化做到心中有数，始终保持对环境的动态监视与整体把握。

（2）分析判断环境。在充分了解掌握大量环境信息的基础上，要对各种环境因素进行深入的分析和判断。只有经过分析判断，才能够确定环境对本组织有哪些影响，影响的性质是什么，影响的程度有多大，带来的有利因素和不利因素有哪些，管理上采取什么对策，等等。在对环境的分析判断中，既要着眼于微观任务环境，又要着眼于宏观一般环境；既要研究动态环境，又要研究静态环境；既要考虑当前的具体工作，又要把握全局的政策方向。

（3）能动地适应环境。在了解、分析、掌握环境因素的基础上，在管理中能动地适应环境，并根据环境的变化不断地调整内部组织机构与经营管理策略，创造和把握组织生存发展的机会，这是管理者的重要职责，也是其能力和水平的重要表现。企业组织在适应环境方面可以采取以下策略：合理选择经营领域；聘请合适的管理人员强化管理；密切关注环境变化，加强计划和预测；建立缓冲机制，有效规避风险；调整职位和部门，提高组织的有机化程度。

**（二）管理环境的分类**

一般来讲，以组织界线（系统边界）来划分，可以把环境分为外部环境和内部环境，而组织外部环境又可分为外部一般（宏观）环境和外部特殊（具体）环境。

**1. 外部环境**

组织外部环境，又称为组织社会环境，它是影响企业生存和发展各种外部因素的总和。组织外部环境是存在于组织界限以外的一切与本组织发生相互作用的因素。组织的外部环境又分为宏观环境和微观环境两个层次。

（1）宏观环境。宏观环境又称为组织的一般环境。宏观环境是指可能对组织绩效起着潜在影响的各种宏观因素。宏观环境因素包括：政治环境、经济环境、技术环境、社会文化环境和自然环境等。还包括那些能影响组织但其联系尚不清楚的条件。例如，计算机光盘已能够容纳一个大书架图书的内容，对于出版社（商）来说，这是一般环境中的一种情况，它对图书产业的影响尚不十分清楚，但它的潜在作用将会是非常大的。因此，管理者须认真分析组织的一般环境。这些因素对企业及其微观环境的影响力较大，一般都是通过微观环境对企业间接产生影响的。

（2）微观环境。微观环境又称为组织的特殊环境、组织的具体环境。微观环境是指与实现组织目标直接相关的那部分外部因素，它是由对组织绩效产生积极或消极影响的关键顾客群或关键要素组成的。具体环境对每一组织而言都是不同的，并随条件的变化而变化。包括市场需求、竞争环境、资源环境等，涉及行业性质、竞争者状况、消费者、供应商、中间商、政府机构、公共组织及其他社会利益集团等多种因素，这些因素会直接影响企业的生产经营活动。例如，一家军工企业将严重依赖国家的国防

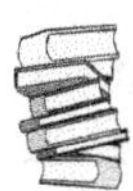

预算与防务合同，因此，国防部就处于其具体环境中。需要注意的是，由于组织的目标定位不同，对一个组织的发展有重大影响的具体环境因素，对于另一个组织可能根本不重要，即使最初看起来它们是同一类型的组织。

但是，随着时间的变化，一般环境与具体环境是可以相互转化的，一个具体环境因素经过一段时间会转变成一般环境因素，反之亦然。

**阅读资料**

### 组织外部环境对组织的影响

组织外部环境是指组织所处的社会环境，外部环境影响着组织的管理系统。组织的外部环境，实际上也是管理的外部环境。外部环境可以分为一般外部环境和特定外部环境。一般外部环境包括的因素有：社会人口、文化、经济、政治、法律、技术、资源等。一般外部环境的这些因素，对组织的影响是间接的、长远的。当外部环境发生剧烈变化时，会导致组织发展的重大变革。特定外部环境因素主要是针对企业组织而言的，包括的因素有：供应商、顾客、竞争者、政府和社会团体等。特定外部环境的这些因素，对企业组织的影响是直接的、迅速的。外部环境从总体上来说是不易控制的，因此它的影响是相当大的，有时甚至能影响到整个组织结构的变动。对外部环境做分析，目的是要寻找出在这个环境中可以把握住哪些机会，必须要回避哪些风险，抓住机遇，健康发展。组织作为一个开放的系统，必然时刻与环境进行物质、能量、信息的交换。

外部环境与管理相互作用，一定条件下甚至对管理有决定作用。外部环境制约管理活动的方向和内容。无论什么样的管理目的，管理活动都必须从客观实际出发。脱离现实环境的管理是不可能成功的。“靠山吃山，靠水吃水”在一定程度上反映了外部环境对管理活动的决定作用。同时外部环境影响管理的决策和方法。当然，管理对外部环境也具有能动的反作用。

对非政府组织来说，政治环境包括一个国家的政治制度，社会制度，执政党的性质，政府的方针、政策、法规法令等。文化环境包括一个国家或地区的居民文化水平、宗教信仰、风俗习惯、道德观念、价值观念等。经济环境是影响组织特别是企业的重要环境因素，它包括宏观和微观两个方面。宏观经济环境主要指一个国家的人口数量及其增长趋势、国民收入、国民生产总值等。通过这些指标能够反映国民经济发展水平和发展速度。微观经济环境主要指消费者的收入水平、消费偏好、储蓄情况、就业程度等因素。科技环境反映了组织物质条件的科技水平。科技环境除了直接相关的技术手段外，还包括国家对科技开发的投资和支持重点；技术发展动态和研究开发费用；技术转移和技术商品化速度；专利及其保护情况等。自然环境包括地理位置、气候条件及资源状况。地理位置是制约组织活动一个重要因素。

**2. 内部环境**

组织内部环境，又称组织内部条件。组织内部环境是组织内部物质和文化因素的总和。一般包括组织经营条件和组织文化两大部分。

（1）组织经营条件。组织经营条件是指组织所拥有的各种资源的数量和质量情况，主要包括组织结构、人力资源、物力资源、财力资源以及资金与科研力量等方面。由于各个组织的经营条件有较大差异，管理者必须分析研究本组织的内部特征，制定相应的组织目标和管理风格。

(2) 组织文化。组织文化是一个组织在长期的实践活动中所形成的并且为组织成员普遍认可和遵循的具有本组织特色的价值观念、团体意识、工作作风、行为规范和思维方式的总和。它既受社会文化的影响又有自己相对的独立个性，这些个性特征往往是相对稳定和持久的，因此会使组织管理活动带有浓厚的个性色彩。

另外，如果根据环境系统的特性来划分，则可将环境划分为简单—静态环境、复杂—静态环境、简单—动态环境和复杂—动态环境四种类型。组织环境对组织的生存和发展起着决定性作用。科学划分组织环境的类型，有利于我们更清楚地认识环境、把握环境。

组织环境是一个组织生存的外部条件，它对一个组织的管理业绩方面有着极其重要的影响。在当代，由于全球化的影响，组织赖以生存的外部环境越来越趋于多变、剧变，因此管理者必须非常重视对环境因素的了解和认识。

组织环境对组织的形成、发展和灭亡有着重大的影响。组织环境为某些组织的建立起到积极的促进作用，例如，蒸汽机技术的出现导致了现代工厂组织的诞生。某些环境的变化为组织的发展提供了有利条件。相反，由于某些组织未能适应环境的变化，因而已不复存在。在当代和未来，组织的目标、结构及其管理等只有变得更加灵活，才能适应环境多变的要求。

组织与环境的关系，不是组织对环境做出单方面的适应性反应，组织对环境也具有积极的反作用。主要表现为：组织主动地了解环境状况，获得及时、准确的环境信息；通过调整自己的目标，避开对自己不利的环境，选择适合自己发展的环境；通过自己的力量控制环境的状况和变化，使之适应自己活动和发展，而无需改变自身的目标和结构；可以通过自己的积极活动创造和开拓新的环境，并主动地改造自身，建立组织与环境新的相互作用关系。另外，组织对环境的反作用也有消极的一面，即对环境的破坏。这种消极的反作用又会影响组织的正常活动和发展。

## 知识基础二　组织环境的特性

组织环境是组织系统所处的环境，这种环境是与组织及组织活动相关的、在组织系统之外的一切物质和条件的统一体。

组织环境是相对于组织和组织活动而言的，只有相对于组织和组织活动的外部物质和条件才具有组织环境的意义。在人类产生之前，自然界就客观存在，只有当人类通过分工协作形成了自己的社会活动，从而也产生了对这些活动的管理之后，自然界的一部分与人类的这种活动相关联，才成为组织环境。因而，组织环境的性质与内容都与组织和组织活动息息相关：与一定经济组织的经济管理活动相联系的是经济组织环境；与一定军事组织的军事管理活动相联系的是军事组织环境；与一定教育组织的教育管理活动相联系的是教育组织环境等。这些组织环境都是与一定组织和组织活动相对应的。组织环境具有以下一些性质：

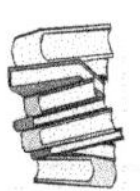

（1）客观性。组织环境是客观存在的，它不随着组织中人们的主观意志为转移，不管你想不想、愿意不愿意，组织环境都是客观存在的，而且它的存在客观地制约着组织的活动。作为组织环境基础的自然的和社会的各种条件是物质实体或物质关系，它们是组织赖以存在的物质条件，对组织来说是一种客观存在的东西。

（2）系统性。组织环境是由与组织相关的各种外部事物和条件相互有机联系所组成的整体，它也是一个系统。我们可以将它称为组织的外部系统。组成这个系统的各种要素，如自然条件、社会条件等相互关联，形成一定的结构，表现出组织环境的整体性。组织所处的社会是一个大系统，组织的外部环境和内部环境构成了不同层次的子系统。任何子系统都要遵循它所处的更大系统的运动规律，并不断进行协调和运转。人们的管理活动就是在这种整体性的环境背景中进行的。

（3）动态性。组织环境的各种因素是不断变化的，各种组织环境因素又在不断地重新组合，不断形成新的组织环境。组织系统既要从组织环境中输入物质、能量和信息，也要向组织环境输出各种产品和服务，这种输入和输出的结果必然要使组织环境发生或多或少的变化，使得组织环境本身总是处于不断地运动和变化之中。这种环境自身的运动就是组织环境的动态性。因此，组织必须及时修订自己的经营方案，以适应不断变化的环境，通过调整组织系统输入输出的结果，来促使组织环境更加有序化地朝着有利于组织系统生存和发展的方向运动。

组织环境的客观性、系统性、动态性等特征说明了组织环境本身就是一个有着复杂结构的运动着的系统。正确分析组织所面临的环境中的各种组成要素及其状况，这是任何一个管理者进行成功的管理活动所不可缺少的前提条件。

## 任务二　认知组织的一般环境分析

任何企业的经营活动，都是在市场中进行的，而市场又受国家的政治、经济、社会文化、技术的限定与影响。所以，企业从事生产经营活动，必须从环境的研究与分析开始。

**小词典**

企业环境分析是指通过对影响企业经营的各种内外因素和作用的评估、平衡，以辩证、系统的观点，审时度势，适时采取对策，做出适应环境的动态抉择，趋利避害，以维持企业生存，促进企业发展。也就是实现企业外部环境、企业内部条件及综合动态平衡的结合。

### 知识基础一　组织的一般环境（宏观环境）

#### （一）组织的一般环境（宏观环境）分析

宏观环境一般包括四类因素，即政治、经济、社会文化、技术，简称PEST（political、economic、social、technological）。另外还有自然环境，即一个企业所在地区或市场的地理、气候、资源分布、生态环境等因素。由于自然环境各因素的变化速度较慢，企业较易应对，因而不作为重点研究对象。

一般环境对一个组织的影响尽管不那么直接，但其变化对组织将来的生存和发展可能产生潜在的重大影响。现从经济、政治、社会文化、技术与自然地理环境五个方面来分析组织的一般环境。

**1. 经济环境**

经济环境是指构成企业生存和发展的社会经济状况及国家的经济政策。具体包括社会经济制度、经济结构、宏观经济政策、经济发展水平以及未来的经济走势等。其中，重点分析的内容有宏观经济形势、行业经济环境、市场及其竞争状况。衡量经济环境的指标有：国民生产总值、国民收入、就业水平、物价水平、消费支出分配规模、国际收支状况，以及利率、通货供应量、政府支出、汇率等国家财政货币政策。

### 资料链接

#### 推动企业经营环境不断改善

2006年以来，中国的企业经营环境有没有变化？金融危机以后，中国企业的经营环境出现了怎样的变化？

2006年、2008年、2010年，中国经济改革研究基金会国民经济研究所（NERI）和中国企业家调查系统（CESS）联合对中国企业经营环境做了三次跟踪调查，不久前，调研成果结集出版，《中国各省企业经营环境指数2011年报告》一书对我国各省、自治区、直辖市的企业经营环境总体状况和各方面状况进行评价和比较，并对每个省份各方面横向和纵向的变动原因及趋势进行了分析。

日前，该书的两位作者——中国经济改革研究基金会国民经济研究所所长樊纲、中国经济体制改革基金会国民经济研究所副所长王小鲁分别在北京和上海针对该调研成果进行了主题演讲。

王小鲁表示，一方面，这是给各个省市自治区的企业经营环境进行评分和排序，是横向的比较；另一方面，运用一致的评分口径、计算方法，跨年度的变化能反映各省份企业经营环境的改善或者退步，是纵向的比较。纵横交织的坐标体系下的研究，一能为各级政府提供政策调整的参考依据，二能为研究者提供实际可用的数据，三能为企业、投资者提供有价值的信息，帮助他们决策。

一个组织的经济环境通常包括经济周期、市场条件、财税金融政策、资源条件等方面的影响因素。

（1）经济周期。经济的发展并非呈直线型，而是在周期性波动中有所发展。周期性波动是市场经济条件下国民经济总需求与总供给等宏观经济总量矛盾运动的结果，反映在市场上表现为繁荣与收缩的交替，反映在消费上表现为旺盛与低落的更迭，反映在就业上是扩张与缩减的轮换，等等。这些变化对管理的影响是很大的，组织必须在上述变化中及时调整自己的管理思想和方法，以适应经济的周期性波动。

（2）市场条件。市场是每个组织与外部发生各种联系的媒介和实际表现舞台。组织活动所需要的各种人力、物力、技术和信息等资源要不断从市场输入，同时又要不断地向市场输出自己的产品、人才和劳务。因此市场的繁荣与疲软，市场体系的完善

程度和竞争的激烈程度，都会给组织发展造成不同的环境压力。价格是市场的信号，市场环境中的价格波动将直接影响组织的经济核算与效益状况。比如通货膨胀不但会搞乱企业生产计划的实施，而且它通过对原材料、劳动力和其他生产费用的影响而使各类组织管理受到严重干扰。

（3）财税金融政策。财税金融政策是国家宏观管理的经济手段。政府通过金融政策来控制信贷以引导组织发展方向；政府通过税收政策来调节国家、企业、个人的收益比例，以保证利益合理分配；银行通过调整利率影响社会投资方向和组织财务核算。这些手段都会形成一定的经济压力或吸引力，制约着微观组织管理活动。

### 资料链接

**江苏出台《关于改善中小企业经营环境的政策意见》 小微企业融资难有望缓解**

日前，江苏省政府对外发布《关于改善中小企业经营环境的政策意见》，共计18条，旨在帮助中小企业特别是小型微型企业解决当前融资难、税费负担偏重等实际困难和问题，进一步改善其经营环境。

（4）资源条件。自然资源和人力资源是社会经济活动的必要条件。不同国家或同一国家的不同地区都客观地存在着这两种资源的鲜明差异，任何组织的管理都必须在自己所具有的客观条件下进行。

组织外部的经济环境与政治环境往往是密不可分的，如政府的经济政策本应属于政策法规的政治范畴，但是其功能是直接影响经济环境的。

**2. 政治环境**

政治环境是指那些影响和制约企业的政治要素和法律系统，以及其运行状态。在稳定的政治环境中，企业能够通过公平竞争获取正当权益，得以生存和发展。国家的政策法规对企业生产经营活动具有控制、调节作用，相同的政策法规给不同的企业可能会带来不同的机会或制约。政治环境主要指一国的政治体系、政治军事形势、思想体系、方针政策、法律制度及执法体系等因素。

**3. 技术环境**

技术环境是指与本企业有关的科学技术现有水平、发展趋势和发展速度，以及国家科技体制、科技政策等。如科技研究的领域、科技成果的门类分布及先进程度、科技研究与开发的实力，等等。在知识经济兴起和科技迅速发展的情况下，技术环境对企业的影响可能是创造性的，也可能是破坏性的，企业必须预见这些新技术带来的变化，采取相应的措施予以应对。

在科学技术高速发展的时代，任何一个组织（特别是企业）从物资设备到工作手段与途径，无不与技术密切相关。技术是一个涵盖很广的概念，它既包括一切科学知识，也包括行事的方法和技能。各行各业的组织要跟上时代发展，就必须在产品、劳务、销售各方面采用最新技术。技术进步将成为组织生命力的源泉。所以，没有哪个组织的成绩与效率会不受技术与技术进步的影响。技术与管理有密切关系，科学的管理本身就运用了现代化技术。只有大力推广现代化管理技术，才能大幅度提高管理工

作效率。

**4．社会文化环境**

社会文化环境是指企业所处地区的社会结构、风俗习惯、宗教信仰、价值观念、行为规范、生活方式、文化水平、人口规模与地理分布等因素的形成与变动。所以，文化环境是以人为核心的社会文化、教育等因素，也可以说是人文素质环境。社会文化环境对企业的生产经营有着潜移默化的影响，如文化水平会影响人们的需求层次；风俗习惯和宗教信仰可能抵制或禁止企业某些活动的进行；人口规模与地理分布会影响产品的社会需求与消费等。

例如，美国是西方文化类型的国家，长期流动的狩猎生活培养了美国具有“流动性”、“个人主义”的文化特征，因此美国企业管理便形成一种倾向于理性科学管理的“硬”管理模式；而日本是一个东方文化类型的单一民族，人们长期密集定居从事农业耕种，形成了日本社会崇尚团体、注重和谐的文化特征。美国的硬管理方法被吸收进入日本文化氛围之后，经历了融合改造变成了建立在信任、亲密、微妙基础上的非理性软管理模式。每个组织在学习吸收外国、外地管理经验时，都必须考虑跨文化的移植改造问题。

**5．自然地理环境**

自然地理环境主要是指企业经营所处的地理位置及其气候条件和资源状况等自然因素。自然环境包括地理位置、气候条件及资源状况。地理位置是制约组织活动一个重要因素。

### （二）一般环境的特征

组织一般环境有以下特征：

（1）波动性。即一般环境经常发生变化而且难以预测。

（2）不可控性。即一般环境的变化不受单个企业的控制。

（3）差异性。即一般环境对不同类型的企业影响各不相同。

（4）复杂性。构成组织一般环境的因素是多方面的、复杂的。

（5）交叉性。构成组织一般环境的各种因素是相互依存和相互制约的。

（6）变动性。组织一般环境因素是不断变化的。各种因素往往综合地对市场环境发生影响，具体反映在市场环境变化上。

### （三）组织与一般环境的关系

**1．一般环境对组织的作用**

（1）决定性作用。一般环境是组织存在的前提，具体的要素环境直接地决定组织的生存和发展。

（2）制约作用。一般环境作为外部条件对组织的生存和发展起着限制和约束作用。

（3）影响作用。某一事物行为对其他事物或周围的人或社会行为的波及作用。

**2．组织对环境的适应**

组织对环境的适应，主要是指组织对其一般环境的觉察和反应。任何组织要达到自己既定的目标，都必须采取积极的态度，积极主动地适应环境的变化。

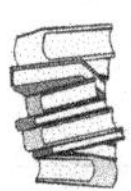

# 任务三　认知组织的特殊环境分析

对于不同的组织有一般的共同环境，同时也要在一定的特殊领域内活动。一般环境对不同类型的组织均产生某种程度的影响，而与具体领域有关的特殊环境则直接、具体地影响着组织的活动。企业需要面对的特殊环境包括现有竞争对手、潜在竞争对手、替代品生产情况及用户和供应商的情况等。

组织的微观环境就是组织生存与发展的具体特定环境。与宏观环境相比，微观环境因素更能够直接地给一个企业组织提供更为有用的信息，同时也更容易被企业所识别。

**（一）环境的不确定性**

依据企业所面临环境的复杂性（指环境构成要素的类别与数量）和动态性（指环境的变化速度及这种变化的可观察和可预见程度）这两项标准，将组织环境划分为四种不确定性情形：

（1）低不确定性：简单和稳定的环境。

（2）较低不确定性：复杂和稳定的环境。

（3）较高不确定性：简单和动态的环境。

（4）高不确定性：复杂和动态的环境。

**（二）外部特殊环境分析**

外部特殊环境又可称为外部具体环境、行业环境、小环境，它是对某一类或某一个特定的组织直接产生具体影响的外部环境。与一般环境相比，具体环境对组织的影响更为直接和具体，因此，绝大多数组织也都更为重视其具体环境。

每一个组织的特定环境都各不相同，并且随着情况的变化而发生变化。不同的组织有不同的具体环境。例如，一家大型超级市场与诸如顾客、供货商等环境有着日常频繁的接触；它与地方政府、物价部门、治安部门、质量监督部门也存在着不很频繁但仍然很直接的联系；它还和当地劳务市场、当地其他的商店和超市发生联系和相互作用。这些特定环境是组织的决策者必须考虑的决策环境，同时也给决策的制定提出了约束条件。外部特定环境包括输入环境、输出环境和竞争环境。

**1．输入环境**

一个企业的输入环境是指为其提供各类资源的市场环境，包括提供资源的人或单位，也可以说是组织的资源供应者。它包括原料市场、原材料供应商、中间产品制造商、债权人、能源市场、资金市场、人才市场、技术市场等方面。对大多数组织来说，金融部门、政府部门、股东是其主要的资金供应者，学校毕业生就业指导部门、劳动人事部门、各类人员培训机构、人才市场、职业介绍所是其主要的人力资源供应者，各新闻机构、情报信息中心、咨询服务机构、政府部门是主要的信息供应者，大专院校、科研机构、发明家是技术的主要源泉。

每个企业的正常生产运营都需要包括资金、人才、技术、机器、建筑物、原材料、中间产品、能源、办公设备等各种资源（或称为资本、要素），这些资源的可获得性和获得价格是约束企业发展的重要因素。一个企业如果和它的竞争者相比，拥有更多资源或资本，那么在竞争中就会占据更有利的地位。企业能否按照计划及时地、保质保量地获得必要的生产要素，将关系到企业能否维持正常的生产，能否满足客户的需求，能否顺利实现企业的经营战略目标等重大问题。再者，企业获取这些资源时的价格将关系到企业的经营成本，关系到企业的利润水平。

由于组织在其运转的每一个阶段中，都依赖于供应者的资源供应，一旦主要的资源供应者发生问题，就会导致整个组织运转的减缓或中止。因此，管理者一般都力图避免在不了解供应者的情况下进行有关决策。为了避免陷入困境，在战略上一般都努力寻求所需资源的稳定供应，并避免过分依赖于一两个资源供应者。

**2. 输出环境**

一个企业的输出环境包括它的产品市场、分销商、零售商、最终用户等方面。输出环境分析就是要研究用户的需求潜力、产品的市场容量、分销商和零售商的状况，以及最终用户的特点等内容。对输出环境的深入了解和准确预测，可以提高企业决策的可靠性，降低决策的风险。

服务对象或顾客是指一个组织为其提供产品或劳务的人或单位，如企业的客户、商店的购物者、学校中的学生和毕业生用人单位、医院的病人、图书馆的读者等，都可称其为相应组织的服务对象。企业取得成功最重要的因素之一是顾客，没有顾客，企业就无法生存下去，顾客是企业的“衣食父母”。企业只有满足顾客的需要，顾客才会来购买企业的产品。因此，输出环境分析中最核心的问题就是对顾客的研究。对组织来说，顾客显然是一个不确定的因素，不仅每个顾客的需要是各不相同的，而且同一个顾客的需要也是随时间不断变化的，它受到很多因素的影响。随着顾客的消费向着个性化方向发展，任何企业都必须考虑为顾客不同的、不断变化的需要服务。

输出环境分析主要研究以下一些内容：

(1) 市场需求研究：包括市场容量的大小、总需求中有支付能力的需求有多大、暂时没有支付能力的潜在的需求有多大、需求的种类和结构、需求量的预测等。

在商品经济条件下，环境向企业提出的需求主要表现为市场需求。市场需求包括现实需求和潜在需求。现实需求是指顾客有支付能力的需求，潜在需求是指处于潜伏状态的、用于某些原因不能马上实现的需求。现实需求决定企业目前的市场销量，而潜在需求则决定企业未来的市场。

(2) 顾客研究：包括客户的类型（企业、机关、团体、家庭或个人等）、结构（年龄结构、文化程度结构、性别结构、职业结构等）、地域分布、顾客的购买力、影响购买力的因素、影响因素的变化趋势、顾客的价格谈判能力、顾客购买力的预测等。

(3) 中间销售商研究：包括销售商的经济实力、销售能力、类型和销售方式、销售渠道和对象、信誉状况、销售成本等。

**3. 竞争环境**

竞争是市场经济的基本特征和基本的运行机制。企业要想在竞争中立于不败之地，必须对竞争对手有一个比较透彻的了解，正所谓“知已知彼，百战不殆”。一个企业的竞争环境包括现有的和潜在的行业竞争者、替代品制造商等方面。

竞争环境包括竞争规模、竞争对手实力与数目、竞争激烈化程度等。一个组织的

竞争对手是指与其争夺资源、服务对象的人或组织。任何组织都不可避免地会有一个或多个竞争对手。如：苹果公司的对手有 IBM、联想集团等，铁路运输有公路、水路、航空运输甚至管道运输等与之竞争。

企业是在一定行业中进行生产经营活动的，研究企业外部环境必须掌握行业特点。行业分析主要包括行业概貌分析和行业竞争结构分析等方面。行业概貌分析主要掌握该行业所处的发展阶段、行业在社会经济中的地位、行业的产品和技术特征等。行业竞争结构分析主要掌握该行业的竞争态势。

行业的竞争性直接影响着企业的获利能力。美国著名学者波特认为，影响行业竞争结构及竞争强度的主要因素包括行业内现有企业、潜在的进入者、替代品制造商、供应者和顾客（产品购买者）这五种竞争力量（具体内容将在“项目六”中详细介绍）。

**阅读资料**

### 组织所在行业的成长性分析

组织所在行业的成长性、产品寿命周期是分析企业所在行业成长性的重要工具。所谓产品寿命周期是指某一种工业产品从完成试制、投放市场开始，直到最后被淘汰而退出市场为止所经历的过程。产品寿命周期通常按照产品在市场上销售的增长率状况划分为投入期、成长期、成熟期和衰退期四个阶段。

第一阶段为投入期，投入期也称介绍期、引入期、诞生期，指新产品试制成功投放到市场进行试销的阶段。第二阶段为成长期，成长期指新产品试销成功后转入成批生产和扩大市场销售额的阶段。第三阶段为成熟期，成熟期指产品销售额增长逐渐减缓乃至出现停滞甚至开始下降的阶段。第四阶段为衰退期，衰退期指产品在市场上的寿命趋于结束的阶段。

1. 现有竞争对手

行业内现有企业之间的竞争。这是通常意义下的竞争，主要竞争方式为价格竞争、广告战、新产品引进等。这种竞争的激烈程度取决于多种因素，如竞争者的多少及其力量的对比，行业发展的快慢，利润率的高低，行业生产能力与需求的对比，行业进入或退出障碍的大小等。当行业发展缓慢、竞争者多、产品同质性高、生产能力过剩、行业进入障碍低而退出障碍高时，竞争就会比较激烈。

（1）要了解现有竞争对手的基本情况，包括竞争对手的数量、地区分布、活动范围、竞争实力、规模、资金、技术力量等如何，对自己的威胁程度如何等。其中竞争实力可以用一些定量的指标来衡量。反映竞争实力的指标有很多，如从企业的销售额及其增长率可以看出企业竞争能力的发展趋势；市场占有率反映了在市场总容量中该企业所占的份额，该指标通常可以反映出企业产品在价格、性能、质量和售后服务等方面的综合竞争力；销售利润率反映了企业的经营成本、盈利能力，以及其持续发展能力。

（2）从这些现有的竞争对手中找出主要的竞争对手，并分析造成这种竞争威胁的主要因素，从而帮助企业制定新的竞争策略，以便提高自己的竞争实力。

(3) 了解和分析主要竞争对手的发展动向，预测其将会采取的竞争策略，以便企业尽早制定出应对措施。例如：肯德基与麦当劳、可口可乐与百事可乐、伊利与蒙牛、中央电视台与湖南电视台等著名公司、组织的竞争很值得我们研究和学习。

2. 潜在竞争对手

研究了现有的竞争对手后并不代表已掌握了所有竞争对手的情况。一个产业或产品的运作成功会引起其他行业和新创企业跃跃欲试，试图进入这一行业，成为新的竞争对手。因此，还必须分析潜在的竞争对手的情况。

潜在竞争者进入后，将通过与现有企业瓜分原有市场、激发新一轮竞争，对现有企业造成巨大的威胁。这种进入威胁主要取决于行业的吸引力和进入障碍的大小。行业发展快、利润高，进入障碍小，潜在竞争的威胁就大。进入障碍包括：规模经济，即新进入者规模不经济则难以进入；产品差异优势，新进入者与原企业争夺用户，必须花费较大代价去树立企业形象和产品信誉，一旦失败，将丧失全部投资；现有企业对关键资源的控制，一般表现为对资金、专利技术、原材料供应、分销渠道等关键资源的积累与控制，对新进入者形成障碍，现有企业的反击程度等。

3. 替代品制造商

替代品是指与本行业产品具有相同或相似功能的其他产品。如洗衣粉可以部分代替肥皂。替代品产生威胁的根本原因往往是它在某些方面具有超过原产品的优势，如价格低、质量高、性能好、功能新等。若替代品的盈利能力强，对现有产品的压力就大，会使本行业的企业在竞争中处于不利地位。

有些产品外观上或材料上与原产品不同，但功能上相同或相似，因而有可能替代原有产品与原产品争夺市场，造成新的威胁。例如，塑钢窗可作为木质窗的替代品，中密度纤维板可替代实木材料制作家具，长途汽车客运可与铁路客运和航空客运争夺市场。因此，研究替代品制造商或经营商也是很重要的。对替代品制造商的研究主要包括：分析哪些现有的或潜在的产品有可能替代本企业产品；通过分析功能/价格比等指标，判断哪些替代品有可能对本企业产品构成较大的威胁；分析有威胁的替代品制造商经营状况和发展动向。

4. 购买者的压力

购买者对本行业的竞争压力表现为购买要求提高，如要求低价、高质、优服务等；还表现为购买者利用现有企业之间的竞争对生产厂家施加压力。影响购买者议价的基本因素有：顾客的购买批量、对产品的依赖程度、改变厂家时的成本高低以及掌握信息的多少等。

5. 供应方的压力

企业从事生产经营所需各种资源一般都要从供应者处获得，供应者一般都要从价格、质量、服务等方面入手，以谋取更多的盈利，从而给企业带来压力。

6. 基于资源的竞争

资源是指企业从事生产经营活动应投入的所有资源，包括人、财、物、技术、信息等。资源环境包括各种资源开发利用状况、资源的供应状况、资源的发展变化情况等。

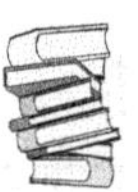

基于资源的竞争一般发生在许多组织都需要同一有限资源的时候，最常见的资源竞争是人才竞争、资金竞争和原材料竞争。对经济资源的竞争可能来自于不同类型的组织，而当各部门竞争有限资源时，该资源的价格就会上扬，例如，当资金紧缺时，利率就会上升；能源紧张时，煤炭、石油等的价格就会上涨。没有一个组织在管理中可以忽视其竞争对手，否则，就会付出沉重的代价。10 年前，电影院人满为患，而如今，电影放映业每况愈下，取而代之的是电视和 VCD、DVD。录放机同样被 MP3、MP4 等新型视听设备抛到了脑后。竞争对手是管理者必须了解并及时做出反应的一个重要的具体环境因素。

另外，来自政府和社团的直接有关的政策、法律、法令、要求等，也对行业及企业有直接约束和影响。

### （三）环境的合作性

早在几十年前，美国的福特汽车公司、德国的大众汽车公司、日本的日产汽车公司，它们一度都视对方为竞争对手。而时至今日，福特与大众已经联手在南美洲合作生产小轿车，日产公司也与福特公司联合在美国生产汽车。

## 任务四 认知组织的内部环境分析

组织的内部环境又称内部条件，是指构成企业内部生产经营过程的各种因素，并且体现为企业的总体经营与竞争能力。了解企业内部环境可以掌握企业内部条件的现状，找出影响企业成败的关键因素，辨别企业的优势和劣势，积极适应外部环境的变化，创造和获得成功的机会，避免和减少可能遇到的风险。

内部环境随着组织的诞生而产生，对组织的管理活动产生影响。内部环境决定了管理活动的可选择的方式和方法，而且在很大程度上影响到组织管理的成功与失败。在一定条件下它是可以控制和调节的。企业内部环境包括企业的物质环境和文化环境。它反映了企业所拥有的客观物质条件和工作状况以及企业的综合能力，是企业系统运转的内部基础。

因此，企业内部环境分析也可称为企业内部条件分析，其目的在于掌握企业实力现状，找出影响企业生产经营的关键因素，辨别企业的优势和劣势，以便寻找外部发展机会，确定企业战略。如果说外部环境给企业提供了可以利用的机会的话，那么内部条件则是抓住和利用这种机会的关键。只有在内外环境都适宜的情况下，企业才能健康发展。

影响管理活动的组织内部环境还包括：物理环境、心理环境、文化环境等。物理环境要素包括工作地点的空气、光线和照明、声音（噪音和杂音）、色彩等，它对于员工组织环境的工作安全、工作心理和行为以及工作效率都有极大的影响。物理环境因素对组织设计提出了人本化的要求，防止物理环境中的消极性和破坏性因素，创造一种适应员工生理和心理要求的工作环境，这是实施有序而高效管理的基本保证。心理环境指的是组织内部的精神环境，对组织管理有着直接的影响。心理环境制约着组织成员的士气和合作程度的高低，影响了组织成员的积极性和创造性的发挥，进而决定了组织管理的效率和管理目标的达成。心理环境包括组织内部和睦融洽的人际关系、人事关系、组织成员的责任心、归属感、合作精神和奉献精神等。组织文化环境至少有两个层面的内容，一是组织的制度文化，包括组织的工艺操作规程和工作流程、规章制度、考核奖励制度以及健全的组织结构等；二是组织的精神文化，包括组织的价值观念、组织信念、经营管理哲学以及组织的精神风貌等。一个良好的组织文化是组织生存和发展的基础和动力。

我们一般可以从企业资源状况、企业文化、企业能力状况等几个方面来了解企业内部环境。

## 知识基础一　企业资源分析

### （一）企业资源分析

企业的任何活动都需要借助一定的资源来进行，企业资源的拥有和利用情况决定其活动的效率和规模。企业资源包括人、财、物、技术、信息等，可分为有形资源和无形资源两大类。

（1）人力资源。人力资源包括人员的数量、素质和使用状况。人力资源分析的具体内容有各类人员（包括生产操作人员、技术人员、管理人员）的数量、技术水平、知识结构、能力结构、年龄结构、专业结构；各类人员的配备情况、合理使用情况；各类人员的学习能力及培训情况；企业员工管理制度分析等。人力资源对于任何组织都始终是最关键和最重要的因素。人力资源的划分根据不同组织、不同标准有不同的类型。比如企业人力资源根据他们所从事的工作性质的不同，可分为生产工人、技术工人和管理人员三类。

（2）物力资源。物力资源是指内部物质环境的构成内容，包括各种有形资产。物力资源分析就是要研究企业生产经营活动需要的物质条件的拥有情况以及利用程度。

（3）财力资源。财力资源是一种能够获取和改善企业其他资源的资源，对财力资源的管理是企业管理最重要的内容之一。财力资源分析包括企业资金的拥有情况、构成情况、筹措渠道和利用情况，具体包括财务管理分析、财务比率分析、经济效益分析等。财力资源是反映组织活动条件的一项综合因素，财力资源的状况决定组织业务的拓展和组织活动的进行等。

（4）技术资源。主要分析企业的技术现状，包括设备和各种工艺装备的水平、测试及计量仪器的水平、技术人员和技术工人的水平及其能级结构等。

（5）信息资源。信息资源包括的内容很多，如各种情报资料、统计数据、规章制度、计划指令等。信息资源分析现有信息渠道是否合理、畅通，各种相关信息是否掌握充分，企业组织现状、企业组织及其管理存在的问题及原因等。

## 知识基础二　企业文化和企业能力分析

### （一）企业文化分析

文化环境是指组织的文化体系，包括组织的精神信仰、生存理念、规章制度、道德要求、行为规范等。

企业文化分析主要是分析企业文化的现状、特点以及它对企业活动的影响。企业文化是企业战略制定与成功实施的重要条件和手段，它与企业内部物质条件共同组成了企业的内部约束力量，是企业环境分析的重要内容。

### （二）企业能力分析

企业能力是指企业有效地利用资源的能力。拥有资源不一定能有效运用，因而企业有效地利用资源的能力就成为企业内部条件分析的重要因素。

#### 1．企业能力分析的内容

企业能力可分为不同的类别，如按重要程度可分为一般能力和核心能力；按综合性可分为综合能力和专项能力；按内容可分为组织能力、社会能力、产品及营销能力、生产及技术能力、市场开拓能力和管理能力等。不同的能力有不同的分析重点，如产品及营销能力主要是分析产品的发展性、收益性和竞争性，市场营销的现状及潜力等，具体评价内容有产品质量、销售增长率、市场占有率、销售利润率、产品市场潜力等；生产及技术能力分析主要包括生产计划与组织、生产管理能力、生产技术装备水平、物资供应及工艺实施能力、技术开发能力等。

#### 2．企业核心能力

核心能力，是指企业独有的，能为顾客带来特殊效用、使企业在某一市场上长期具有竞争优势的内在能力。企业要形成和保持竞争优势，只拥有一般的资源和能力还不行，必须形成超出竞争对手的特殊技能和能力。它是企业在发展过程中逐渐积累起来的知识、技能及其他资源相结合而形成的一种体系（或者说是一组技能和技术的集合），是企业拥有的最主要的资源或资产。核心能力可以是技术，如索尼公司的微型化技术，摩托罗拉公司的无线通信技术，英特尔公司的芯片制造技术，佳能公司的光学镜片成像技术和微处理技术；也可以是管理和业务流程，如全球规模最大、利润最高的零售商沃尔玛公司的“过站式”物流管理模式，联邦快递公司能保证及时运送的后勤管理，宝洁公司、百事可乐优秀的品牌管理与促销，丰田公司的精益生产能力等；还可以是技术、经营、管理等能力的结合，如海尔的技术开发能力、质量保证能力和营销能力所构成的核心能力。核心能力的储备状况决定了企业的经营范围，特别是企业多角化经营的广度和深度。

企业核心能力的主要特征有下列几点。

第一，稀缺性。核心能力必须是企业所特有的，它能为企业带来超过平均水平的利润。

第二，难以模仿性。核心能力是竞争对手难以模仿的能力。它是企业中不同单位和个人相互作用的结果，是通过协调和组织企业生产技术方面的资源而获得的。这种能力在发展过程中，通过自身的学习和积累，可以不断得到强化，从而使竞争优势得到巩固和持续。所以，核心能力很难被竞争对手模仿而丧失。

第三，价值优越性。核心能力能很好地实现顾客所看重的价值，如能显著地降低成本、提高产品质量、提高服务效率、增加顾客效用等，从而使企业在创造价值和降低成本方面比竞争对手更优秀。

第四，可延展性。核心能力能够同时应用于多个不同的任务，使企业在较大范围内满足顾客的需要。如夏普公司的液晶显示技术在笔记本电脑、袖珍计算器、大屏幕电视显像技术等领域得到运用；日本本田公司的核心能力的基础是发动机设计和制造，它支撑了小汽车、摩托车、割草机和赛车的制造。

从上述特征可以看出，企业核心能力就像一棵大树的树根，树的主干是企业的核心产品，树的枝叶就是企业的最终产品。若遇上突然的变故折断了树干，但只要核心能力这个树根还在，企业就有可能东山再起。因此，核心能力是企业长期竞争优势的源泉，企业必须不断地培育和发展自身的核心能力。

分析企业核心能力的着重点是：①本企业的核心能力是什么？现状如何？②企业核心能力是否能奠定和维持企业的竞争优势？③如何开发和培育企业的核心能力？

## 项目小结

企业从事生产经营活动，必须从环境的研究与分析开始。企业环境是指与企业生产经营有关的所有因素的总和。客观性、动态性、系统性及变异性是其主要特点。企业环境可以分为外部环境和内部环境两大类，企业与环境之间存在着密切的联系。一方面，环境是企业赖以生存的基础。企业经营的一切要素都要从外部环境中获取，如人力、材料、能源、资金、技术、信息等。企业的产品也必须通过外部市场进行营销。同时，环境能给企业带来机遇，也会造成威胁，企业必须认识环境、把握机遇、避开威胁。另一方面，企业是一种具有活力的社会组织，它并不是只能被动地为环境所支配，而是在适应环境的同时也对环境产生影响，推动社会进步和经济繁荣。企业与环境之间的基本关系，是在局部与整体的基本架构之下的相互依存和互动的动态平衡关系。因此，企业要实现良好管理，首先必须全面地、客观地分析和掌握内外部环境的变化，以此为基础和出发点来制定企业的经营目标及实现目标的途径和手段。

以组织界线来划分，可以把组织环境分为外部环境和内部环境，而组织外部环境又可分为外部一般（宏观）环境和外部特殊（具体）环境。组织外部环境是存在于组织界限以外的一切与本组织发生相互作用的因素。组织的外部环境又分为宏观环境和微观环境两个层次。

组织的宏观环境又称为组织的一般环境。宏观环境是指可能对组织绩效起着潜在影响的各种宏观因素。宏观环境因素包括：政治环境、经济环境、技术环境、社会文化环境和自然地理环境等。微观环境又称为组织的特殊环境、组织的具体环境。微观环境是指与实现组织目标直接相关的那部分外部因素，它是由对组织绩效产生积极或消极影响的关键顾客群或关键要素组成的。组织内部环境又称组织内部条件。组织内部环境是组织内部物质和文化因素的总和。一般包括组织经营条件和组织文化两大部分。

企业组织文化是企业内部环境的一种重要表现形式，它对企业的发展有促进的积极功能和阻碍的消极功能两方面影响。

## 思考与练习

1．单选题

（1）根据产品生命周期理论，处于（　　）时期的产品面临更为激烈的竞争。

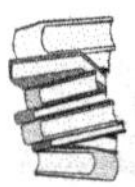

A. 投入期　　B. 成长期

C. 成熟期　　D. 以上三个时期差不多

（2）面对动态环境、竞争加剧的世界经济，管理者必须考虑环境因素的作用，以便充分理解与熟悉环境，从而能够做到有效地适应环境并（　　）。

A. 进行组织变革　　B. 保持组织稳定

C. 减少环境变化　　D. 推动环境变革

（3）《产品质量法》、《消费者权益保护法》都属管理环境中的（　　）因素。

A. 社会文化环境　B. 顾客　C. 政治和法律环境　D. 科技环境

（4）（　　）的企业文化是最为稳固的、深刻的，也是最重要的。

A. 整体　B. 表层　C. 中层　D. 深层

（5）如果组织环境的构成要素经常变动，我们称之为（　　）。

A. 简单环境　B. 复杂环境　C. 动态环境　D. 稳定环境

（6）医院、大学和保险公司所处的环境是（　　）。

A. 简单和动态的环境　　B. 复杂和稳定的环境

C. 简单和稳定的环境　　D. 复杂和动态的环境

2. 判断题

（1）环境是企业赖以生存的基础。（　　）

（2）组织外部环境是影响企业生存和发展各种外部因素的总和。（　　）

（3）自然资源和人力资源是社会经济活动的必要条件。（　　）

（4）国家安全与国防建设是政治环境中十分重要的因素。（　　）

（5）财政、税收和金融政策是国家宏观管理的经济手段。（　　）

（6）研究了现有的竞争对手后并不代表已掌握了所有竞争对手的情况。（　　）

（7）资源是指企业从事生产经营活动应投入的所有资源，包括人、财、物、技术、信息等。（　　）

（8）信息资源包括的内容很多，如各种情报资料、统计数据、规章制度、计划指令等。（　　）

3. 问答题

（1）何谓企业环境的管理？

（2）管理环境有哪些类别？

（3）企业与组织环境有哪些关系？

（4）企业的核心能力是什么？它有哪些特征？

## ■应用案例

### 21世纪开店成功之路

21世纪是造就老板的世纪，独立开店、自己给自己当老板成了许多人的梦想。然而，你能开什么店？店怎么开？

**一、为什么想开店**

感性创业者。多属感情用事型，常被某些经营成功的店面吸引，店内的温馨气息及井然有序的布局，常使其情绪高涨，对开店过于乐观。

理性创业者。又可分为两类：一是水到渠成型，这类人拥有专业技能，科班出身，从基础做起，经历公司各项营运阶段，实力强；二是停、看、听型，他们不急于投入，心中对开店仍存疑惑，想通过各种渠道进行了解，找寻最好的方式。

## 二、开店成功率有多高

美国对于开店成功率曾进行过调查，结果显示，加入加盟体系开店成功者约为80%，独立开店成功者比例约占20%。专家认为，店面经营成功之道，“技术”是基本的生存条件：真正能让店面落地生根，充足的竞争力是不可或缺的；留意市场信息，关注新形态消费文化及特性，才能在消费者偏向理性思考的情形下，免于落入削价竞争的恶性循环中。

## 三、开什么样的店

若你浑身充满创造力，内心热情如火，外表光芒万丈，可考虑经营自助火锅店、传统小吃店、便当外送等餐饮服务业。

若你酷好精致有品位的物品，二手精品店、手工艺专卖店及小型咖啡屋，能让你一展雄才。

若你极度敏感，有爱家、恋家情结，托儿所、幼儿园将是你的最爱。

若你常常跟着感觉走，时时设身处地地为人着想，宠物店、花店、园艺店正需要你这种特性。

另外，还须思考个人性格特征、兴趣，清楚手头上握有的资金数目，进一步了解你所要开设的店面，是否因为业态属性不同，需有特殊能力，如：业务开拓能力、表达能力，并对即将投入业种的适应度做逐一评估，如工作时段、工作时间长度及工作进行方式。专家建议在尚未决定开店业种时，应多参与加盟业者举办的说明会，听听不同业种的声音，并亲自听听开店的酸甜苦辣。

## 四、用什么方式开店

是单打独斗，自己开店？或是邀亲友合伙？抑或是进入加盟体系，由总部提供开店资源？专家认为，若所开设的店面，与过去工作经验有关，并曾担任经营管理职务，可考虑独立开店。但若无经验，选择合适的加盟体系，从中学习管理技巧，也不失为降低经营风险的好方法。此外，合伙投资开店，日后须有面对股东意见分歧与权责划分的勇气。合伙最好避免2人组合，而以3人为佳，最多不超过5人。

## 五、开店前斟酌哪些投资要素

开店前应进行充分的调查。一般来讲，开店之前的市场调查包括以下几个方面：

店铺周围环境如何。环境的好坏有两种含义。一种含义是指店铺周围环境状况。比如有的饮食店开在公共厕所旁或附近，不远处便是垃圾堆、臭水沟或店门外灰尘飞舞，或邻居是怪味溢发的化工厂等，这便是恶劣的开店环境。另一种含义是指店铺所处位置繁华程度。一般来讲，店铺若处在车站附近、商业区域人口密度高的地区或同行集中的一条街上，这类开店环境应该具有比较大的优势。另外，三岔路口、拐角的位置较好，坡路上、偏僻角落、楼屋高的地方位置欠佳。

交通条件是否方便。顾客到店后，停车是否方便；货物运输是否方便；从其他地

段到店乘车是否方便等。交通条件方便与否对店铺的销售有很大影响。

周围设施对店铺是否有利。有的店铺虽然开在城区干道旁，但干道两边的栅栏，却使生意大受影响。因此在选择临街铺面时，要充分注意这点。如何选择呢？典型街道有两种：一种是只有车道和人行道，车辆在道路行驶，视线很自然能扫到街两边铺面；行人在街边行走，很自然进入店铺。但街道宽度若超过30米，则有时反而不聚人气。据调查研究，街道为25米宽，最易形成人气和顾客潮。另一种典型街道：车道、自行车和人行道分别被隔开，其实这是一种封闭的交通，选择这种位置开店也不太好。

服务区域人口情况。一般来讲，开店位置附近人口越多，越密集越好。目前很多大中城市都相对集中形成了各种区域，比如商业区、旅游区，大学区等，在不同区域开店应注意分析这种情况。

目标顾客收入水准。在富人聚集的地段开设首饰店、高档时装店便是瞅准了目标顾客高收入这一特点。城市周边建设的各种商业别墅群或有档次的小区，都是富人聚集的地方。

影响开店位置的因素很多，因素也千差万别。为什么有的偏僻小巷的店铺生意年年兴隆，而有的繁华地段的店铺经营艰难，这正应了一句哲语：具体情况具体分析。位置的好坏，是相对的而非绝对的。生意的好坏不仅仅取决于店铺位置，还与店铺经营内容、经营方式、服务、形象均有密切关系。开店，绝非跟着感觉走就万事大吉，只有理性和感性合二为一，才能成功。

**思考题：**

结合本案例，分析创业要考虑的内外主要环境因素有哪些？

## 项目实训

**实训目的：**

系统掌握组织环境的管理与分析方法。

**实训内容：**

（1）以当地一个成功企业为例，试通过组织的一般环境、组织的特殊环境和组织的内部环境三个大的方面寻求其成功的经验，并写出调研报告。

（2）以当地一个失败企业为例，试用环境分析工具，提出转败为胜的建议，并写出建议计划书。

**实训要求：**

在寻求经验和提出建议时，应重点从组织的一般环境、组织的特殊环境和组织的内部环境三个大的方面找出主要的影响因素进行重点分析研究。

**实训考核：**

提交调研报告和建议计划书。

# 模块二　计划职能

## 项目四　计　　划

### 知识目标

◆理解计划工作的含义以及计划的重要性。
◆区别和分析各种不同类型的计划工作。
◆了解几种现代广泛应用的计划方法和技术。

### 能力目标

◆掌握计划工作的编制步骤。
◆掌握目标管理的基本理念和方法。

### 导入案例

**运筹帷幄**

汉高祖刘邦打败了楚霸王项羽，当了皇帝。评功的时候，把张良评为头功，元帅韩信听了，很不高兴，认为天下是自己带领士兵浴血奋战、一刀一枪打下来的，他张良坐在帐子里，怎么就拿了头功？刘邦听到了，说了一句著名的话：“运筹帷幄之中，决胜千里之外”，意思是说，正是因为张良在大帐里出谋划策，你韩信才能在千里之外取胜。韩信想了想没话说了。

## 任务一　认知计划

计划在所有的管理职能中是首要的、基本的职能，无论管理何种组织，事先都需要计划，有计划才能增强管理活动的目的性和主动性，减少盲目性。计划通过将组织在一定时期内的活动任务分解给组织的每个部门、环节和个人，从而不仅为这些部门、环节和个人在该时期的工作提供具体的依据，而且为决策目标的实现提供了保证。

### 知识基础一　计划的概念

在汉语中，“计划”一词词性既可以是名词，也可以是动词。从动词方面说，“计划”代表着各级管理者所要完成的一项活动。严格地说，“计划工作是一种预测未来、设立目标、决定政策、选择方案的连续程序，以期能够经济地使用现有的资源，有效

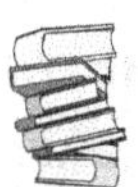

地把握未来的发展，获得最大组织成效”。由此可见，计划工作主要与未来有关，计划工作本身的目的就是力图使组织在将来获得最大的成效，这就需要正确地预测未来。因此，对过去的信息情报加以科学地分析，根据分析的结果和现在的条件对各种组织目标进行分析、制订和调整，确定、设计组织实现这些目标的各种可行方案，最后才能形成一个完整的计划。从名词方面说，“计划”就是指上述计划行动的成果，这些成果包括各种明确的书面化的使命和目标说明以及战略、政策、预算，等等。它是对未来行动方案的一种说明，它告诉管理者和执行者未来的目标是什么，要采取什么样的活动来达到目标，要在什么时间范围内达到这种目标，以及由谁来进行这种活动。任何完整的计划都包含上述全部内容。

不同的学者从不同的角度对计划进行了阐释：

摩尔认为，计划就是为我们所做的事情制定规则，避免迷惑与匆忙行动，充分利用资源并且减少浪费。也就是指明方向，减少因变化所带来的影响，使浪费和冗余减至最少，以及设立标准以利于控制。

比尔·理查德在《企业计划——战略管理的方法》一书中认为，计划是“对未来的预想及使其变为现实的有效方法的设计”，以及“对未来进行考察并制订行动计划”。

阿考夫认为，计划就是“对所追求的目标及实现该目标的有效途径进行设计”，并指出计划最主要的特征是其最后的倾向性。他还强调，自己作计划，不管计划得怎样不好，也强于被别人计划，不管这种计划是如何地好。

哈罗德·孔茨认为，所谓计划就是从各个备选方案中选取未来最适宜的行动方案。它是最基本的管理职能，而其他职能都必须反映计划的要求。计划职能的主要目标包括：应付不确定性和变化带来的问题；把注意力集中在企业的目标上；使经营更为经济合理，便于控制。

多数定义认为，计划是预先制定的行动方案。我们认为计划可以定义为：人们为了达到某种目标，事先拟定出具体措施和行动步骤的一种书面文件，即根据实际情况，通过科学的预测，权衡客观的需要和主观的可能，提出在未来一定时期内要达到的目标，以及实现目标的途径。它是一级组织或个人对未来所要采取的行动的一种基础性、思想性设计。

我们用“5W2H”来清楚地描述计划工作的任务和内容：

what——做什么？内容与目标。

why——为什么做？原因。

who——谁去做？人员。

where——何地做？地点。

when——何时做？时间。

how——怎样做？方式、手段。

how much——多少成本？资金、费用。

## 知识基础二　计划的性质

计划的性质可以概括为以下四个方面。

### （一）目的性

每个计划及其派生计划都是旨在促使企业或各类组织的总目标和一定时期目标的实现。当然，在计划工作开始之前，这种目标可能还不十分具体，计划就是起始于这种不具体的目标。具体地说，计划工作首先就是确立目标，然后使今后的行动集中于目标，并预测和确定哪些行动有利于达到目标，哪些行动不利于达到目标或与目标无关，从而指导今后的行动朝着目标的方向迈进。可以说，没有计划和目标的行动是盲目的行动。

### （二）首位性

计划工作在管理职能中处于首要地位。这主要是由于管理过程中的其他职能只有在计划工作确定了目标之后才能进行。因此，没有计划工作，其他工作就无从谈起。

计划工作在管理职能中处于首要地位，不仅因为从管理过程的角度来看，计划工作先于其他管理职能，还因为计划工作影响和贯穿于组织工作、领导工作和控制工作中（图4－1）。而且，在某些情况下，计划是唯一发生的管理职能。这是因为计划工作的最终结果可能得出一个决策，即没有必要采取进一步的行动，无需进行随后的组织工作、领导工作及控制工作等。

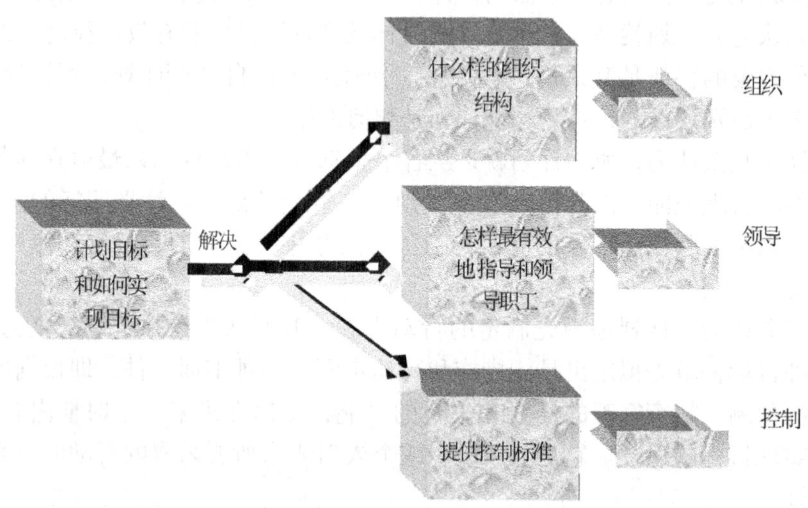


图4－1　计划工作领先于其他管理职能

### （三）普遍性

组织中的管理者，虽然职权和管理范围不同，但他们要实施有效管理，都必须进行计划工作，也就是说，计划工作在各级管理人员的工作中是普遍存在的，不论哪一个层次的管理人员都必须对自己所属的任务范围进行有效的计划。一般来说，高层管理人员负责制订战略性计划，中低层管理人员负责制订战术性计划或生产作业计划。此外，授予下级某些制订计划的权力，有助于调动下级的积极性，这对于顺利完成计划、实施组织目标是大有好处的。

### （四）效率性

计划的效率性与控制职能有关，它用来衡量计划目标实现的程度。通常用成本/收

益标准来衡量效率。如果仅仅是因为其他公司设置有这样的目标，结果也以高成本实现了该目标，从效率性原理的观点来看不能被认为是有效率的。在设计一个能使群体中的个体组织在一起进行有效工作的这样一个环境的过程中，管理者最重要的任务就是确保每个人都明白群体的宗旨和目标，以及实现宗旨和目标的方法。如果期望群体的努力有效，每个人都必须明白他应该做什么。所以，在制订计划时，要时时考虑计划的效率，不但要考虑经济方面的利益，而且还要考虑非经济方面的利益和损耗。

#### （五）创造性

计划工作总是针对需要解决的新问题和可能发生的新变化、新机会而做出决定的，因而，它是一个创造性的管理过程。计划有点类似于一款产品或一项工程的设计，它是对管理活动的设计。正如一种新产品的成功在于创新一样，成功的计划也依赖于创新。

综上所述，计划工作是一个指导性、预测性、科学性和创造性很强的管理活动，但同时又是一项复杂而又困难的工作。加强计划工作，提高计划工作的科学性是全面提高管理水平的前提和关键。

### 知识基础三　计划工作的作用

早在泰罗推行他的科学管理运动时期，许多管理者就已认识到计划在管理实践中具有重要的作用。特别是最近十几年来，生产技术日新月异，生产规模不断扩大，分工与协作的程度空前提高，每一个社会组织的活动不但受到内部环境的影响，还要受到外来多方面因素的制约，企业要不断地适应这种复杂的变化的环境，只有科学地制订计划才可能协调与平衡多方面的活动，求得本组织的生存和发展。美国人豪斯（R. T. House）和他的同事们曾经对计划的重要性进行了较为深入的研究，他们调查了92家企业，其中17家企业有正式的长期计划，其他企业或仅有非正式的长期计划，或者完全没有长期计划。然后，他们给出了评价企业经营好坏的主要指标：销售额、股票价格、每股股票的收益、付税后的纯报酬。按上述几方面指标进行评价，可以看出，有正式长期计划的公司几乎都优于没有长期计划的公司。由此可以看出，计划是企业管理中不可缺少的一个环节。

#### （一）计划是管理者指挥的依据

管理者在计划制订之后工作并没有结束，他们还要根据计划进行指挥。他们要根据任务确定下级的权力和责任，要促使组织中的全体人员的活动方向趋于一致而形成一种复合的、巨大的组织化行为，以保证达到计划所设定的目标。国家要根据五年计划安排基本建设项目的投资，企业要根据年度生产经营计划安排各月的生产任务、新产品开发和技术改造。管理者正是基于计划来进行有效的指挥。

#### （二）计划是降低风险、掌握主动的手段

未来的环境是变化的，特别是当今世界正处于一种剧烈变化的时代当中，社会在变革，技术在革新，人们的价值观念也在不断变化。计划就是预期这种变化并且设法消除变化对组织造成不良影响的一种有效的手段。未来可能会出现资源价格的变化，新的产品和服务会由竞争者推出，国家对企业的政策、方针可能变化，顾客的意愿和

消费观念也会变化。如果没有预先估计到这些变化，就可能导致组织的失败。

### （三）计划是减少浪费、提高效益的方法

计划工作的一项重要任务就是要使未来的组织活动均衡发展。预先对此进行认真的研究能够消除不必要的活动所带来的浪费，能够避免在今后的活动中由于缺乏依据而进行轻率判断所造成的损失。计划工作要对各种方案进行技术分析，选择最适当的最有效的方案来达到组织目标。此外，由于有了计划，组织中各成员的努力将合成一种组织效应，这将大大提高工作效率，从而带来经济效益。计划工作还有助于用最短的时间完成工作，减少迟滞和等待时间，减少盲目性所造成的浪费，促使各项工作能够均衡稳定地发展。对现有资源的使用，计划工作可以经过充分的分析研究，各部门都明确整个组织的现状，减少闭门造车的工作方式，使组织的可用资源充分发挥作用，并降低成本。

### （四）计划是管理者进行控制的标准

计划工作包括建立目标和一些指标，这是一份好的计划所应包括的内容。这些目标和指标将被用来进行控制。也许这些目标和指标还不能被直接地在控制职能中使用，但它确实提供了一种标准，控制的所有标准几乎都源于计划。计划职能与控制职能具有不可分离的联系。一方面计划的实施需要控制活动给予保证；另一方面在控制活动中发现的偏差，又能使管理者修订计划，建立新的目标。

## 知识基础四　计划的类型

计划是对未来行动的事先安排。计划的种类很多，可按不同的标志进行分类，最普遍的划分方法是根据计划的形式、职能、层次、时间跨度和明确性进行分类。

### （一）按计划反映的时间长短划分

计划可分为长期计划、中期计划和短期计划。一般认为，长期计划是指五年以上的计划，中期计划是指一年以上五年以下的计划，而短期计划就是年度计划，指一年或一年以下的计划。长期计划、中期计划和短期计划的划分，体现了计划在时间上的连续性。

### （二）按计划的对象划分

计划可分为综合计划、局部计划和项目计划。

综合计划包括的内容广泛，它能反映多个计划目标。

局部计划只就组织内部某个部门的业务活动进行规定，一般按各种职能范围来确定，如生产计划、培训计划。与综合计划相比，局部计划涉及的对象比较单一，计划的内容专一性强。

项目计划则是就某一特定的任务或课题而进行的计划，内容专业性较强，目标比较明确。项目计划既可以包括在局部计划之中，又可以单独设立。作为局部计划的一个组成部分，项目计划是局部计划的进一步分解和落实；作为单独设立的项目计划又往往与综合计划相关。

### （三）按计划制订者的层次划分

计划可分为战略计划、战术计划和作业计划。战略计划是由组织的最高管理层制

订的有关组织整体和全面的计划，包括组织目标的确定、变动以及目标实施政策的确定。战术计划是由中层管理者制订的，它是战略计划的具体化，一般以时间为中心而制订。作业计划是由基层管理者制订的，是将施政计划所确定的目标和政策具体化的规定。

### （四）按组织职能分类

组织的类型和规模不同，具体职能部门的设置也不同。通常根据职能部门把计划划分为供应计划、生产计划、销售计划、财务计划、人力资源计划、新产品开发计划和安全计划等。

### （五）按计划的明确程度分类

按计划的明确程度可把计划划分为指导性计划和具体性计划。指导性计划只规定一些重大方针，指出重点但不把管理者限定在具体的目标或特定的行动方案上。具体性计划则明确规定了目标，并提供了一整套明确的行动步骤和方案。

### （六）按计划的表现层次分类

哈罗德·孔茨和海因·韦里克按不同的表现形式，从抽象到具体，将计划分为一个层次体系，即宗旨或使命、目标、战略、政策、程序、规则、方案或规划和预算等，如图 4 -2 所示。从他们的分类，我们可以理解，计划是多种多样的，但其又是一个不断连贯递进的过程。任何简单的中断都会导致计划的不完整性以及组织、领导和控制职能的发挥。

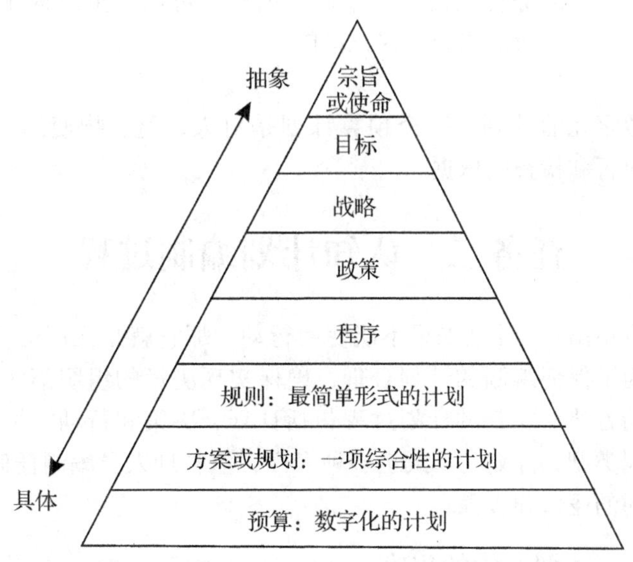


**图 4 -2　计划的层次体系**

#### 1. 宗旨或使命

任何一个组织都有其宗旨或使命，要规定自己干什么、怎样干，说明它的基本社会功能。

#### 2. 目标

目标是宗旨或使命的具体化。确定目标是计划的重要内容，目标是计划工作的重点，也是企业职工要达到的最终结果。

**3．战略**

战略是对组织应达到的目标及资源分配做出的总体部署。战略是为了实现组织目标和任务，调动企业职工实现组织目标的纲领性文件。

**4．政策**

政策是组织在处理问题和沟通活动中的方针和一般规定。政策是评价组织日常工作的指南，它有一定的刚性和灵活性。一个组织的政策要有连贯性和完整性，同时也要与时俱进、及时调整。

**5．程序**

程序规定了处理问题的例行方法、步骤。通俗地说，程序就是办事的手续，它详细说明了完成某项活动的准确方式。程序是为贯彻战略、政策，所做出的具体规定，操作人员自由处置的权利相对较少。

**6．规则**

规则是指在处理问题时，根据具体情况决定是否采取某种特殊行动，它比程序规定更细，一系列规则的总和构成程序。

**7．方案或规划**

方案或规划是对为达到目标所必需的战略、政策、程序、规则、任务委派、实行步骤、使用资源等做出的综合性构想。方案（规划）可以派生出具体的进度计划，规定各项任务完成的时间、所需资源和保证措施。

**8．预算**

预算又称为数字化的计划。一个预算计划是对人、财、物使用做出的数量规定，可作为以后计划执行和检查的依据。

# 任务二　认知计划编制过程

彼得·德鲁克指出：“计划如果不能变为行动，那它就是无用的。”计划编制本身也是一个过程。为了保证编制的计划合理，确保实现决策的组织落实，计划编制过程中必须采用科学的方法。完整的计划过程包括计划、决策和行动，虽然可以用不同标准把计划分成不同类型，计划的形式也多种多样，但管理人员编制任何完整的计划时，实质上都遵循相同的逻辑和步骤。

## 知识基础一　计划工作的程序

计划工作的程序依次包括如下内容：估量机会，确定目标、确定计划工作的前提条件、拟订可供选择的方案、评价可供选择的方案、选择方案、制订辅助计划、编制预算使计划数字化。如图4－3所示。

### (一) 估量机会

虽然估量机会要在编制实际计划之前进行，而这样做不是严格地属于编制计划过程的一个组成部分，但是，留意外界环境中和组织内的机会是编制计划的真正起点。

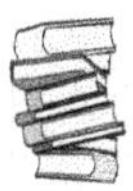

我们应该初步地看一看将来可能出现的机会，并清楚而全面地了解这些机会，应该知道根据我们的优点和弱点以及我们所处的地位，应该明白我们希望去解决什么问题，以及为什么要解决这些问题，以及应该知道我们期望得到的是什么。我们要确立切合实际的目标，取决于对上述种种的认识。编制计划需要实事求是地对机会的各种情况进行判断。

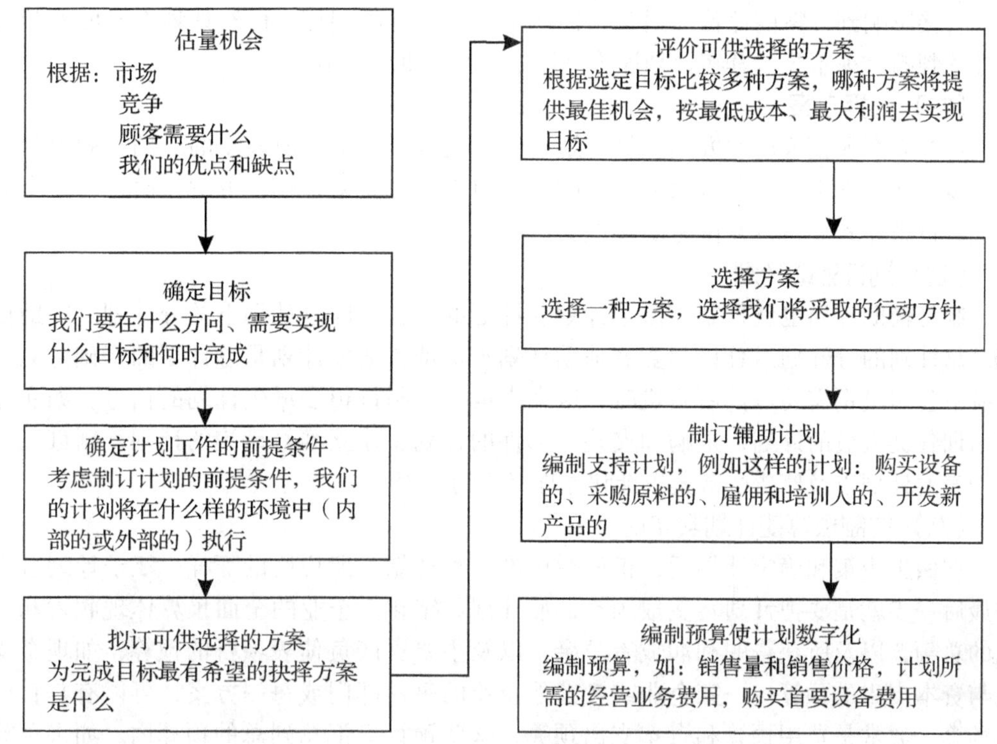


图 4－3　计划工作程序

### （二）确定目标

计划工作的第一步是在估量机会的基础上，为组织及其下属的每个工作单位确定计划工作的目标。目标规定了预期的结果，为管理者和每个人指明方向。这一步主要解决四个问题：明确目标的内容和顺序；目标必须简明扼要；达到目标的时间控制；目标要具体并可检验。

### （三）确定计划工作的前提条件

计划工作的第二步是确定一些关键性的前提条件，并使计划制订人员对此取得共识。所谓计划工作的前提条件就是计划工作的假设条件，即计划实施时的预期环境。负责计划工作的人员对计划前提了解越透彻，计划工作才会开展得更加协调。

### （四）拟订可供选择的方案

达到同一目标，可有多种办法，只有按照环境和条件选择满意的方案才能实现目标。在过去的计划方案上稍加修改或略加推演是不会得到最好的方案的。此外，方案也不是越多越好。即使我们可以采用数学方法和借助电子计算机的手段进行计划的制订，还是要对候选方案的数量加以限制，以便把主要精力集中在对少数最有希望的方案的分析方面。

**（五）评价可供选择的方案**

计划工作的第五步是按照计划的前提条件和目标来权衡各种因素，比较各个方案的利弊，对各个方案进行评价。显然，确定目标和确定计划工作的前提条件的工作质量，直接影响到方案的评价。通常人们非常重视计划的制订，但对计划本身的科学合理性的判断重视不足。其实计划评价是计划工作的重要环节。

**（六）选择方案**

选择方案即正式通过方案，是计划工作的关键：这是在前五步的基础上做出的关键一步。如果发现有两个可取的方案时，必须决定首先采取哪个方案，而将另一个方案也进行细化和完善，并作为候选方案。

**（七）制订辅助计划**

制订辅助计划也就是制订派生计划和计划的分解，即总计划下的分计划。辅助计划是总计划的分计划。总计划要靠辅助计划来保证，辅助计划是总计划的基础。当一家航空公司决定需要一批新飞机时，这个决策是要制订很多派生计划的信号，如雇佣和培训各类人员的计划，采购和安装零部件的计划，建立维修设施的计划，制订飞行时刻表的计划以及广告、筹集资金和办理保险的计划。

**（八）编制预算使计划数字化**

在做出决策和确定计划后，正如在讨论各类计划时所说明的那样，赋予计划含义的最后一步就是要把计划转变成预算，使计划数字化。企业的全面预算体现收入和支出的总额，以及所获得的利润或者盈余，以及主要资产负债表项目的预算，如现金支出与资本支出的预算。一家企业或者其他企业的每一部门或每一方案，可以有它自己的预算，通常是费用预算和资本支出预算，这些预算又汇总到总的预算内。如果预算编得好，预算就成为汇总各种计划的一种手段，并且也制定了可以衡量计划过程的重要标准。

**■动手动脑**

**你是一个称职的计划人员吗？**

提示：对下列的每一个问题只需回答“是”与“否”。

1. 我的个人目标能以文字的形式清楚地说明。
2. 多数情况下我整天都是乱哄哄的和杂乱无章的。
3. 我一直都是用台历或约会簿作为辅助记忆。
4. 我很少仓促地做出决策，总是仔细研究了问题之后再行动。
5. 我利用“速办”或“缓办”卷宗对要办的事情进行分类。
6. 我习惯于对所有的计划设定开始日期和结束日期。
7. 我经常征求别人的意见和建议。
8. 我想所有的问题都应当立刻得到解决。

根据问卷设计者的观点，优秀的计划人员可能的答案是：2和8答案为“否”，其

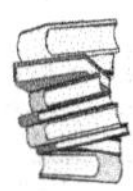

余为“是”。

## 知识基础二　计划工作的原则

在管理实践中，各种不同性质的组织总是根据组织内外环境确定目标，并选择适合本组织管理实际需要的计划方法。但不管采取何种计划方法，都必须遵循计划工作的基本规律和原则。在实际计划工作中，限定因素原则、承诺原则、投入原则、灵活性原则、改变航道原则、综合平衡原则等原则是经常用到的一些计划原则。

### （一）限定因素原则

所谓限定因素，是指妨碍组织目标实现的因素，也就是说，在其他因素不变的情况下，仅仅改变这些因素，就可以影响组织目标的实现程度。

限定因素原则是指在计划工作中，越是能够了解和找到对达到所要求目标起限制性或决定性作用的因素，就越是能准确地、客观地拟订和选择各种可行的方案。限定因素原则有时又被形象地称作“木桶原理”。其含义是指木桶盛水的多少取决于木桶壁上最短的那块木板条。限定因素原则要求管理人员在制订计划时，必须全力找出影响计划目标实现的主要限定因素或战略因素，有针对性地采取得力措施。毛泽东同志曾在《矛盾论》中用哲学的语言说明了相同的道理。他指出：“任何过程如果有多数矛盾存在的话，其中必定有一种是主要的，起着主导的、决定的作用，其他的则处于次要的和服从的地位。因此，研究任何过程，如果是存在着两个以上矛盾的复杂过程的话，就要用全力找出它的主要矛盾。抓住了这个主要矛盾，一切问题就迎刃而解了。”限定因素原则是决策的精髓。决策的关键就是解决抉择方案所提出的问题，即尽可能地找出和解决限定性的或策略性的因素。

### （二）许诺原则

许诺原则是指任何一项计划都是对完成各项工作所做出的许诺。因而，许诺越大，实现许诺所需的时间越长，实现目标的可能性就越小。

这一原则涉及计划期限的问题。在计划工作中选择合理的期限应当有某些规律可循：第一，计划工作期限的长短需要根据所承担任务的多少而定，承担的任务越多，计划工作的期限就越长，反之就会缩短。第二，一般来说，经济上的考虑会影响到计划期限的选择。由于计划工作和它所依据的预测工作是要相应的经费支出的，所以，如果在经济上不合算的话，就不应当把计划期限定得太长。通常可应用投资回报率指标进行考察。当然短期计划也有风险。那么合理的计划期限如何确定呢？关于合理的计划期限的确定问题体现在许诺原则上，就是合理计划工作所要确定的未来时期，这个时期的长短取决于实现决策中所许诺的任务所必需的时间。例如，由于出现了意料之外的原材料大幅度涨价，某企业为了保证实现年度生产经营计划的利润目标，需要补充制订一个增加销售收入的计划，那么这个计划的期限至少要多长时间呢？这个计划至少要在一年中的什么时候以前制订并实施才能确保利润目标的实现呢？根据许诺原则，该计划期限主要取决于从增加订货到最后实现销售收入最短周期。对于该企业来说，从接受订单、签订合同到完成工程图设计，一般要两个月的时间；进行生产准备、投产，到出产品的生产周期一般两个月；商品通过铁路发运，整个发运过程的延续时间均为半个月左右；结算周期一般为一个月以上，而且有逐渐延长的趋势。因此，计划期限应为半年，也就是说，计划工作的开始时间至少要在6月底以前。这也是该企业每年要在6月底以前审查年度计划完成情况的原因。这项工作已成为一项惯例。

按照许诺原则，计划必须有期限要求。事实上，对于大多数情况来说，完成期限往往是对计划的最严厉的要求。此外，必须合理地确定计划期限，并且不应随便缩短计划期限。再有，每项计划的许诺不能太多，因为许诺越多，则计划时间越长。如果主管人员实现许诺所需的时间长度比他可能正确预见的未来期限还要长，他不能获取足够的资源，使计划具有足够的灵活性，那么，他就应当断然地减少许诺或是将许诺的时间缩短。例如，许诺的如果是一项投资的话，他就应当采取加速折旧提取等措施使投资的回收期限缩短，以减少风险。

**阅读资料**

2000年，华为投标南非电信一个项目，并对客户做了超前承诺。但是测试的时间已经到了，华为的设备还没有开发出来。由于参与测试的厂商比较多，华为的投标人员又想出一个“巧”办法，提出能不能先测试其他厂商的设备，最后再测试华为的设备，这样可以争取一些开发时间。没想到，南非电信斩钉截铁地说不行，所有厂商的设备必须同时到位，并且由南非电信决定测试的顺序。如果华为提出合理的理由，测试可以推迟，但是也同时推迟其他厂家的测试。最终，华为的投标人员没有拿出合理的理由，只好道歉。并且华为人以后再也不敢轻易承诺。

**（三）投入原则**

投入原则是指合理的计划工作应当包括未来的一段时间，这段时间是为通过一系列的行动尽可能准确地预测现在所做出的决策中投入的实现程度所必需的。简单地说，决策是一种投入。计划工作的展开，需要各方面人员的协调与配合，还需要一定资金的投入。可见，计划工作实际上就是一种成本的预先介入，随着计划目标的实现，在收回投入的同时获得更多的产出并体现效率。

**（四）灵活性原则**

计划必须有灵活性，即当出现意外情况时，有能力改变方向而不必花太大的代价。灵活性原理可以表述为：计划中体现的灵活性越大，由于未来意外事件引起瞬时的危险性就越小。必须指出，灵活性原则是指制订计划时要留有余地，至于执行计划，一般不应有灵活性。例如，执行一个生产作业计划必须严格准确，否则，就会发生组装车间停工待料或在制品大量积压的现象。

对管理人员来说，灵活性原则是计划工作中最重要的原则，在任务重、计划期限长的情况下，灵活性便显示出它的作用。当然，灵活性是有一定限度的，它的限制条件是：

（1）不能总是以推迟决策来确保计划的灵活性。因为，未来的不确定因素是很难完全预料的，如果一味等待收集更多的信息，以便尽量地将未来可能发生的问题考虑周全，当断不断就会坐失良机，招致失败。

（2）过多地使计划具有灵活性是要付出代价的，甚至由此而得到的好处可能补偿

不了它的费用支出，这不符合计划的效率性。

（3）有些情况往往根本无法使计划具有灵活性。存在这种情况，某个派生计划的灵活性，可能导致全盘计划的改动甚至有落空的危险，如企业销售计划在执行过程中遇到困难，可能实现不了既定目标。如果允许其灵活处置，则可能危及其全年利润计划，从而影响到新产品开发计划、技术改造计划、供应计划、工资增长计划、财务收支计划等许多方面，以致使管理人员经过权衡之后，不得不动员一切力量来确保销售计划的完成。

为确保计划本身具有灵活性，在制订计划时应量力而行，不留缺口，但要留有余地。具有灵活性的计划又称为“弹性计划”，即能适应变化的计划。

### （五）改变航道原则

计划制订出来后，接着就要进行计划的实施。计划是对未来事情的谋划，故在执行过程中，可能会出现事先没有预料到的情况，这就要求贯彻执行计划时不能被计划所“管理”或限制，必要时可以根据实际情况的变化做出相应的调整和修订。

正因为未来情况随时都可能发生变化，所以制订出来的计划不能一成不变。尽管在制订计划时预见了未来可能发生的情况，并制定出相应的措施，但正如前面所提到的，一是不可能面面俱到；二是情况在不断变化；三是计划往往赶不上变化，总有些问题不可能预见到，所以要定期检查计划。如果情况已经发生变化，就要调整计划、启用备用计划或重新制订计划。就像航海家一样，必须经常核对航线，一旦遇到障碍就得绕道而行。故改变航道原则就可以表述为：计划的总目标不变，但实现目标的进程可以因情况的变化随时改变。这个原则与灵活性原则有所不同，灵活性原则是计划本身要具有适应性，而改变航道原则是计划执行过程要具有应变能力。为此，管理人员要经常检查、调整和修订计划，从而达到预期目标。

### （六）综合平衡原则

综合平衡原则在计划工作中主要体现在三个方面：首先，它是指由目标结构决定的或与目标结构对应的组织各部分在各时期的任务相互衔接和协调，即组织内部之间的平衡和长、中、短期计划之间的平衡。它包括时间平衡和空间平衡，前者指组织各时期的任务是否相互衔接，后者指组织各个部分的任务是否保持相应的比例关系。其次，综合平衡还要研究组织活动的进行和资源供应的关系，分析组织如何保证组织活动的连续性。最后，总计划确立后，如何在分计划执行和计划分解时，保证不同时间的计划与完成不同计划能力的对称，这就需要保证两者之间的平衡。

## 任务三 认知计划的方法

计划工作的效率高低和质量好坏在很大程度上取决于所采用的计划方法，方法的选择为制订切实可行的计划提供了手段。在计划的质量方面，现代计划方法可以确定各种复杂的经济关系，提高综合平衡的准确性，能够在众多的方案中选择最优方案，还能够进行因果分析，科学地进行预测。在效率方面，由于采用了现代数学工具并以计算机技术为基础，大大加快了计划工作的速度，这使得管理人员可以借助于许多现代化的和科学的方法来进行计划。

总之，现代计划方法具有许多优点，已经逐渐为更多的计划工作所采用。计划的方法多种多样，在此仅对几种常见的方法做一简介。

## 知识基础一　预测法

所谓预测，就是根据过去和现在的资料，运用各种方法和技术，对影响组织工作活动的未来环境做出正确的估计和判断。

一是定性预测方法，主要靠人们的经验和分析判断能力进行预测，如德尔菲法；二是定量预测方法，就是根据已有的数据和资料，通过数学计算和运用经济模型进行预测，如时间序列分析、回归分析等。

近年来，为了预测的需要形成了许多复杂的方法，常用的预测方法有调查法、趋势法和计量经济模型。

### （一）调查法

调查法包括观察法、问卷法和访问法。通常需要选择一个样本群体。在选择样本时，可以运用复杂的抽样技术。选择的样本必须能够代表所考察的群体。借助于调查获得的信息，就可以预测了。

### （二）趋势法

趋势法或称时间序列分析法。这种方法是运用过去的数据和信息来预测未来的发展趋势。可用这种方法来说明销售量和时间的关系。

### （三）计量经济模型

所谓计量经济模型，就是把经济学中关于各种经济关系的学说作为假设，运用数理统计的方法，根据实际统计资料，对经济关系进行计量，然后把计量的结果和实际情况进行对照。这种方法对于管理者调节经济活动、加强市场预测，以及合理地安排生产计划，改善经营管理等都具有很大的实用价值。

## 知识基础二　滚动计划法

### （一）滚动计划的含义

滚动计划法，是根据计划的执行情况，调整和修改未来计划，并逐期向前滚动，把近期计划和远期计划结合起来的一种编制计划的方法。在计划编制过程中，特别是时间较长的计划，很难十分准确地预测影响经济发展的各种因素。因此采用近细远粗的办法，即近期计划订得较细、较具体，远期计划订得较粗、较概略。在一个计划期的第一阶段结束时，根据本阶段计划执行结果和生产条件、市场需要等变化情况，对原定计划进行必要的调整和修订，并根据同样的原则，逐期地滚动，编制和修改未来各短期计划和长期计划。每次制订和调整计划时，均将计划期顺序向前推进，如此不断滚动，不断延伸，故称之为滚动计划。

### （二）滚动计划的基本特点

#### 1. 滚动计划的动态性

动态性是指每年要根据社会环境、自身条件的变化和需要对上一个五年计划进行

检查、分析、修改或调整，每年都要制订一个新的五年计划。

**2. 长短结合、远粗近细**

滚动计划把长期计划和年度计划有机地结合起来，做到远近结合、粗细结合。第一年计划即具体的年度计划，第二、第三年计划较细一些，第四、第五年计划较粗一些，使未来的目标立足于从现在做起。

## （三）滚动计划的编制

以编制五年计划为例说明滚动计划编制的方法，如图4－4所示。

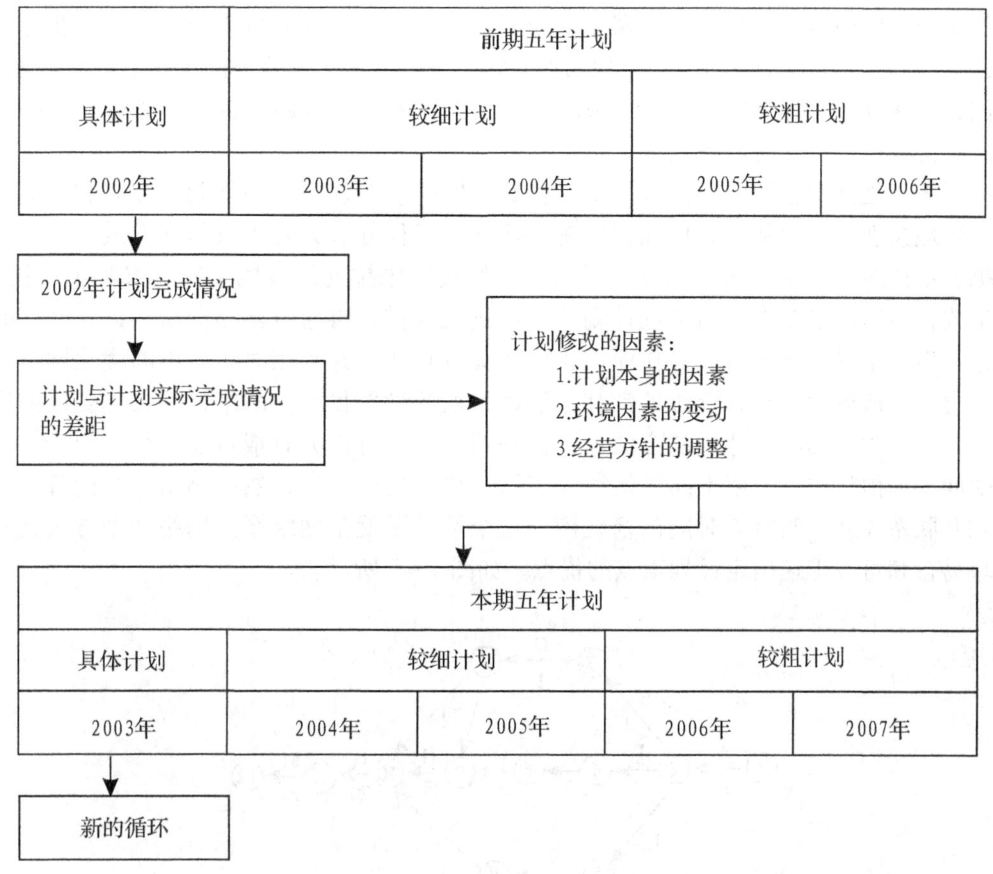


**图4－4 滚动计划法**

（1）编制出2002—2006年五年滚动计划。

（2）到2002年末，应根据当年计划完成情况、外部环境变化和自身经营战略的调整等因素，对原定的五年计划进行必要的调整，在此基础上编制出2003—2007年新的五年计划。

（3）到2003年末再根据当年计划执行情况、计划修正因素等，编制出2004—2008年的五年计划。在编制中，近期部分较细，远期部分较粗。

（4）计划每完成一年，就补充一年，再编出新的一个五年计划，顺序向前推进一期。如此不断向前滚动延伸，随着时间的推移不断编制出各期计划。

## 知识基础三　网络计划技术

网络计划技术是20世纪50年代后期从美国发展起来的一种计划管理方法。它的优点在于它能缩短工期，降低成本，从而提高企业的经济效益。据国外有关资料统计，应用网络计划技术的工程项目，一般能缩短工期20%左右，降低成本10%左右。值得注意的是这种经济效益是在不增加人力、设备和投资，在采用原有技术基础上，仅仅是由于合理的计划和管理取得的。因此，工业发达国家都非常重视网络计划技术在现代管理中的应用。它已被很多国家公认为当前最为行之有效的管理方法之一。我国应用网络计划技术是从20世纪60年代初期开始。著名科学家钱学森将网络计划方法引入我国，并在航天系统应用。近几年来网络计划技术的应用日趋得到工程管理人员的重视，且已取得了可观的经济效益。

网络计划技术也称计划评审技术，它是一项用于工程项目的计划与控制和组织生产的管理技术。它的基本原理和程序是：把一项工程分解为若干具体作业或工序，并根据各项作业或工序之间的相互关系，把它们按次序排列组成网络图（又称箭线图）的形式，通过网络图来表达工程计划任务的进度安排，再通过网络分析，计算网络时间，找出对全局有影响的关键作业或工序和关键路线，并利用时差，不断优化网络计划，力求以最少的时间和资源的消耗，达到预期的管理目标。网络计划技术是以网络图及其分析为基础制订计划的方法，任何一项任务都可以分解成许多工作，根据工作在时间上的衔接关系，用不同的箭线来表示工作的先后顺序，然后画出一个由各项工作相互联系、并注明所需时间的箭线图，这个箭线图就是网络图。网络计划方法具有简单易行和可以迅速确定计划重点的优点。如图4－5所示。

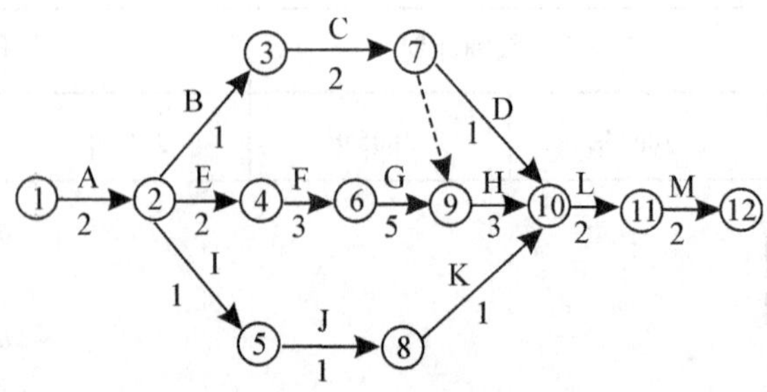


图4－5　网络图

分析图4－5可以发现，网络图由以下几部分构成：

（1）“$\xrightarrow[2]{A}$”，代表工序。

它是一项工作的过程，有人力、物力参加，经过一段时间才能完成。箭线下的数字便是完成该项工作所需的时间。此外，还有一些工序既不占用时间，也不消耗资源，是虚设的，叫虚工序，在图中用“┈┈┈►”表示。网络图中应用虚工序的目的是为了避免工序之间关系的含混不清，以正确表明工序之间先后衔接的逻辑关系。

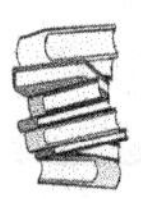

（2）“①”，代表事项。

它是两个工序间的连接点。事项既不消耗资源，也不占用时间，只表示前道工序结束、后道工序开始的瞬间。一个网络图中只有一个始点事项，一个终点事项。

（3）路线。

路线是网络图中由始点事项出发，沿箭线方向前进，连续不断地到达终点事项的一条通道。一个网络图中往往存在多条路线，例如图4-5中从始点①连续不断地走到终点的路线有4条，即：

（1）①→②→③→⑦→⑩→⑪→⑫

（2）①→②→③→⑦→⑨→⑩→⑪→⑫

（3）①→②→④→⑥→⑨→⑩→⑪→⑫

（4）①→②→⑤→⑧→⑩→⑪→⑫

比较各路线的路长，可以找出一条或几条最长的路线，这种路线被称为关键路线。关键路线上的工序被称为关键工序。关键路线的路长决定了整个计划任务所需的时间。关键路线上各工序完工时间提前或推迟都直接影响着整个活动能否按时完工。确定关键路线，据此合理地安排各种资源，对各工序活动进行进度控制，是利用网络计划技术的主要目的。

# 任务四 认知目标管理

## ■管理寓言

唐太宗贞观年间，有一头马和一头驴子，它们是好朋友。贞观三年，这匹马被玄奘选中，前往印度取经。

17年后，这匹马驮着佛经回到长安，便到磨房会见它的朋友驴子。老马谈起这次旅途的经历：浩瀚无边的沙漠、高耸入云的山峰、炽热的火山、奇幻的波澜……神话般的境界，让驴子听了大为惊异。

驴子感叹道：“你有多么丰富的见闻呀！那么遥远的路途，我连想都不敢想。”

老马说：“其实，我们跨过的距离大体是相同的，当我向印度前进的时候，你也一刻没有停步。不同的是，我同玄奘大师有一个遥远的目标，按照始终如一的方向前行，所以我们走进了一个广阔的世界。而你被蒙住了眼睛，一直围着磨盘打转，所以永远也走不出狭隘的天地……”

马和驴子最大的差别就在于目标的不同，最终导致了不同的结果。这则寓言启示我们：企业或团队有目标不等于有好目标。好目标一定要结合企业的长远发展和员工的特点来制定。彼得·德鲁克说：“目标并非命运，而是方向。目标并非命令，而是承诺。目标并不决定未来，而是动员企业的资源与能源以便塑造未来的那种手段。”

## 知识基础一 目标管理的由来

目标管理是20世纪50年代中期出现于美国，以泰罗的科学管理和行为科学理论为

基础，所形成的一套管理制度。这种管理制度强调组织的成员参与目标制定，通过“自我控制”来实现目标。由于有明确的目标作为考核标准，因此，对员工的评价和奖励更客观、更合理，大大激发了员工为完成组织目标而努力工作的积极性。由于这种管理制度在美国应用得非常广泛，而且特别适合用于对管理人员的管理，因而被称为“管理中的管理”。

1954 年，德鲁克在《管理的实践》一书中，首先提出“目标管理和自我控制”的主张。他认为，企业的目的和使命必须转化为目标，企业的各级管理者必须通过这些目标对下级进行领导，以此来达到企业的总目标。如果一个范围没有特定的目标，则这个范围必定被忽视；如果没有方向一致的分目标来指导各级管理人员的工作，则企业规模越大、人员越多时，发生冲突和浪费的可能性就越大。德鲁克的主张在企业界和管理学界产生了极大的影响，对形成和推广目标管理起到了巨大的推动作用。我国从 1978 年开始，伴随着推行全面质量管理，在一些大企业中实行目标管理法。

## 知识基础二　目标管理的概念与特点

目标管理也称为目标管理法，简称为 MBO（management by objective），是指组织的最高管理者根据组织面临的环境和形势，制定出组织在一定时期内经营活动所要达到的总目标，然后层层分解落实，要求下级各部门及其每一个员工根据上级制定的目标和保证措施，制定相应的目标和措施，进而形成一个目标锁链，并把目标的完成情况作为对部门或个人进行考核依据的一种管理方法。

目标管理有以下几方面的特点：

（1）目标管理是参与管理的一种形式。目标的实现者同时也是目标的制定者，即由上级与下级在一起共同确定目标。首先确定出总目标，然后对总目标进行层层分解，逐级展开，通过上下协商，制定出组织的各部门直至每个员工的目标；用总目标指导分目标，用分目标保证总目标，形成一个“目标—手段”链。

（2）强调“自我控制”。目标管理的主旨在于，用“自我控制的管理”代替“压制性的管理”，它使管理人员能够控制自己的行为。这种自我控制可以成为更强烈的动力，促使人们尽力把工作做好，而不仅仅是“过得去”就行，由“要我做”转变为“我要做”。

（3）促使下放权力。集权和分权的矛盾是组织的基本矛盾之一，唯恐失去控制是阻碍大胆授权的主要原因之一。推行目标管理有助于协调这些矛盾，促使权力下放，有助于在保持有效控制的前提下，使组织气氛更有生气。

（4）注重成果第一。采用传统的管理方法，往往容易根据对员工的印象、思想和对某些问题的态度等因素来进行评价。实行目标管理后，由于有了一套完善的目标考核体系，从而能够按员工的实际贡献大小如实评价。目标管理注重的是成果而不是过程。

目标管理还力求组织目标与个人目标更密切地结合在一起，以增强员工的工作满足感。这对于调动员工的积极性、增强组织的凝聚力起到了很好的作用。

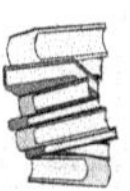

## 知识基础三 目标管理的基本过程

### （一）建立一套完整的目标体系

**1. 目标制定依据**

根据企业的经营战略目标，制定公司年度整体经营管理目标。

实行目标管理，首先要建立一套完整的目标体系。这项工作总是从组织的最高管理部门开始的，然后由上而下逐级确定目标。上下级的目标之间通常是一种“目标—手段”的关系；某一级的目标，需要用一定的手段来实现，这些手段就成为下一级的次目标，按此顺推下去，直到作业层的作业目标，从而构成一种锁链式的目标体系。

制定目标如同所有其他计划工作一样，需要事先拟定一些指导方针，如果指导方针不明确，就不可能希望下级管理人员制定出合理的目标来。此外，制定目标应采取协商的方式，应当鼓励下级管理人员根据基本方针拟定自己的目标，然后由上级批准。目标体系应与组织结构相吻合，从而使每个部门都有明确的目标，每个目标都有人明确负责。

**2. 目标分类**

根据不同的标准，有不同的分类。结合我们的企业实际，我们主要制定三类目标：

第一，是按照作用不同分为经营目标和管理目标，如经营目标包含销售额、费用额、利润率等指标，管理目标包含客户保有率、新产品开发计划完成率、产品合格率、材料报废控制率，安全事故控制次数等。

第二，是按照管理层级分为公司目标、部门目标和个人目标。

第三，是按评价方法的客观性与否分为定量目标和定性目标，如定量目标包含销售额、产量等，定性目标包含制度建设、团队建设和工作态度等。这些目标往往有交叉，如公司年销售额是经营目标、公司目标、定量目标，也是客观目标、关注结果的目标；人力资源制度完善是管理目标、部门目标、定性目标，也是主观指标、关注过程的指标。因此，根据企业发展的成熟程度不同选择合适可行有效的目标。一般中小型公司主要选择销售额、费用率、利润率等来设计经营目标，以经销网络拓展、采购成本控制、新产品开发成功率、产品质量合格率、制度建设、团队建设等来设计管理目标。

**3. 目标制定方法**

制定目标要符合“SMART”原则。

S（specific）是指要具体明确。尽可能量化为具体数据，如年销售额5000万元、费用率25%、存货周转一年5次等；不能量化尽可能细化，如对文员工作态度的考核可以分为工作纪律、服从安排、服务态度、电话礼仪、员工投诉等。

M（measurable）是指可测量的。要把目标转化为指标，指标可以按照一定标准进行评价，如主要原料采购成本下降10%，即在原料采购价格波动幅度不大的情况下，同比去年采购单价下降10%；完善人力资源制度可以描述成“1月30日前完成初稿并组织讨论，2月15日前讨论通过并颁布施行，无故推迟一星期扣5分”等。

A（achievable）是指可达成的。要根据企业的资源、人员技能和管理流程配备程度来设计目标，保证目标是可以达成的。

R（relevant）是指相关的。各项目标之间有关联，相互支持，符合实际。

T（time bound）是指有完成时间期限。各项目标要订出明确地完成时间或日期，便于监控评价。

**4．沟通一致**

制定目标既可以采取由上到下的方式、也可以采取由下到上的方式，还可以两种方式相结合。并且要全面沟通，认可一致。公司总经理要向全体员工宣讲公司的战略目标，向部门经理或关键员工详细讲解重要的经营目标和管理目标，部门之间相互了解、理解、认可关联性的目标，上司和下属要当面沟通、确认下属员工的个人目标。

**阅读资料**

国外曾有人做过一次实验，组织三组人，向10千米以外的村庄步行前进。

第一组不知道去的村庄的名字，也不知道有多远，只是跟着向导走。结果这个组刚走了两三千米时就有人叫苦，走到一半，有的人甚至再也不肯走了，越往后人的情绪越低。

第二组知道去哪个村庄，也知道它有多远，但路边没有里程碑。走到一半时开始有人叫苦，走到3/4的路程时，大家情绪低落了，觉得路程太远了。当有人说快到了的时候，大家又都振作起来，加快了脚步。

第三组不仅知道路程有多远和去的村庄叫什么名字，而且路边每千米都有一个里程碑。当他们走了5千米之后，每当看到一个里程碑，便爆发一阵欢呼声。走了七八千米之后，大家大声唱歌、说笑，以驱走疲劳。最后两千米，他们情绪越来越高，因为他们知道胜利就在眼前了。

分析：当人们的行动有明确的目标，并且把自己的行动与目标不断加以对照，清楚地知道自己的进行速度和与目标相距的距离时，行动的动机就会得到维持和加强，人们就会自觉地克服一切困难，努力达到目标！

**（二）目标的展开**

将企业目标从上到下、层层分解落实的过程，称为目标的展开（图4－6）。

目标的展开主要包括以下内容。

**1．目标分解**

企业目标确定以后，要把它分解为部门、车间、班组和个人等各个层次的分目标和目标最小单位，以便采取措施实现目标。企业总目标和分目标之和，构成企业目标体系。

企业目标体系（目标分解）的基本要求如下：

（1）各个分目标的集合构成企业总目标，分目标应能保证总目标的实现，企业总目标与分目标的内容是上下贯通的。

（2）各个分目标之间应考虑时间上的协调与平衡，注意同步进行，防止因时差而影响实现企业目标的进程。

（3）各个分目标力求简明，有必要的计量标准。

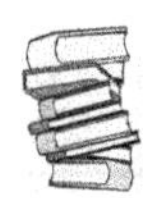

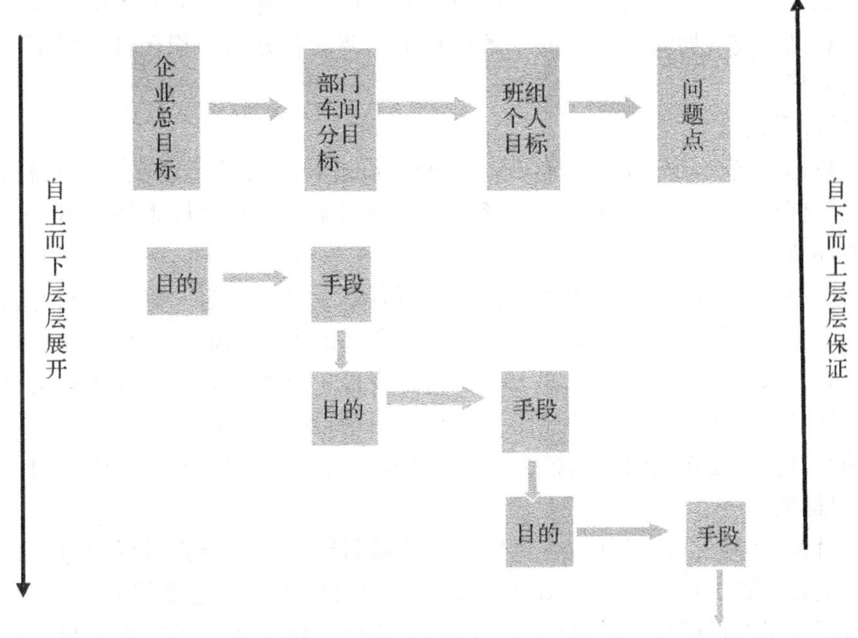


图 4-6 目标分解展开图

（4）充分考虑完成各分目标所需要的条件及限制因素。

分解目标的基本方法是自上而下将企业目标按其内部机构设置和组织层次依次分解，从经理层分解到各个职能科室，再分解到各个车间（部门），一直分解到每一个班组、岗位和个人。分目标自上而下层层分解，直到能具体地采取措施为止；同时还要自下而上地层层保证，保证总目标的实现。从而形成一层接一层、一环套一环的目标体系。

**2. 目标对策**

企业目标经过分解，形成企业的目标体系后，还要进一步采取对策，并进行对策展开。

对策就是实现目标的具体措施，它是企业总目标实现的保证，由于企业总目标要分解成各个分目标，因此，要在各个层次上针对分目标，制定出实现该目标的具体对策或措施。

制定对策的基本方法是：按照层次，通过对企业的诊断分析和所掌握的现状，找出各部门的实际情况与目标（或分目标）之间存在的差距。对这些差距进行归纳、整理、分类。就可以找出实现企业目标所必须解决的重要问题即问题点。针对各个问题点，研究、制定其对策，以便有的放矢地缩短现状与目标之间的差距，保证企业目标的实现。

**3. 目标协商**

在目标展开过程中，企业上下级之间围绕企业目标的分解、层次目标的落实所进行的思想交流和意见商讨，称为目标协商。目标协商是目标展开中的一个重要环节，也是目标民主管理的重要内容。它可以使企业目标上下统一，消除各级管理人员及全体职工的意见分歧，加深对目标的了解和理解，调动各方面的积极性，保证总目标和分目标的实现。

**4．目标责任**

经过目标协商，确定了企业部门、车间、班组和个人各个层次上的目标，然后，把各层次目标与各层次上的具体人员紧密地结合起来。明确目标责任是目标展开中的一个重要环节。

在每一层次上，都应该在明确集体目标责任的基础上，再明确个人目标责任。因为如果只有个人目标责任而无集体目标责任，个人的力量就难以聚合为完成集体目标的力量；如果只有集体目标责任而无个人目标责任，显然，大家负责势必会导致无人负责，集体目标责任就有落空的危险。在具体明确目标责任时，应注意从目标要求出发，明确对目标责任在范围、内容、数量、质量、时间、程度等多方面的要求。

**5．目标展开**

经过目标分解、目标展开、目标协商和明确目标责任，企业目标就得到了基本展开。为使全企业职工更直观地明确各自的目标和目标责任，还要编制好目标展开图，将企业目标、层次目标和目标对策等方面的主要内容用图表的形式表示出来，公布于众，由职工自觉执行，这是目标展开的最后一个环节。

### （三）目标的实施

企业目标一经确定和展开，企业从上到下、方方面面都要按照目标体系的要求，齐心协力，分工协作，努力为实现企业的共同目标而尽职、尽责、尽力。这就是目标的实施过程。目标实施得好坏，直接关系到预期目标能否稳步实现。因此，实施目标在目标管理中处于极其重要的地位。

**1．实施前的准备工作**

目标实施前的准备工作，主要有以下几个方面。

（1）人员准备。实施目标是靠人即企业全体职工去实现企业目标，它对企业人员的基本要求是：一要有一定的数量保证；二要有一定的质量保证，即职工必须具有实施目标所具备的科学知识、生产经营经验和劳动技能；三要考虑到实施目标过程中人员的流动、补充和调整，并有储备。

（2）技术文件准备。技术准备工作包括设计图纸、配方、工艺文件等。在实施目标前，按计划进度，把技术文件及时送到工作地，使职工在实施前就熟悉技术文件，了解实现目标所要达到的质量标准，掌握操作规程的具体要求。

（3）设备、工具准备。机器设备和备件工具是实施目标的重要手段，因此，要按照设备修理计划的规定，提前为待修设备建立备件储备，以便按期进行修理。

（4）原材料准备。实施目标必须具备质量合格、品种齐全、数量合适的备件、原料、材料、外购半成品、燃料、动力等。因此，物资供应部门应当按照计划的进度要求，按生产所需的各种物资及时供给车间和工作地，并要保持有合理的储备。同时，生产部门要建立联系制度，避免不合理的现象出现。

（5）资金准备。企业进行生产经营活动，要有一定的资金保证。对资金的管理要

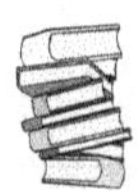

注意开源节流，管好用好。

（6）做好计划和检查。为了把各项准备工作很好地组织起来，必须加强服务工作的计划性，编制企业的统一目标实施准备计划，并对准备计划的执行情况经常地进行检查，发现问题及时解决，务必使目标实施所需的各种人员、物资、资金、技术条件等均能得到切实保证。

**2. 目标实施的自我控制**

自我控制是实施目标管理中一个很重要的指导思想。这是针对许多企业在管理中上级对下级时常采用“紧逼”或鞭策的不良办法而提出来的。自我控制，就是企业职工按照自己所担负的目标责任，按照目标责任制的要求，在实施目标中进行自主的管理。自我控制的最大成效，就是使广大职工感到不是哪个上级要我干，而是从内心发出我要干的愿望，并以此指导自己的行动，从而充分发挥自己最大的积极性，把此项工作做好。

自我控制在实行过程中要做到以下几点：

（1）要不断进行自我分析和自我检查，不断发现在目标实施中做出了什么成绩、还存在什么问题，以便采取措施、发扬成绩、克服缺点，达到目标的要求。

（2）要把握实施目标的进度、质量和协作情况。因为总目标是由若干分目标组合而成的，各分目标应在进度上大体相适应，在质量上不断改进提高，互相配合，密切协作，协同前进，以实现总目标的要求。

（3）要进行对比、分析和检查。经常把自己实施目标的情况与目标要求对比，看是否符合要求，找出差距，予以分析、检查，采取措施，设法缩小差距。

（4）要下情上达，统一行动。实行自我控制要和加强领导统一起来。下级要与上级保持密切联系，并与协作部门加强联系，把联系经常化、制度化，使整个企业真正形成目标管理的系统组织机构，统一行动，提高组织领导的有效性。

**3. 实施目标的监督和检查**

实施目标一方面要依靠广大职工的自我控制，另一方面，为使目标实施过程有秩序、有成效地进行，还要进行目标实施中的监督和检查。实施目标中的监督和检查，是指企业各级管理组织对实施目标过程所进行的察看和督导。通过监督和检查，对实施目标中好的典型要加以表扬和宣传；对偏离原定目标的情况，要及时指出和纠正；对实施目标中遇到的其他问题，要认真采取措施，加以解决。

在目标实施中，开展全面检查工作，可以了解和掌握整个企业目标实施的全貌，了解和掌握目标项目之间的协调情况，并及时发现实施中的薄弱环节，为企业领导的决策提供依据。

**4. 实施目标中的调节**

在实施目标的过程中，必须注意各个方面、各个环节上进程的均衡与协调，这就要求抓好实施过程中的调节。

（1）保证均衡。从开始实施目标到最后达到目标，保证实施的均衡性是企业随时要掌握的问题，均衡的主要内容是纵向均衡和横向均衡。纵向均衡，就是企业在规定的目标期内（年），均衡地完成企业总目标规定的任务；纵向均衡有平均分配，即将总目标按时间等量分配，使每月完成的目标值大致相等。

(2) 搞好协作。企业总体目标层层分解后，每个部门和个人都有了自己的明确目标项目及目标责任。在实施中，每个部门和个人不仅要把自己分担的目标完成好，还要积极开展相互间的协作和配合。

(3) 掌握信息。在实施目标时，应及时掌握有关目标管理的控制信息，管理人员要掌握目标实施过程中的人力、物力、财力和技术等各种资源的利用情况，并将实际结果与计划进度相比较，了解是否达到了预定目标。一旦发现偏差，就可以及时采取必要的纠正措施。实施目标过程中的控制信息，一般来自本单位所隶属的各个部门。

### (四) 目标成果的评价

在实施目标的基础上，应对实施目标的成果做出客观的评价，以总结本期目标管理的经验教训，发扬成绩，克服缺点，为开展下一期目标管理，进行新的循环做好准备。

#### 1. 目标成果评价的基本要求

(1) 评价标准只有一个——目标。应按目标中严格规定的定量和定性分析的各项指标，客观地进行评价。

(2) 坚持一视同仁，不讲情面，不照顾“关系”，不夹杂私人感情。

(3) 分清功过，不搞好人主义。评价就是要按标准分出上下高低，避免吃“大锅饭”的现象出现。

(4) 实事求是。不能弄虚作假，随意另立或降低评价标准。

只有按以上要求去做，才能激励先进、鞭策后进、改进工作方法、推动新的循环。

#### 2. 评价的内容

目标成果评价的内容，概括地说，就是制定目标时有什么内容，成果评价时就有什么内容，主要包括以下内容：

(1) 目标值。它是目标内容的数量表现形式。评价目标值，可以从最直观的角度，说明目标的完成情况。

(2) 协作情况。目标管理中的协作是指企业内部各部门之间、车间（环节）之间、班组之间、成员之间在实施各自的目标中，为了实现共同的目标，相互之间的联合与配合。

(3) 目标进度的均衡性。它是指企业（车间或部门、班组、工作地等各个环节）按照预定的计划进度实施目标，在相等的时间内，完成相等或递增的目标任务的一种特性。

(4) 措施手段。它是指目标展开后，承担目标项目的单位为了实现目标自己采取的措施手段，不包括上级和企业制定的措施手段。

(5) 评价个人工作。其范围是上自厂长（经理），下至每个职工。通过评价，鼓励先进、带动后进，有利于下一时期目标的实施和实现。同时，通过对个人的评价，也为人事部门考核职工提供了依据。

在实际开展目标成果评价时，对上述各项内容，重点要抓住目标值和个人成绩两项。因为这两项直接涉及评价后企业的全面总结和表彰先进问题，其他内容可作为参

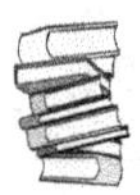

考，但不能丢掉。评价中缺少哪一项，对下期目标的制定、实施和完成都是不利的。

**3. 评价结果的处理**

目标管理具有周期性。一个周期的结束，恰恰是下一个周期的开始，所以说，目标成果的评价，既是上一周期的总结，又是下一周期开始前的动员。要使评价达到这两个目的，做好评价结果的处理是一项十分关键的工作。

对评价结果的处理，应着重从以下三个方面进行。

（1）把目标成果评价作为奖惩的依据。因为，第一，制定的目标一般都略高于责任者原有能力，目标责任者必须通过努力才能达到目标；第二，评价是根据目标项目责任者的目标值完成情况和达到目标过程中的表现进行的。所以，评价的结果就是对目标项目责任者成绩和缺点的最后结论。

（2）个人评价存档。目标评价的结果一般比较客观地反映了目标责任者的工作能力、技术水平、克服困难的能力、组织能力及思想觉悟水平等方面的情况，使企业领导者了解职工的情况，有助于领导者任人唯贤、知人善任。

（3）总结经验教训。对目标成果做出正确的评价结论，这只是完成了目标评价阶段的一部分任务。更主要的是，要组织职工认真回顾自己在目标实施过程中取得了哪些成功，并总结获得成功的经验，以便在下一周期目标循环中发扬光大。同时，还要找出自己在目标实施中的缺点，分析其原因，以便在下一周期的目标循环中引以为戒，并有所改进。

## 知识基础四 目标管理的优缺点

在美国，相当多的企业公司如杜邦和通用汽车公司采用了目标管理。根据美国《幸福》杂志的最新调查，在美国最大的500家工业企业公司中有40%的公司采用了目标管理。当然，进行目标管理有许多优点，但也有不少缺点。

**1. 目标管理的优点**

采用目标管理最突出的优点在于能调动广大管理人员和职工的积极性。由于在目标管理的整个过程中能较好地听取大家的意见，吸收职工参加管理，职工对自己的职责比较明确，又有一个较好的报酬奖励制度，这就形成了一个调动大家积极性的良好环境。

目标管理还有以下优点：在目标的制定和实施过程中都注意了相互的联系和合作；对每个人工作表现的评价也更为具体、更为合理；有利于管理人员发挥自己的管理才能；有利于每个人发挥自己的创造性和积极性，形成了一个完整的组织管理系统，使这个系统能有效地运转。

目标管理也有利于各级领导对下属进行管理。在目标实施过程中，大家都能进行自我管理、自我控制，又有定期性的检查总结，能及时发现问题、及时进行调整，这样就有利于整个组织向着组织长期目标的实现迈进。

**2. 目标管理的缺点**

不少人对目标管理所存在的缺点进行了批评。目标管理的主要缺点是缺乏组织内最高级领导人的支持。总目标、总战略虽然由最高管理层做出，但是他们常常把任务交给较低级的管理人员去负责执行，这样一些高层领导人实际上就没有为此承担起自己的真正责任，其积极性自然也就没有得到发挥，这就必然会影响到目标管理的效果。

另外一个缺点是有些采用目标管理的企业过分强调了数量目标，要求的报表和总结过多。以至于有些管理人员忙于写总结、忙于编报表，对下级只是分派任务和提提建议，很少坐下来与下级共同研究问题，结果就造成了个别人的工作流于形式，缺乏深度。

总而言之，目标管理是管理体系中一种极为有用的方法，它有助于阐明组织内各单位和个人的职责，有利于调动积极性，更有利于进行总结和评价。然而，要使目标管理获得更佳的效果，管理者也必须注意克服上面所提到的一些缺点。

## 项目小结

计划是管理的首要职能，是为了实现组织决策所确定的目标，预先进行的行动安排。计划工作的任务，就是根据社会的需要以及组织的自身能力，确定出组织在一定的时期内的奋斗目标；通过计划的编制、执行和检查，协调和合理安排组织中的各方面的管理活动，有效地利用组织的人力、物力和财力等资源，取得最佳的经济效益和社会效益。

由于组织活动的多样件和复杂性，使得组织的计划工作具有多重性质，可以概括为五个主要方向，即目的性、首位性、普遍性、效率性和创造性。计划工作的种类繁多，它们的重要程度也有差别。为便于研究和指导实际工作，有必要按不同的标准对计划进行分类。为便于做好计划工作，使编制的计划能够顺利实现，计划工作必须按基本原则、程序和方法去执行，使组织中各种活动有条不紊地进行，以此保证组织决策目标的实现。

计划作为行动之前的安排，是一种连续不断的循环过程。计划工作的程序一般包括估量机会、确定目标、确定计划工作的前提条件、确定可供选择的方案、评价各种方案、比较各种方案、选择方案、拟订派生计划，以及通过预算形式使计划数字化等。

计划工作的方法主要有预测法、滚动计划法和网络计划技术法。

所谓目标管理，是指组织的最高管理者根据组织面临的环境和形势，制定出组织在一定时期内经营活动所要达到的总目标，然后层层分解落实，要求下级各部门及其每一个员工根据上级制定的目标和保证措施，制定相应的目标和措施，进而形成一个目标锁链，并把目标的完成情况作为对部门或个人进行考核依据的一种管理方法。简言之，目标管理是让组织的全体职工亲自参加目标的制定，并在工作中实行自我管理、自我控制、全面负责、努力完成目标的一种管理制度或方法。

## 思考与练习

1．判断题

（1）古人所说的“运筹帷幄”，是对计划职能最形象的概括。（　　）

（2）计划是一个连续的行为过程，因为只要组织还存在，这个过程就会一直进行下去。即使环境条件发生变化，管理者也不应停止原有计划而进行更新和修改。（　　）

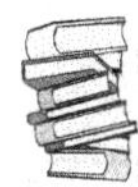

(3) 战略计划通常具有长远性和较大的弹性；战术计划一般是一种局部性的、阶段性的计划；而作业计划通常具有个体性、可重复性和较大的刚性。（　　）

(4) 当前的计划越是影响到对未来的许诺，计划的期限应越短。（　　）

2. 简答题

(1) 如何全面理解计划工作的含义？

(2) 简述计划工作的原则。

(3) 简述计划的内容。

(4) 计划工作的基本程序有哪些？

(5) 简述目标管理的基本过程。

## ■应用案例

### 10分钟提高效率

美国伯利恒钢铁公司总裁查理斯·舒瓦普向效率专家艾维·利请教“如何更好地执行计划”的方法。艾维·利声称可以在10分钟内就给舒瓦普一样东西，这东西能把他公司的业绩提高50%，然后他递给舒瓦普一张空白纸，说：“请在这张纸上写下你明天要做的几件最重要的事。”舒瓦普用了5分钟写完。

艾维·利接着说：“现在用数字标明每件事情对于你和你的公司的重要性的次序。”舒瓦普又花了5分钟。

艾维·利说：“好了，把这张纸放进口袋，明天上班第一件事是把纸条拿出来，做第一项最重要的事情。着手办第一件事，直至完成为止。然后用同样的方法对待第二项、第三项，直到你做完为止。如果只做完第二件事，那不要紧，你总是在做最重要的事情。”

艾维·利最后说：“每一天都要这样做，您刚才看见了，只用10分钟时间，如果你相信这种方法有价值的话，让你公司的职员也这样做。这个试验你做多久都可以，然后给我寄支票来，你认为值多少就给我多少。”

一个多月以后，艾维·利收到了舒瓦普寄来的一张2.5万美元的支票和一封信。信上说，那是他一生中最有价值的一门课程！5年之后，这个当年不为人知的小钢铁厂一跃而成为世界上最大的独立钢铁厂！

**思考题：**

1. 为什么总裁有计划却难以执行？效率专家艾维·利的方法的关键在哪里？

2. 效率专家艾维·利认为“即使只做完一件事，那也不要紧，因为你总在做最重要的事”。你认为制订计划光是做最重要的事够吗？

3. 效率专家艾维·利执行计划的方法使这个不为人知的小钢铁公司成为世界最大的钢铁公司之一。为什么计划能有这么大的作用？

## 项目实训

**实训项目：**

企业计划书分析。

**实训目的：**

通过各种途径获取一份企业计划书，在分析计划书的过程中，理解计划的分类，领会计划制定的方法，并与目标管理知识相联系，整理出支持本计划的目标。

**实训内容：**

（1）由学生多渠道联系相关企业，获取计划书可以是父母、同学、亲戚的单位，尽量获取近期计划。

（2）将学生搜集到的计划进行分类，以此分组进行讨论，讨论这些计划是由哪些部门制订的，制定的程序如何。认真评价计划的优、缺点，并将讨论过程及分析结果做好记录。

**实训考核：**

（1）每个小组上交一份计划讨论记录，由老师批阅后记入小组积分。

（2）考核每个人所取得资料的典型性，分 A、B、C、D 四个等级评定。

# 项目五　决　　策

## 知识目标

◆了解决策的概念与特点。

◆掌握决策的程序与方法。

## 能力目标

◆掌握决策的程序，并能够选择合适的决策方法。

◆能够运用决策方法进行企业经营决策。

## 导入案例

### 谷歌收购摩托罗拉移动：软吃硬恐成趋势

2011 年 8 月，搜索引擎巨擘谷歌（Google）宣布以 125 亿美元现金的价格，收购美国智能手机公司摩托罗拉移动（Motorola Mobility），这是该公司迄今规模最大、最大胆的一笔收购。此笔交易将使谷歌与苹果（Apple）之间的竞争升级，并使谷歌得以控制更多的无线技术专利。

网易科技讯　2011 年 8 月 16 日消息，毫无预兆，谷歌即宣布将收购全球老牌手机生产厂商摩托罗拉。对于这项突如其来的收购案，人们不禁要问：谷歌为什么选择了摩托罗拉？这项收购，对于借助 Android 智能手机重振市场的摩托罗拉意味着什么？谷歌是否会失去 HTC、三星等合作伙伴？这项收购对产业链会产生怎样的影响？

就此，网易科技综合谷歌、摩托罗拉移动公司、电信业内多位专家、知识产权律师等各方观点，对上述问题做出初步分析。

**谷歌为什么选择摩托罗拉？**

对于此项收购的动因，谷歌 CEO 拉里·佩奇解释称，谷歌一直在寻求“以新的方式”为 Android 生态系统提供支持。而之所以相中摩托罗拉，是因为后者在押宝于 Android 操作系统之后，其移动业务快速进入了上升轨道，并将获得爆发性增长。

另外，也是更为关键的一个方面，是摩托罗拉庞大的移动专利技术。拉里·佩奇称，谷歌收购摩托罗拉移动之后，双方专利的组合将提高竞争力，并将有助于应对来自微软、苹果及其他公司的威胁。

据摩托罗拉移动首席执行官桑杰·贾介绍，目前摩托罗拉移动有 1.7 万项专利，另外还有 7 500 项专利申请正处于审批程序。业内人士普遍认为，谷歌以 125 亿美元的价格收购摩托罗拉移动并不算贵，对于此前饱受专利诉讼困扰的 Android 而言，摩托罗拉的这些专利将大幅增加谷歌在专利之争中的筹码。

**这项收购对摩托罗拉意味着什么？**

对于一度陷入低谷的全球老牌手机生产厂商摩托罗拉来说，押宝 Android 也许是其重振市场的必由之路。实际上，借助 Android 智能手机，摩托罗拉已经走出了公司发展最困难的时期，其手机业务也已逐步进入上升期。

摩托罗拉移动技术公司资深副总裁兼大中华区总裁孟樸认为，谷歌的收购，说明在采用 Android 系统的手机厂商中，摩托罗拉移动较其他厂商具备相对明显的优势。

需要注意的是，在此次资本层面的收购完成之后，摩托罗拉移动将作为一个独立的业务部门运行。这意味着，至少在短期内，摩托罗拉的手机品牌名称将不会有变化。

另外，谷歌在平台、地图、应用等方面的雄厚积累，将为摩托罗拉手机的研发、生产甚至渠道产生较大促进作用。电信业专家项立刚分析认为，在这样的整合之下，“形成一个新的生态链是顺理成章的事”。

**谷歌是否会失去 HTC、三星等合作伙伴？**

除了对谷歌、摩托罗拉移动两方的影响之外，这项收购也打破了全球手机行业的既有格局。HTC、三星、索尼爱立信等同样拥抱 Android 的手机厂商，将会面临怎样的选择？

此收购案消息一出，HTC、索尼爱立信等公司的高管几乎一致地表达了积极的看法——对谷歌坚守保护 Android 及其合作伙伴的承诺表示欢迎。尽管谷歌一再强调“收购摩托罗拉移动之后，Android 将继续保持开源”，但对于这些手机厂商而言，他们仍将面临着一个重大的选择——究竟是继续拥抱 Android，还是另谋出路。

项立刚认为，如果这些手机厂商选择继续使用 Android 操作系统，可能会面临一些不完全平等的竞争；而如果选择向微软靠拢，或者再做一个操作系统，也非易事。

**此收购案将对产业链产生怎样的影响？**

即使谷歌一再对“未来竞争的公平性等问题”做出解释和保证，但仍免不了这些 Android 阵营厂商会出现不同的想法。

据业内多位专家分析，谷歌与摩托罗拉双方的竞争对手将有可能推动监管部门加强对此收购案的调查。换句话说，收购摩托罗拉移动将使谷歌陷入与众多 Android 手机生产厂商直接竞争的局面。而在整个产业生态系统改变之前，手机行业的相关各方将为自身利益做最后的争取。也有专家认为，这项收购也许将成为微软与诺基亚甚至其他企业之间合作的范本。不过，“IT 领域永远是变数很多”，通过收购形成一个新的生态链并不容易。

始于去年 8 月的谷歌对摩托罗拉移动收购“长跑”画上句号。

在上周末获得我国商务部有条件批准后，谷歌 22 日晚正式宣布完成对摩托罗拉移动收购。业界预测，随着消费者对手机操作性要求的提高，“软吃硬”将成为行业发展趋势。

**谷歌元老掌控“摩移”**

“作为一家早期大规模采用 Andriod 操作系统的公司，摩托罗拉已成为谷歌极具价值的合作伙伴。”谷歌 CEO 拉里·佩奇在收购完成后的正式声明中表示。作为一个时

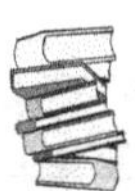

代更迭的标志，摩托罗拉移动前任首席执行官桑杰·贾已经辞职，取而代之的是谷歌元老、收购案的具体负责人丹尼斯·伍德西德。在摩托罗拉移动最大的生产工厂天津工厂，员工们已经收到丹尼斯·伍德西德等多位新入主高管的内部邮件。谷歌已就摩托罗拉移动的部分核心部门选择新人选，业界推测，更多的高管离职恐成必然。一位员工透露，中国公司方面包括品牌、人员等变化不会太大，主要变化可能在美国。

商务部通过对涉及的相关问题进行审查，决定附加限制性条件批准此项收购。谷歌将承诺 Android 系统至少五年内免费以及不能以歧视方式对待 Android 平台方面的任何原始设备制造商等，并继续遵守摩托罗拉在摩托罗拉专利方面现有的公平、合理和非歧视义务。

中投顾问 IT 行业研究员王宁远认为，商务部批准这一交易的限制条件要求，与目前国内大部分智能手机厂商都采用开源的 Andriod 系统有关。“国内中小厂商出于成本等考虑选择使用 Andriod 系统，如果不对谷歌加以限制，让其既当教练又当运动员，这是显失公平的。”

欧委会在反垄断审核期间曾指出，此次交易真正的封锁效应只会影响到下游市场上的小制造商。王宁远说，华为、中兴、小米等产品主要集中在中低端，在研发、制造上均无法与大厂商相提并论，他们对安卓系统的依赖性强，也更容易受到伤害。

**“软吃硬”或继续上演**

不少业内专家认为，商务部此举有益于平抑对市场造成的冲击，此次并购也不必过于悲观。“摩托罗拉不是终端制造领域老大，谷歌也只是操作系统的实际拥有者。”三星（中国）手机研发部门研究员李毅表示，从技术上讲，Android 系统是一个开源系统，收购后，不会出现市场上一家独大的局面。在谷歌与摩托罗拉联姻的同时，微软与诺基亚的联合也在推陈出新，再加上苹果在软件及硬件方面的优势，全球智能手机市场三足鼎立的格局初步形成。

手机中国联盟秘书长王艳辉向记者表示，谷歌收购摩托罗拉移动可以一次性解决专利难题，摩托罗拉的专利储备至少足够应付苹果。另外，收购摩托罗拉移动之后，谷歌在保持 Android 系统开放的同时，可以通过“软硬兼施”进一步缩短与苹果的技术差距以及拉大与微软的距离。

“苹果的生态日益完善，从 iPhone、iPad、PC 到 Apple TV 等，苹果已经形成未来家庭网络的雏形，如果谷歌依然固守 Andriod，未来很难与苹果竞争。”王艳辉称。

“正如同大多数行业一样，最终是两个强有力竞争对手之间的较量，它们将把第三名远远甩开。”一位业内人士感叹。

智能手机消费者对操控性的要求日益提升，如果硬件厂商不能把握住市场的脉搏，更多“软吃硬”的案例还将继续上演。如何对消费者和厂商的合法利益进行保护，营造公平、平等的市场竞争环境值得深思。

## 任务一 认知决策

组织中的决策是指管理者识别并解决问题的过程，有时也指管理者利用机会的过程。决策所遵循的原则是“满意”而不是“最优”。决策需要适量的信息。决策理论在经历了古典决策理论和行为决策理论后，又有了新的发展。

## 知识基础一 决策的概念、特点及原则

### （一）决策的概念

诺贝尔经济学奖得主西蒙认为："为了解决决策的含义，就是将决策一词从广义上予以理解，这样，它和管理一词几乎同义。"决策是管理的核心。可以说，整个管理过程都是围绕着决策的制定和组织实施而展开的。对于企业的主管人员来说，决策是最重要、最困难、最花费精力和最冒风险的事情。因此，近年来决策活动引起了管理学家、心理学家、社会学家以至数学家和计算机科学家们的极大关注，成为一个独立研究领域，形成决策科学。

通常讲的领导"拍板"，指的就是决策，但绝不能把决策仅仅理解为一瞬间的"拍板"。何谓决策？从管理学的观点看，决策的最古老和最直接的含义就是，在若干可供选择的行动方案中做出抉择。

许多管理学家都对决策的概念进行探讨，尽管众说纷纭，但基本内涵大致相同，区别主要在于对决策概念作狭义的理解还是广义的理解。

狭义地说，决策是在几种行动方案中进行选择。

广义地说，决策还包括在做出最后选择之前必须进行的一切活动。一般情况下，我们采用广义的决策概念。

**小词典**

决策就是指组织或个人为了实现某种目标而对未来一定时期内有关活动的方向、内容及方式的选择和调整过程。

这个概念表明，决策的主体既可以是组织，亦可以是组织中的个人；决策要解决的问题，既可以是组织或个人活动的选择，亦可以是对这种活动的调整；决策选择或调整的对象，既可以是活动的方向和内容，亦可以是在特定方向下从事某种活动的方式；最后，决策涉及的时限，既可以是未来较长的时期，亦可仅仅是某个较短的时段。

虽然西蒙认为管理就是决策，由此可见决策在管理中的地位，但是应当注意，过分地扩展决策的定义，甚至认为管理就是决策，也是不恰当的。如果把管理看作只是做决策，无疑将会使管理的定义失之偏颇，既不便于对管理学的理论体系进行科学的分类，也无法将许多实际上属于管理的重要内容包括进去。例如，领导者利用他的个人特长和个人魅力对下级施加影响使之为组织目标做出积极贡献，就不是一个决策过程。反之，将决策都看作管理，又会使管理的含义过于宽泛。因为任何活动，无论是组织的还是个人的，都有选择和决策的问题。例如，家庭主妇到超市去选购商品的选择，是无论如何不能与企业管理者决定公司的投资方向的选择相提并论的。正确理解决策的含义，对于改进现实中的决策工作有很大意义。

### （二）决策的特点

#### 1. 目标性

任何组织决策都必须首先确定组织决策活动目标。目标是组织在未来特定时限内

完成任务程度的指向和标志。组织决策是为了实现组织在某一时间内的特定目标的活动，没有目标就无从决策，目标已经实现，也就无需开展决策活动。

**2. 可实践性**

决策的目的是为了指导组织未来的实践活动。决策是为了正确地行动，不准备实践，用不着决策。组织的任何活动都需要利用一定的资源，必须依靠必要的人力、物力和技术条件。理论上非常完善的方案，如果不能付诸实施，那也只能是空中楼阁。因此，决策方案的拟订和选择，不仅要考察采取某种行动的必要性，而且要注意实践条件的限制。例如，一家矿产公司经过科学研究，发现外星球上蕴藏着丰富的金矿，但该公司就其实力而言，目前难以实现该项目。因此，在现阶段，这样的决策既无必要也无意义。

**3. 可抉择性**

决策的基本含义是抉择。如果只有一种方案，无选择余地，也就无所谓决策。没有比较就没有鉴别，更谈不到所谓“最佳”。国外有一条管理人员熟悉的格言：“如果看来只有一种行事方法，那么这种方法很可能是错的。”在制定可行方案时，应满足整体详尽性和相互排斥性要求。所谓整体详尽性，是指将各种可能实现的方案尽量都考虑到，以免漏掉那些可能是最好的方案。所谓相互排斥性，是指方案之间不可雷同替代。可抉择性就要求管理人员善于调查、集思广益，以及利用科学的方法尽量产生尽可能多的方案，这样才可能找到“最佳”方案。

**4. 满意性**

选择活动方案的原则是满意原则，而非最优原则。最优原则往往只是理论上的幻想，因为它要求：①决策者了解与组织活动有关的全部信息；②决策者能正确地辨识全部信息的有用性，了解其价值，并能根据此制定出没有疏漏的行动方案；③决策者能够准确地计算每个方案在未来的执行结果。

然而，在管理过程中，这些条件是难以具备的。首先，决策是面向未来的，而未来不可避免地包含着不确定性。其次，人们也很难识别出所有可能实现目标的备选方案。另外，由于信息、时间和不确定性的局限也使管理者难以做到最佳。没有最好，只有更好。管理者通常采纳一个令人满意的，即在目前环境中是足够好的行动方案。

**5. 过程性**

决策是一个过程，而非瞬间行动。决策是为达到一定的目标，从两个或多个可行方案中选择一个合理方案的分析判断和抉择的过程。一般认为，决策过程可以划分为四个主要阶段，即：①找出制定决策的理由；②找到可能的行动方案；③对各种行动方案进行评价和抉择；④对于付诸实施的抉择进行评价。因此，决策实际上是一个“决策—实施—再决策—再实施”的连续不断的循环过程。

从认识论上考察，决策过程就是一个主观反映客观的动态认识过程，是从实践中获得规律性认识并形成概念，再从抽象到具体形成决策以付诸实践的过程。这就是一个从实践到认识，再从认识到实践的能动的创造性过程。

## 知识基础二 决策的类型

根据不同的分类标准，人们把决策分为不同的类型。如表 5－1 所示。

表5-1 决策的类型

| 分类标准 | 类型 |
| --- | --- |
| 影响的时间 | 长期决策　短期决策 |
| 调整对象的深度与广度 | 战略决策　战术决策 |
| 决策的主体的数量 | 集体决策　个人决策 |
| 问题的重复程度和有无先例可循 | 程序化决策　非程序化决策 |
| 需要解决的问题性质 | 初始决策　追踪决策 |
| 环境因素的可控程度 | 确定型决策　风险型决策　不确定型决策 |

### （一）长期决策与短期决策

从决策影响的时间看，可把决策分为长期决策与短期决策。

长期决策是指有关组织今后发展方向的长远性、全局性的重大决策，又称长期战略决策。如：投资方向的选择、人力资源的开发和组织规模的确定等。

短期决策是为实现长期战略目标而采取的短期策略手段，又称短期战术决策。如：企业日常营销、物资储备以及生产中资源配置等问题的决策都属于短期决策。

### （二）战略决策与战术决策

从决策调整的对象和涉及的时限来看，组织的决策可分为战略决策和战术决策。

战略决策是事关企业未来的生存与发展的大政方针方面的决策。它多是复杂的、不确定性的决策，涉及组织与外部环境的关系，常常依赖丁决策者的直觉、经验和判断能力。

属于战略决策的例子，如企业使命目标的确定，企业发展战略与竞争战略，收购与兼并，产品转向，技术引进和技术改造，厂长、经理人选确定，组织结构改革等。战略决策要抓住问题的关键，而不是注重细枝末节，强调面面俱到。

与战略决策相对应的战术决策，通常包括管理决策和业务决策，均属于执行战略决策过程的具体决策。

其中，管理决策是对企业人、财、物等有限资源进行调动或改变其结构的决策，涉及信息流、组织结构、设施等。例如，营销计划与营销策略组合、产品开发方案、职工招收与工资水平、机器设备的更新等。

业务决策则主要是解决企业日常生产作业或业务活动问题的一种决策，与改善内部状况及效率有关，如生产进度安排、库存控制、广告设计等。

战略决策和战术决策是相互依存和相互补充的，战术决策是实现战略决策的必需步骤和环节，没有战术决策，再好的战略决策也只是空想。反之，战略决策是战术决策的前提，没有战略决策，战术决策也就失去了意义，因而对组织的存在与发展也是无益的。

### （三）集体决策与个人决策

从决策的主体看，可把决策分为集体决策与个人决策。

集体决策是指多个人一起做出的决策，个人决策则是指个人做出的决策。相对于个人决策，集体决策有一些优点：①能更大范围地汇总信息；②能拟订更多的备选方

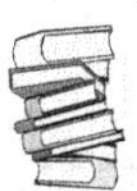

案；③能得到更多的认同；④能更好地沟通；⑤能做出更好的决策等。但集体决策也有一些缺点，如花费较多的时间、产生“从众现象”（group think）以及责任不明等。因此必须采用科学有效的方法，如群体决策方法中的头脑风暴法、名义群体法、德尔菲法和电子会议法等。

### （四）程序化决策与非程序化决策

按问题的重复程度来分类，决策可以分为程序化决策和非程序化决策。

程序化决策是指那些例行的、按照一定的频率或间隔重复进行的决策。程序化决策处理的主要是常规性、重复性的问题。处理这些问题的特点，就是要预先建立相应的制度、规则、程序等，当问题再次发生时，只需根据已有的规定加以处理即可。现实中有许多问题都是经常重复出现的，如职工请假、日常任务安排、常用物资的采购、“三包”产品质量问题的处理等。

程序化决策虽然在一定程度上限制了决策者的自由，使得个人对于“做什么和如何做”有较少自由选择权，但却可以为决策者节约宝贵的时间和精力，使他们可以把更多的时间和精力投入到其他更重要的活动中去。

非程序化决策是指那些非例行的、很少重复出现的决策。这类决策主要处理的是那些非常规性的问题。例如，重大的投资问题、组织变革问题、开发新产品或打入新市场的问题等。

非程序化决策时往往缺乏足够的信息资料，无先例可循，无固定模式，常常需要管理人员倾注全部精力，进行创造性思维。一般来说，由组织的最高层所做的决策大多是非程序性的。这类决策问题无先例可循，只能依靠决策者的经验、直觉、判断以及将问题分解为若干具体小问题逐一解决。

程序化决策与非程序化决策的划分不是绝对的，两者之间并没有严格的界限，在特定的条件下，两者还可以相互转化。

例如，一项关于定价的程序化决策，可能会因为原料与产品供应情况、生产需求情况、竞争对手定价策略等方面的变化而转化为非程序化决策。

随着现代决策技术的发展，很多以前被认为是完全非程序化决策问题已经具有了程序化决策的因素，程序化决策的领域日益扩大。一方面，运筹学等数学工具被广泛地运用到以前被认为依靠判断力的决策中来；另一方面，计算机的广泛应用，又进一步扩展了程序化决策的范围。

### （五）初始决策与追踪决策

从决策需要解决的问题看，可将组织决策分为初始决策和追踪决策。

初始决策是指组织对从事某种活动或从事该种活动的方案所进行的初次选择；追踪决策则是在初始决策的基础上对组织活动方向、内容或方式进行重新调整。

初始决策是在对组织内外环境的某种认识的基础上初次做出的选择，而追踪决策则是由于组织环境发生了变化，或者是由于组织对环境特点的认识发生了变化而引起的。组织中的大部分决策都属于追踪决策。

### （六）确定型决策、风险型决策与不确定型决策

从环境因素的可控程度看，可把决策分为确定型决策、风险型决策与不确定型决

策。

确定型决策是指在稳定（可控）条件下进行的决策。在确定型决策中，决策者确切知道自然状态的发生，每个方案只有一个确定的结果，最终选择哪个方案取决于对各个方案结果的直接比较。

风险型决策也称随机决策，在这类决策中，自然状态不止一种，决策者不能知道哪种自然状态会发生，但能知道有多少种自然状态以及每种自然状态发生的概率。

不确定型决策是指在不稳定条件下进行的决策。在不确定型决策中，决策者可能不知道有多少种自然状态，即便知道，也不能知道每种自然状态发生的概率。

# 任务二　认知决策的程序与方法

## 知识基础一　决策的程序

决策是一个过程，它不是简单的选择方案的行为。决策过程描述为八个步骤，从识别问题开始，到选择能解决问题的方案，最后结束于评价决策效果。

### （一）识别问题

决策过程始于一个存在的问题，或更具体一些，存在着现实与期望状态之间的差异。

问题识别是主观的。在某些事情被认为是问题前，管理者必须意识到差异，他们不得不承受采取行动的压力，同时，他们必须有采取行动所需的资源。

问题是现实与理想之间的差距。大部分的问题没有明显的症候。问题的认定是主观的。解决一个根本不需要解决的问题的管理者和无法正确地界定问题而未采取任何行动的管理者，是一样的失败者。那么，管理者如何觉察差距呢？他们可以从以下几方面着手：①比较现实状态与标准或理想状态；②明确标准是什么。是过去的绩效，是先前所设立的目标，还是其他部门或其他组织的绩效。

为了更好地说明决策过程，我们以买轿车的决策为例来说明。由于生活水平的提高，经济状况的改善，看到周围人已经有自己的私车，我们也许会做一个买车的决策，标准就是预先设定的目标——有一辆可行驶得称心如意的轿车。这样，就有了决策过程的第一步，即识别问题。

### （二）确定决策目标

决策是为了解决问题，在所要解决的问题明确以后，还要指出问题能不能解决。有时由于客观环境条件的限制，管理者尽管知道存在着某些问题，也无能为力，决策过程也就到此结束了。如果问题在管理人员的有效控制范围内，则要确定应当解决到什么程度，明确预期的结果是什么，也就是说要明确决策的目标。

决策目标是指在一定的环境和条件下，根据预测所期望得到的结果。目标的确定十分重要，同样的问题，由于目标不同，可采用的方案也会大不相同。

目标的确定，要经过调查研究，掌握系统准确的统计数据和事实，然后对其进行整理分析，根据对组织总目标及各种目标的综合平衡，结合组织的价值观进行确定。

### （三）确定决策准则

管理者一旦确定了需要注意的问题，则对于解决问题中起重要作用的决策准则也必须加以确定。就是说，管理者必须确定什么因素与决策相关。

决策准则是做决策所考虑的重要因素。对于上述买轿车的决策而言，我们的决策准则也许是：省油、价格、样式（双门或四门）、大小、品牌、配备（自排、冷气）、维修记录等。

无论明确表述与否，每一位决策者都有指导其决策的标准。在决策制定过程的这一步，不确认什么和确认什么是同等重要的。假如我们认为省油不是一个决策准则的话，那么它将不会影响我们对轿车的最终选择。

### （四）拟定方案

决策制定者列出可以解决问题的可行方案，不加以评估，只要列出来即可。例如我们对轿车的选择以 6 种轿车作为可行的选择方案。

### （五）分析方案

方案一旦拟定后，决策者必须批评性地分析每一方案。这些方案经过与步骤二、步骤三所述的决策准则及权重的比较后，每一个方案的优缺点就变得明显了。接下来就评价每个方案。仍以购买轿车为例，我们对每一种车的评价可用表 5－2 表示。

**表 5－2　购买轿车决策 6 种可行方案的评价**

| 方案 | 价格 | 省油 | 品牌 | 配备（自排、冷气） | 维修记录 | 操纵性 |
|---|---|---|---|---|---|---|
| A 轿车 | 2 | 10 | 8 | 7 | 5 | 5 |
| B 轿车 | 9 | 6 | 5 | 6 | 8 | 6 |
| C 轿车 | 8 | 5 | 6 | 6 | 4 | 6 |
| D 轿车 | 9 | 5 | 6 | 7 | 6 | 5 |
| E 轿车 | 5 | 6 | 9 | 10 | 7 | 7 |
| F 轿车 | 10 | 5 | 6 | 4 | 3 | 3 |

### （六）选择方案

选择方案是决策过程中最关键的步骤，就是选择评估结果最高分的方案。表 5－3 给出了我们对每一种车的综合评价值。

**表 5－3　购买轿车方案的综合评价**

| 方案 | 价格（10） | 省油（8） | 品牌（5） | 配备（5） | 维修记录（3） | 操纵性（1） | 总分 |
|---|---|---|---|---|---|---|---|
| A 轿车 | 2（20） | 10（80） | 8（40） | 7（35） | 5（15） | 5（5） | 195 |
| B 轿车 | 9（90） | 6（48） | 5（25） | 6（30） | 8（24） | 6（6） | 223 |
| C 轿车 | 8（80） | 5（40） | 6（30） | 6（30） | 4（12） | 6（6） | 198 |
| D 轿车 | 9（90） | 5（40） | 6（30） | 7（35） | 6（18） | 5（5） | 218 |
| E 轿车 | 5（50） | 6（48） | 9（45） | 10（50） | 7（21） | 7（7） | 221 |
| F 轿车 | 10（100） | 5（40） | 6（30） | 4（20） | 3（9） | 3（3） | 202 |

由表 5－3 可知，我们在购买轿车的决策中应该选择综合评价最高的 B 轿车作为最

终的方案。

**（七）实施方案**

尽管步骤六已完成了选择的过程，但如果方案得不到恰当的实施，仍可能是失败的。所以，必须将方案付诸行动。

在普遍实施前进行“试点”。试点要注意选择在整个系统中具有典型性的地方，不能人为地创造某些特殊条件，否则，纵然试点成功，也很难以实践。在试验实证中，应特别注重“可靠性”分析。经过可靠性验证后，可以进入普遍实施阶段。在这一步骤上，要抓好以下工作：①把决策的目标、价值标准以及整个方案向下属交底，动员群众、干部和科技人员为实现目标而共同努力，以求实现。②围绕目标和实施目标的优化方案，制定具体的实施方案，明确各部门的职责、分工和任务，做出时间和进度安排。交方案的同时要交办法，层层要有落实方案的具体措施，使总目标有层层保证的基础。③制定各级各部门及执行人员的责任制，确立规范，严明制度，赏罚分明。切忌吃“大锅饭”及粗放管理。要把统一指挥同调动群众的积极性结合起来，加强思想政治工作。④随时纠正偏差，减少偏离目标的震荡。

**（八）评价决策效果**

即使是一个优化方案，在执行过程中，由于主客观情况的变化，发生这样那样与目标偏离的情况也是常有的。因此，必须做好反馈和追踪检查工作，以评价决策效果。这个阶段的任务，就是要准确、及时地把方案实施过程中出现的问题、执行情况的信息输送到决策机构，以进行追踪检查。通过评价决策效果，我们就会发现出问题，要么是执行人员没有按规定完成任务；要么是执行中遇到实际困难，发现方案中有不妥当的地方；要么是已经按方案执行了，但未达到预定目标。因此，所采取的对策，要么是教育和落实；要么是修正方案，使其更加切合实际、日臻完善；要么是需要对决策进行根本性的修正，甚至是要推倒重来。

**阅读资料**

1962年，英法航空公司开始合作研制“协和”式超音速民航客机，其特点是快速、豪华、舒适。经过十多年的研制，耗资上亿英镑，终于在1975年研制成功。十几年时间的流逝，情况发生了很大变化。能源危机、生态危机威胁着西方世界，乘客和许多航空公司都因此而改变了对在航客机的要求。乘客的要求是票价不要太贵，航空公司的要求是节省能源，多载乘客，噪声小。但“协和”式飞机却不能满足消费者的这些要求。首先是噪声大，飞行时会产生极大的声响，有时甚至会震碎建筑物上的玻璃。再就是由于燃料价格增长快，运行费用也相应大大提高。这些情况表明，消费者对这种飞机需求量不会很大。因此，不应大批量投入生产。但是，由于公司没有决策运行控制计划，也没有重新进行评审，而且，飞机是由两国合作研制的，雇佣了大量人员参加这项工作，如果中途下马，就要大量解雇人员。上述情况使得飞机的研制生产决策不易中断，后来两国对是否要继续协作研制生产这种飞机发生了争论，但由于缺乏决策运行控制机制，只能勉强将决策继续实施下去。结果，飞机生产出来后卖不出去，原来的宠儿变成了弃儿。

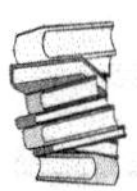

## 知识基础二 决策的方法

决策的方法可以分为定性决策方法和定量决策方法。

### （一）定性决策方法

定性决策方法也称决策“软”方法。它是指在决策过程中充分发挥专家内行集体的智慧、能力和经验，在系统调查研究分析的基础上，根据掌握的情况与资料，进行决策的方法。

（1）头脑风暴法。头脑风暴法又称畅谈会法，它是一种邀请专家、内行，针对组织内某一问题，在完全不受约束的条件下，敞开思路，畅所欲言地发表个人意见。头脑风暴法的目的在于创造一种畅所欲言、自由思考的氛围，诱发创造性思维的共振和连锁反应，产生更多的创造性思维。

**小知识**

头脑风暴法的特点是：针对解决的问题，相关卖家或人员聚在一起，在宽松的氛围中，敞开思路，畅所欲言，寻求多种决策思路。

（2）名义群体技术。在集体决策中，如对问题的性质不完全了解且意见分歧严重，可采用名义群体技术。所谓名义群体技术，群体只是名义上的，决策过程中小组成员互不通气，也不在一起讨论协商。具体做法是管理者先召集一些专家、内行，把要解决的问题的关键内容告诉他们，并请他们独立思考，要求他们把自己的备选方案和意见写下来。然后按次序让他们一个接一个地陈述自己的方案和意见。最后由群体成员对提出的全部备选方案进行投票，根据投票结果，赞成人员最多的方案即为所要的方案。当然管理者最终仍有权决定取舍这一方案。

（3）德尔菲技术。德尔菲技术又称专家咨询决策法，它是由专家会议提供备选决策方案的一种方法。这种方法首创于美国兰德公司。这种决策方法用德尔菲定名，意在可以集中众人智慧。运用这一技术的第一步是要设法取得有关专家的合作。然后把要解决的关键问题由专人向他们发出函询表并提供有关资料，请他们按照自己的经验、想法，提出论证和意见。在此基础上，由专人收集并综合各位专家意见，再把综合后的意见反馈给各位专家，让他们第二次进行分析并发表意见。经多次反复，逐步缩小各种不同意见的差距，最终形成代表专家意见的方案。

**小知识**

德尔菲法的步骤是：

（1）根据问题的特点，选择和邀请拥有相关经验的专家。

（2）将与问题有关的信息分别提供给专家，请他们各自独立发表自己的意见，并写成书面材料。

（3）管理者收集并综合专家们的意见后，将综合意见反馈给各位专家，请他们再次发表意见。

（4）如此反复多次，最后形成代表专家组意见的方案。

### （二）定量决策方法

定量决策方法也称决策的“硬方法”。它是指运用数学模型及计算机手段，在对决策问题进行定量化分析的基础上进行决策的方法。

**1．确定型决策方法**

确定型决策是指每种备选方案只有一种确定的结果的决策，即决策事件未来的自然状态明确，只要比较各方案的结果即能选出最优方案。最常用的确定型决策方法有：直观判断法、盈亏平衡分析法、经济批量法等。我们下面主要介绍盈亏平衡分析法。

盈亏平衡分析法又称量本利分析法，它是研究生产、经营一种产品达到不盈不亏时的产量或收入决策问题。盈亏分析的原理是边际分析理论。在企业经营中，当销售收入等于销售成本（费用）时，企业无利润也无亏损，就形成了企业经营的“盈亏点”，或叫盈亏转折点。如果销售收入大于此点，企业将盈利；如果销售收入小于此点，则企业发生亏损。它被广泛运用于利润预测、目标成本控制、生产方案优选、制定价格等决策问题。现在，盈亏平衡分析法已成为决策的有力工具。日益为企业经营管理者所重视。

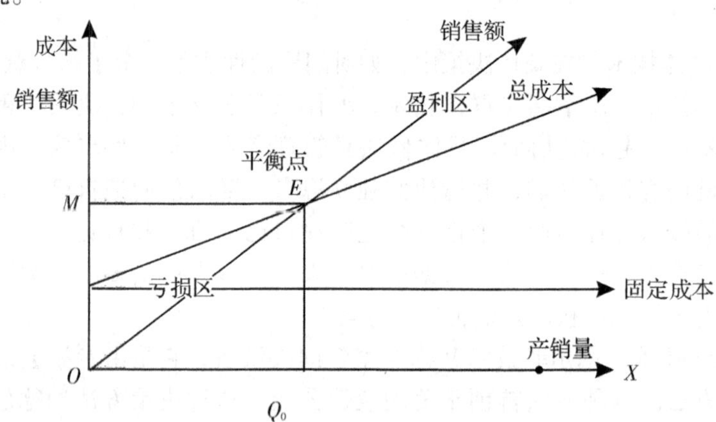


**图 5－1　盈亏平衡图**

如图 5－1 所示，随着产销量的增加，总成本与销售额随之增加，达到平衡点 $E$ 时，总成本等于销售额（总收入）此时不盈利也不亏损，正对应此点的产销量 $Q_0$ 即为平衡点产销量；销售额 $M$ 即为平衡点销售额。同时，以 $E$ 点为分界，形成亏损与盈利两个区域。此模型中的总成本由固定成本和变动成本构成。

量本利分析的基本公式如下：

$$Q_0=\frac{C}{P-V}$$

式中：$Q_0$ 为盈亏平衡点产销量；$C$ 为总固定成本；$P$ 为产品价格；$V$ 为单位产品变动成本。

例 1：某公司某种商品的销售单价为每台 1 000 元，总固定成本为 4 万元，单位产品变动成本为 600 元，求计划期该种商品保本销售量为多少台？保本销售额（$M$）为多少万元？

解：计划期该种商品保本销售量（盈亏平衡点产销量）为：

$$Q_0=\frac{C}{P-V}=\frac{40\ 000}{1\ 000-600}=100\text{（台）}$$

计划期该种商品的保本销售额（$M$）为：

$$M=PQ_0=1\ 000\times100=100\ 000\text{（元）}=10\text{（万元）}$$

如果企业确定了目标盈利额后，可分析出完成该目标盈利额的保利销售量。目标盈利额用字母 $F$ 表示；保利销售量用 $Q_1$ 来表示；保利销售额用 $M_1$ 表示。保利销售额等于保利销售量乘销售单价，其计算公式为：

$$M_1=Q_1P$$

例 2：某企业某商品的销售单价为 1 500 元，单位商品的变动成本为 1 200 元，固定成本为 6 万元。目标利润为 3 万元，求计划期该种商品的保利销售量为多少台？保利销售额为多少万元？

解：计划期该种商品的保利销售量为：

$$Q_1=\frac{C+F}{P-V}=\frac{60\ 000+30\ 000}{1\ 500-1\ 200}=300\text{（台）}$$

计划期该种商品的保利销售额为：

$$M_1=Q_1P=1\ 500\times300=450\ 000\text{（元）}=45\text{（万元）}$$

在经营决策中量本利分析还可以分析企业的经营安全率。

经营安全率，也称安全边际率，是反映安全程度或风险程度大小的指标，用字母 $S$ 来表示。其计算公式为：

$$S=\frac{Q-Q_0}{Q}$$

式中：$Q$ 为预计销售量（或目标销售量）；$Q_0$ 为保本销售量。

上式中的 $Q-Q_0$ 为安全余额，余额越大，说明企业经营状况越好；越接近于 0 说明企业经营状况越差，发生亏损的可能性越大。此时企业应及时采取措施，如调整产品结构，增加适销对路产品，降低单位变动成本，开辟新的市场来提高经营安全率。经营安全率是相对指标，便于不同企业和不同行业的比较。企业经营安全率的经验数据如下表 5－4 所示。

**表 5－4　经营安全检验标准**

| 经营安全率 | 40% 以上 | 30% ～40% | 20% ～30% | 10% ～20% | 10% 以下 |
|---|---|---|---|---|---|
| 安全等级 | 很安全 | 安全 | 较安全 | 值得注意 | 危险 |

例 3：某钢材供应站销售某种钢材固定成本分摊为 100 万元，销售单价为 3 800 元，单位产品变动成本为 3 300 元，计划期预测销售量为 3 000 吨。求计划期该种钢材的经营安全率是多少？

解：计划期该种钢材的保本销售量为：

$$Q_0=\frac{C}{P-V}=\frac{1\ 000\ 000}{3\ 800-3\ 300}=2\ 000\text{（吨）}$$

该种钢材的经营安全率为：

$$S=\frac{3\ 000-2\ 000}{3\ 000}\approx 0.333=33.3\%$$

S 在 30% ~40% 之间，经营安全。

**2. 风险型决策方法**

风险型决策是在有明确目标的情况下，依据通过预测得出的不同自然状态下的经济效果（损益值）及其出现的概率做出决策。由于自然状态并非决策人所能控制，所以决策结果要承担一定的风险，故称为风险决策。

风险型决策通常采用期望值准则。期望值准则，也称损益期望准则，即根据不同方案的损益期望值，选取具有期望效益值最大或最小的方案作为决策方案。方案的期望损益值等于一个方案在各种自然状态下，以自然状态的出现概率为权数的加权条件损益值之和。期望值一般为最大盈利、最高产值、最小损失、最少投资等。

例 4：某企业拟定 A、B、C 三种经营商品品种方案，市场可能出现需求量大、中、小三种状态，其概率分布及各种方案在不同需求量状态下的收益值如表 5 -5 所示。问应选择哪一种方案期望收益值最大？

**表 5 -5　某企业三种经营商品的需求状态和收益值**

| 需求状态 | 概率 | 收益值（百万元） | | |
|---|---|---|---|---|
| | | A | B | C |
| 大 | 0.45 | 12 | 20 | 30 |
| 中 | 0.35 | 8 | 10 | 4 |
| 小 | 0.20 | 4 | 2 | -4 |

解：首先，用决策矩阵表分析。在题目所给的已知条件，即表 5 -5 的右边，如三列四行作为计算期望收益值用，并在表中计算出每个方案的期望收益值，从中选取期望收益值最大的方案作为比较满意的方案。具体计算见表 5 -6。期望收益值 = Σ（收益值 × 概率）。

**表 5 -6　某企业三种经营商品的期望收益值**

| 需求状态 | 概率 | 收益值（百万元） | | | 期望收益值（百万元） | | |
|---|---|---|---|---|---|---|---|
| | | A | B | C | A | B | C |
| 大 | 0.45 | 12 | 20 | 30 | 5.4 | 0.9 | 13.5 |
| 中 | 0.35 | 8 | 10 | 4 | 2.8 | 3.5 | 1.4 |
| 小 | 0.20 | 4 | 2 | -4 | 0.8 | 0.4 | -0.8 |
| 合计 | | | | | 9 | 4.8 | 14.1 |

从表 5 -6 计算结果可以看出 C 方案的期望收益值（14.1）最大，故选 C 方案为比较满意的方案。

画出该方案的决策树图，如图 5 -2 所示。

构成决策树的要素有四个，即决策点，它用“□”表示，用来表示决策结果；方案枝，由决策点引出若干线条，每一枝条代表一个方案，并由它与自然状态点相连接；自然状态点，它用“○”表示，用来表示自然状态所能获得收益的机会（期望收益

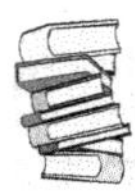

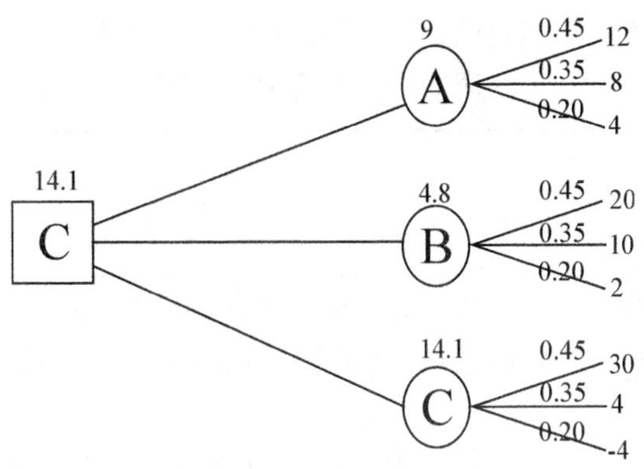


图 5－2　决策树图

值）；概率枝，由自然状态点引出的若干枝条，每一枝条末端表示收益值，每一枝条上面表示概率。进行决策分析时，自右向左分别计算各概率枝的数值；自然状态点的数值等于各概率枝数值之和，并标在自然状态点的上方；然后比较各自然状态点上期望收益值的大小，按照采用的决策准则，从中选出比较满意的方案。

**3．不确定型决策方法**

不确定型决策方法也称非确定型决策方法，是指在各种自然状态不确定，甚至在连可能发生或不发生的客观概率也不能确定的条件下进行决策的一种方法。由于未来自然状态的不确定性，使得不确定型决策既不能像确定型决策那样求得各方案的一个确定解来进行决策，也不能像风险型决策那样决策人可以对未来将出现的各种自然状态事先估计其概率，而只能以决策者的经验、判断和胆识来选择不同的决策标准进行决策。常用的不确定型决策方法有小中取大法、大中取大法和最小最大后悔值法等。下面举例介绍这些方法。

例 5：某企业准备生产一种新产品，据市场预测，产品销路有三种情况：销路好、销路一般和销路差。生产该产品有三种方案：A 引进生产线；B 改进生产线；C 协作化生产。根据不同状态下的市场需求量，每种方案可预测出的损益值如表 5－7 所示，企业可按此条件进行方案选择。

表 5－7　各方案在不同情况下的损益值　　　　单位：万元

| 自然状态 / 损益值 / 方案 | 销路好 | 销路一般 | 销路差 |
|---|---|---|---|
| A．引进生产线 | 160 | 100 | －20 |
| B．改进生产线 | 240 | 80 | －50 |
| C．协作化生产 | 80 | 50 | －10 |

（1）小中取大法。小中取大法也称悲观决策方法。采用这个方法的管理者对未来持悲观的看法，认为未来会出现最差的自然状态，因此不论采取哪种方案，都只能获取该方案的最小收益。这是一种较为稳妥，但相对保守的决策方法。其具体步骤如下：

第一，列出各方案在不同自然状态下的最小收益，见表 5－8。

**表 5－8　悲观决策方法**　　单位：万元

| 方案 | A | B | C |
|---|---|---|---|
| 最小收益 | －20 | －50 | －10 |

第二，选择最小收益中最大值的方案为决策方案。在本例中，C 方案的最小收益值最大（亏损最小）。该方案如果成功企业虽然不可能得到最大收益，但却可以保证在失败时受到的损失最小。

（2）大中取大法。大中取大法也称乐观决策方法。采用这种方法的管理者对未来持乐观态度，认为未来会出现最好的自然状态，因此不论采取哪种方案，都能获得该方案的最大收益。其具体步骤如下：

第一，列出各方案在不同自然状态下的最大收益，见表 5－9。

**表 5－9　乐观决策方法**　　单位：万元

| 方案 | A | B | C |
|---|---|---|---|
| 最大收益 | 160 | 240 | 80 |

第二，选择最大收益中最大值的方案为决策方案。在本例中，B 方案收益最大。

（3）最小最大后悔值法。后悔值也称遗憾值。即当决策者选定某一决策方案以后，如果发现所选方案在实际操作中并非最佳方案，这样决策者就会感到后悔。最小最大后悔值法就是使后悔最小的方法。其具体步骤如下：

第一，列表，做出各方案在不同自然状态下的收益值，见表 5－10。

**表 5－10　各方案在不同自然状态下的收益值**　　单位：万元

| 自然状态 / 后悔值 / 方案 | 销路好 | 销路一般 | 销路差 |
|---|---|---|---|
| A．引进生产线 | 160 | 100 | －20 |
| B．改进生产线 | 240 | 80 | －50 |
| C．协作化生产 | 80 | 50 | －10 |
| 最大收益值 | 240 | 100 | －10 |

第二，找出在同种自然状态下收益最大（或损失最小）的方案，并将其收益值列在表 5－10 的最后一栏内。

第三，求出同种自然状态下各种方案的收益值与该自然状态下最大收益值之差，即为每种方案在该自然状态下的后悔值。将计算出的各种自然状态下每种方案的后悔值，列入后悔值表 5－11。

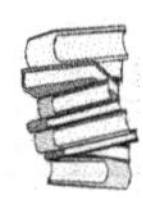

**表 5-11　各方案在不同情况下的后悔值**　　　　单位：万元

| 自然状态 / 后悔值 / 方案 | 销路好 | 销路一般 | 销路差 |
|---|---|---|---|
| A. 引进生产线 | 80 | 0 | 10 |
| B. 改进生产线 | 0 | 20 | 40 |
| C. 协作化生产 | 160 | 50 | 0 |

第四，比较各方案的最大后悔值，其中最大后悔值中最小的方案即为中选方案。该例中 A 方案的最大后悔值为 80 万元，B 方案的最大后悔值为 40 万元，C 方案的最大后悔值是 160 万元，经过比较，B 方案的最大后悔值最小，所以选择 B 方案。

## 项目小结

组织中的决策是指管理者识别并解决问题的过程，有时也指管理者利用机会的过程。决策是指组织或个人为了实现某种目标而对未来一定时期内有关活动的方向、内容及方式的选择和调整过程。决策所遵循的原则是“满意”而不是“最优”。

决策的特点包括目标性、可实践性、可选择性、满意性、过程性。根据不同的分类标准，可以把决策分为不同的类型：从决策影响的时间看，可把决策分为长期决策与短期决策；从决策调整的对象和涉及的时限来看，组织的决策可分为战略决策和战术决策；从决策的主体看，可把决策分为集体决策与个人决策；按问题的重复程度来分类，决策可以分为程序化决策和非程序化决策；从决策需要解决的问题看，可将组织决策分为初始决策和追踪决策；从环境因素的可控程度看，可把决策分为确定型决策、风险型决策与不确定型决策。

决策的程序包括识别问题、确定决策目标、确定决策准则、拟定方案、分析方案、选择方案、实施方案、评价决策效果。决策方法包括头脑风暴法、德尔菲技术、名义群体技术等定性决策法，还包括确定型、风险型、不确定型等定量决策法，要能够运用决策方法进行企业经营决策。

## 思考与练习

1. 单选题

（1）决策过程的第一步是（　　）。

A. 识别问题　　B. 确定决策准则　　C. 确定目标　　D. 拟订方案

（2）喜好风险的人往往会选择风险程度（　　）而收益（　　）的行动方案。

A. 不高，较高　　B. 较高，较低　　C. 较低，较低　　D. 不确定

（3）（　　）是日常工作中为提高生产效率、工作效率而做出的决策，牵涉范围较窄。

A. 战略决策　　B. 战术决策　　C. 管理决策　　D. 业务决策

（4）非程序化决策的决策者主要是（　　）。

A. 高层管理者　　B. 中层管理者　　C. 基层管理者　　D. 技术专家

2. 判断题

（1）决策是寻找建立在最可靠情报资料基础之上的最佳方案的过程。（　　）

（2）在选择决策方案时，如果决策者感觉认知元素之间不协调程度越大，那么决策者设法减弱或消除不协调的动机就微弱。（　　）

（3）有效决策能实现企业所有目标最大化。（　　）

（4）建立在“经济人”假设之上的古典决策理论和建立在“社会人”假设之上的行为决策理论是两大主要决策理论。（　　）

3. 简答题

（1）简述决策的程序。

（2）定性决策方法有哪些？各自有什么特点？

## ■应用案例

### 娃哈哈的一步险棋

1994 年，长江三峡开始施工，但也同时产生了一个难题，就是百万移民如何安置，这是全国瞩目乃至举世瞩目的难题。

1994 年 8 月的一天，娃哈哈集团的老总宗庆后随同一支由浙江省副省长带队的浙江省政府及企业对口支援代表团来到了三峡库区——有着 2 000 多年历史的涪陵市。在三天的考察时间里，宗庆后天天忙碌于考察涪陵工厂，调查了解涪陵的交通、工业生产能力等。三天后，宗庆后提出了一份计划：娃哈哈同意在涪陵合并三家当地特困企业，投资 4 000 万元组建娃哈哈涪陵分公司，初步决定上矿泉水、果奶、罐头食品、保健酒等四个项目。

为增加杭州干部对涪陵公司的感性认识，宗庆后回杭州后组织了有近 20 名中层干部参加的队伍考察了涪陵。涪陵自然条件恶劣，崎岖的公路，湿漉漉的空气，生产条件艰苦，配套生产落后，而且当地人的思想观念也很落后，还停留在计划经济阶段，所有这些都令前往考察的干部们大为踌躇。回到杭州后，大部分干部都反对这个项目，“到穷地方来背个大包袱，风险太大”，“弄不好前功尽弃，也拖累整个集团的发展”。反对意见充斥在宗庆后的耳边。

宗庆后知道干部们的反对有一定道理：涪陵境内的运输不畅；劳动力虽然便宜，但是就业观念、纪律观念淡薄，对现阶段企业的快节奏、高效率还不适应；三家特困企业厂房破落，恢复生产代价很大。更大的问题在于杭州与涪陵相隔千里，指挥协调极其不便，而公司干部还没有在外独立工作的经验。总的来说，风险确实很大。然而，宗庆后认为上这个项目有很多有利条件，主要理由是：

（1）政策优势。对口支援，对口扶贫，是我国的国策，政府一定会给予有力支持，贫困地区发展经济的愿望比发达地区更强烈，国家也会给予贫困地区十分优惠的政策扶持，涪陵政府尤其有合作的诚意。

（2）企业发展的需要。在涪陵建厂，可以实现销地生产，进一步占领西南大市场，实现跨省经营，为将来形成跨国集团公司打好基础。

（3）可以培养出一支能够独当一面的干部队伍。

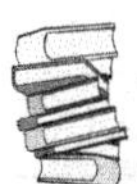

(4) 可以树立良好的企业形象。

权衡利弊，宗庆后最终决定上涪陵公司这个项目。

**思考题：**

1. 宗庆后所做的决策是什么性质的决策？为什么？
2. 他的决策依据是什么？

## ■动手动脑

### 沙漠求生

2002年6月15日，有一架飞机在沙漠中发生意外，你和一部分生还者，面临生死存亡的选择。

事件背景1：

事发在当天上午10点，飞机要在位于美国西南部的沙漠紧急着陆。着陆时，机师和副机师意外身亡，余下你和一群人幸运地没有受伤。

事件背景2：

出事前，机师无法通知任何人有关飞机的位置。不过从指示器知道距离起飞的城市120千米。而距离最近的城镇，在西北偏北100千米处，该处有个矿场。

事件背景3：

该处除仙人掌外，全是荒芜的沙漠，地势平坦。失事前，天气报告气温达华氏108度（约42℃）。

事件背景4：

你穿着简便：短袖恤衫、长裤、短袜和皮鞋。口袋中有十多元的辅币、五百多元纸币、香烟一包、打火机和原子笔各一支。为了求生，你们可以选取表中15种物品带离飞机。你要假设所有人的生存要依靠选取的物品。

步骤：

阶段1——不允许讨论，以个人的意见，列出应取物品的先后顺序（1~15）；

阶段2——全组每个人都选好以后，再进行小组讨论，列出全组应取物品的先后顺序。

**“沙漠求生”记分表**

| 物品名称 | 个人决定 | | 小组决定 | | 专家答案（略） |
|---|---|---|---|---|---|
| | 次序 | 误差 | 次序 | 误差 | |
| 1. 手电筒（4个电池大小） | | | | | |
| 2. 大折刀 | | | | | |
| 3. 当地航空图 | | | | | |
| 4. 塑料雨衣 | | | | | |
| 5. 磁石指南针 | | | | | |
| 6. 薄纱布1箱 | | | | | |

续表

| 物品名称 | 个人决定 | | 小组决定 | | 专家答案（略） |
|---|---|---|---|---|---|
| | 次序 | 误差 | 次序 | 误差 | |
| 7. 0.45 口径手枪（装有弹药） | | | | | |
| 8. 降落伞（红色和白色） | | | | | |
| 9. 盐片一瓶（1 000 片） | | | | | |
| 10. 每人 4 升清水 | | | | | |
| 11. 书一本，名为《沙漠中可食的动物》 | | | | | |
| 12. 每人太阳眼镜一副 | | | | | |
| 13. 伏尔加酒 4 升 | | | | | |
| 14. 每人外套一件 | | | | | |
| 15. 化妆镜 1 面 | | | | | |
| 总　分 | | | | | |

误差的计算：是专家的数字减去个人或小组的数字，将所有误差的绝对值加总就是你的得分。

生存概率的计算：

0 ~ 25 分　生存

26 ~ 32 分　75%

33 ~ 45 分　60%

46 ~ 55 分　50%

56 ~ 70 分　30%

70 分以上　0%

## 项目实训

**实训目的：**

系统掌握决策的方法。

**实训内容：**

假设你是某公司的高层主管，公司打算生产某产品，根据市场预测，产品销路有 3 种情况：销路好、销路一般和销路差。生产该产品有 3 种方案：a. 改进生产线；b. 新建生产线；c. 与其他企业协作。请你运用决策方法为他们选择出最佳方案。

**实训要求：**

决策方案应包括决策的程序、目标、方法等部分，请分条目进行说明。

**实训考核：**

提交设计方案，分组考核。

# 项目六　战　　略

## 知识目标

◆理解战略管理的概念、特征和层次。

◆了解战略制定的程序。

◆明确三种基本竞争战略的概念、实施条件以及实现的途径。

## 能力目标

◆对企业的战略环境进行分析。

◆掌握公司战略的主要内容、基本类型和主要分析方法。

◆SWOT 分析法的具体运用。

## 导入案例

### 巨人柯达的陨落

131 岁高龄的柯达公司，终究未能留住自己的辉煌一刻。在 2012 年 1 月 19 日，柯达向法院递交自愿破产业务重组申请。柯达董事长兼 CEO 彭安东（Antonio M. Perez）将此次的申请，定位为柯达在转型上迈出的“极具意义的一步”。

或许，柯达在 1975 年开发出世界上第一台数码相机之时，未曾想过将在其后的数码浪潮中陨落。彼时，柯达的胶片业务正笑傲全球，并牢牢占据美国 90% 的胶卷市场以及 85% 的相机市场份额。

**酣睡的巨人**

1880 年，乔治·伊斯曼在美国纽约州的罗切斯特成立了伊斯曼干版制造公司，利用自己研制的剂配方制作胶片；8 年后正式推出柯达盒式相机和那句著名的口号：“你只需按动快门，剩下的交给我们来做。”接下来，X 射线发现，无数世界级照片，诸多新闻热点……柯达提供的光影世界与人们的记忆瞬间紧密相连。哈佛商学院 2005 年的一份研究报告显示，截至 1975 年，柯达垄断了美国 90% 的胶卷市场以及 85% 的相机市场份额。在最鼎盛的时期，柯达在全球的雇员超过 14.5 万人，俨然彼时的“苹果”，未曾预料到未来数码时代带来的“创造性破坏力”。

事实上，如今风雨飘摇的柯达，曾参与了数码相机崛起的每一个细节，在其拥有的超过 10 000 项专利中，有 1 100 项的数字图像专利组合，远超其他任何一个同行。1975 年，柯达发明了数码相机，并将其用于航天领域；1991 年推出专业级数码相机，

像素数达到130万；1995年发布首款傻瓜型相机供非专业摄影者使用；1998年开始生产民用数码相机，却只是把它作为热身运动，缺乏长远而明晰的战略。直至20世纪末的1999年，美国市场传统胶卷的销售增长速度仍高达14%。仅仅一年时间，2000年底，胶卷需求开始停滞。一直将胶卷带来的巨大现金流作为"主菜"，将数码产品作为"小菜"的柯达，在此刻仍认为胶卷的没落是整体经济衰退造成的。2002年底，柯达终于意识到，在数码影像技术的冲击下，传统胶卷的辉煌时代已经一去不复返了。以每年10%的速度迅速萎缩的胶卷市场，从柯达的财务数据上得到最为直观的体现：自1997年后除2007年一年外，再无盈利记录。

专利无疑是柯达最具核心竞争力的一笔财富。近年来不断对苹果、富士、三星等提起侵权诉讼的柯达，终在2011年的8月开始兜售其1 100项数字图像专利。这笔价值超过20亿美元的财富，吸引了包括苹果、RIM等公司的注意。时至今日，柯达已成负债高达68亿美元的末路老人，其资产总额仅有51亿美元。而其市值也从历史峰值310亿美元，降至2012年年初的1.75亿美元。十余年间，市值蒸发超过99%。

**迟缓的转型**

躺在传统胶片上沉睡的柯达，在20世纪末仿佛一夜间被汹涌的数码潮水包围。当以尼康、佳能为代表的日本企业在数码影像的狂潮中筑坝扎营时，柯达终于步上缓慢的转型之路。2003年，在更换了4位CEO后，彭安东进入柯达，并在2005年成为公司的CEO。柯达之前，其曾为惠普效力25年，其率领的惠普打印机部门每年的盈利高达100亿美元。人们对这位前惠普高管带领柯达进入新的时代充满了期待。其后，他不仅明确提出公司的未来业务重点必须转到数码业务，还规划出柯达转型的路线。紧接着，柯达关闭了全球超过40个大规模的照片洗印厂，大规模裁员，并将股息大幅降低，以筹集数码化所需的资金。

2004年，柯达推出6款姗姗来迟的数码相机，但其数码相机业务利润率仅为1%，其82亿美元的传统业务收入萎缩了17%。时至2005年，柯达斩获美国数码相机市场销量第一，但是快乐却只维持一瞬，接下来的年份，美国数码相机市场老大位置持续为日本企业所占据。2007年12月，柯达决定实施第二次战略重组，这是一个时间长达4年、耗资34亿美元的庞大计划。重组的目标很明确，把公司的业务重点从传统的胶片业务转向数码产品，却可惜"生不逢时"。2008年金融危机，终结了柯达短暂的复苏势头。

刚刚过去的2010年中，全球数码成像市场翻了差不多两倍，但柯达的数码业务收入却基本与1999年度持平，只占营业额的21%。这一年，柯达收入近200亿美元，营业性亏损高达5 800万美元，其主要的利润来源竟是专利技术的转让。

柯达的转型，始终被外界指责过于缓慢，而保守的态度，早已深入到这家公司的骨髓。曾经的柯达大中华区总裁陈志轩曾说，"想法可以激进，但做事最好还是谨慎些。"

前柯达公关人士、捷信顾问执行董事李意欣对柯达失意数码，表示"的确没有理由能想象到它后来几何级的发展增长，我相信就连做数码相机的那些厂家自身也没有预料到。更重要的是柯达毕竟是做胶片出身，它在数码化转型上的负担不可能等同于

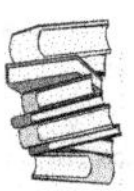

本身就是做相机出身的尼康、佳能。

**反思**

面对柯达的没落，曾执掌柯达中国区的叶莺写下这样一段若有所指的话：“那些年，在与柯达同行的日子里，我们也谈过‘暖水里的青蛙’，青蛙在锅里可以跳出来，要是在一个暖湖里呢?”其后有柯达员工表示，柯达的风格犹如外企中的国企。在叶莺的带领下，柯达在中国快速的分享着传统胶片的尾宴，并将之变为除美国外最大的市场，至今为止已拥有超过 8 000 家冲洗打印店。柯达的中国业务，所建立的基础仍是传统胶片大势仍在、数码时代仍未到来。虽然在华市场仍是柯达盈利的少数地区之一，但是时代的浪潮使这样的盈利显得岌岌可危。

无论如何，柯达已然走向末路的尾端，而胶片时代，则伴着柯达的破产一去不复返。

# 任务一　认知战略

人类社会已步入了 21 世纪，随着世界经济一体化程度的不断提高，国际分工日益深化，各国企业所面临的主要是瞬息万变、竞争激烈的国际市场。在这种纷繁复杂的环境下，企业要保持健康、稳定的生存和发展，在管理上就必须具备新的理念和新的管理模式——战略管理。企业管理已进入了战略管理时代，任何企业要想在竞争中成功，就必须从自身特点出发，确定战略目标，选择战略类型，制定、实施战略目标的方针对策、组织机构、控制等战略管理流程。

## 知识基础一　远景陈述和使命陈述

### （一）组织远景

组织远景是指以艺术性的语言来描述今后企业针对员工和股东可能实现的远期蓝图，可看见的理想，也称组织愿景。远景告诉人们企业未来将成为什么样子，是对企业未来发展的一种期望和描述。只有清晰地描述企业的远景，员工、社会、投资者和合作伙伴才能对企业有更为清晰的认识。一个美好的远景能够激发人们发自内心的感召力量，激发人们强大的凝聚力和向心力。从远景的本质来讲，是企业长期追求的目标，给员工一个明确而持续的努力方向。比如微软公司远景就是计算机进入家庭，放在每一张桌子上，使用微软的软件；又如，联想制定的远景（未来的联想）是高科技的联想、服务的联想、国际化的联想。

### （二）远景陈述

一个完整的远景陈述应该包括企业核心价值观、企业核心目标、10 ~ 30 年的宏伟大胆冒险的目标、生动逼真的描述等四部分。核心价值观和核心目标组成核心意识形态，它给组织提供了长久存在的基础，是组织的精神。10 ~ 30 年的宏伟大胆冒险的目标和生动逼真的描述两部分构成远大的愿景。

**1．核心价值观**

核心价值观是组织持久的和本质的原则。如 SONY 公司的核心价值观：弘扬日本文化，提高国家地位；作为开拓者，不模仿别人，努力做看似不可能的事情；尊重和鼓励每个人的才能和创造力。核心价值观超越单个领导人层次、单个产品层次，也不会随着管理理论的变化而变化。它是一般性的指导原则，不能把它与具体的生产或经营做法混为一谈，不能为了经济利益或短期的好处而放弃它。

**2. 核心目标**

核心目标是企业存在的理由和目的，不是具体的目标或公司战略。有效的核心目标反映了为公司工作的内在动力，它不仅描述公司的产出或目标顾客，而且表达了公司的灵魂。

**3. 10～30年的宏伟、大胆、冒险的目标**

目光远大的公司经常利用大胆的目标作为促进进步的一种特别有效的手段。一个有效的目标具有强大的吸引力，人们会不由自主地被它吸引，并全力以赴地为之奋斗；它非常明确，能够使人受到鼓舞；它让人一目了然，几乎无需任何解释。

**4. 生动逼真的描述**

当我们确立了核心价值观、核心目标以及宏伟、大胆、冒险的远大目标后，要想让这些产生激励、鼓舞作用，必须要用生动逼真的语言表达出来。想象的未来需要生动的描述，即实现目标后我们将是什么样子的震撼的、动人的和具体的描述。把远景从文字转化为图画。

**（三）组织使命**

组织使命是指组织今后的经营任务或业务范围，就是服务对象对你的诉求，从哪些方面为对象服务。简单地说，使命要回答两个问题，即企业的任务是什么？企业的业务是什么？

**（四）使命陈述**

使命陈述必须要平衡顾客、股东、员工和社会四方面满意。顾客的存在是企业生存之本，而股东、员工、社会的支持则为企业运行提供了良好的基础。从长期来看，“四满意”各主体之间不存在优劣、先后的排序，只反映了同一问题的不同角度，战略决策者必须给予平衡考虑。使命陈述包括九种要素：

（1）用户（customers）：公司的用户是谁？

（2）产品或服务（products or services）：公司的主要产品或服务项目是什么？

（3）市场（markets）：公司在哪些地域竞争？

（4）技术（technology）：公司的技术是否是最新的？

（5）对生存、增长和盈利的关切（concern for survival，growth and profitability）：公司是否努力实现业务的增长和良好的财务状况？

（6）观念（philosophy）：公司的基本信念、价值观、志向和道德倾向是什么？

（7）自我认知（self－concept）：公司最独特的能力或最主要的竞争优势是什么？

（8）对公众形象的关切（concern for public image）：公司是否对社会、社区和环境负责？

（9）对雇员的关心（concern for employees）：公司是否视雇员为宝贵的资产？

下面列举一些企业使命陈述的例子。

索尼公司使命：为包括我们的股东、顾客、员工，乃至商业伙伴在内的所有人提

供创造和实现他们美好梦想的机会。

中国移动通信的企业使命：创无限通信世界，做信息社会栋梁。

上海家化公司的企业使命：奉献优质产品，帮助人们实现清洁、美丽、优雅的生活。

波士顿咨询公司的企业使命：协助客户创造并保持竞争优势，以提高客户的业绩。

## 知识基础二 战略的概念及战略环境分析

### （一）战略的内涵

战略一词原意是军事术语，就是为战争目的所制定的作战谋略。随着人类社会实践的发展，特别是现代社会中，战略一词已超越军事领域有了广泛的外延，常用于政治和经济领域。特别是20世纪60年代，战略思想引入企业经营管理中，随之产生了企业战略、战略管理等概念。企业战略是什么？在20世纪60年代以后，一些研究企业经营战略的先驱人物如钱德勒、安索夫等在各自的著作中提出观点，企业战略才作为一个科学性概念，在现代企业管理学中广泛使用。

企业战略的先驱者钱德勒在其《战略与结构》一书中指出：企业战略是决定企业的基本目标，选择企业达到这些目标的方针，并为实现这些目标、方针对企业的资源进行重新合理的组合。该定义是从战略决策出发，着重于企业成长目标的实现和资源的配置。

我们把企业战略定义为：在竞争加剧的复杂环境下，为使企业健康的生存、发展而必须制定企业长期发展目标，选择实现发展目标的步骤、方法和取得竞争优势的方针、策略所做出的谋划。也就是要充分地把握利用环境所提供的机遇，用系统论观点分析企业与环境的关系、企业与企业之间的关系，合理配置企业全部资源，择优选出企业总体、长远规划，制订并选择实现目标的行动方案。

任何一项战略系统都包括三项最基本的内容：

（1）战略目标。它在战略体系中居主导地位，重点为企业发展方向，是企业战略的起点和终点。包括企业市场开发、产品开发，企业规模的扩大与兼并，竞争优势的增长。

（2）战略方针。它是为实现战略目标而制定的行为规范和政策性决策。正确的战略方针是实现战略目标的保证，在战略体系中居核心地位。

（3）战略规划。它是战略体系重要的组成部分，是指导企业战略实施的纲领性文件。

**小词典**

企业经营战略是指企业面对激烈变化、严峻挑战的经营环境，为求得长期生存和不断发展而进行的总体性谋划。它是企业为实现其宗旨和目标而确定的组织行动方向和资源配置纲要，是制订各种计划的基础。

### （二）战略环境分析

战略环境分析是为完成企业使命服务，也为战略选择服务。用《孙子兵法》的话，环境分析的内容是“天、地、彼、己”和“顾客（目标市场）”，其目的是“知天知地，知彼知己”和“知顾客”。就企业环境分析而言，“天”指外部一般环境，主要包括政治环境、社会文化环境、经济环境、技术环境和自然环境；“地”指企业竞争所处的行业环境，主要分析行业竞争结构；“彼”指企业竞争对手；“己”指企业自身条件；“顾客”指企业为之提供产品或服务的消费者。“知天知地”就是认识企业所面临的利与危、机遇与威胁；“知彼知己”就是了解企业的长与短、实力与不足。企业的产品或服务必须能为顾客创造价值，与顾客的需求相匹配。扬长避短，趋利避害，必须能创造和获取顾客。

**1. 外部一般环境**

外部一般环境，或称总体环境，是在一定时空内存在于社会中的各类组织均面对的环境，所以又称之为“天”。其大致可以归纳为政治、社会、经济、技术、自然等五个方面。

政治环境，是指制约或影响组织的各种政治要素及其运行所形成的环境系统，包括一国的政治体制、政治的稳定性、政党制度、政府颁布的政策、政治气氛、国际关系等诸多因素。

社会文化环境，是指社会环境中由文化诸要素及与文化要素直接相关联的各种社会现象而构成的实际状态。它是由生活在一定社会群体中的人们的文化传统、受教育程度、文化水平、价值取向、宗教信仰、风俗习惯等因素构成的，是由该地区居民长期的生活沉淀所形成的。

经济环境，主要包括宏观和微观两个方面的内容。宏观经济环境主要指一个国家的人口数量及其增长趋势，国民收入、国民生产总值及其变化情况以及通过这些指标能够反映的国民经济发展水平和发展速度。微观经济环境主要指企业所在地区或所服务地区的消费者的收入水平、消费偏好、储蓄情况、就业程度等因素。

技术环境，主要是指组织所处的社会环境中的科技要素及与该要素直接相关的各种社会现象的总和，包括新技术、新设备、新材料、新工艺的开发和利用，以及以此为基础形成的组织的经营管理方式的改变与国家科技政策的制定等内容。近 20 年来，一般环境中变化最迅速的就是技术。

前述的四个环境的一个共同特征是它们都属于社会环境。与社会环境不同的是，自然环境强调的是外在物质要素的条件、状况对人类活动的制约和影响。自然环境包括组织及其机构所处的地理位置、资源供应、气候条件、动植物习性等因素。

**2. 行业环境**

公司环境的最关键部分就是公司所投入竞争的一个或几个行业。因此，我们称行业环境为“地”。根据美国哈佛商学院教授波特（Michael E. Porter）的研究，行业环境研究应重点分析行业竞争结构。行业竞争结构分析重点研究五方面：行业内现有竞争对手研究；潜在进入者研究；替代品生产商研究；买方的讨价还价能力研究；供应商的讨价还价能力研究。对这五个方面的研究形成波特五力分析模型（图 6－1）。

（1）行业内现有企业之间的竞争。

1）竞争对手基本情况研究。竞争对手的数量有多少？分布在什么地方？它们有哪

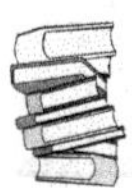

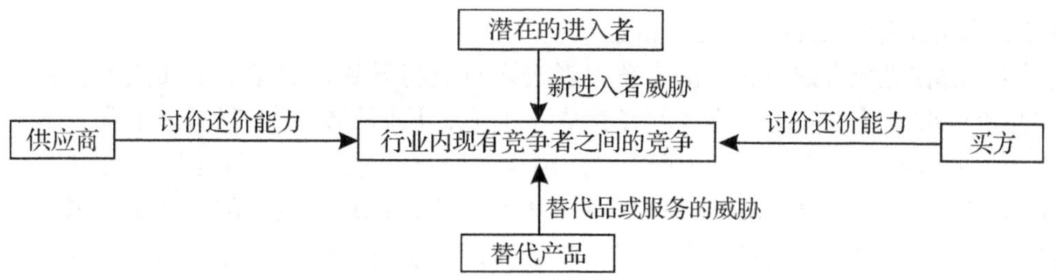


**图6－1　波特竞争模型**

些活动？各自的规模、资金、技术力量如何？其中哪些对自己的威胁特别大？基本情况研究的目的是要找到主要竞争对手。为了在众多的同种产品的生产厂家中找出主要竞争对手，必须对它的竞争实力及其变化情况进行分析和判断。反映企业竞争实力的指标主要有销售增长率，市场占有率和产品的获利能力。

2）主要竞争对手研究。比较不同企业的竞争实力，找出了主要竞争对手后，还要研究其所能对本企业构成威胁的主要原因，是技术力量雄厚？资金多？规模大？或是其他原因？主要竞争对手研究的目的是找出主要竞争对手的竞争实力的决定因素，以帮助企业制定相应的竞争策略。

3）主要竞争对手的发展动向研究。这包括市场发展或转移动向与产品发展动向。要收集有关资料，密切注意竞争对手的发展动向，分析竞争对手可能开辟哪些新产品、哪些新市场，使企业在竞争中争取主动地位。

（2）供应商的讨价还价能力。因为企业生产所需的许多生产要素是从外部获得的，从而提供这些生产要素的经济组织也制约着企业的经营。供应商能否根据企业的需要按时、按质、按量地提供所需生产要素，影响着企业生产规模的维持和扩大。供应商提供货物时所要求的价格决定着企业的生产成本，影响着企业的利润水平。这里主要讨论影响供应商讨价还价能力的因素。供应商的讨价还价能力影响因素主要有：

1）要素供应方行业的集中化程度。

2）本行业是否是供方集团的主要客户？

3）要素是否是该企业的主要投入资源？

4）要素供应者是否有“前向一体化”的威胁？前向一体化指要素供应商在向顾客提供要素的同时，自己也生产耗用这种要素的产品或服务。

（3）买方的讨价还价能力。买方在两个方面影响着行业内企业的经营：买方对产品的总需求决定着行业的市场潜力，从而影响行业内所有企业的发展边界。不同买方的讨价还价能力会诱发企业之间的价格竞争，从而影响企业的获利能力。买方的讨价还价能力影响因素主要有：

1）买方是否大批量或集中购买？

2）买方这一业务在其购买额中的份额大小？

3）本企业的产品、服务是否是买方在生产经营过程中的一项重要投入？

4）买方是否采取“后向一体化”的威胁？后向一体化指买方自己生产或经营本企业其他生产中耗费的原材料、半成品或成品，满足自己的需要。

5）买方对产品是否具有充分信息？

（4）潜在进入者的威胁。潜在竞争者进入行业将导致行业竞争更加激烈，其结果是产品价格可能被压低或从业者的经营成本上升，从而导致行业利润率下降。某一行业被入侵的威胁大小主要取决于行业进入障碍。影响行业进入障碍的因素主要有：

1）规模经济。规模经济表现为在一定时期内产品的单位成本随总产量的增加而降低。规模经济表明企业经营只有达到一定规模，才能收回经营过程中的各种耗费。规模经济的存在阻碍了对行业的入侵，因为它迫使进入者或者一开始就以大规模生产并承担遭受原有企业强烈抵制的风险，或者以小规模生产而接受产品成本方面的劣势，这两者都不是进入者所期望的。

2）产品差别化。产品差别化意味着现有的公司由于过去的广告、顾客服务、产品特点或由于第一个进入该行业而获得商标及顾客信誉上的优势。差别化迫使入侵者耗费大量资金克服原有的顾客忠诚，这种努力通常带来初始阶段的亏损，并且常常要经历一个延续阶段。

3）资本需求和在位优势。资本需求指企业预算建立优势的资本规模。在位优势指行业已在位的厂商由一段时间经营而积累起来的优势。其包括掌握销售渠道的优势、专有的产品技术、最佳原料来源控制、政府补贴、经验曲线等。

4）行业对新进入者的报复能力。行业对新进入者的报复能力指行业中现有竞争对手对潜在进入者采取报复行动的能力。这种能力主要取决于现有竞争对手的合作能力，即现有竞争对手是否会联合起来通过降价、促销等手段打击潜在的进入者。

（5）替代品的威胁。替代品指满足消费者某种需求的相同或相似功能的产品。从广义上来说，某个行业内的所有企业对在与生产替代品的行业进行竞争。替代品规定某个行业内的企业可能获利的最高限价，以此限制该行业的潜在受益。消费者购买产品是为了享用其使用价值，消费者在购买商品时将会根据自已收入水平选择最佳的需求满足。因此，一旦替代品生产形成强大的经济规模，从而定价能力增强，那么，本行业将受到威胁，因为其潜在收益或许在某个时刻突然地消失。替代品生产商的分析主要包括两个内容：

1）判断哪些产品是替代品。

2）判断哪些替代品可能对本企业经营构成威胁。

前项工作较易进行，后项较为复杂。在判断威胁最大的替代品时，应特别重视以下两类替代品的研究：那些容易导致价格改善的替代品和现行盈利率很高的替代品。

**3．竞争对手**

竞争对手研究的第一步是识别竞争对手。识别行业内现有的竞争对手并非难事，但要识别潜在的竞争对手并非易事。竞争对手分析的目的是，认识在行业竞争可能成功的战略的性质、竞争对手对各不同战略可能做出的反应以及竞争对手对行业变迁及其更广泛的环境变化可能做出的反应。

**4．企业自身**

企业自身应与竞争对手相对应地进行研究，其目的是“识长短”，即与对手相比，认清企业自身的实力与不足，可以借用美国哈佛商学院教授迈克尔·波特的“价值链”

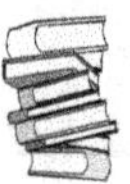

分析法。价值链分析法是一种寻求确定企业竞争优势的工具。企业有许多资源、能力和竞争优势，如果把企业作为一个整体来考虑，又无法识别这些竞争优势，这就必须把企业活动进行分解，通过考虑这些单个的活动本身及其相互之间的关系来确定企业的竞争优势。因为竞争优势来源于企业在设计、生产、营销、交货等过程及辅助过程中所进行的许多相互分离的活动，并且企业正是通过比其竞争对手更廉价或更出色地开展这些价值活动而赢得竞争优势的。图 6 - 2 是价值链分析法的基本思路。

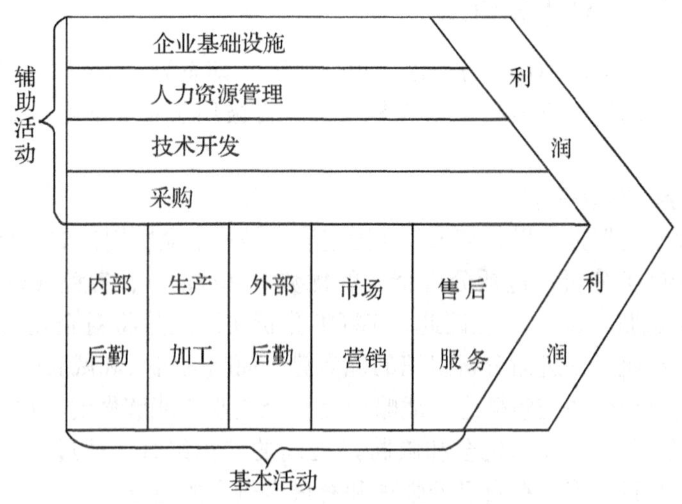


**图 6 - 2 价值链分析法**

企业的生产经营活动可以分成基本活动和辅助活动两大类：基本活动是指生产经营的实质性活动，一般可以分为内部后勤、生产加工、外部后勤、市场营销和售后服务五种活动。这些活动与商品实体的加工流转直接相关，使企业的基本增值活动。辅助活动是指用以支持基本活动而且内部之间又相互支持的活动，包括企业投入的采购管理、技术开发、人力资源管理和企业基础结构。以上各项活动因企业或行业不同而具体形式各异，但所有的企业都是从这些活动的链接和价值的积累中产生了面向顾客的最终价值。因此，将一个企业的活动分解开来，并分析每一个链条上的活动的价值，就可以发现究竟哪些活动是需要改造的。例如，可以按照某项业务将有关的活动细分为几个范围（如将产品销售分解成市场管理 + 广告 + 销售人员管理 + ……），从中发现可以实现差别化和产生成本优势的活动。

**5. 顾客（目标市场）**

企业的产品和服务是为顾客服务的，但是企业不能在产品和服务创造出来后才考虑顾客的需求，而应在战略制订阶段就分析企业所服务的顾客及其需求。

（1）总体市场分析。市场的主要特征可用市场容量和市场交易便利程度两个指标来描述。市场容量决定企业发展的可能边界，市场交易便利程度或市场交易成本，反映市场交易的可实现程度。

（2）市场细分。市场细分就是将一个总体市场划分为若干个具有不同特点的顾客群，每个顾客群需要相应的产品或市场组合。

（3）目标市场确定。市场细分揭示了各细分市场的可能机会，接下来企业必须评价各细分市场并选择企业所服务的目标市场。

（4）产品定位。产品定位是企业为了满足目标市场，确定产品（或服务）的功能、质量、价格、包装、销售渠道、服务方式等。

## 知识基础三　SWOT 分析法

SWOT 分析法（也称 TOWS 分析法、道斯矩阵）即态势分析法，20 世纪 80 年代初由美国旧金山大学的管理学教授韦里克提出，经常被用于企业战略制定、竞争对手分析等场合。

**1．SWOT 分析模型简介**

在现在的战略规划报告里，SWOT 分析应该算是一个众所周知的工具。来自于麦肯锡咨询公司的 SWOT 分析，包括分析企业的优势（strength）、劣势（weakness）、机会（opportunity）和威胁（threats）。因此，SWOT 分析实际上是将对企业内外部条件各方面内容进行综合和概括，进而分析组织的优劣势、面临的机会和威胁的一种方法。

按照企业竞争战略的完整概念，战略应是一个企业“能够做的”（组织的强项和弱项）和“可能做的”（环境的机会和威胁）之间的有机组合。通过 SWOT 分析，可以帮助企业把资源和行动聚集在自己的强项和有最多机会的地方。

**2．SWOT 分析基本步骤**

（1）分析企业的内部优势、弱点既可以相对企业目标而言的，也可以相对竞争对手而言的。

（2）分析企业面临的外部机会与威胁，可能来自于与竞争无关的外环境因素的变化，也可能来自于竞争对手力量与因素变化，或二者兼有，但关键性的外部机会与威胁应予以确认。

（3）将外部机会和威胁与企业内部优势和弱点进行匹配，形成可行的战略。

**3．SWOT 分析有四种不同类型的组合**

优势—机会（SO）组合、弱点—机会（WO）组合、优势—威胁（ST）组合和弱点—威胁（WT）组合。

优势—机会（SO）战略是一种发展企业内部优势与利用外部机会的战略，是一种理想的战略模式。当企业具有特定方面的优势，而外部环境又为发挥这种优势提供有利机会时，可以采取该战略。例如，良好的产品市场前景、供应商规模扩大和竞争对手有财务危机等外部条件，配以企业市场份额提高等内在优势可成为企业收购竞争对手、扩大生产规模的有利条件。

弱点—机会（WO）战略是利用外部机会来弥补内部弱点，使企业改劣势而获取优势的战略。存在外部机会，但由于企业存在一些内部弱点而妨碍其利用机会，可采取措施先克服这些弱点。例如，若企业弱点是原材料供应不足和生产能力不够，从成本角度看，前者会导致开工不足、生产能力闲置、单位成本上升，而加班加点会导致一

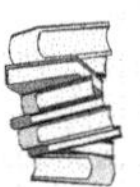

些附加费用。在产品市场前景看好的前提下，企业可利用供应商扩大规模、新技术设备降价、竞争对手财务危机等机会，实现纵向整合战略，重构企业价值链，以保证原材料供应，同时可考虑购置生产线来克服生产能力不足及设备老化等缺点。通过克服这些弱点，企业可能进一步利用各种外部机会，降低成本，取得成本优势，最终赢得竞争优势。

优势—威胁（ST）战略是指企业利用自身优势，回避或减轻外部威胁所造成的影响。如竞争对手利用新技术大幅度降低成本，给企业很大成本压力；同时材料供应紧张，其价格可能上涨；消费者要求大幅度提高产品质量；企业还要支付高额环保成本，等等，这些都会导致企业成本状况进一步恶化，使之在竞争中处于非常不利的地位，但若企业拥有充足的现金、熟练的技术工人和较强的产品开发能力，便可利用这些优势开发新工艺，简化生产工艺过程，提高原材料利用率，从而降低材料消耗和生产成本。另外，开发新技术产品也是企业可选择的战略。新技术、新材料和新工艺的开发与应用是最具潜力的成本降低措施，同时它可提高产品质量，从而回避外部威胁影响。

弱点—威胁（WT）战略是一种旨在减少内部弱点，回避外部环境威胁的防御性技术。当企业存在内忧外患时，往往面临生存危机，降低成本也许成为改变劣势的主要措施。当企业成本状况恶化，原材料供应不足，生产能力不够，无法实现规模效益，且设备老化，使企业在成本方面难以有大作为，这时将迫使企业采取目标聚集战略或差异化战略，以回避成本方面的劣势，并回避成本原因带来的威胁。

SWOT 分析运用于企业成本战略分析可发挥企业优势，利用机会克服弱点，回避风险，获取或维护成本优势，将企业成本控制战略建立在对内外部因素分析及对竞争势态的判断等基础上。而若要充分认识企业的优势、机会、弱点及正在面临或即将面临的风险；价值链分析和标杆分析等均等为其提供方法与途径。

## 资料链接

### 海尔的 SWOT 分析

海尔集团是世界第四大白色家电制造商，也是中国电子信息百强企业之首。旗下拥有 240 多家法人单位，在全球有 30 多个国家建立本土化的设计中心、制造基地和贸易公司，全球员工总数超过 5 万人，重点发展科技、工业、贸易、金融四大支柱产业。2005 年，海尔全球营业额实现 1 039 亿元（128 亿美元）。下面是有关海尔的 SWOT 分析。

优势　海尔有 9 种产品在中国市场位居行业之首，3 种产品在世界市场占有率居行业前三位，在智能家居集成、网络家电、数字化、大规模集成电路、新材料等技术领域处于世界领先水平。在国际市场彰显出发展实力。“创新驱动”型的海尔集团致力于向全球消费者提供满足需求的解决方案，实现企业与用户之间的双赢。目前，海尔累计申请专利 6 189 项（其中发明专利 819 项），拥有软件著作权 589 项。在自主知识产权基础上，海尔还主持或参与了近百项国家标准的制修订工作，其中，海尔热水器防电墙技术、海尔洗衣机双动力技术还被纳入 IEC 国际标准提案，这证明海尔的创新能力已达世界级水平。

在创新实践中，海尔探索实施的“OEC”管理模式、“市场链”管理及“人单合一”发展模式均引起国际管理界高度关注，目前，已有美国哈佛大学、南加州大学、瑞士IMD国际管理学院、法国的欧洲管理学院、日本神户大学等商学院专门对此进行案例研究，海尔“市场链”管理还被纳入欧盟案例库。海尔的“人单合一”发展模式为解决全球商业的库存和逾期应收提供了创新思维，被国际管理界誉为“号准全球商业脉搏”的管理模式。

海尔的优势还包括：企业文化的长期熏陶；员工素质相对较高；多年规范化管理相当好的基础；真正把信息化作为一把手工程等。相对于国外企业，海尔的信息化具有强劲的后发优势，2001年与1995年的DELL所处的环境早已大不相同；在全球internet的大范围普及和国际化大企业信息化的全面扩张局势下，海尔在国外企业的成功经验基础上当然更容易取得成绩。

劣势　海尔在传播和公关技巧方面十分欠缺，这将使中国未来的收购企业十分困难。海尔公关方面欠缺很大一部分原因在于海尔在聘任机制上存在一定的问题，只注重对技术、知识的考察忽略了对个人能力的考察。海尔这些年发展得实在是太快了，以至于我们毫不怀疑它的国际化。信息化进行得如火如荼，内部的信息化还好说，外部的信息化，尤其是与国内供应商、分销商的电子数据交换，却一直处于两难境地，采购和分销成本的降低仍然难以彻底实现。海尔的愿望是好的，它希望它的供应商和分销商的信息化水平都能够跟上它自己，但实际情况与预计却是大相径庭，没有人能跟得上海尔的步伐，海尔最终是孤掌难鸣。试问有哪些企业能够真正与海尔实现网上订单？个别用户的点菜式订货究竟是不是新闻噱头？国情所限，方法必须变通，结果仍然是回到原来的电话、传真订货流程去，“信息化”徒劳无功。外部环境的不配套、不同步，是导致海尔外部信息化不成功的重要原因，这也许是海尔始料未及的，但也可能就算是知道这个结果，也要硬着头皮上，谁让它是海尔呢！海尔就是要处处争第一！

机会　海尔之所以能取得很大的成就，很大一部分原因在于海尔的企业文化：

有生于无——海尔的文化观；

人人是人才，赛马不相马——海尔的人才观；

先谋势，后谋利——海尔的战略观；

企业如同斜坡上的球——海尔的日清日高“OEC”管理模式；

市场无处不在，人人都有市场——海尔的市场链；

品牌是帆，用户为师——海尔的品牌营销；

企业生存的土壤是用户——海尔的服务；

走出去、走进去、走上去——国际化的海尔；

管理的本质不在于“知”而在于“行”——海尔的管理。

海尔在未来的时间里要想取得长足的发展，必须继续以海尔的企业文化为基准。同时要注重科技创新实现企业信息化。同时伴随着国际化的趋势越来越强，海尔面临着巨大的机遇和挑战。海尔的发展机会在于要把握住时代脉搏，与时俱进，不断创新。海尔未来的发展方向主要依靠三个转移：一是内部组织结构的转移；二是国内市场转

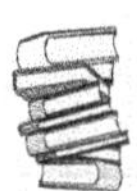

向国际市场，不是指产品出口，而是说要海外建厂、办公司；三是要从制造业转向服务业，做到前端设计，后端服务。在这种情况下，还应抓住机会，迎接挑战，创世界名牌。

威胁 目前，海尔仍然面临着很多威胁，伴随着家电企业的不断兴起，技术的不断完善，海尔必须不断地提高科学技术创新水平，进而提高自己的优势。此外还应该向多产业方向发展，以提高自己的竞争力。面对海尔的信息化，国内同行们大多是一边看海尔外部信息化的热闹，一边加紧自身内部信息化的推进，这就是海尔所面临的威胁，竞争对手的虎视眈眈使海尔如芒刺在背，敢于吃螃蟹的也许是英雄，但不一定是成功者。海尔外部信息化的停滞不前，也给国内的信息化产业当头一棒；可以预见到，一旦外部信息化的时机成熟，从技术角度上讲，谁也不会比谁慢多少；倘若撇开这些年来的海尔品牌宣传效应不谈，海尔竞争对手们外部信息化的成长也只是旦夕之间。

总结 任何一个企业在发展过程中总会面临着这样或者那样的问题。我们要防微杜渐。面对新的全球化竞争条件，海尔确立全球化品牌战略、启动“创造资源、美誉全球”的企业精神和“人单合一、速决速胜”的工作作风，挑战自我、挑战明天，为创出中国人自己的世界名牌而持续创新！

# 任务二 认知战略管理

## 知识基础一 战略管理的概念、特点及作用

### （一）战略管理的概念

战略管理一词最初由美国企业家、学者 H. I. 安索夫在其 1976 年出版的《从战略计划走向战略管理》一书中提出，在其 1979 年出版的《战略管理论》一书中又专门加以阐述。他认为，企业战略管理是将企业日常业务决策同长期计划决策相结合而形成的一系列经营管理业务。而美国学者斯坦纳在其出版的《管理政策与战略》一书中指出，企业战略管理是确定企业使命，根据企业外界环境和内部经营要素制定企业组织目标，保证目标的正确落实并使企业使命最终得以实现的一个动态过程。在管理学中，战略管理一词主要用于企业的经营、管理。目前对此具代表性的看法、认识有以下几种：

（1）企业战略管理是决定企业长期生存、发展的一系列重大管理决策内容包括企业战略制定、实施、评价。

（2）企业战略管理是企业制定长期战略和贯彻这种战略的活动。

（3）企业战略管理是企业在处理自身与环境关系过程中突出其宗旨的过程。

战略管理有广义和狭义两种理解。广义的战略管理是指运用战略对整个企业进行管理，代表人物是安索夫；狭义的战略管理是对企业战略制定、实施和评价所进行管理及管理流程，代表人物是斯坦纳。本书主要以狭义战略管理主张为主线。

### （二）战略管理的特征

在市场竞争越来越激烈的背景下，战略管理因其在企业管理中的地位以及与以往

管理思想方法迥异，具有鲜明的个性特征。

**1．总体系统性**

战略管理采取系统论的观点将企业看成一有机的整体，是以企业总体发展为目标来进行的。它指导企业的总体行动，追求企业的整体运作效果；通过将企业这一系统放于更大的系统中，对其所处的外部环境和内部自身条件进行系统分析，制定战略，在协调企业各种局部活动中实施战略管理。

**2．深远的预见性**

战略管理着眼于企业长期发展。这就要求企业管理者在进行长远计划决策或近期工作安排上，对企业现时或未来的生存环境或自身状况有足够的预见。虽然随着条件的变化和所获信息的不同，预见要不断被修正，但只有企业对不远的未来（三五年乃至七八年）保持深远的预见，企业的管理才具有战略意义。战略管理的预见不同于一般预测过程，不仅要依靠所有的信息进行系统分析，逻辑推理，而且更反映了企业管理高层对企业发展命运的考虑，常借助于企业家的经验和洞察力，以其独到见解构成战略管理的内核。

**3．对外抗争性**

战略管理的形成和发展以及制定实施过程都是直接与竞争对手和各种竞争压力相联系的。众所周知，企业常规管理重点是放在内部控制和自身建设上；作为新的管理思想——战略管理其起点就是根据外界环境的竞争和压力做出相应的管理策略、管理方法。

**4．灵活应变性**

战略管理的内容不是一成不变的，战略管理也不能一劳永逸。战略管理是一个不断进行应变的过程。经济形势在变，企业环境在变，竞争对手也在变，其自身也处于变化之中，因此战略管理必须随时研究变化了的情况，对以往的企业战略做必要的修正，或制定新战略，以确保企业既定目标的实现。其应变的频率和幅度会依事态变化的速度和程度而有所不同。

### （三）战略管理的作用

（1）战略管理可进一步促使企业将内部资源条件与外部环境的发展变化结合得更紧，对影响企业经营的各种要素变化反映更加灵敏，一旦出现不利的变化，则可以马上处置。战略管理可加强企业资源的合理配置，优化资源结构，最大限度地利用和发挥资源效能，为战略的发展及时有效地追加新资源投入，推进企业整体规模的扩大和效益的提高。

（2）战略管理可以促使企业时刻关注自身未来发展，不断审视当前决策对企业未来运营所产生的影响；使企业管理者不断检查与评估当前战略价值的合理性，当原有战略价值的合理性出现偏差时，应及时调整，制定新战略。

（3）战略管理可以促进企业时刻关注自身未来业务发展最具潜力的领域，不断通过方案比较来做出最具价值的选择，可促进企业改进决策方法，不断优化企业组织结构，把日常管理建立在系统有序的基础上，并增强企业的协调、沟通与控制职能，不断提高管理效率和水平。

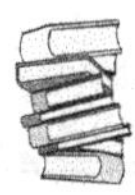

(4) 战略管理更注重人本管理。通过让员工参与战略酝酿、制定、决策、实施，最大限度地激发员工的情感与智慧，从而增强企业凝聚力，确保战略目标的实现。

## 知识基础二　企业战略制定的程序及层次

### (一) 企业战略制定的程序

一般认为，战略的制定主要包括战略分析、战略选择、战略实施和战略控制。这四个阶段之间有一定的逻辑顺序，包含若干必要的环节，由此而形成一个完整的体系。

**1. 战略分析**

战略分析的主要任务是对企业的战略形成有影响的关键因素进行分析，并根据企业目前的“位置”和发展机会来确定未来应该达到的目标。这个阶段的主要工作是：

(1) 明确企业的使命。战略分析的起点就是分析企业当前的使命。没有明确具体的使命，要制定清晰的目标和战略是不可能的。一个企业的使命不仅要在企业创立之初就要加以明确，而且要在企业遇到困难时和企业持续繁荣昌盛时经常加以确认，以便企业能够保持明确的目标和方向，保持旺盛的生命力。

(2) 外部环境分析。外部分析的目的在于确定使组织受益的机会及组织需要回避的威胁。外部事件及其变化发展趋势对任何组织都有重要的影响。这些外部信息主要从公开出版和不公开出版两个信息渠道得到。非公开出版的信息来源包括：顾客调查、市场研究、会议、电视节目、采访与利益相关者的谈话等。公开出版的信息来源包括：期刊、杂志、报告、政府文件、摘要、书籍、企业名录、报纸及手册等。计算机和互联网已使各组织可以更容易地收集、消化和评价信息。企业一旦将信息收集起来，就应当及时吸收和评价信息，确认组织面临的最重要的机会与威胁。

(3) 内部条件分析。战略分析还要了解企业自身所处的相对地位，分析企业的资源和能力，明确企业内部条件的优势和劣势。确定企业的优势和劣势需要整个企业的管理人员和员工的参与。这种参与可以提供更多的机会让员工理解自己的工作、其所在部门在整个组织中的作用以及自己的工作对企业其他领域或活动的影响。通过这种参与可以促进员工更好地工作，最终使企业获取更多的收益。

**2. 战略选择**

战略选择阶段的任务是决定达到战略目标的途径，为实现战略目标确定适当的战略方案。企业战略管理人员首先要根据外部环境和企业内部条件、企业宗旨和目标，拟订供选择的几种战略方案。然后，对被选方案进行评价。评价战略备选方案通常使用两个标准：一是考虑选择的战略是否发挥了企业的优势，克服了劣势，是否利用了机会，将威胁削弱到最低程度；二是考虑该战略能否被利益相关者所接受。需要指出的是，实际上并不存在最佳的选择标准，经理们和利益相关者的价值观和期望在很大程度上影响着战略的选择。此外，对战略的评估最终还要落实到战略收益、风险和可行性分析的财务指标上。最后，选出供执行的满意战略。

**3. 战略实施**

战略实施的关键在于其有效性。要保证战略的有效实施，首先要通过计划活动，将企业的总体战略方案从空间上和时间上进行分解，形成企业各层次、各子系统的具体战略、策略或政策，在企业各部门之间分配资源，制订职能战略和计划。制定年度计划，分阶段、分步骤地来贯彻和执行战略。

战略实施的成功与否取决于管理者的人际技能尤其是激励员工能力的大小。战略实施活动会影响到企业中的所有员工和管理者。每个部门都必须回答以下问题：为了实施企业战略中属于我们责任的部分，我们必须做什么？我们如何才能将工作做得更好？战略实施是对企业的一种挑战，它要求激励整个企业的管理者和员工以主人翁精神和热情为实现已明确的目标而努力工作。

**4．战略控制**

战略控制是战略管理过程中的一个不可忽视的重要环节，它伴随战略实施的整个过程。建立控制系统是为了将每一阶段、每一层次、每一方面的战略实施结果与预期目标进行比较，以便及时发现偏差，适时采取措施进行调整，以确保战略方案的顺利实施。如果在战略实施过程中，企业外部环境或内部条件发生了重大变化，则控制系统会要求对战略目标或方案做出相应的调整。

### （二）企业战略的层次

为了全面、深入地认识和理解企业战略，有必要对战略的层次结构及其相互关系进行了解。企业战略一般分为三个层次：企业总体战略、企业竞争战略和企业职能战略。对企业战略进行层次划分的意义在于既保持了企业发展方向和战略的统一和整体性，使企业资源的调动能最大限度地符合企业长期发展目标的要求，又能适应分权管理的要求，体现较高程度的企业活动的灵活性，使决策更接近于现实，使对资源利用的责任落实到具体的部门、小组和个人。一般来讲，企业的战略层次总是力求与企业组织层次和权力层次相一致，以保证责任与权力的对等。

**1．企业总体战略**

企业总体战略又称公司战略，是企业最高管理层为整个企业确定的长期目标和发展方向。总体战略的内容包括：规定企业从事哪种经营，进入什么行业或从事什么生产；其中处于哪个行业的部分应该重点扩展发展，哪个行业的部分应该逐渐撤出或不再投资；企业的人、财、物应如何在其各部门之间分配；企业如何增加投资利润或平衡，减少投资风险等。

**2．企业竞争战略**

企业竞争战略能够解决企业如何选择所经营的行业和如何选择企业在一个行业中的竞争地位等问题，包括行业吸引力和企业的竞争地位。行业吸引力指行业中企业长期平均赢利能力和决定长期平均赢利能力的各种因素所决定的各个行业对企业的吸引能力，一个企业所处行业内的平均赢利能力是决定这个企业赢利能力的一个重要因素。同时，在一个行业中，不管长期平均赢利能力怎样，总是有一些企业因其有利的竞争地位而获得比行业平均利润更高的获利，这就是企业的竞争地位。

行业吸引力和竞争地位两者都可以因企业进入或退出行业而改变。行业吸引力部分地反映了一个企业几乎无法施加影响的那些外部因素，而通过竞争战略的选择，企业可以在相当程度上增强或削弱一个行业的吸引力；同时，一个企业也可以通过对其竞争战略的选择显著地改善或减弱自己在行业内的地位。因此，竞争战略不仅是企业

对环境做出的反应，而且是企业从自己有利的角度去改变自己的环境。

**3．企业职能战略**

企业职能战略是为实现企业总体战略而对企业内部的各项关键的职能活动做出统筹安排。企业的总体战略和竞争战略分层次地表明了企业的产品、市场、竞争优势和基本目标，规定了企业的核心任务和总的方向。而企业要实现这样的战略设想，必须通过有效的职能活动来运用资源，使企业的人力、物力和财力与其生产经营活动的各个环节密切结合，与企业的总体战略和竞争战略协调一致才有可能成功。企业的职能战略包括财务战略、人力资源战略、研究与开发战略、生产战略、营销战略等。

## 知识基础三　基本竞争战略

战略环境分析使企业认识自己所面临的机遇与威胁，了解自身的实力与不足以及能为何种顾客进行服务。战略选择的实质是企业选择恰当的战略，从而扬长避短、趋利避害并满足顾客需求。表 6 –1 列举了企业可选择的各种战略类型。

**表 6 –1　企业可选择的各种战略类型**

| 分类 | 战略 | | 定义 |
| --- | --- | --- | --- |
| 基本战略 | 成本领先 | | 企业强调以低单位成本价格为用户提供标准化产品，其目标是成为其产业中的低成本生产厂商 |
| | 差异化 | | 企业力求在顾客广泛重视的一些方面在产业内独树一帜。它选择许多客户重视的一种或多种特质，并赋予其独特的地位以满足顾客的要求 |
| | 集中化 | | 企业选择产业内一种或一组细分市场，量体裁衣，为它们服务而不是为其他细分市场服务 |
| 成长战略Ⅰ<br>核心能力<br>企业内部扩张 | 一体化 | 前向一体化 | 企业获得分销商或零售商的所有权或加强对他们的控制 |
| | | 后向一体化 | 企业获得供应商的所有权或加强对他们的控制 |
| | | 横向一体化 | 企业获得生产同类产品的竞争对手的所有权或加强对他们的控制 |
| | 多元化 | 同心多元化 | 企业增加新的但与原有业务相关的产品与服务 |
| | | 横向多元化 | 企业采用不同的技术向现有顾客提供新的、与原有业务不相关的产品或服务 |
| | | 混合多元化 | 企业增加新的、与原有业务不相关的产品或服务 |
| | 加强型 | 市场渗透 | 企业通过加强市场营销，提高现有产品或服务在现有市场上的市场份额 |
| | | 市场开发 | 企业将现有产品或服务打入新的区域市场 |
| | | 产品开发 | 企业通过改进或开发产品或服务而提高销售 |

续表

| 分类 | 战略 | 定义 |
| --- | --- | --- |
| 成长战略Ⅱ<br>核心能力<br>企业外部扩张 | 战略联盟 | 企业与其他企业在研究开发、生产运作、市场销售等方面进行合作，以相互利用多方资源 |
| | 虚拟运作 | 企业通过合同、股权、优先权、信贷帮助、技术支持等方式同其他企业建立较为稳定的关系，从而将企业价值活动集中于自己优势方面，而将非专长方面外包出去 |
| | 出售核心产品 | 企业将价值活动集中于自己少数优势方面，产出产品或服务，并将产品或服务通过市场交易出售给其他生产者进一步生产加工 |
| | 收缩战略 | 通过减少成本和资产对企业进行重组，以加强企业基本的和独特的竞争能力 |
| | 剥离战略 | 企业出售分部、分公司或任一部分，以使企业摆脱那些不盈利、需要太多资金或与公司其他活动不相适宜的业务 |
| | 清算战略 | 企业为实现其有形资产价值而将资产全部或分块出售 |

美国哈佛商学院的著名战略管理学家迈克尔·波特在《竞争战略》一书中，把竞争战略描述为：采取进攻性或防守性行为，在产业中建立起进退有据的地位，成功地对付五种基本竞争力量，从而为公司赢得超常的投资收益。企业确定竞争战略就是为了在行业与市场中取得竞争优势。企业的竞争优势集中体现在两个方面：其一是成本优势，即在生产同一档次产品的经营活动中能体现出成本领先的优势；其二是产品优势，即在不断提高产品档次的经营活动中能体现出产品差异的优势。企业可在或宽或窄的经营范围内以这两个优势体现出与其他竞争对手的不同，顺利地进行市场竞争。为了达到这一目的，不同的企业采取不同的方法，但对于每个具体的企业来说，其最佳战略都将是企业所处的内外环境的独特产物。波特教授根据企业的两个基本优势，提出了企业可以采用的三种基本的竞争战略，即成本领先战略、差异化战略和集中化战略。三种竞争战略的关系如图 6-3 所示。这三个基本竞争战略是根据产品、市场以及特殊竞争力的不同而形成的，企业可根据自己的生产经营情况，选择所要采用的竞争战略。

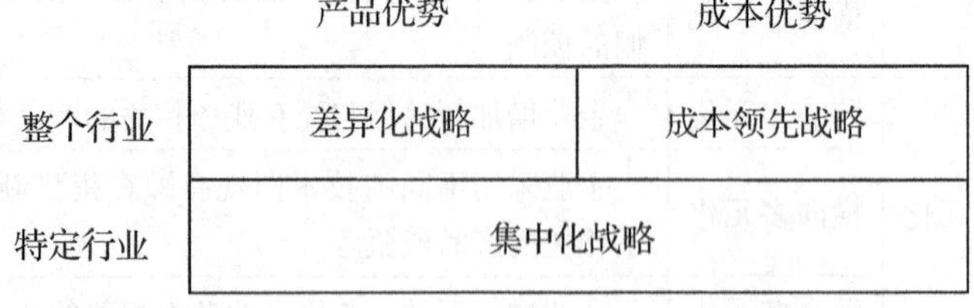


**图 6-3　三个基本竞争战略的关系**

### （一）成本领先战略

#### 1. 成本领先战略的概念

20 世纪 70 年代，由于经验曲线概念的流行，成本领先战略得到日益普遍的应用。成本领先战略，是指企业在生产和管理过程中尽其所能地节约成本，以低于竞争对手

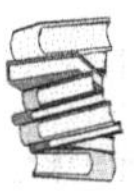

的成本在竞争过程中获得成本领先。

**小词典**

经验曲线，又称为学习曲线，由波士顿顾问公司（BCG）于1960年提出，并将数字与人们认为存在的规模经济联系起来。他们发现，每当累计生产量倍增时，加工成本则按一个稳定且可预计的比例下降。

迈克尔·波特认为：成本领先战略应该体现为相对于竞争对手而言的低价格，但这并不意味着仅仅获得短期成本优势或仅仅是削减成本，而是一个“可持续成本领先”的概念，企业可通过其低成本地位来获得持久的竞争优势。

**2. 企业获得成本优势的途径**

企业要想获得成本领先，使其经营成本低于竞争对手，就要求企业在经营成本链的各个环节上提高效率并有效地控制开支，并且要将这种理念形成一种企业文化贯穿于企业生产经营的各个环节。企业需要采取下列措施可获得成本优势：

（1）建立注重成本的企业文化。成功的低成本企业是通过不厌其烦地寻求整个价值链上的成本节约来获得成本优势的，所以必须建立注重成本的企业文化，使节约每一分钱的观念深入人心，成为一种自觉的行动。员工广泛地参与成本控制，不断地将自己的成本同某项活动的最优秀成本展开标杆学习，深入地审查运作费用和预算要求，制定各种不断降低成本的方案。沃尔玛重视对职工勤俭风气的培养。沃尔玛说：“你关心你的同事，他们就会关心你。”员工从进公司的第一天起，就受到“爱公司，如爱家”的店训熏陶。从经理到雇员，都要关心公司的经营状况，勤俭节约，杜绝浪费，从细微处做起。这使沃尔玛的商品损耗率只有1%，而全美零售业平均损耗率为2%，从而使沃尔玛大量降低成本。

（2）实现规模经济。规模经济是指在技术水平不变时，单位产品的成本随着累计产量的增加而下降。企业可以通过兼并、延长扩展线等市场扩张或市场营销活动来扩大规模，从而能够降低企业产品的成本。

**阅读资料**

要为大众制造汽车，就必须让人们买得起，这就意味着必须要建立一种规模经济，进行大规模生产，这样才能降低成本。一次偶然的机会，福特参观了芝加哥一家肉品包装厂。当时他看到肉品切割生产线上的电动车将屠宰后的肉品传送到每位工人面前，工人们只需切割事先指定部位的肉品。福特大受启发，回来就为自己的公司建立了汽车装配线。装配线的建立，让福特公司拥有了明显的效率优势，远远胜过了竞争对手。在1908—1912年间，装配线的建立让汽车售价降低了30%。到了1914年，福特公司的13 000名工人生产的汽车超过26万辆。那一年，其他所有汽车制造商总共才生产了28.7万辆汽车，仅仅比福特公司多出10%。

另外，大量的实证研究表明，在给定的设备条件下，随着累计产量的上升而得到的是生产和管理经验的上升，因为熟能生巧，从而导致单位成本下降。在很多行业中，累计产量每翻一番，单位成本就下降20%。

（3）控制成本驱动因素。控制成本驱动因素是指通过对产品构成成本的各个要素进行控制和改善，以达到降低成本的目的。降低成本主要通过降低企业的人工成本和降低原材料成本来实现。而降低原材料成本可以通过降低原材料的采购成本和降低原材料的消耗量来实现。

**阅读资料**

奥克斯空调从一个无名小卒跃居行业三甲之列，凭借的就是成本优势，而其降低成本的途径之一就是借鉴了美国零售业巨头沃尔玛公司的天天平价模式——国际大采购。

在奥克斯，加工蒸发器和冷凝器的自动生产设备是来自日本的；保证十年不脱皮生锈的瓦格纳喷涂设备是引进德国的；制造空调塑壳的ABS粉料是来自韩国的；机身上所有接插件是购自美国的。这些设备和原材料共有的特点，一是品质在全球范围内相对最好，二是价格在全球范围内相对最低。

（4）对价值链进行改造。通过改造企业价值链的结构降低成本，是指通过寻找革新性的途径来改造企业价值链中的各个过程和任务，省略或者跨越那些创造极少价值而成本高昂的价值链活动，更经济地为顾客提供基本的东西，以带来更大的成本优势。戴尔公司客户直销模式就省去了中间商环节，不但降低了价格，同时直接与顾客接触又降低了库存，减少了库存成本。

### （二）差异化战略

#### 1．差异化战略的概念

差异化战略是指企业向市场提供与众不同的产品或服务，用以满足顾客特殊的需要，从而形成竞争优势的一种战略。产品或服务的特色可以表现在产品设计、生产、技术、产品性能、服务、销售网络、商标形象等方面。当企业进行价格竞争，但不能达到扩大销售的目的时，实行差异化就可以培养顾客的品牌忠诚度，降低对价格的敏感性。差异化战略是企业获得高于同行业平均水平利润的一种有效的战略。德国的梅塞德斯—奔驰汽车公司依靠特殊的生产技术、产品设计和市场关系得到差异优势。因此，购买奔驰汽车的顾客对价格并不敏感，他们购买奔驰汽车的目的在于身份地位的体现和炫耀，追求的是通过购买这种产品而获得社会的某种承认。

#### 2．企业获得差异化的途径

（1）产品质量差异化。产品质量差异化是指企业向市场提供竞争对手不具有的高质量产品，通过高质高价获得比竞争对手更多的利润。

（2）产品可靠性差异化。产品可靠性差异是与产品质量差异化相关的一种战略，其核心就是要保证企业产品的绝对可靠性，甚至在出现意外故障时，也不完全丧失其使用价值。

（3）产品外观的差异化。产品的外观主要表现在产品的外形设计、款式、色彩等方面。顾客接触产品，是从其外观质量再到内在质量的。外观有特色的消费类产品，往往能刺激顾客的消费欲望，使其对产品形成良好的第一印象。

（4）产品销售服务的差异化。服务是企业产品的延伸，包括送货上门、安装、调

试、维修保证等。企业向顾客提供的产品必须通过这一个层次的活动，才能使产品充分发挥其功能，受到消费者的欢迎。

（5）产品创新差异化。对于一些拥有雄厚研究开发实力的高科技企业，实行以产品创新为主的差异化战略，不仅可以保持企业在科技上的领先地位，而且可以增强企业的竞争优势和获利能力。

（6）产品品牌差异化。产品品牌差异化战略就是通过创名牌产品、保名牌产品，使企业在同行业中富有竞争力。名牌产品是指具有较高知名度和较高市场占有率的产品。在市场竞争的条件下，名牌战略是企业进行竞争的利器和取胜的法宝，只有勇创名牌的企业才能在竞争中取得胜利。

总之，在企业经营价值链的每一个环节上，凡是能给顾客带来新价值的举措都可能带来一定的差异化优势。

### （三）集中化战略

#### 1. 集中化战略的概念

集中化战略亦称重点集中战略，是指企业把经营战略的重点放在一个特定的目标市场上，并为这个特定的目标市场提供特定的产品或服务。这一特定的目标包括某一特定的购买群体、某一特定的产品细分市场或某一特定的地理市场。

与采用成本领先战略和差异化战略的企业不同，实施集中化战略的企业不是围绕着整个产业，而是围绕一个特定的目标进行密集型的生产经营活动，要能够提供比竞争对手更为有效的产品或服务。企业可以采用两种集中化战略：以低成本为基础的集中成本领先战略和以差异化为基础的集中差异化战略。集中成本领先战略是从某些细分市场上成本行为的差异中获取利润，企业要做到服务于某一细分市场的成本比竞争对手低。集中差异化战略是从特定细分市场中客户的特殊需求中获得利润。但是无论是采取集中成本领先战略的企业还是采取集中差异化战略的企业，其资源和能力相对较弱。

要找出卓越而成功的公司的弱点并不容易。但是在中国，在区域品牌非常可乐看来，可口可乐依然是有弱点的：一是在渠道上，对农村鞭长莫及；二是在价格上，相对农民来说较高。于是，非常可乐针对可口可乐，攻击其弱点：一是定位农村，采取农村包围城市的渠道模式和发展战略；二是低价、实惠策略。同时，定位中国人，喊出了“中国人自己的可乐”的口号。于是，非常可乐顺利地在中国北方农村扎下了根。

#### 2. 实现集中化战略的途径

集中化战略一般有两种形式，即集中成本领先战略和集中差异化战略。这两种战略都是面向企业选定的一个特定的细分市场的。具体的形式有以下 3 种：

（1）产品集中战略。对于产品开发和工艺装备成本较高的行业，部分企业可以以产品线的某一部分作为经营重点。日本汽车厂家一直将经营重点放在节能的小汽车生产和销售上。而我国的民营企业万向集团则始终以生产汽车产品的零配件为主。

（2）顾客集中战略。即企业将经营重点放在特殊需求的顾客群上。2000 年，索芙特开始进军洗发水行业，实施顾客差异化，推出的负离子洗发露与防脱洗发露引起了市场轰动，并且在功能洗发水市场占据了重要位置。

（3）地区集中战略。即按照地区的消费习惯和特点来细分市场，企业则选择部分地区具有针对性的组织生产。海信公司针对农村电压不稳定生产的宽电压电视机，提高了企业的农村市场占有率。海尔公司则根据西南地区农民用洗衣机洗地瓜的特点，开发出既可洗衣服又可洗地瓜的洗衣机，都是地区集中战略。

## 项目小结

企业战略是指企业面对激烈变化、严峻挑战的经营环境，为求得长期生存和不断发展而进行的总体性谋划。它是企业为实现其宗旨和目标而确定的组织行动方向和资源配置纲要，是制订各种计划的基础。战略管理的制定主要包括战略分析、战略选择、战略实施和战略控制。这四个阶段之间有一定的逻辑顺序，包含若干必要的环节，由此而形成一个完整的体系。企业战略一般分为三个层次：企业总体战略、企业竞争战略和企业职能战略。

企业的竞争力分析主要采用企业竞争态势分析、企业的价值链分析和SWOT分析。这三种分析方法从不同的角度对企业所面临的外部环境状况和企业自身的状况进行了分析。企业竞争态势分析侧重于分析企业所面临的行业环境中的各要素。企业的价值链分析侧重于分析企业内部的竞争优势。SWOT分析侧重于从企业外部环境的机会和威胁与内部条件的优劣势分析中寻找企业的竞争优势。虽然它们的侧重点不同，但是都是为了寻找企业的竞争优势。

竞争战略指采取进攻性或防守性行为，在产业中建立起进退有据的地位，成功地对付五种基本竞争力量，从而为公司赢得超常的投资收益。企业确定竞争战略就是为了在行业与市场中取得竞争优势。企业的竞争优势集中体现在两个方面：其一是成本优势；其二是产品优势。企业可在或宽或窄的经营范围内以这两个优势体现出与其他竞争对手的不同，顺利地进行市场竞争。为了达到这一目的，企业可采用的三种基本的竞争战略，即成本领先战略、差异化战略和集中化战略。

## 思考与练习

1. 单选题

（1）下列不属于企业内部环境的是（　　）。

A. 企业员工　　B. 企业文化　　C. 企业管理者　　D. 科学技术

（2）下列不属于企业宏观环境的是（　　）。

A. 经济环境　　B. 政治法律　　C. 社会文化　　D. 企业经营条件

（3）对于“瘦狗”型的经营单位，企业应该采用（　　）的战略。

A. 加大投资　　B. 维持　　C. 放弃　　D. 清算

2. 多选题

（1）企业战略的特点包括（　　）。

A. 全局性　　B. 长远性　　C. 层次性　　D. 竞争性

（2）企业战略分为三个层次为（　　）。

A. 公司战略　　B. 业务战略　　C. 职能战略　　D. 跨国战略

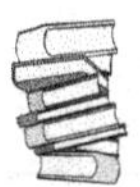

(3) 企业基本竞争战略包括（　　）。

A. 多元化战略　B. 成本领先战略　C. 差异化战略　D. 集中化战略

(4) 稳定型战略的主要类型有（　　）。

A. 无变化战略　B. 维持利润战略　C. 暂停战略　D. 谨慎前进战略

3. 问答题

(1) 如何理解企业战略，企业战略的构成要素有哪些？

(2) 公司战略包括哪几大类？如果一家企业没有明确的经营战略，他会面临什么样的风险？

(3) 找出四家国内外著名的公司，从公司层和经营层两个方面分析他们主要采用何种战略。

## ■应用案例

### 可乐大战

20世纪商战史上，没有比可口可乐与百事可乐的市场争夺战更激烈、更扣人心弦。这两家占世界饮料绝对主导地位的美国企业，在全球范围内，掀起了一场旷日持久的世界大战，百事可乐攻势如潮，可口可乐稳守反击，谱写出波澜壮阔的商界传奇……

可口可乐自1886在美国诞生以来，在铺天盖地的强大广告宣传攻势推动下，风靡全球，经久不衰。100多年以来可口可乐公司把“可口可乐”的影响推向全世界。在150个国家和地区建立了分公司，成为美国的象征。

20世纪30年代，美国经历了严峻的“经济大萧条”时期。在亚特兰大的可口可乐帝国推出用五分钱就可以买到一瓶6.5盎司（184毫升）的可口可乐。这一举措大受萧条时期的消费者欢迎。百事可乐却在此时推出一种12盎司（340毫升）的新型瓶装，价格也同可口可乐一样，只卖五分钱一瓶。

“五分钱买双份”的广告语响亮顺口。一下子从可口可乐的手中夺走大片的市场。1953年可口可乐的销售量下降了3%，而百事可乐的销售量增加了12%，“五分钱买双份”的口号在大街小巷中回荡，百事可乐销售直线上升，渐渐成为仅次于可口可乐的第二号饮料。

可口可乐赖以生存的是它纯正的可乐味，为了维护自己的权威，在任何时候，无论发生怎样的变化，它都不敢轻易地更改自己的配方。百事可乐却放弃约束，只要市场需要，它随时都在改变着自己的饮料口味。

百事可乐渐渐发达起来，成为一个积极进取、充分了解市场、了解消费者的成功市场策划集团。他们努力以使用者为中心，将自己的消费与可口可乐区分开来。体现他们的梦想、趣味的和追求时尚的生活方式。百事可乐接连推出保健百事可乐和百事软饮料。充分利用“百事”的名牌资产和名牌优势一举打响。

可口可乐根据第二次世界大战后的经济发展较快和美国人生活水平提高，对低档商品的需求下降的变化，运用广告宣传，竭力把百事可乐贬为“穷人的可乐”，使百事可乐的销售量急剧减少，利润从1946年的630万美元猛跌到1949年的200万美元。

另外，可口可乐开始研制一种新口味的可乐作为秘密武器应对百事可乐的挑战。

1982 年 8 月保健可乐终于以崭新的面目轰轰烈烈地一次性投入市场近 4 亿美元，盛况空前的广告宣传形成一个宣传高潮。“你不能掩饰你的微笑，因为它来自于内心深处，就像你与亲人朋友共度的时光，当你知道它是真诚的时候，你的感受就是这样——这就是可口可乐。”保健可乐的销售创下公司的最高纪录。百事可乐又一次受到上市以来的最大冲击。

无休止的市场竞争，没有谁是受害者，年青的百事可乐总裁罗杰里科说：“可乐大战引起公众关注越多，双方的利润就会越多。”现在百事可乐与可口可乐又在为可乐与咖啡和茶争夺早餐市场，在新的世纪里，谁将是新的成功？人们拭目以待。

**思考题：**

1. 百事可乐公司和可口可乐公司是如何竞争的？
2. 为什么在不同的时期所采用的竞争战略有所不同？

## 项目实训

**实训项目：**

自我 SWOT 分析。

**实训目的：**

（1）增强对自我的认识，了解自己的差距。

（2）找出指导自我学习的最佳方法。

**实训内容：**

学生把自己的优势、劣势、威胁及机遇填在 SWOT 分析表中并与小组的其他成员分享。

**实训要求：**

（1）先以个人形式完成 SWOT 分析表，而后进入 5 人小组讨论。

（2）时间：个人完成部分××分钟，小组讨论××分钟。

**实训总结：**

（1）通过自我 SWOT 分析使你对自己有了更准确和深刻的了解。

（2）在与其他组员分享的时候，注意倾听其他组员所说的话，优势互补，也便于更好地融入团队当中。

**附表：自我 SWOT 分析表**

| 优势 | 劣势 |
|---|---|
| | |
| 机会 | 威胁 |
| | |

# 模块三　组织职能

## 项目七　组织工作

### 知识目标

◆了解组织与组织工作的含义、特点、原则及在管理中的重要作用。
◆理解组织设计的具体内容和原则。
◆理解管理幅度和管理层次的关系。
◆掌握各种组织结构形式的特点和应用范围。
◆掌握高层结构和扁平型结构的优缺点。
◆掌握组织变革的方式、阻力及克服办法。

### 能力目标

◆具备组织设计的理念，并能够分析和绘制出一个企业的组织结构图。
◆能够分析组织变革的动力与阻力。

### 导入案例

#### 差　别

两个同龄的年轻人同时受雇于一家店铺，并且拿同样的薪水。可是，一段时间以后，叫阿诺德的那个小伙子青云直上，而叫布鲁诺的小伙子却在原地踏步。布鲁诺不满意老板的不公正待遇。终于有一天他到老板那儿发牢骚了。老板一边耐心地听着他的抱怨，一边在心里盘算着怎么向他解释清楚他和阿诺德之间的差别——“布鲁诺先生，”老板开口说话了，“你现在到集市上去看一下，看看今天早上有什么卖的。”布鲁诺从集市上回来向老板汇报说，今天集市上只有一个农民拉了一车土豆在卖。“有多少？”老板问。布鲁诺赶紧戴上帽子又跑到集市上，然后回来告诉老板一共40袋土豆。“价格是多少？”布鲁诺又第三次跑到集市上问来了价格。

“好吧，”老板对他说，“现在请你坐在这把椅子上一句话也不要说，看看别人怎么做。”老板招呼阿诺德到集市上去看一下，看看今天早上有什么卖的。

阿诺德很快就从集市上回来了，向老板汇报说，到现在为止只有一个农民在卖土豆，一共40袋，价格是多少，土豆的质量很不错，他带回来一个让老板看。这个农民一个小时后还会弄来几箱西红柿，据他看价格非常公道。昨天他们铺子的西红柿卖得很快，库存已经不多了。他想这么便宜的西红柿老板肯定会要进一些的，所以他不仅带回了一个西红柿做样品，而且把那个农民也带来了，他现在正在外面等着回话呢。

此时，老板转向了布鲁诺，说："现在你肯定知道为什么阿诺德的薪水比你高了吧。"

管理启示：组织内的分工是因人而异的，成员的重要性由能力和贡献来决定。能力有区别，贡献有大小，好的组织能让恰当的人在恰当的位置发挥恰当的作用。

# 任务一　认知组织

组织是管理的基本职能之一，在计划职能确定了组织的目标及实现目标的途径后，必须设计和维持一种组织结构，使人们有效地工作。正如一场球赛，即使每一个队员都非常优秀，如果没有有效的配合，合理的组织，也是无法赢得比赛的。组织是管理活动的载体，管理活动存在于组织活动中。组织结构的合理与否、组织工作是否科学高效，对管理活动的效果有着重要的影响。

## 知识基础一　组织介绍

### （一）组织的含义

组织是人类社会最普遍、最常见的社会现象，政府机关、企业、学校、医院等都是各类组织的表现形式。对于组织的概念，国外有关学者众说纷纭。其中最早的是由巴纳德提出的观点，他认为"组织就是两个或两个以上的人有意识协调活动的系统"。被誉为"管理过程理论"之父的法约尔，最早指出的管理五职能，其中之一就是组织，并认为企业的组织职能主要包括：设计组织结构，确定互相关系，制定规章制度，以及招收、训练、评价职工等。

**小词典**

组织是由两个或两个以上的群体组成的有机体，是一个为了公共目标，内部成员形成一定的关系结构和共同规范力量的协调系统。组织不仅是人的结合，而且是一个特定的体系。

组织概念包括了以下几方面的含义：

（1）组织有一个共同的目标。目标是组织存在的前提和基础，任何一个组织都要有一个共同的目标，它是组织内成员协作的必要前提。组织之所以存在，只能是因为它执行一定的功能，否则就失去其存在的理由。而组织能够存在并发展下去，就是因为它有一定的目标。

（2）组织是实现目标的工具。组织目标是否能够实现，就要看组织内各要素之间的协调、配合程度，分工协作是由组织目标限定的，一个组织为了达到目标，其中很重要的一个方面就是要看组织结构是否合理有效。

（3）组织包括不同层次的分工合作。组织内部必须有分工，而在分工之后，就要赋予各个部门及每个人相应的权力，以便实现目标。组织为达到目标和效率，就必须进行分工协作，把组织上下左右联系起来，形成一个有机的整体。

### （二）组织的作用

**1．力量汇聚作用**

把分散的个体汇集成为集体，用“拧成一股绳”的力量去完成任务，这就是组织力量汇聚的表现。用简单的数学公式来表示，就是1＋1＝2。这种“相和”效果，可以从日常生活中多个纤夫合拉一艘船及伐木工合力搬运木材等实例中，得到具体而生动的说明。

组织是帮助人类社会超越自身个体发展能力的重要支撑。正如搬石头，以个人的力量可能不够，为此就需要两个人或更多人的合作，于是组织就产生了，在规模较大的组织中，个人在其中起着一种类似有机体中细胞的作用。树木仅通过自己的成长不能形成的某种力量可以通过聚集与并列来实现，即可以形成森林取得挡风、固土等功效。由此可见，组织可克服个人力量的局限性；个人目标的实现程度取决于通过群体努力而得到的组织目标的实现程度。能够在一定程度上实现个人目标是一个人之所以愿意留在一个组织中的根本原因。

**2．力量放大作用**

比力量汇聚作用的“相和”效果更进一步，良好的组织还能发挥“相乘”的效果。古希腊著名学者亚里士多德（Aristotle）曾提出这样一个有趣的命题：“整体大于各个部分的总和。”组织对汇集起来的力量有放大或相乘作用，就如同核裂变释放出巨大的能量一样。力量放大作用是在力量汇集作用基础上产生的，但不是简单的1＋1＝2，而更多的是1＋1＞2。

组织是实现管理目标的重要保证。要创建一个有效的组织，只是集合一些人、分给他们职务是不够的。应该找到必要的人并把他们放在最能发挥作用的位置上。通过分工，充分发挥各人特长；通过协作，形成集团力量。

**3．桥梁作用**

企业实现有效领导的前提，是领导与职工的信息交流、情感交流。信息交流可使每个职工明确个人的权利与责任。组织成员能力互补、志同道合；一荣俱荣，一损俱损。

**4．系统整合作用**

组织是企业经营管理现代化的基本内容。现代化管理涉及经营理念、组织、方法、手段、人员等各个方面，而管理组织现代化是其中最基本的组成部分。现代化的管理方法和手段，可极大地提高劳动效率，但必须经过一定的管理组织来加以实施。同样，如果没有合理的管理组织，就难以建立起良性循环的人才开发体系，不能充分调动员工的积极性、主动性、创造性。

**5．个人与机构之间的交换作用**

从个人的要素角度来看，个人之所以加入某一机构并对其投入一定的时间、精力，其目的不外乎想从机构中得到某种利益或报酬，以满足个人的需求。而机构之所以愿意对个人投入上述成本花费，则是希望个人能因此对机构有所贡献，以达到机构预定的目标。

从个人的立场看，往往会要求来自于所服务机构的利益或报酬大于其对该机构所

做出的投入。而从机构的立场看，它要求取自于个人的贡献大于其为个人所投入的成本花费。这就必须借助组织活动的合成效应的发挥，使个人集合成的整体在总体力量上大于所有组成人员的个体力量的简单相加。

这样，个人与机构之间的关系，可以说是建立在一种相辅相成、平等交换的基础之上，形成双方都感到满意的关系。正是在这种意义上，人们将“组织”誉为人、财、物三大生产要素并重的“第四大要素”。这一要素的成本花费相对较低，但它对机构所做出的贡献可能远远超过其他三要素。

## 知识基础二　组织的构成要素与组织的类型

### （一）组织的构成要素

**1．职能目标**

组织首先要有明确清晰的职能目标。目标能够起到统一人意志的作用。例如：综合运输管理组织的职能目标是协调各种关系，形成综合运输能力，提高综合运输效率。

**2．管理方式**

组织作为管理的主体，需要通过一定的管理方式，对管理对象施加定向的影响，才能体现组织的功能，并最终达到管理组织的目的。

**3．机构设置**

机构是组织的实体，同时也是行使管理权力的载体。组织是通过一系列的机构来实现其功能的。机构设置是管理组织的核心，它直接关系到管理的效率。

**4．权责划分**

组织必须合理地划分权力和职责，探求组织集权和分权的适度点。职权直接关系到组织功能和目标的实现。管理组织必须明确各级机构的权责，形成对综合运输进行有序管理的体系。

**5．职务配置**

职务配置就是在组织内，实行科学的职务划分，合理地确定职务、职数、职级、职责等职务配置关系。

**6．人员结构**

人员结构是指各类管理人员的分工协作联系与数量上的比例关系。人员结构是否合理，直接影响到管理组织的效能的高低。

管理人员是管理组织的主角。任何组织都少不了具有一定素质，且充满活力的管理人员。管理人员的知识、技能、素质是组织成功的基础。

**7．运行程序**

管理是一个动态过程。在实际管理实践中，必须有一定的办事程序和信息流程。科学的组织运行程序将提高组织运行的效率，确保组织工作的正常进行。

**8．法律规范**

有效的管理组织必须有健全的规章制度和法律规范，以保证组织依法办事、管理组织必须在法律规定的范围内，开展活动。一旦违背法律，偏离法制的轨道，就会对组织的发展造成巨大的损害。

## （二）组织的类型

### 1. 正式组织与非正式组织

按照组织的形成方式可将组织分为正式组织和非正式组织两种类型。

**小词典**

正式组织是为了有效地实现组织目标，而明确规定组织成员之间职责范围和相互关系的一种结构，其组织制度和规范对成员具有正式的约束力。非正式组织则是人们在共同工作、生活活动中，由于具有共同的兴趣和爱好，以共同的利益和需要为基础而自发形成的团体。非正式组织没有自觉的共同目标，没有明确的成员之间的相互关系，他们的共同活动信念是基于共同的信仰、爱好、共同的观点或者是具有相同的生活经历。因此，非正式组织内部蕴藏着友谊与感情因素。

正式组织与非正式组织的区别突出表现在是否程序化上，即是否程序化设立、是否程序化解散、是否程序化运行等方面。显然，正式组织更多地体现为程序化特征，非正式组织更多地体现非程序化特征。程序化往往意味着较为刚性。所以，在正式组织中，应尽可能地关注部分灵活性，使之能更好地适应环境和培植创新。非正式组织基本上使由人们在一定的互相联系中自发形成的个体和社会关系的网络，表明非正式组织能够提供某些正式组织所不能提供的效用。依此类推，只要正式组织（包括家庭）不能提供或不能在低成本前提下提供人们的全部效用，非正式组织就有其存在的可能性和现实性。所以管理人员应重视非正式组织的存在，避免与之对抗，尽量利用非正式组织对正式组织的有利影响，避免其不利影响。

### 2. 有形组织与虚拟组织

组织的最初形态就是表现为一种有形的实体组织。组织是为了实现某一共同目标，经由分工与合作，及不同层次的权力和责任制度而构成的人群集合系统。作为一个有形的实体组织必须具有明确的目标、科学的分工与协作和不同层次的权力责任制度。

随着社会的发展特别是网络的普及，目前出现了一种新的组织类型，即虚拟组织。虚拟组织是一种区别于传统组织的以信息技术为支撑的人机一体化组织。其特征以现代通信技术、信息存储技术、机器智能产品为依托，实现传统组织结构、职能及目标。在形式上，没有固定的地理空间，也没有时间限制。组织成员通过高度自律和高度的价值取向共同实现在团队共同目标。

### 3. 机械型组织与有机型组织

机械型组织也称官僚行政组织，其特点是高度复杂化、高度正规化和高度集权化。它属于综合使用传统组织原理而产生的一种组织形式，与传统意义上的金字塔型实体组织具有较大的相似性。

有机型组织也称适应性组织，具有低复杂化、低正规化和分权化等特性，是综合运用现代组织原理设计的一种组织形式。

### 知识基础三　组织工作的内涵

**1. 组织工作的含义**

组织工作是指为了实现组织的共同目标而确定组织内各要素及其相互关系的活动过程，也就是设计一种组织结构，并使之运转的过程。只有使组织中的每个人了解自己在组织工作中应有的地位和他们之间的相互关系，才能有效地发挥他们在组织中的作用，保证组织目标的顺利进行。

**2. 组织工作的特点**

（1）组织工作是一个过程。组织工作是根据组织的目标，考虑组织内外部环境来建立和协调组织结构的过程。

（2）组织工作是动态的。组织内外部环境的变化，都要求对组织结构进行调整以适应变化。组织工作不可能是一劳永逸的。

（3）组织工作要充分考虑非正式组织的影响。由于非正式组织对组织的目标有影响，组织工作必须考虑非正式组织的影响。这有助于在组织工作中设计与维持组织目标与非正式组织目标的平衡，避免对立，并在领导与指导时对非正式组织加以利用。

## 任务二　认知组织设计

### 知识基础一　组织设计概述

**小词典**

组织设计就是对组织成员在实现组织目标中的工作及分工协作关系做出正式、规范的安排。组织设计是组织工作中最重要、最核心的一个环节，它着眼于建立一种有效的组织结构框架。

**（一）组织设计的目的和组织设计的任务**

**1. 组织设计的目的**

组织设计的目的就是要形成实现组织目标所需要的正式组织。

**2. 组织设计的任务**

组织设计的任务是设计清晰的组织结构，规划和设计组织内各部门的职能和职权，确定组织中职能职权、参谋职权、直线职权的活动范围并编制职务说明书。

**（二）组织设计的原则**

怎样获得理想的组织，是现代管理不断探求的课题。由于管理所涉及的变量太多，组织也不能有固定的模式，根据国内外实践的经验，企业在设计和变革组织结构时，必须遵循以下几个方面的基本原则：

**1. 目标统一原则**

目标统一原则可以表述为：组织结构的设计和组织形式的选择必须有利于组织目标的实现。任何一个组织，都是由它的特定的目标决定的，组织中的每一个部分应该

都与既定的组织目标有关系，否则它就没有实在的意义。为此，目标层层分解，机构层层建立下去，直到每个人都了解自己在总目标的实现中应完成的任务，这样，建立起来的组织机构才是一个有机整体，才能为保证组织目标的实现奠定组织基础。

**2．责权利相结合的原则**

"责"即职责，一个人得到某种"权力"，他应该承担相应的"责任"。"权"即职权，指管理职位所固有的发布命令和希望得到执行的一种权力。职权与权力是有区别的。"利"即利益。责任、权力、利益三者之间是不可分割的，必须是协调的、平衡的和统一的。

**3．专业化分工协作原则及精干高效原则**

专业化指集中精力完成一系列特定的任务。劳动分工是指将生产划分为许多细小的专业化步骤或任务。专业化分工有利于提高企业效率。但分工势必增加组织结构的单位和人员，又增加了管理的难度，这样就需要组织精干。企业在设置管理组织结构时，既要分工又要有协作，既要保持组织精干，又要使组织高效。因此，应注意以下几个问题：

（1）要注意分工的合理性，即分工要符合精干的原则。

（2）要注意发挥纵向和横向协调的作用。

（3）要加强管理职能之间的相互制约关系。

**4．因事设职与因人设职相结合的原则**

在组织设计中，逻辑性的要求首先考虑工作的特点和需要，要求因事设职，因职用人，而非相反。但这并不意味着组织设计中可以忽视人的因素，这是多方面的要求。根据目标统一原则应该因事设职与因人设职相结合。设置组织机构要以事为中心，因事设机构、设岗位、设职务，配备适宜的管理人员，做到人和事的高度配合。

**5．管理宽度与管理层次相适应原则**

**小词典**

所谓管理宽度又称管理幅度，是指管理人员有效地监督、指挥其直接下属人员的数量。管理宽度是因组织、因人而异的。

由于管理宽度的大小影响和决定着组织的管理层次，以及主管人员的数量等一些重要的组织问题，所以，每一个管理人员都应该根据影响自身管理宽度的因素来慎重地确定自己的理想宽度。

由于管理层次受组织规模和管理宽度的影响，在组织人数一定的情况下，管理宽度越大，管理层次也就越小；管理宽度越小，管理层次也就越多。管理层次与管理宽度的反比关系决定了两种基本的管理组织结构：即扁平式结构形态和高长式结构形态。扁平式结构是指组织规模已定，管理幅度较宽，管理层次较少的一种组织结构形态。高长式组织结构是指管理宽度较窄，管理层次较多的高、尖、细的金字塔形态。一个企业应采用何种结构形式应根据具体情况决定，使管理宽度与层次均衡，以便用最低的成本去完成企业目标。

有效的管理宽度受到诸多因素的影响，主要有：管理者与被管理者的工作内容、工作能力、工作环境和工作条件。这些限制性因素表明，组织必须根据自身的特点来确定适当的管理幅度和相应的管理层次。一般来说，高层主要负责战略决策，管理幅度要窄些，一般为3～6人；基层为日常事务和操作管理，管理幅度可以宽一些，一般为7～11人为宜。总之，由于管理幅度的大小同管理层次的多少成反比关系，因此在确定企业的管理层次时，必须考虑到管理幅度的制约。

**6．命令统一原则和权力制衡原则**

组织运作中的指挥链原则要求指挥命令和汇报请示都必须沿着一条明确而又不间断的路线逐级传递，上级不越级发号施令，下级也不越级请示汇报，这样才能保证指挥的统一。

命令统一原则是比等级链原则和指挥链原则更高一层次的组织原则，它指组织中的每个下属应当而且只能向一个上级主管直接汇报工作，每个下属应当而且只能向一个上级主管直接负责。贯彻命令统一原则是为了避免多头指挥与政出多门，使下属无所适从。

当组织相对简单时，命令统一是有效的。但问题是某个上级权力过分集中时，一旦决策错误，后果不可想象，因此需要权力制衡。权力制衡，是指无论哪一级领导人，其权力运用必须受到监督。

**7．集权与分权相结合的原则**

集权是大生产的客观要求，它有利于保证企业的统一领导和指挥，有利于人力、物力、财力的合理分配和使用。分权是调动下级积极性、主动性的必要组织条件。集权和分权是相辅相成的，是矛盾的统一。企业的集权与分权，主要应考虑以下因素：

（1）企业规模的大小。

（2）企业产品种类的多少。

（3）企业经营单位的数量、区域分布和产品的市场范围。

（4）企业的发展战略。

**8．稳定性与适应性相结合的原则**

稳定性和适应性相结合的原则要求组织设计时，既要保证组织在外部环境和企业任务发生变化时，能够继续有序地正常运转；同时又要保证组织在运转过程中，能够根据变化了的情况做出相应的变更，组织应具有一定的弹性和适应性。为此，需要在组织中建立明确的指挥系统、责权关系及规章制度；同时又要求选用一些具有较好适应性的组织形式和措施，使组织在变动的环境中，具有一种内在的自动调节机制。

### （三）组织设计的程序

一般来说，组织设计的过程是在因素分析的基础上进行企业职能分解和职能整合；考虑到动态发展的过程还必须通过保障措施的设计才能保证组织设计的实际运转，并且要进行程序化的反馈以确保组织设计的科学有效。因此，组织设计是一个动态的工作过程，要有步骤地进行，一般程序是：

（1）确定组织设计的基本方针和原则。这就是要根据计划的任务、目标以及外部环境和内部条件，确定设计的基本思路。

（2）进行职能分析和职能设计。组织需要将总的任务目标进行层层分解，分析并

确定为完成组织任务究竟需要哪些基本的职能和职务，然后设计和确定组织内从事具体管理工作所需的各类职能部门以及各项管理职务的类别和数量，分析每位职务人员应具备的资格条件、应享有的权力范围和应负的职责。

（3）设计组织结构的框架，即承担各项管理职能和业务的各个管理层次、部门、岗位及其职责。这是组织设计的主体工作。

（4）联系方式的设计，即上下管理层次之间、左右管理部门之间的协调方式和控制手段。

（5）管理规范的设计。确定各项管理业务的工作程序、工作标准和管理人员应采用的管理方法等，并使之成为各管理层次、部门和人员的行为规范。

（6）人员配备和训练管理。

（7）各类运行制度的设计，如绩效评价和考核制度、激励制度、人员补充和培训制度等。

（8）反馈和修正。将组织结构运行中出现的各种信息反馈到前述各个环节中去，定期或不定期地使原有组织设计做出修正，使之不断完善，不断符合新的情况。

**（四）影响组织设计的主要因素**

**1．战略**

在组织结构与战略的相互关系上，一方面，战略的制定必须考虑企业组织结构的现实；另一方面，一旦战略形成，组织结构应做出相应的调整，以适应战略实施的要求。适应战略要求的组织结构，能够为战略的实施，从而为组织目标的实现，提供必要的前提。

战略选择的不同，在两个层次上影响组织的结构：不同的战略要求开展不同的业务活动，这会影响管理职务的设计；战略重点的改变，会引起组织的工作重点转变，从而各部门与职务在组织中重要程度的改变，因此要求对各管理职务以及部门之间的关系作相应的调整。

**2．外部环境**

外部环境对组织结构的影响可以反映在三个不同的层次上，这就是职务与部门设计层次、各部门关系层次、组织总体特征层次。这主要是由于组织作为整个社会经济大系统的一个组成部分，它与外部的其他社会经济子系统之间存在着各种各样的联系，所以，外部环境的发展变化必然会对企业组织结构的设计产生重要的影响。

**3．技术**

组织的活动需要利用一定的技术和反映一定技术水平的特殊手段来进行。技术以及技术设备的水平，不仅影响组织活动的效果和效率，而且会作用于组织活动的内容划分、职务设置，会对工作人员的素质提出要求。例如，信息处理的计算机化，必将改变组织中的会计、文书、档案等部门的工作形式和性质。

**4．企业规模与企业所处的发展阶段**

企业的规模往往与企业的发展阶段相互联系，伴随着企业活动的内容会日趋复杂，人数会逐渐增多，活动的规模会越来越大，企业组织结构也须随之调整，以适应变化了的情况。

## 知识基础二 组织设计的内容

### （一）工作设计

**小词典**

工作设计就是规定组织内各个成员的工作范围，明确其工作内容和工作责权，以便使其了解组织对他们工作的具体要求。

工作设计可以通过编制职务说明书的具体形式来实现。职务说明书用文字或者表格具体说明每一个工作职务的工作任务、职责与权限，尤其是与其他部门、其他职务的关系。其基本内容包括工作描述和任职说明。工作描述一般用来表达工作内容、任务、职责、环境等；任职说明则用来表达任职者所需的资格要求，如技能、学历、训练、经验、体能等。

### （二）部门设计（组织部门化）

在选择和设计好整个组织活动过程的各种工作岗位的基础上，就需要将这些工作岗位构成相应的工作单位和部门。部门设计就是根据组织职能相似、活动相似和关系紧密的原则，按各个工作岗位的特征对它们进行分类，然后将相应职务的人员聚集在一个部门内，从而构成组织的各个内部机构，以便进行有效的管理。这个过程也称之为组织的部门化。

**小词典**

部门是指组织中主管人员为完成规定的任务有权管辖的一个特殊的领域。

部门设计主要是解决组织的横向结构问题，目的在于确定组织中各项任务的分配与责任的归属，以求分工合理、职责分明，有效地达到组织的目标。

部门划分的方法按划分的标志不同，有以下几种方法：

**1．按人数划分**

这是一种最简单的划分方法，即每个部门规定一定数量的人员，由主管人员指挥完成一定的任务。这种划分的特点是只考虑人力因素，在企业的基层组织的部门划分中使用较多，如每个班组人数的确定。

**2．按时间划分**

这种方法也常用于基层组织划分。如许多工业企业按早、中、晚三班制进行生产活动，那么部门设置也是早、中、晚三套。这种方法适用于那些正常的工作日不能满足市场需求的企业。

**3．按职能划分**

这种方法是根据生产专业化原则，以工作或任务的性质为基础来划分部门的，可分为生产、财务管理、营销、人事、研发等部门。这些部门被分为基本的职能部门和派生的职能部门。基本的职能部门处于组织机构的首要一级，当基本的职能部门的主管人员感到管理幅度太大，影响到管理效率时，就可将本部门任务细分，从而建立派

生的职能部门。这种划分方法的优点是遵循了分工和专业化原则，有利于充分调动和发挥企业员工的专业才能，有利于培养和训练专门人才，提高企业各部门的工作效率。其缺点是，各职能部门容易从自身利益和需要出发，忽视与其他职能部门的配合，各部门横向协调差。图 7－1 是一个典型的职能部门化的组织结构系统图。

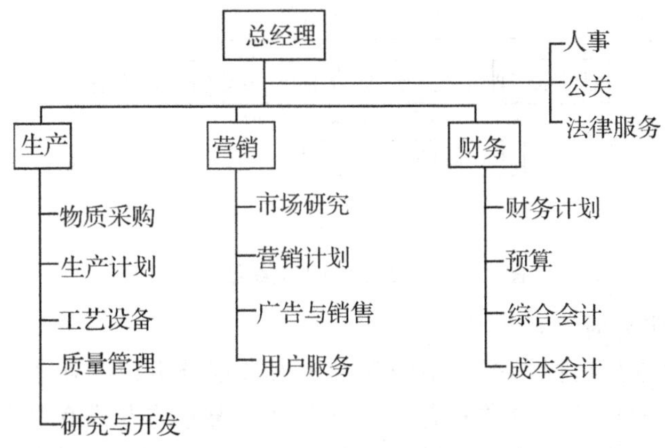


**图 7－1　职能部门化组织结构系统**

### 4．按产品划分

这种方法划分的部门是按产品或产品系列来组织业务活动。这样能发挥专业设备的效率，部门内部上下关系易协调；各部门主管人员将注意力集中在特定产品上，有利于产品的改进和生产效率的提高。但是这种方法使产品部门的独立性比较强而整体性比较差，加重了主管部门在协调和控制方面的负担。图 7－2 是典型的产品部门化的组织结构系统图。

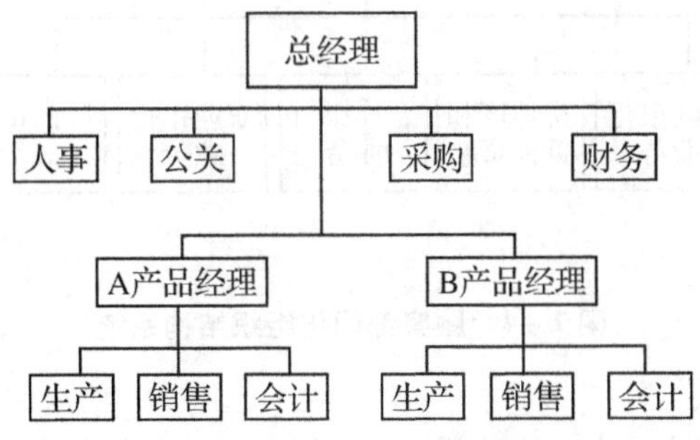


**图 7－2　产品部门化组织结构系统**

### 5．按地区划分

相比较而言，这种方法更适合于分布地区分散的企业。当一个企业在空间分布上涉及地区广泛，并且各地区的政治、经济、文化、习俗等存在差别并影响到企业的经营管理，这时就将某个地区或区域的业务工作集中起来，委派一位主管人员负责。这种方法的优点是：因地制宜，取得地方化经营的优势效益。其缺点是：需要更多的具有全面管理能力的人员；增加了最高层主管对各部门控制的困难，地区之间不易协调。图 7－3 是典型的区域部门化的组织结构系统图。

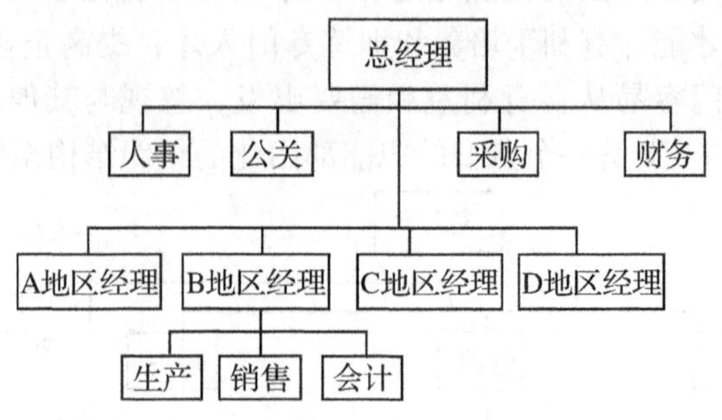


图 7－3　区域部门化组织结构系统

**6．按顾客（服务对象）划分**

这种方法就是根据目标顾客的不同利益需求来划分组织的业务活动。如果组织有不同类型的顾客，而且各类顾客的需求与组织提供服务的方式有显著区别时，可以采取这种部门化方式。优点是能满足目标顾客各种特殊而广泛的需求，获得用户真诚的意见反馈；发挥自己的核心专长，创新顾客需求，建立持久性竞争优势。缺点是增加与顾客需求不匹配而引发的矛盾和冲突；需要更多能妥善处理和协调顾客关系问题的管理人员；造成产品或服务结构的不合理，影响对顾客需求的满足。图 7－4 是典型的顾客部门化的组织结构系统图。

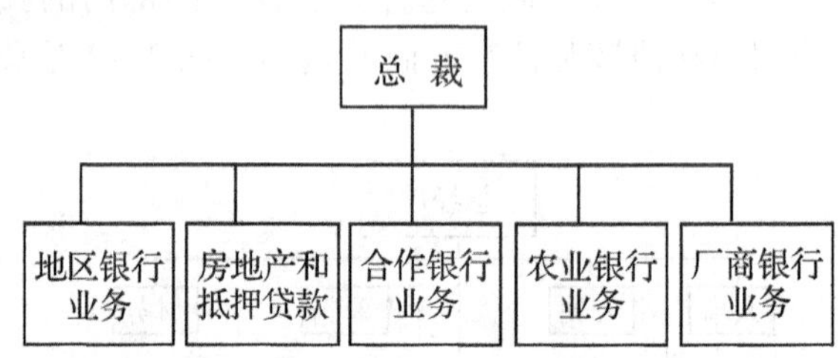


图 7－4　顾客部门化组织结构系统

**7．按流程划分部门**

按照生产活动的不同工艺过程或设备来划分部门，称为流程部门化。人员、材料、设备比较集中或业务流程比较连续紧密是流程部门化的实现基础。例如，金属制造业，以生产过程同类活动归并为基础，设立冶炼部门、冲压部门、轧制部门、焊接部门、电镀部门，最后到检验、包装和发运部门。

流程部门化的优点是能够充分利用专业技术与技能，简化培训，容易在组织内部形成良好的相互学习氛围，会产生较为明显的学习曲线效应。其缺点是部门之间协作有困难，也会产生部门间的利益冲突，不利于管理人员综合能力培养。

图 7－5 是一个典型的工艺部门化的组织结构系统图。

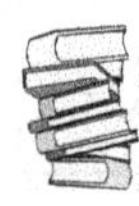

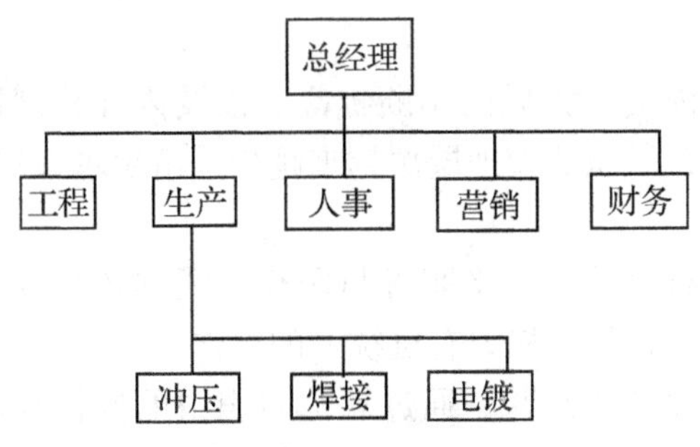


图7－5 工艺部门化组织结构系统

**8. 按设备划分**

这也是一种划分部门的方法。这种方法常常和其他划分方法结合起来使用。例如医院的放射科、心电图室、脑电图室、超声波室等部门的形成，就是按这种方法划分的。这种划分的方法的优点是能够经济地使用设备，充分发挥设备的效益，使设备的维修、保管以及材料供应等更为方便，同时也为发挥专业技术人员的特长以及为上级主管的监督管理提供了方便。

**（三）层级设计（组织层级化）**

**1. 两种基本的组织结构形态**

（1）扁平型组织结构形态。扁平型结构管理跨度宽，管理层次少。优点：第一，管理所需的管理人员少，管理费用开支低；第二，管理层次少，便于上下信息交流，有利于发挥下级人员的才干，灵活而有弹性。缺点：第一，管理跨度宽也可能降低组织的有效性；第二，管理者不能有效地为下属提供指导和支持；第三，同级之间工作关系复杂，沟通难度加大，容易突出下属的特权和部门的利益。

（2）高耸型（垂直型）组织结构形态。垂直型结构管理跨度窄，管理层次多。优点：第一，具有高度的权威性和统一性；第二，可以对员工实行严密的控制。缺点：第一，不便于垂直沟通，使决策和行动速度减慢；第二，管理人员多、管理费用大；第三，容易造成对下属监督过严，妨碍下属的灵活性和自主性。

**2. 影响管理幅度的因素**

通常影响管理幅度的因素有很多方面，除了与企业的规模、产品过程本身的复杂性及特点有关外，还包括下列一些因素：

（1）人的因素。如员工的知识结构、技能、经验、培训等情况，对管理人员知识面越广，能力越强，相应管理幅度可以增加。

（2）管理技术的应用。传统的沟通方式及住处处理方式造成管理幅度不能太大，当应用了管理技术，如信息技术（IT）后，通过改变信息传递的方式从而促使管理幅度的改变。

（3）内部管理体系。组织是否有明确的目标、职责计划及相应的运作程序对管理幅度也会产生影响，当内部有一个良好运作的管理体系时，员工按所要求的明确的规则完成工作从而减少管理人员，提高管理幅度。

（4）职权的授予。上级给下级授权越多，减少上下级交往的频率及时间，管理幅度可以增加。

近年来，随着组织内员工素质的不断提高，以及内部管理体系的不断完善，特别是信息技术的普遍运用，组织的管理层次越来越少，组织越来越精简，越来越扁平化。

### （四）责权分配

责权分配就是通过有效的方式将职责与职权分配到各个层次、各个部门和各个岗位，使整个组织形成一个责任与权力有机统一的整体。

在责权分配方面，关键的问题是通过规范组织中的授权程序，正确处理集权与分权的关系，既保证部门有充分的权力，又尽可能避免权力被滥用或越权行事。

**1．职权与职责**

职权是指由组织制度正式确定的，与一定管理职位相联系的决策、指挥、分配资源和进行奖惩的权力。每一管理职位都具有某种特定的、内在的权力，任职者可以从该职位的等级或头衔中获得这种权力。因此，职权与组织内的一定职位相关，而与担任者的个人特征无关。只要被辞退掉有权的职位，不论是谁，离职者就不再享有该职位的任何权力。职权仍保留在该职位中，并给予新的任职者。

职责是指由组织制度正式确定的，与职权相应的承担与完成工作认为的责任。组织中任何一个职位都必须权责相连，拥有职权但不承担责任是产生“瞎指挥”的根源。同时，不拥有一定的职权就无法完成任务。当管理者向下属布置任务，委让一部分职权时，应同时授予相应的执行职责，但应保留最终职责。也就是说管理者应对其下属的工作行为承担最终责任，这对上下级来说都是一个很好的约束。

**2．职权的种类**

（1）直线职权。直线职权即指挥权，是指管理者指挥其下属工作的权力。正是这种上级—下级关系贯穿着组织的最高层到最低层，从而形成所谓的指挥链（chain of command）。在指挥链中每个链接处，拥有直线职权的管理者均有权指导下属人员的工作，并且无须征得他人意见而独立做出某些决策。当然，指挥链中每个管理者也都要听从其上级主管的指挥。

（2）参谋职权。当组织规模得到扩大并变得复杂后，直线管理者会发现他们没有足够的时间、全面的技能或办法使工作得到有效完成。为此，他们往往通过配置参谋职权职能来寻求支持和协助，为他们提供建议，并减轻他们的信息负担。参谋的种类有个人与专业之分。前者即参谋人员，他们是直线人员的咨询人，协助直线人员执行某项职责。专业参谋，常为一个单独的组织或部门，即通常所说的“智囊团”或“顾问班子”。它聚合了一些专家，运用集体指挥，协助直线主管进行工作。典型的参谋职权的特点是，参谋人员或参谋部门只对直线主管负责，没有指挥权，是一种辅助性职权。

（3）职能职权。职能职权介于直线职权与参谋职权之间，是组织职权的一个特例。职能人员不直接参与组织的业务活动，而是给直线职能部门提供各种支持和帮助。

设置参谋职权，虽有助于直线管理者的正确决策，但毕竟决策仍需要直线主管做出，直线主管仍需要对具体事项进行具体的指导和监督。为了进一步改善和提高管理效率，主管人员可能将职权关系作某些变动，把一部分本属自己的直线职权授予参谋

人员或某个部门的主管人员，这样便产生了职能职权。例如，一个公司的总经理可能授权财务部门直接向生产经营部门的负责人传达关于财务方面的信息和建议，也可能授予人事、采购、公共关系等顾问以一定的职权，让其直接向直线组织发布指示等。因此，职能职权是参谋人员或某部门的主管人员所拥有的原属于直线主管的一部分权力。

概括地讲，直线职权意味着做出决策、发布命令并付诸实施，是协调组织资源，保证组织目标实现的基本权力。参谋职权则仅意味着协助和建议的权力，是保证直线主管人员正确决策的重要条件。职能职权由于是直线职权的一部分，因此也具有直线职权的特点，但其职权范围小于直线职权；同时职能职权的行使者多为具有业务专长的参谋人员，因此有助于提高业务活动的效率。

**3. 授权**

**小词典**

授权是指组织为了共享内部权力，增进员工的工作努力而把某些权力或职权授予下属。上级委授给下属一定的权力，使下属在一定的监督之下，有相当的自主权和行动权。

（1）有效授权的原则。管理者不仅要敢于授权、愿意授权，更要善于授权。把握原则的正确授权能提高工作效率，更好地完成工作，反之，则会将事情弄得一团糟，只能事倍功半。所以，管理者在授权时，一定要遵循以下有效授权的原则：

1）视能授权的原则。管理者要力求将权力和责任授予最合适的人来承担。授权前，要对被授权者进行认真的考察要选择有知识、有才能、守纪律的人授予权力。

2）责权统一的原则。管理者授权时，必须对被授权人明确其责任和权力范围，使被授权人有一定的职、权、责。授权时，管理者必须向员工明确交代所授权事项的责任范围、完成标准和权力范围，让他们清楚地知道自己有什么样的权力，有多大的权力，同时要承担什么样的责任。在一开始，就让员工明白自己权力和责任的限度。

3）统一指挥原则。授权后，管理者要纵观全局，掌握大方向，对被授权人进行监督、指导，对整个组织系统实行统一的协调和控制，及时纠正局部存在的问题，确保整体目标的实现。

4）职能界限原则。被授权者只能在其职权范围内行使权力，不得越界；而在其职能范围内的问题不得上推下卸。管理者对被授权者的工作不得过多干涉。

5）分等级原则。管理者不可将不属于自己权力范围内的职权授予员工，也不可越级授权，只能对直接员工授权。否则会造成机构混乱，争权夺利的现象。

6）目标明确原则。授权本身要体现明确的目标。分派职责时要同时明确员工要做的工作是什么，达到的目的标准是什么，对于达到目标的工作应如何奖励等。只有目标明确的授权，才能使员工明确自己所承担的责任，盲目授权必然带来混乱不清。

7）量力原则。这主要指管理者向员工授权，应当视自己的权力范围和员工的承受力而定，既不可超越自己的权力范围，又不能不顾及员工的承受能力。

8）授权内容明晰原则。管理者要确定员工已经了解了授权的内容、任务（包括事

情的重要性及急迫程度)，并明确告诫员工他们可能会遇到的问题（如机密信息可能难以取得等)。还要向员工说明之所以授权的原因和自己对授权工作的结果的要求等，帮助员工全面地了解授权工作的意义，避免员工只是单纯接受任务。

告知员工授权工作内容后，管理者应该要求员工复述一遍，以确认他对授权工作了解到何种程度。只是询问员工是否了解，然后对方点头称是，并不代表员工真正了解。有时候成功授权所需花费的时间和精力，不亚于管理者亲自执行，因而管理者必须有这方面的心理准备。

9）支持原则。例如，告知员工，当他们有问题时，可以向谁求助，并且提供他们需要的工具或场所。当管理者把自己的工作分配给员工时，也要把完成该项工作的权力一起转交。例如，告诉合作对象，自己已经授权给某位员工负责分析市场现况，请他以后直接给予该名员工协助，事先为员工的成功铺平道路。此外，还要让员工了解，他们日后还是可以寻求管理者的意见和支持。

10）定时追踪原则。成功的授权并非在交代完员工工作任务的时候便结束了，需要定时追踪员工的工作进度，给予员工应得的赞赏与具有建设性的反馈，并且不时表示出关心，必要时提供员工需要的协助和指导。管理者可以和员工一起设定任务的不同阶段应该完成的期限、评估工作成果的标准、双方定期碰面讨论的时间及项目等，并且确定执行这些追踪检讨。即使定期的会面只是短短的 20 分钟，管理者与员工也可以一起检查当初所设定的目标，预防执行任务可能出现的问题。

（2）授权的过程。

1）委派任务。

2）授予权力。

3）明确责任：完成指标的任务，也包括向上级汇报任务的执行情况和成果等。

**4．集权与分权**

（1）集权与分权的概念。集权是指决策指挥权在组织层级系统中较高层次上的集中，也就是说下级部门和机构只能依据上级的决定、命令和指示办事，一切行动必须服从上级指挥。

分权是指决策指挥权在组织层级系统中较低管理层次上的分散。组织高层将其一部分决策指挥权分配给下级组织机构和部门的负责人，可以使他们充分行使这些权力，支配组织的某些资源，并在其工作职责范围内自主地解决某些问题。

（2）影响集权与分权的因素。

1）组织规模的大小。

2）政策的统一性。

3）员工的数量和基本素质。

4）组织的可控性。

5）组织所处的成长阶段。

（3）集权与分权的程度。管理学者戴尔（R. Dell）提出了判断一个组织分权程度的四条标准：决策的数量；决策的重要性；决策的影响面；决策的审核。

# 任务三 认知组织结构

## 知识基础一 组织结构的概念

企业的组织结构是企业全体职工为实现企业目标，在管理工作中进行分工协作，在职务范围、责任、权利方面所形成的结构体系。

企业的组织结构是全面反映组织内各要素及其相互关系的一种模式。它是围绕着组织目标，结合组织的内部环境，将组织的各部分结合起来的框架。组织结构是随着社会的发展而发展起来的，各类组织没有统一的优劣之分，不同的环境、不同的企业、不同的管理者，都将有不同的组织结构。对于企业的组织结构应从以下三个方面理解：

（1）组织结构的本质是职工的分工合作关系。

（2）组织结构的核心内容是权责利关系的划分。

（3）组织结构设计的出发点与依据是企业目标。

## 知识基础二 企业组织结构类型

目前，企业组织结构的基本形式大致有直线型组织结构、职能型组织结构、直线职能制组织结构、事业部制组织结构、矩阵型组织结构、多维立体型组织结构、网络型组织结构、学习型组织结构、团队型组织结构等。

### （一）直线型组织结构

直线型组织结构又称简单结构，是组织发展初期的一种最早最简单的结构模式。它的特点是：指挥和管理的职能由企业的行政负责人自己执行，下属只接受一个上级的指挥。从最高层领导到基层一线人员，通过一条纵向的直接的指挥链连接起来，上下级之间关系是直线关系，即命令与服从的关系（图7－6）。在这种组织结构中，每一级主管人员都不设参谋机构，他们直接向上级负责，直接指挥下级。

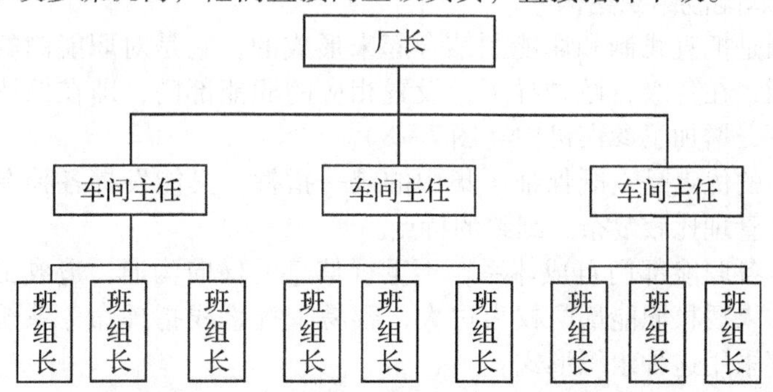


**图7－6 直线型组织结构**

直线型组织结构的优点是：结构简单，便于统一指挥；责任和权力比较明确，上下级关系清楚；组织灵活，管理人员少，管理成本低。

直线型组织结构的缺点是：如果企业规模大，高层管理人员管理幅度过宽，容易出现决策失误；权力过分集中，容易造成滥用职权。这种组织结构一般只适用于那些没有必要按职能实行专业化管理的小型企业或现场作业管理。

### （二）职能型组织结构

职能型组织结构是采用按职能实行专业化分工的管理办法，其特点是采用专业化分工的管理者代替直线制的全能管理者，在组织内部设立职能部门，各职能部门机构在自己的业务范围内，有权向下级下达、命令和指示，直接指挥企业的生产经营活动，各级负责人除了服从上级行政领导的指挥外，还要服从上级职能部门在其专业领域的指挥（图 7－7）。

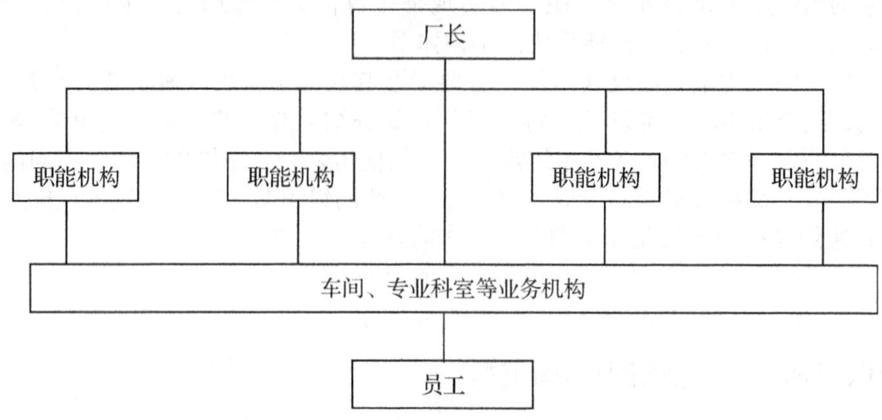


**图 7－7　职能型组织结构**

职能型组织结构的优点是：具有适应现代企业管理工作较复杂的专业分工需要，能够充分发挥职能机构的专业管理作用；可以弥补各级行政领导人员管理能力的不足。

其缺点是：由于实行多头领导，妨碍对企业生产经营活动的统一指挥，容易造成管理混乱；各职能部门往往都从各自的业务工作出发，不能很好地相互配合；组织中会因为追求职能目标而忽视全局利益；不利于明确划分直线领导人员和职能机构的职责和权限。在实践中，这种组织形式企业一般都不采用。

### （三）直线职能制组织结构

直线职能制是把直线制和职能制结合起来形成的，它是对职能制的一种改进，是以直线制为基础，在各级行政领导下，设置相应的职能部门，即在保持直线制组织统一指挥的原则下，增加了参谋机构（图 7－8）。

直线职能制的优点是：既保证了集中的统一指挥，又能发挥各种专家业务管理的作用，适应企业管理比较复杂、细致的特点。

其缺点是：各职能部门自成体系，不重视信息的横向沟通，造成工作重复，加大了管理成本；如果授权职能部门权力过大，容易干扰直线指挥命令系统。目前，我国绝大部分企业都采用这种组织形式。

### （四）事业部制组织结构

事业部制是西方经济从自由资本主义过渡到垄断资本主义以后，在企业规模大型化、企业经营多样化、市场竞争激烈化的条件下，出现的一种分权式的组织形式。这种组织结构形式最初是美国通用汽车公司总裁斯隆于 1924 年提出的，因而也被称作“斯隆模型”，它是目前国内外大型企业普遍采用的一种组织形式。其主要特点是：“集中决策，分散经营”，即在集权领导下实行分权管理。它把企业的生产经营活动，按产品和地区不同，建立不同的经营事业部，同时，每个经营事业部都是一个利润中心，

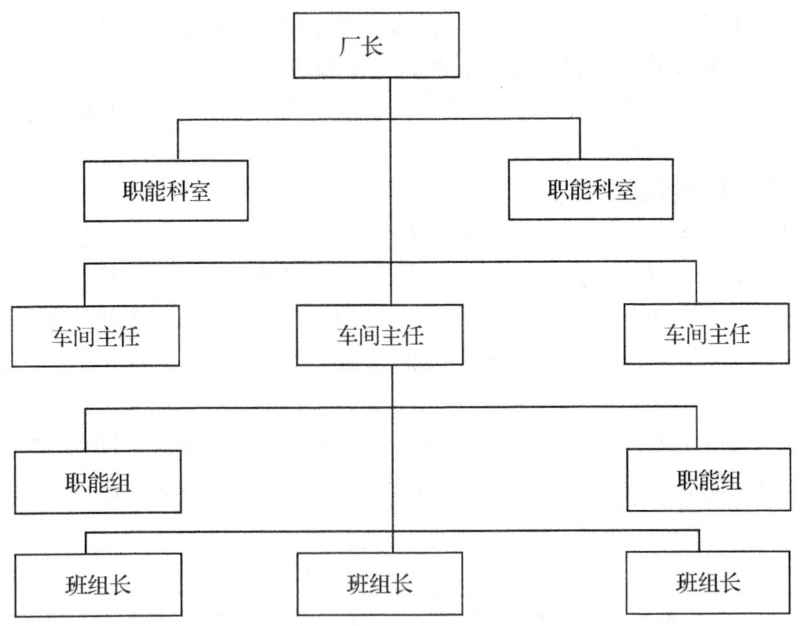


**图 7－8 直线职能制组织结构**

在总公司的领导下，实行统一政策，分散经营，独立核算，自负盈亏（图 7－9）。

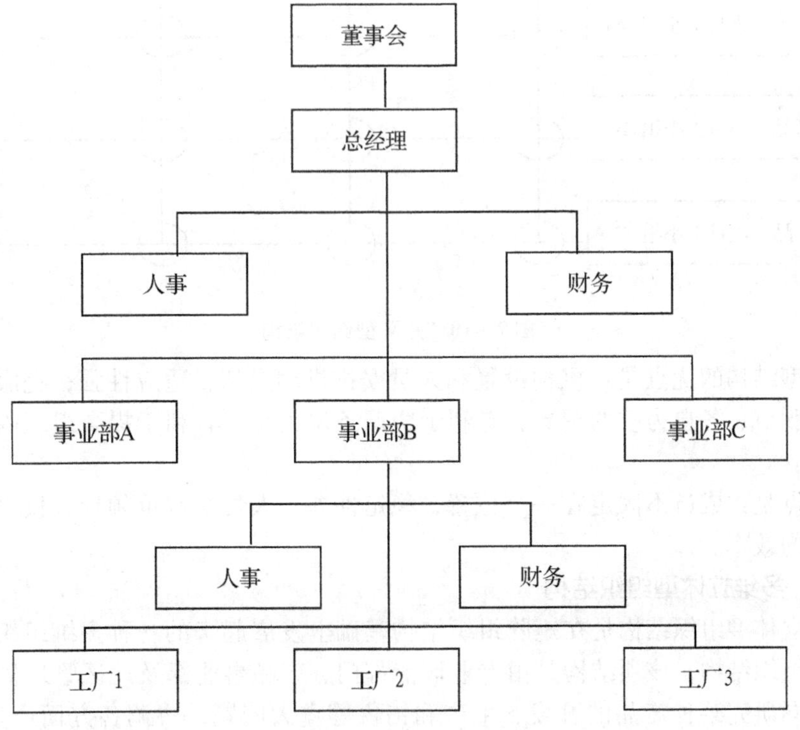


**图 7－9 事业部制组织结构**

事业部制组织结构的优点是：解决了直线职能制中责任不明的问题，有利于提高中层管理者的积极性和责任心；有利于总部集中精力从事长期规划，扩大外部联系，提高高层经营决策水平；有利于人力资源的开发和培养。

其缺点是：公司与各事业部的职能机构功能重复，造成资源浪费；各事业部缺乏有效的沟通，影响协调发展；管理费用高。

### （五）矩阵型组织结构

矩阵型组织结构是由纵横两套管理系统组成的组织结构，一套是纵向的职能领导系统，另一套是为完成某一任务而组成的横向项目系统。是在直线职能制垂直形态组织系统的基础上，再加上一种横向的领导系统，因其形态如横、纵排列的矩阵而得名。其特点是在组织结构上，既有按职能划分的垂直领导系统，又有按项目划分的横向领导系统。这种组织形式出现于以完成工程项目为主的企业。为了完成某一项目，由各职能部门抽调人员组成项目经理部，该项目经理部包括了完成项目所必需的各类专业人员；当项目完成后，各类人员另派用场，此项目经理部即不复存在（图 7－10）。

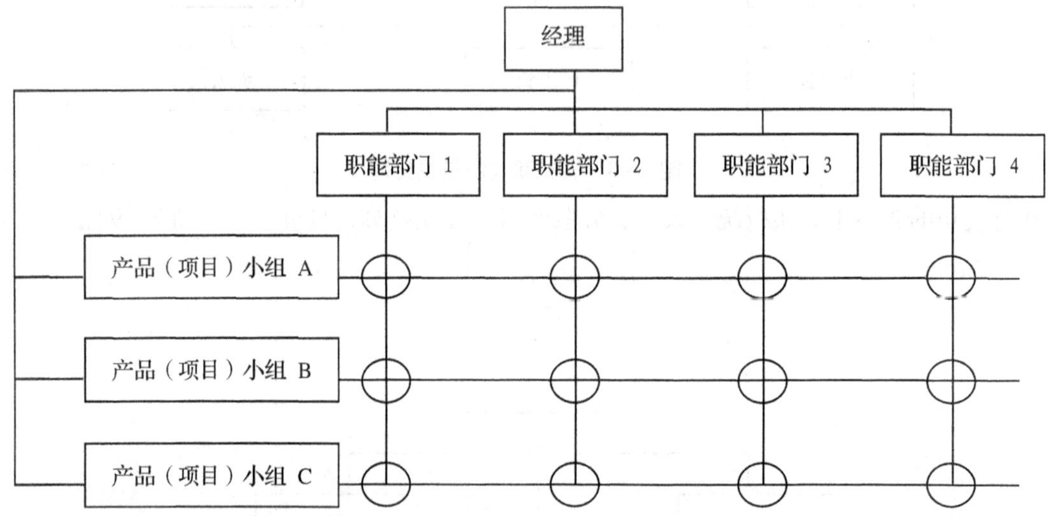


**图 7－10　矩阵型组织结构**

矩阵型结构的优点是：机构设置和人员安排机动灵活，适应性强；克服了各职能部门相互脱节、各自为政的现象，有利于协调条块关系；有利于提高组织内各项资源的利用率。

其缺点是：成员不固定在一个位置，稳定性差；人员受双重领导，权责不清，降低了组织的效率。

### （六）多维立体型组织结构

多维立体型组织结构是在矩阵组织结构基础上发展起来的一种多维组织结构，主要是三维组织结构，该项结构是由专业职能部门、产品事业部及地区管理机构三方面结合，共同研究某种产品的开发、生产和销售等重大问题，协调各方面产生的矛盾，加强信息沟通。这种组织结构适合于跨国公司或者跨地区的大公司。

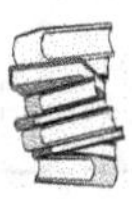

### （七）网络型组织结构

网络型组织是利用现代信息技术手段而建立和发展起来的一种新型组织结构。现代信息技术使企业与外界的联系加强了，利用这一条件，企业可以重新考虑自身机构的边界，不断缩小内部生产经营活动的范围，相应的扩大与外部单位之间的分工协作。这就产生了一种基于契约关系的新型组织结构形式，即网络型组织（图 7－11）。

网络型组织结构是小型组织的一种可行选择，也是大型企业在联结集团松散层单位时通常采用的组织结构形式。

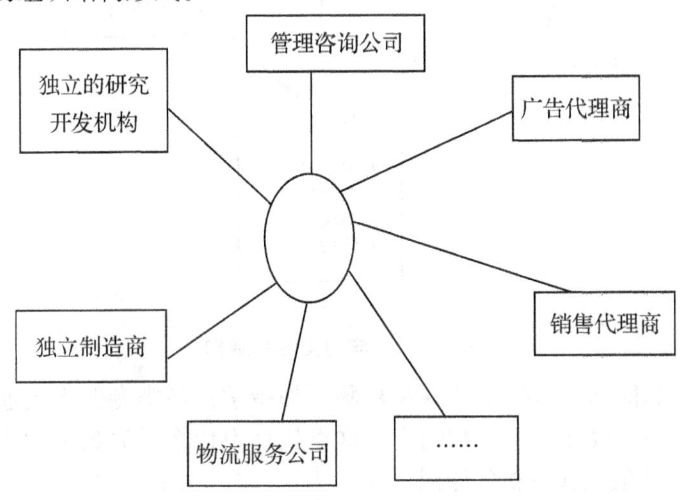


图 7－11　网络型组织结构

### （八）学习型组织结构

学习型组织理论是由美国管理学者彼得·圣吉（Peter Senge）在 1990 年出版的《第五项修炼——学习型组织的艺术与实务》一书中提出的，这本著作一经出版立即引起了轰动。

学习型组织是指所有组织成员都积极参与与工作有关问题的识别与解决，从而使组织形成了持续适应和变革能力的这样一种组织。

在学习型组织中，员工通过不断获取和共享新知识，参加到组织的知识管理中来，并有意愿将知识用于制定决策或做好他们的工作。学习型组织的主要特征从图 7－12 可以表现出来。

### （九）团队型组织结构

当今组织所处的环境充满变化无穷的挑战。它意味着组织要想在动态的环境中获得竞争优势，必须不断采取有效策略保持组织效能。

20 世纪 80 年代以来，基于团队水平的组织发展形式是一种全新的尝试，工业巨头波音的举措开创了工作团队的经典范式。波音 777 喷气式飞机的发展包含着交叉机能团队的广泛运用。为了波音 777 的生产，成百个设计—建造团队形成了。他们的成员来自多元化机能领域，包括市场、财务、设计、信息系统。每个设计—建造团队负责飞机特定部位，如尾部、机翼、电子系统等。在波音 777 诞生的过程中，由于团队的

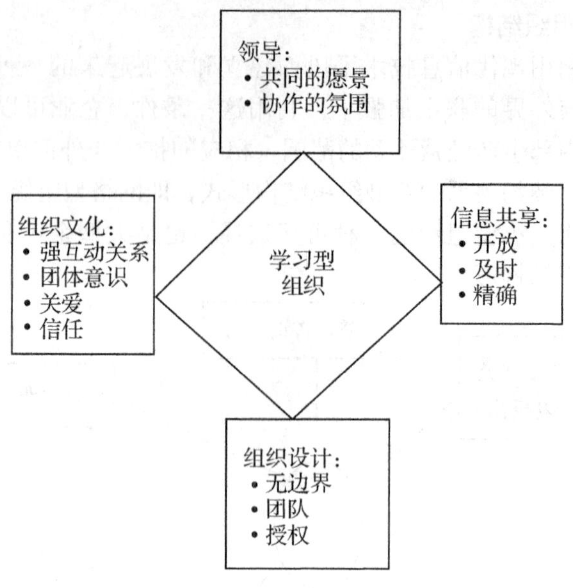


**图 7－12　学习型组织结构**

工作方式，各个职能部门对每个计划和步骤了如指掌；各类专业人士通过团队的沟通与协作，加快了整个设计、生产和销售。这也就是为什么世界最大的飞机制造商能在1995年推出新一代喷气式飞机的原因。

团队具有巨大的潜力。有资料显示，大约40%的组织利用并发展了工作团队的组织形式。以团队为基础的工作方式已取得了比任何人所预言的都要显著的经济效果。

在通用电气公司、美国电话电报公司、惠普公司等国际知名企业中，团队已成为主要运作形式。事实表明，如果某种工作任务的完成需要多种技能、经验，那么团队通常比个人的效果更好。团队是组织提高运行效率的可行方式，它有助于组织更好地发挥雇员的才能。在多变的环境中，团队比传统的部门结构或其他形式的稳定性群体更灵活、反应更迅速。

**小词典**

团队是一种为了实现某种目标而由相互协作的个体组成的工作群体。具体而言，团队是一群人以任务为中心，互相合作，每个人都把自己的智慧、能力和力量贡献给正在从事的工作，团队体现出团结合作的特征。

此外，还存在学院形式等组织形式。学院形式常采用于大学、研究所及其他高度专家化的组织。其特征是所有重要决策都是完全民主的制度。

## 资料链接

### 著名公司组织结构分析

一些成功的大公司都有着独特和适合自己公司特性的组织结构。

1. APPLE公司的区域性结构

APPLE 从职能式转变为区域结构式，以便于向全世界的用户生产和配送苹果电脑。APPLE 公司用这种结构将管理者和员工集中在专门的区域性消费者和消费目标上。区域分部式结构使组织能适应各自地区的特殊要求。雇员按照区域性目标而非国家性目标来分派，强调区域内的协调，而不是跨地区协调或全国总部的关系。

2. Time Warner 公司的组织结构

Time Warner 公司包括 Warner Music 世界上最大的磁带公司，HBO 领先的有偿电视报、电视网。Warner Brother 电影电视制作商。Time 公司包括《Time》、《Fortune》、《People》等杂志出版商和 little Brow&Company 等图书出版商。

Time Warner 公司采用事业部结构，也称为产品部式结构，通过这种结构可以针对单个产品、服务、产品组合、主要工程或项目、地理分布、商务或利润中心来组织事业部。

## 任务四　认知组织的变革

组织建立起来，是为实现管理目标服务的，当管理目标发生变化时，组织也需要通过变革自身来适应这种新的变化和要求。即使管理目标没有发生变化，但影响组织的外部环境和内部环境如果发生了变化，那么组织也必须对自身进行变革，才能保证管理目标的实现。因此，组织不是僵硬的、一成不变的。管理目标的变化，或者影响组织存在和管理目标实现的各种因素的变化，必然会带来组织模式、组织结构、组织关系等的相应变化，否则，就无法使管理目标得到实现。

**小词典**

组织变革是指对组织结构、组织关系、职权层次、指挥和信息系统所进行的调整和改变。组织变革属于组织设计的范畴。

### 知识基础一　组织变革的先兆

即使设计的完美的组织，在运行了一段时间之后也都必须进行变革，这样才能更好地适应组织内外条件变化的要求。

组织环境随时都在变化，“现在唯一不变的就是变化本身”，组织必须适时进行变革才能应对未来的变化。组织变革是组织保持活力的一种重要手段。从组织的发展历史来看，每次组织变革都使组织的管理和效率发生一个飞跃。

对于管理者来说，应当在何种情况下维护组织的稳定和在何种情况下促进组织的变革，这是一个非常重要的问题。但是，组织变革大都不是突发性的，是有先兆的，如果在管理中发生如下几种情况，就必须认真思考组织的变革问题。

（1）频繁的决策失误。

（2）组织成员间沟通不灵。

（3）管理业绩长期不理想。

（4）缺乏创新。

## 知识基础二 组织变革的目标与重点

### （一）组织变革的目标

（1）使组织适应环境，以便在不断变化的环境中求发展。

（2）改变组织成员的观念、态度、交往手段和彼此联系的方式等。

### （二）组织变革的重点

**1. 以组织结构为重点**

这是一种通过组织结构的变革来实现组织的变革，它包括更动组织的部门或单位、改变职位及其责权范围、各部门之间关系的重新协调、调整管理幅度和管理层次以及向下授权等。但是，在变革组织的具体操作中，可以着重通过报酬制度、工作表现的评价鉴定制度和控制指挥系统的变革来实现组织结构的变革。报酬制度是关于工资报酬、福利、晋升等的制度。

**2. 以任务和技术为重点**

这方面的变革主要是指对各个部门或各个层次的工作任务进行重新组合，改革原有的工作流程。比如在企业组织中，重新构造作业流程，更新生产设备，采用新工艺新方法（如引进设备、新技术、提高机械化和计算机化程度等），进行技术革新挖潜，实行控制技术和生产进度等一套新的管理技术，提高生产效率和产品质量，以实现组织变革的目的。这方面的变革一般包括扩大工作范围、丰富工作内容、工作群体自治和工作岗位轮换等内容。

**3. 以人为重点**

人是一个企业组织中最宝贵的资源，人是实现组织所有变革的基础，无论是组织结构的变革，还是任务和技术的变革，都离不开人的作用，都是通过改变组织成员的观念和态度而实现的。以人为重点的变革主要包括观念与态度的变革（通过培训、教育和组织文化等来实现）、技术知识的变革（通过招聘、培训与发展教育来实现）、改变个人和群体的行为（主要通过奖惩和参与管理以及教育来进行）等。

 资料链接

**诺基亚宣布将继续裁员约1万人**

据国外媒体报道，诺基亚宣布，将在2013年年底前裁员约1万人，并重新建立了管理团队，有三名高管离职。

诺基亚计划在2013年底前节约16亿欧元的生产成本，将在明年年底前裁员约1万人，重组费用约为10亿欧元。同时，首席营销官杰里·德华德（Jerri DeVard）、手机部门负责人玛丽·麦道威（Mary McDowell）、市场部负责人尼古拉斯·萨文德（Niklas Savander）离职。自艾洛普2010年9月出任CEO以来，诺基亚裁员总数已达到4万人。

诺基亚称，目前仍然把重心放在智能手机业务上，但是会在地理位置服务上投入更多资源，也会进一步提升其在功能手机业务的竞争力和赢利能力。

为了削减成本，诺基亚还将会降低设备和服务部门的开支，在全球开展裁员，并将进一步削减工厂里的劳动力。诺基亚计划关闭位于德国、加拿大和芬兰的三座工厂，

但保留研发中心。

诺基亚同时宣布，完成了对瑞士图像公司 Scalado 的收购。诺基亚正在拓展自身的成像资产，并推出了主打拍照功能的 N8 和 808 Pure View 手机。此外，诺基亚将继续研发塞班 S40 和 S30 设备，并继续对 Nokia Browser 等功能手机核心技术进行投资。

诺基亚 CEO 史蒂芬·艾洛普对公司的发展方向做出了描述，他称："消费者最重视的产品和服务将成为公司的重中之重，同时我们也会向符合诺基亚特性的创新加大投资。我们将在 Lumia 系列上倾注更多的努力，在功能手机上持续创新，并加大对基于地理位置的服务的投入。不管怎样，我们都必须重新打造我们的运营模式，确保公司的结构能增强我们的竞争力。"

## 知识基础三　组织变革的内容和原则

### （一）组织变革的内容

组织变革的内容随着环境因素的变动与组织管理需求发展方向等而各不相同。一般涉及以下一些方面：

（1）功能体系的变动。即根据新的任务目标来划分组织的功能，对所有管理活动进行重新设计。

（2）管理结构的变动。即对职位和部门设置进行调整，改进工作流程与内部信息联系。

（3）管理体制的变动。其包括管理人员的重新安排、职责权限的重新划分等。

（4）管理行为的变动。其包括各种规章制度的变革等。

上述开发工作往往需要经历一定的时间，从旧结构到新结构也不是一个断然切换的简单过程，一般需较长的过渡、转型时期。所以，作为领导者要善于抓住时机，发现组织变革的征兆，及时地进行组织开发工作。以企业为例，企业组织结构老化的主要征兆有：企业经营业绩下降；企业生产经营缺乏创新；组织机构本身病症显露；职工士气低落，不满情绪增加等。当一个企业出现上述征兆时，应当及时进行组织诊断，以判断企业组织结构是否有开发创新的需要。

### （二）组织变革的基本原则

组织变革是组织所进行的一项有计划、有组织的系统变革过程。它应当遵循以下基本原则：

（1）必须按照组织管理部门制定的规划来进行。

（2）应当使组织既能适应当前的环境要求和组织内部条件，又能适应未来的外部环境要求以及未来的内部条件的变化。

（3）应当预见到知识、技术、人员的心理和态度的变化，以及工作程序、行为、工作设计和组织设计的改变，并根据这些变化，采取相应的措施。

（4）调整必须建立在提高组织的效率和个人工作绩效的基础上，促使个人和组织的目标达到最佳配合。

## 知识基础四　组织变革的力量、过程和趋势

### （一）组织变革的动力和阻力

组织变革时常面临着动力和阻力两种力量的较量。动力和阻力两种方向的作用力量及其强弱程度的对比，会从根本上决定组织变革的进程和代价，甚至影响组织变革的成功和失败。

**1．动力**

动力指的是发动、赞成和支持变革并努力去实施变革的驱动力。总的说来，组织变革的动力来源于人们对变革的必要性及变革所能带来的好处的认识。

**2．阻力**

阻力则是指人们反对变革、阻挠变革甚至对抗变革的制约力。组织变革的阻力意味着组织变革不可能一帆风顺，这就给变革管理者提出了更严峻的变革管理的任务。变革阻力主要有以下几个方面：

（1）个人阻力。①利益上的影响。变革从结果上看可能会威胁到某些人的利益，如机构的撤并、管理层级的扁平等都会给组织成员造成压力和紧张感。过去熟悉的职业环境已经形成，而变革要求人们调整不合理的或落后的知识结构，更新过去的管理观念、工作方式等，这些新要求都可能会使员工面临着失去权力的威胁。②心理上的影响。变革意味着原有的平衡系统被打破，要求成员调整已经习惯了的工作方式，而且变革意味着要承担一定的风险。对未来不确定性的担忧、对失败风险的惧怕、对绩效差距拉人的恐慌以及对公平竞争环境的担忧，都可能造成人们心理上的倾斜，进而产生心理上的变革阻力。另外，平均主义思想、厌恶风险的保守心理、因循守旧的习惯心理等也都会阻碍或抵制变革。

（2）团体阻力。①组织结构变动的影响。组织结构变革可能会打破过去固有的管理层级和职能机构，并采取新的措施对责权利重新做出调整和安排，这就必然要触及某些团体的利益和权力。如果变革与这些团体的目标不一致，团体就会采取抵制和不合作的态度，以维持原状。②人际关系调整的影响。组织变革意味着组织固有的关系结构的改变，组织成员之间的关系也随之需要调整。非正式团体的存在使得这种新旧关系的调整需要有一个较长过程。在这种新的关系结构未被确立之前，组织成员之间很难磨合一致，一旦发生利益冲突就会对变革的目标和结果产生怀疑和动摇。③资本的限制。许多组织常常由于资金的局限性，而不得不维持现状。如果能够得到可用的资源，则组织是愿意通过变革来渡过难关的。

（3）环境阻力。组织所处的政治、经济、文化环境的好坏也是影响组织变革的重要因素。比如，良好的社会经济环境是组织变革的动力，不良的社会经济环境是组织变革的阻力和破坏因素。

**3．对待阻力的对策**

组织变革管理者的任务，就是要采取措施改变动力与阻力的力量对比，促进变革的更顺利进行。具体来说有下面三种对策可以使用。

（1）增强或增加驱动力。

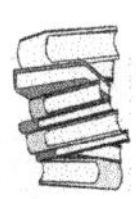

（2）减少或减弱阻力。

（3）增强驱动力与减少阻力。

### （二）组织变革的过程

组织变革的过程。为使组织变革顺利进行，并能达到预期效果，必须先对组织变革的过程有一个全面的认识，然后按照科学的程序组织实施。勒温（K. Lewin）认为，组织变革的过程包括解冻、变革、再冻结三个阶段。

**1. 解冻阶段**

这是改革前的心理准备阶段。一般来讲，成功的变革必须对组织的现状进行解冻，然后通过变革使组织进入一个新阶段，同时对新的变革予以再冻结。组织在解冻期间的中心任务是改变员工原有的观念和态度，组织必须通过积极的引导，激励员工更新观念、接受改革并参与其中。

**2. 变革阶段**

这是变革过程中的行为转换阶段。进入到这一阶段，组织上下已对变革做好了充分的准备，变革措施就此开始。组织要把激发起来的改革热情转化为改革的行为，关键是要能运用一些策略和技巧减少对变革的抵制，进一步调动员工参与变革的积极性，使变革成为全体员工的共同事业。

**3. 再冻结阶段**

这是变革后的行为强化阶段，其目的是要能通过对变革驱动力和约束力的平衡，使新的组织状态保持相对的稳定。由于人们的传统习惯、价值观念、行为模式、心理特征等都是在长期的社会生活中逐渐形成的，并非一次变革所能彻底改变的，因此，改革措施顺利实施后，还应采取种种手段对员工的心理状态、行为规范和行为方式等进行不断地巩固和强化。否则，稍遇挫折，便会反复，使改革的成果无法巩固。

### （三）当代企业组织结构变化的基本趋势

随着经济的全球化和知识经济时代的到来，企业的组织结构也在发生深刻的变化。20 世纪末以来，在发达的市场经济国家，企业的组织结构正在发生一些明显的变化。这些变化的趋势是：①重心两极化；②外形扁平化；③运作柔性化；④团队组织；⑤整体形态创新。

## 项目小结

本项目通过对组织工作相关内容的介绍，讲述了组织的含义、作用、类型、特点、原则及在管理中的重要性，组织工作的概念、特点和原则。企业组织结构设计的基本原则是：目标统一原则、责权利相结合的原则、分工协作原则及精干高效原则、因事设职与因人设职相结合的原则、管理宽度与管理层次的原则、命令统一原则和权力制衡原则、集权与分权相结合的原则、稳定性与适应性相结合原则。

组织结构是对组织各部门整合，实现组织成员责、权、利相互关系协调的一种有序安排。组织设计，主要指组织结构的设计，是把组织内的任务、权力和责任进行有效组织协调的活动。其基本功能是协调组织中人员与任务之间的关系，使组织保持灵活性和适应性，从而有效地实现组织目标。影响组织设计的因素包括企业战略、企业外部环境、企业科技条件、企业规模等。职权是职务范围内的管理权限，它不同于权力的概念，职权是权力的一部分。组织内的职权有三种类型：直线职权、参谋职权、职能职权。直线职权是直线人员所拥有的包括发布命令及执行决策等的权力，也就是通常所指的指挥权；参谋职权是参谋所拥有的辅助性职权，包括提供咨询、建议等；职能职权是指参谋人员或某部门的主管人员所拥有的原属直线主管的那部分权力。正确发挥参谋的作用就要明确职权关系、授予参谋人员必要的职能权利、向参谋人员提供必要的条件。

集权和分权是组织层级化设计中的两种相反的职权分配方式。集权和分权是两个相对的概念，没有绝对的集权也没有绝对的分权。影响集权和分权的主要因素有组织规模、决策的重要性、政策的统一性、员工的数量和基本素质、组织的可控性、环境因素等。一般可以从决策的数目、决策的重要性及影响面、决策审批手续的繁简三个方面来衡量某个组织的集权与分权情况。在实际工作中，要实现有效的授权，就必须遵循重要性、适度、权责一致、级差授权、有效监控等授权原则。组织变革是指为了提高组织成效而对现有组织进行改造的过程，这种改造涉及组织的方方面面，并将影响组织成员的职权、职责，以及组织内部的信息沟通。组织变革是由组织内外部环境的变化及组织成员的期望与实际情况的差异所推动的。在变革过程中不仅有来自员工的个性心理和经济利益等个体阻力，也有来自组织文化、组织结构等组织层面的阻力。组织变革一般包括解冻、变革、再冻结三个阶段。组织变革主要有渐进式变革和激进式变革两种模式，在实践中应当加以综合利用。

## 思考与练习

1. 单选题

（1）管理层次产生的主要原因是（　　）。

A. 责权明确的需要　　B. 职能分工的需要

C. 管理幅度的限制　　D. 部门划分的需要

（2）从组织工作角度看，（　　）是社会化大生产保持统一性与协调性的内在要求。

A. 分工协作　　B. 职权一致　　C. 集权管理　　D. 目标统一

（3）组织中管理者管辖其直接下属的人数越是适当，就越能保证组织的有效运行，是指（　　）。

A. 专业分工原则　B. 统一指挥原则　C. 责权对等原则　D. 管理幅度原则

（4）在某小企业一次中高层管理人员会议上发生了如下争执：“听着，如果我们不进行生产，什么也不会发生。”生产经理反驳。“你错了!”研究开发部门的经理打断说，“如果我们不进行设计，什么事情也不会发生!”“你们都说些什么呀?”营销经理反问道，“如果不是我们把产品卖出去，那才是什么事情都不会发生呢!”最后，一位会计师气愤地说：“你们生产、设计或推销什么都无关紧要，如果不是我们对结果做了记录，谁会知道发生了什么!”

这段对话最可能在（　　）组织中出现。

A. 职能型结构　　B. 多维立体型结构
C. 事业部制结构　　D. 矩阵型结构

(5) 适用于现场作业的组织结构形式是（　　）。
A. 直线型　　B. 职能型　　C. 直线职能制　　D. 矩阵型

(6) 直线职能制组织结构的主要缺点是（　　）。
A. 不利于调动下属的积极性　　B. 多头领导
C. 职责不清　　D. 结构复杂

(7) 职能型组织结构的最大缺点是（　　）。
A. 横向协调差　　B. 不利于培养上层领导
C. 多头领导　　D. 沟通困难

(8) 组织规模一定的条件下，管理幅度和管理层次呈（　　）。
A. 正比例关系　　B. 反比例关系　　C. 相关关系　　D. 没有关系

(9) 直线职权、参谋职权之间的关系是（　　）。
A. 对等关系　　B. 对立关系
C. 参谋建议、直线命令　　D. 直线命令、参谋执行

(10) 若较低一级管理层次做出决策的数目越多，决策越重要，影响面越大，那么这样的组织（　　）。
A. 集权程度高　　B. 分权程度高
C. 授权越明确　　D. 授权越具有弹性

(11) 下述有关管理层次的评论中，（　　）是错误的。
A. 多层次意味着可以节省管理费用　　B. 多层次可使沟通联络复杂化
C. 层次是信息的过滤器　　D. 多层次使得计划和控制复杂化

(12) 采用“集中政策，分权经营”的组织结构是（　　）。
A. 多维立体型　　B. 矩阵制
C. 职能制　　D. 事业部制

(13) 为了达到管理有效，管理层次应尽可能（　　）。
A. 增加　　B. 减少　　C. 不变　　D. 依具体情况而定

(14) 部门划分主要是解决组织的（　　）。
A. 纵向结构问题　　B. 纵向协调问题
C. 横向结构问题　　D. 横向协调问题

2. 判断题

(1) 当组织处于不稳定的环境之中，较宽的管理幅度能确保更有效的管理。（　　）

(2) 环境对组织及其管理活动有着重大的影响，是组织不可改变的制约因素。（　　）

(3) 在直线职能制组织结构中，职能部门人员只有参谋建议权，没有直线指挥权。（　　）

(4) 事业部制的最大特点是“统一政策，分散经营”。（　　）

(5) 组织中的直线权力和参谋权力的职权关系是一种对等关系。（　　）

(6) 管理幅度和上下级关系是同比例增加的。（　　）

(7) 适当的授权可以增加管理幅度。 ( )

(8) 完成计划是组织的最终目标。 ( )

(9) 一个组织中下级做出的决策范围越宽，分权程度就越大。 ( )

(10) 矩阵型结构是现代企业的最佳组织形式。 ( )

3. 简答题

(1) 如何理解组织结构？

(2) 简述非正式组织对正式组织的影响。

(3) 简述组织设计的目的和任务。

(4) 简述管理层次与管理幅度的关系。

(5) 事业部必须具备的要素有哪些？

(6) 判断组织分权程度的标准有哪些？

(7) 简述组织变革的类型。

(8) 组织变革的目标和内容是什么？

(9) 个体对待组织变革的阻力的表现有哪些？

(10) 简述组织变革的程序。

## ■应用案例

### 网络房产代理公司

从20世纪90年代以来，房地产行业可算“红火”的产业之一，是否盈利先搁一旁不说，单从企业数量来看，哪个大城市都有不少经营房地产的公司。企业多了，故事也就多。让我们看看这其中的一个：网络房产代理公司。

网络房产代理公司于2003年在某市成立，是国发集团公司的全资子公司，主要从事房地产销售代理业务。该地区因拆迁带动房地产业发展的计划刚刚开始实施，许多人看好该地区房地产业良好的发展前景，纷纷注册成立房地产开发企业，但大部分房地产企业都采用集征地、建房、销售于一体的经营模式。国发集团多年来一直主要从事地产咨询、房产评估、房产营销策划、专业代理销售房产方面的业务，在好几个大城市成功地扩展了规模，积累了丰富的经验。正是在这样的背景下，设在该市场的网络房产代理公司成立了。

做房产销售代理业务，首先必须树立起良好的品牌形象。公司选中了位于相当好地段的艺苑公寓项目。这是由极具实力的永联房地产开发公司投资兴建的一片面积为20万平方米的高档住宅区，需要2~3年时间陆续开发，极富炒作空间。此时的网络房产代理公司仅有5个人，总经理吴丹、项目策划董亮及三名从集团总部临时借来的现场销售人员。这一时期房地产开发商普遍采取自产自销为主的经营模式，这使得主动找上门来承揽生意的网络房产代理公司与永联公司之间的销售代理谈判进行得十分艰难。

为争取到这一项目的代理业务，吴经理遂在未签订代理协议的情况下，先从集团总部请来两名资深市场调研人员，用不到一周的时间对当地的周边市场进行了认真调查，并向永联公司提交了一台相当详细的市场调研报告，由面到点逐层深入分析了该

市房地产市场上商品房总体的供需状况及未来走势，相关同档次物业的供应量、需求量及其主要房源；并针对极富竞争性的几个个案，从物业概况、周边环境、推广方式、推广手段、开盘情况、销售进展、人员素质等方面逐一加以剖析，一一点评。还将自己的调研成果无偿地奉献给了永联公司。其对市场透彻的分析和评价体现了代理公司在销售策划方面的雄厚实力。这一坦诚合作之举，赢得了永联公司的信任。于是，网络房产代理公司得到了艺苑公寓项目的独家代理销售权。接着，公司组建了 8 人的专案小组，对这一项目进行全面的策划，并进驻现场销售，收费标准为销售额的 3%。

艺苑公寓项目的首战告捷，带动了网络房产代理公司的业务拓展。公司开始招兵买马，马俊就是其中的一位受聘者。马俊进公司后聪明又肯干，业务拓展能力强，深得吴经理赏识。马俊开始被提升为现场主管（每个项目配 1 名项目主管和 1 名现场主管），很快又当上了项目主管，没过多久便成了公司的副经理。此时，公司的员工增加到 80 人，公司的管理工作也在以下四个部门间进行了分工。

业务部：负责与房地产开发商联系，对其项目进行销售策划，安排合适人员完成销售代理工作。在与客房签约后配合发展商做好售后服务工作。

信息处理部：通过各种渠道收集、整理、发布当地及全国的房地产信息、房地产法律法规、开发商名录、有关房地产的报纸摘要并录入所属信息库中，以热线电话方式供给客户咨询。

公关策划部：负责公司发展策略及公司代理的所有项目的广告策划、媒体联系，及与其他广告公司合作等事宜，保证使开发商的广告投入得到最大限度的回报。

财务部：负责往来业务结算。需要时可为开发商提供融资支持，并兼顾公司内部员工的薪资审评工作等。

人员和机构合理配置后，公司的业务蒸蒸日上。但总经理吴丹看到了更大的发展机会，他私下注册成立了自己的代理公司，以低于网络房产代理公司 1% 的收费标准和宣称与网络房产代理公司同样的专业服务及更杰出的人员队伍来招揽业务。

吴丹利用作为网络房产代理公司代表与客户进行谈判的机会截留了一大部分客户，同时为取得较好的收益而奔波于各个项目之间，网络房产代理公司的事务便全部委托马俊处理。吴丹利用网络房产代理公司给马俊配备了汽车，将其年薪提高到 10 万元，并暗许他可在自己注册的公司持有 10% 的股权。

可惜马俊没有被优厚的待遇所诱惑，也没有接受吴丹的好意。两个月后，又一家新的经营房产销售代理业务的公司在该市成立了，总经理是马俊。马俊与吴丹平起平坐了。一段时间以后，网络房产代理公司便日渐衰落了。

**思考题：**

1. 网络房产代理公司扩展后的组织结构属于哪种组织类型？
2. 网络房产代理公司设置和划分部门的主要依据是什么？
3. 网络房产代理公司从繁荣走向衰落的根本原因是什么？

## 项目实训

**实训目的：**

通过给出的超市组织结构的描述画出其组织结构图，使学生能够掌握组织结构分析的内容和主要工具。

**实训内容：**

下面是一个超市的组织结构描述：超市集团的主要决策机构是董事会，董事会分管各连锁店经理和配送中心；配送中心在超市的经营中所扮演的角色是给货品不足的各连锁店补充货品，此部门是相对独立的；连锁店由专职经理负责，每家连锁店分为库存管理部、销售部、财务部和人事部四个主要部门。

**实训要求：**

根据描述绘制所述超市的组织机构图。

**实训考核：**

提交设计方案，并说明该方案的优缺点。

# 项目八　人员配备

## 知识目标

◆理解管理学中人员配备的基本原则，招聘的来源。
◆掌握主管人员的素质要求。
◆掌握主管人员考评的要求及内容。
◆掌握薪酬管理的基本内容、原则。

## 能力目标

◆掌握选聘的途径，并能够选择合适的选聘方法。
◆能够选择合适的方法对主管人员进行考评。
◆能够选择合适的培训方法对主管人员进行培训。

## 导入案例

### 欧莱雅的招聘渠道

欧莱雅通过各种渠道与方式来招募人才，按照内外分为外部招聘与内部招聘。外部招聘包括社会招聘和校园招聘。

**刊登招聘广告**

欧莱雅通过在报纸、网络刊登招聘广告发布用人信息，招募所需人才。

欧莱雅同时运用 Internet 这一覆盖面广、富有效率的新传媒，在网上进行招募，使人力资源在全球共享，它的普及使 15 个国家 10% 的招聘工作在网上得以实现。

**猎头公司**

有时，为了招聘某些高级经理人为欧莱雅服务，欧莱雅也与全球一流的猎头公司等人力资源中介服务机构合作，通过猎头公司提供的专业人力资源服务，寻找优秀的人才加盟。欧莱雅中国人事总监戴青介绍说，她时常叮嘱开展合作的猎头公司，一旦发现欧莱雅需要的具备“诗人与农民”禀赋的人才，无论花费多少费用，都要尽力把他们吸引到欧莱雅。但靠猎头公司招募人才在欧莱雅的招聘渠道中所占的比例不大，因为仅仅是中高级人才通过猎头公司寻找。

**校园招聘**

欧莱雅会根据需要每年在相关大学召开校园招聘会，招募管理培训生，为培养未来的高级经理人做精心准备。每年，来自世界几十个国家顶尖学府的千余名管理培训生会申请加入欧莱雅公司。欧莱雅中国公司也广泛地与中国各著名大学展开交流与合作，每年在北京大学、清华大学、复旦大学、上海交通大学、中山大学等高校招募管理培训生，为培养欧莱雅未来的高级经理人奠定坚实地基础。

欧莱雅的校园招聘选择的大学是世界各地优秀的大学，招聘著名学府中的佼佼者进入欧莱雅。在全球，欧莱雅通过"校园企划大赛"等方式来寻找人才。

**实习生制度**

欧莱雅还通过实习生制度每年从大学吸收大量优秀学生来公司实习，促进双方的沟通与了解，为将来的合作奠定基础。

**内部招聘**

欧莱雅的员工招聘信息同样在公司内部发布，欢迎公司员工参加应聘。内部员工与外部应聘者之间竞争某一岗位，完全是在公平的前提下，参加同样的面试，最终由用人部门决定取舍。

# 任务一　认知人员配备

组织设计为组织系统的运行提供了基本的运行框架。为确保各项任务的顺利完成并使系统能够正常地运行，组织还必须按照组织设计的基本要求为系统配备合适的人力资源，并对之进行有效的管理。组织结构中需要配备的人员大体上可以分为两类：一是各级主管人员；二是一般员工。由于这两类人员的配备所采用的基本方法和原理是相似的，我们在这里重点讨论主管人员的配备。

## 知识基础一　人员配备的含义及原则

### （一）人员配备的含义

管理学中的人员配备，是指对主管人员进行恰当而有效的选拔、培训和考评，其目的是配备合适的人力资源去充实组织机构中所规定的各项职务，以保证组织活动的正常进行，进而实现组织的既定目标。

从管理是一个系统的角度出发，人员配备作为管理的一项职能是构成管理系统的不可缺少的组成部分。传统理论一般把人员配备作为人事部门的工作，现代管理理论则认为，人员配备不能到此为止，还必须考虑如何使用人员，以及如何增强组织凝聚力来留住人员。这不仅仅是人事部门的工作，还要涉及各部门的主管人员，主管人员用人是否得当，将直接影响着自己的工作绩效。因此人员配备的含义扩延为选人、用人、育人、留人，其中用人、留人这两项又同领导职能有密切联系。

### （二）人员配备的原则

合理用人，用好人才是组织生存和发展的重要环节之一，也是衡量人力资源开发与管理是否有效的一个重要标准，因此，必须坚持以下几个重要的原则。

（1）因事择人原则。所谓因事择人，是指组织根据工作的实际需要设立工作岗位，然后根据工作岗位的需要配置相应的符合标准的各类人员。选人的目的在于使其担当一定的职务，并能按照要求从事与该职务相对应的工作。要使工作圆满完成并卓有成

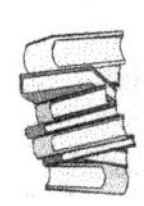

效，首先要求在保证工作效率的前提条件下安排和设置职位，其次要求占据职位的人应具备相应的知识和工作能力。因此，因事择人是实现人事匹配的基本要求，也是组织中人员配备的首要原则。

（2）量才使用原则。所谓量才使用，是指根据人的能力和特长的不同，把人放到合适的位置上，“位得其人，人适其位”。从组织中人的角度来考虑，只有根据人的特点来安排工作，才能使人的潜能得到最充分的发挥，使人的工作热情得到最大限度的激发。如果用非所长、大材小用或小材大用，不仅会严重影响组织效率，也会造成人力资源的浪费。

（3）用人所长原则。所谓用人所长是指在用人时不能够求全责备，管理者应注重发挥人的长处。在现实中，由于人的知识、能力、个性发展是不平衡的，组织中的工作任务要求又具有多样性，因此，在各个方面都完美无缺的人是不存在的，即使存在，组织也不一定非要选用这种“通才”，而应该选择最适合空缺职位要求的候选人。有效的管理就是要能够发挥人的长处，并使其弱点减少到最小。

（4）动态适应原则。在人力资源的开发与管理中，人与事的不适应是绝对的，适应是相对的，从不适应到适应是在运动中实现的，是一个动态适应的过程。这就叫动态适应原则。处在动态环境中的组织是在不断变革和发展的，组织对其成员的要求也是在不断变动的，当然，工作中人的能力和知识也是在不断地提高和丰富的，因此，人与事的相配需要进行不断地协调平衡。也就是说，要使那些能力发展充分的人去从事组织中更为重要的工作；同时也要使能力平平、不符合职务需要的人得到合理的调整，最终实现人与工作的动态调整。

# 任务二　认知选拔、培训与考评主管人员

## 知识基础一　主管人员的选聘

员工招聘是指组织及时寻找、吸引并鼓励符合要求的人到本组织中任职和工作的过程。组织需要招聘员工可能基于以下几种情况：新设立一个组织；组织扩张；调整不合理的人员结构；员工因故离职而出现的职位空缺等。

### （一）主管人员的素质

**1. 管理的愿望**

强烈的管理愿望是有效开展工作的基本前提。对某些管理人员来说，担任管理工作，意味着在组织中将取得较高的地位、名誉以及与之相对应的报酬，这将产生很强的激励效用；但对大多数员工来说，管理意味着可以利用制度赋予的权力来组织劳动，意味着可以通过自己的知识和技能以及与他人的合作来实现自我，这将获得心理上的极大满足感。毋庸讳言，管理意味着对种种权力的运用。管理能力低下、自信心不足或对权力不感兴趣的人，自然也就不会负责任地有效地使用权力，这就难以达到理想而积极的工作效果。

**2．良好的品德**

良好的品德是每个组织成员都应具备的基本素质。对于主管人员来说，担任管理职务意味着拥有一定的职权，而组织对权力的运用不可能随时进行严密、细致、有效的监督，所以权力能否正确运用在很大程度上只能取决于管理人员的自觉、自律行为。因此，主管人员必须是值得信赖的，并且要具有正直而高尚的道德品质。特别是在一个学习型的团队组织中，如若主管人员缺乏这种品质就可能会涣散人心而使团队合作无法进行。

资料链接

蒙牛集团创始人牛根生经典语录：有德有才，破格重用；有德无才，培养使用；有才无德，限制录用；无德无才，坚决不用。

**3．勇于创新的精神**

对于一个现代组织来说，只有不断创新，组织才能充满生机和活力，才能不断发展。创新意味着要打破传统机制的束缚，做以前没有做过的事，而这一切都没有现成的程序或规律可循。因此，创新需要冒很大的风险，且往往是，希望取得的成功越大，需要冒的风险也越多。要使组织更具创新活力，组织就必须努力创造敢于冒风险、鼓励创新的良好氛围。

**4．较高的决策能力**

为了更好地完成组织的任务，对主管人员来说，不仅要计划和安排好自己的工作，而且更重要的是要通过一系列的决策，组织和协调好部属的工作。如本部门在未来一段时期内要从事何种活动？这种活动需达到怎样的工作效果？谁去从事这些活动？如何授权？利用何种条件、在何时完成这些活动？

**（二）主管人员选聘的来源和方法**

主管人员招聘的来源有很多，可以通过广告、中介机构、学校、组织内成员推荐、互联网等途径来进行。但有效的招聘更多要依赖于劳动力市场的状况、组织空缺职位的性质和要求、组织本身的形象等因素。显然，劳动力市场越大，形象越好就越易招聘，而空缺的职位越高或要求的技能越多，就难以招聘。

一般来讲，组织招聘的常用方法有：

（1）广告招聘。这是最常用的招聘方法之一。就是借助广播、报纸、电视、杂志等大众新闻媒体向社会传播招聘信息。应聘者可以根据自己的情况选择自己适合的职业，减少盲目应聘，组织也可以通过此方法挑选人员。

（2）中介机构。中介机构包括猎头公司和各种职业介绍机构，如人才交流中心、劳动力就业服务中心、职业介绍所、人才市场等。

猎头公司是专门为组织招聘高级人才或特殊人才的。这种公司针对性极强，成功率较高，但费用较多，要收取所推荐人才年薪的25%～35%。

职业介绍机构往往担当着双重角色。既为组织择人，也为求职者择业。这一定位使职业介绍机构能够掌握大量的关于求职者和用人单位的信息。组织向介绍机构提出用人要求，介绍机构就可根据要求提供求职者的简历等资料。它掌握的信息比组织的

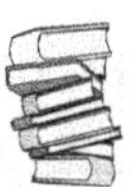

人事部门要多，不过它适合中低层职位的招聘。

（3）熟人推荐。通过组织的员工、客户、合作伙伴等熟人推荐，也是组织招聘的重要来源。采用这种方式对候选人比较了解，准确性高；一旦被录用，顾及到介绍人的关系，工作也会更加努力，省去部分招聘成本。但易产生裙带关系，滋生小团体、小帮派等。

（4）网上招聘。通过计算机网络向公众发布招聘信息。能够快速及时传递信息，传播面极为广泛，可跨越地区和国界，容易为组织找到所需人才。但因特网上信息不够真实，可信度较差。

### （三）选聘的途径

一般来说，组织招聘主管人员的途径，不外乎有两种：一是从组织内部提升（“内升制”）；二是从组织外部招聘（“外求制”）。正如任何事物都存在正反两方面一样，对于企业来说，这两种招聘途径也是各有利弊的，否则也不会存在招聘途径的选择问题。

#### 1. 内部提升

**小词典**

内部提升是指从组织内部提拔那些有能力、有资格、有条件的人员来填补组织的各种空缺职位。

内部提升意味着组织中的一些人将从较低的职位晋升到较高的职位，担负责任更大、更重要的工作。它的主要优点是：

（1）由于信息是对称的，所以了解全面，准确性较高。

（2）对组织工作的程序、企业文化、领导方式、目标比较熟悉，能更快地适应工作。

（3）有利于提高员工的士气和发展期望，可激励组织成员的上进心。

（4）可使组织对其成员的培训投资得到回报，获得比当初投资更多的培训投资效益。

（5）节约时间和费用。

尽管“内升制”有许多优点，但它也存在一些不可忽视的缺点：

第一，来源于组织内部，水平有限。

第二，容易引起同事间的过度竞争，发生内耗。

第三，可能会因操作不公或竞争失利者心理不平衡造成内部矛盾。

第四，容易造成“近亲繁殖”问题，思想、观念因循守旧，思考范围狭窄，缺乏创新与活力。

#### 2. 外部招聘

**小词典**

外部招聘就是根据组织制定的标准和程序从组织外部选拔符合空缺职位要求的员工，尤其是那些起关键作用的主管人员。

人员的招聘具有动态性，特别是一些高级管理人才和专业技术人员，根据组织的需要可以将范围扩展到全国甚至全球人力资源市场。外部招聘具有以下优势：

（1）选择的范围比较广，有可能招聘到组织所需要的第一流的管理人才。

（2）为组织注入新鲜“血液”，能够给组织带来新的思想、新的方法、新的活力，防止组织的僵化和停滞。

（3）当组织内有多人竞争而难以做出决策时，采取外部招聘可在一定程度上平息或缓解内部竞争者之间的矛盾。

（4）大多数应聘者都具有一定的理论知识和实践经验，因而可节省在培训方面的投资。

外部招聘也有许多劣势，主要表现在：

第一，对内部人员是一个打击，感到晋升无望，积极性受挫，影响工作热情和员工士气。

第二，应聘者对组织的具体情况，需要有一个了解和熟悉的过程，进入角色慢。

第三，由于信息是不对称的，所以对应聘者了解少，不容易做出客观的评价，可靠性较差，可能招错人。

第四，应聘者不一定认同组织的价值观、组织文化和薪酬体系，会影响组织的稳定性。

从以上对主管人员招聘途径的讨论来看，主管人员的招聘无论是“内升制”，还是“外求制”招聘，都不是十全十美，而是各有其优缺点的。但在实际工作中，还是有一些一般的规律可循的。一般说来，当组织内有能够胜任空缺职位的人选时，应先从内部提升，当空缺的职位不很重要，并且组织已有既定的发展战略时，应当考虑从内部提升。然而，当组织急缺一个关键性的主管人员，而组织内又无能胜任这一重要职位的人选时，就需从外部招聘。不然的话，勉强提拔内部人员将是不可思议的，它将会导致组织处于停顿甚至后退状态。在通常情况下，选拔主管人员往往是采用内部提升和外部招聘相结合的途径，将从外部招聘来的人员先放在较低的岗位上，然后根据其表现再行提升。

总之，一个组织招聘主管人员究竟是采用“内升制”，还是采用“外求制”招聘，要根据组织的具体情况而定，随机制宜地选择招聘的途径。

### （四）选聘的程序

在组织未来所需主管人员的数量和要求已经明确，并且制定招聘政策之后，就要开始实施具体的招聘工作。招聘可在组织内由各级负责人员配备的主管人员和人事部门主持进行，也可委托组织外的机构或专家对候选人进行评价。具体步骤是：

#### 1．制订招聘计划

当组织中出现需要填补的职位时，要分析职位空缺的种类、数量、名称，职位空缺内部平衡的可能性，然后由负责人员配备的主管人员和人事部门确定最终需填补职位的层次，种类和数量情况。根据分析制订出招聘的计划，包括招聘的途径、方法、招聘的对象、时间、人员、经费、职责和招聘地区的分布情况等。

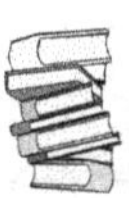

**2．对应聘者进行必要的筛选**

当应聘者数量很多时，招聘小组需要对每一位应聘者进行初步筛选。内部候选人的初选可以根据以往的绩效考评记录来进行；对外部应聘者的筛选则需通过职业申请表提供一些信息来排除那些明显不符合基本要求的人。例如：个人基本信息（年龄、性别、婚姻状况、家庭）、工作经历、教育与培训、个人健康状况及其他情况等。

### 资料链接

从2002年开始，宝洁将原来的填写邮寄申请表改为网上申请。毕业生通过访问宝洁中国的网站，点击“网上申请”来填写自传式申请表及回答相关问题。这实际上是宝洁的一次筛选考试。宝洁的自传式申请表是由宝洁总部设计的，全球通用。宝洁在中国使用自传式申请表之前，先在中国宝洁的员工中及中国高校中分别调查取样，汇合其全球同类问卷调查的结果，从而确定了可以通过申请表选拔关的最低考核标准。同时也确保其申请表能针对不同文化背景的学生仍然保持筛选工作的相对有效性。申请表还附加一些开放式问题，供面试的经理参考。

因为每年参加宝洁应聘的同学很多，一般一个学校就有1 000多人申请，宝洁不可能直接去和上千名应聘者面谈，而借助于自传式申请表可以帮助其完成高质高效的招聘工作。自传式申请表用电脑扫描来进行自动筛选，一天可以检查上千份申请表。宝洁公司在中国曾做过这样一个测试，在公司的校园招聘过程中，公司让几十名并未通过履历申请表这一关的学生进入到了下一轮面试，面试经理也被告之“他们都已通过了申请表筛选这关”。结果，这几十名同学无人通过之后的面试，没有一个被公司录用。

**3．对初选合格者进行面试**

面试可以获得许多应聘者的直接的第一手材料，例如求职动机、仪表举止、个人素养、表达能力、思维是否敏捷、反应是否灵活以及背景材料的真实性等。面试可以举行一次，也可举行多次，以便进一步了解情况。面试的内容一般可以分为三类，即事先拟定的、半拟定的和未拟定的。事先拟定好的问题大多是：最近担任的职位中，具体的任务和职责是什么？在这个职位中取得了哪些成绩？这些成绩在多大程度上是由于自己的努力？别人的贡献是什么？对于你过去的职位，哪些你喜欢，哪些你不喜欢？为什么要变换职位？等等。对半拟定和未拟定的问题，较灵活。由主管人员根据具体情况，可以因人而异。例如可就应聘者比较关心的，随机地问一些问题。面试的优点是直接简便，可以淘汰那些显然不合格的应聘者，但其不足之处是容易受应聘者表面现象的影响。

**4．对面试合格者进行心理测试**

由于人们面试总是有备而来，往往把自己掩藏很深，许多情况是难以判断的。我们要看应聘人员的责任心、原则性、合作能力、情绪的稳定性等还必须用心理测试来验证。常用的测验有四大类：

（1）智力测验。目的是衡量应聘者的记忆力、想象力、思考的速度和观察复杂事物相互关系的能力。

（2）熟练程度和才能测验。目的在于发现应聘者的兴趣所在。现有的技能以及进一步掌握技能的潜力和能力。

（3）业务测验。目的是发现应聘者最适宜担任的职务；可借助案例分析和情景模拟的方法，测试应聘者实际操作能力、应变能力、分析问题解决问题的能力。

（4）个性测验。目的是衡量应聘者在管理才能方面的潜力。个性是指一个人比较稳定的心理活动的特点的总和。包括性格、气质、能力、兴趣、爱好、价值观等。研究表明个性特点与工作行为关系很大。

**5. 对测试合格者进行录用**

在完成上述各项工作的基础上，利用最佳的方法，算出每个应聘者的智力、业务和测试的综合得分。并根据空缺职位的性质和要求做出决策。对于决定录用的人员要遵循双向选择的原则，最后决定录用与否。

**6. 评价和反馈招聘效果**

最后对招聘工作的整个程序进行检查和评估，并对录用人员进行跟踪分析，通过对他们的评估来检查招聘工作的成效，总结招聘过程中的成功与失败，及时反馈到相关的部门，以便改进和修正。

## 知识基础二　主管人员的考评

主管人员的考评，即对主管人员的工作绩效的考核和评价，是人员配备工作的一项重要内容，也是整个组织管理体系中的一个重要的组成部分。

### （一）考评的要求

（1）考评的指标要客观。

（2）考评的方法要可行。

（3）考评的时间要适当。

（4）考评结果要反馈。

### （二）考评的内容

对主管人员应该衡量些什么？这是许多年来人们一直在关心、研究和探索的问题。以前许多组织只注重于人的素质方面，主观性强，并且素质的好坏与工作的绩效没有必然的联系；后来，又有人提出在此基础上增加了按主管人员工作的可考评项目作为对主管人员考评的内容。虽然能够直接反映主管人员的效果，但局限性很大，有些绩效并不是由个人努力所达到的，要受到许多客观因素的影响。按照我国的具体情况，我国不少企业人事考评围绕四个方面，即“德、能、勤、绩”。

总结众多学者的观点，全面地衡量主管人员的绩效，需围绕以下三方面的内容：个人特征（包括技能、能力、素质、需要）、工作行为和工作结果。具体内容见表8－1。

表 8-1　主管人员绩效的衡量内容

| 个人特征（技能、能力、素质、需要） | 工作行为 | 工作结果 |
| --- | --- | --- |
| 职务知识 | 执行任务 | 思维与决策的效率 |
| 领导能力 | 服从指导 | 知人用人的效率 |
| 社交能力 | 汇报问题 | 处理事物的效率 |
| 成就需要 | 正常出勤 | 时间控制的效率 |
| 分析能力 | 提交建议书 | 销售额 |
| 忠诚心 | 组织协调性 | 工作质量 |
| 勤奋、首创精神 | | |

### （三）考评的方法

组织确定使用某种考评方法就是为了达到理想的考核目标。考评方法是由考评的目的所决定的。它直接影响考评计划的成效和考评结果的正确与否。因此，考评的方法必须具备信度和效度，并为人所接受。信度是指考评结果必须相当可靠；效度是指考评达成所期望目标的程度。

尽管考评的方法有很多，但是还没有一种放之四海而皆准的适合一切组织的一切目的通用方法。因此管理者必须根据实际需要对考评的各种方法进行选择，使考评结果既能达到考评的目的，又适合组织的具体特点。

一般说来，对主管人员的考评，有以下几种方法。

（1）民意测验法。就是让被考评者的同事、下级及有工作联系的人对被考评者从几个方面进行评价，从而得出对被考评者绩效的考核结果。

（2）配对比较法。就是将被考评者进行两两逐对比较，比较中认为绩效更好的得 1 分，绩效不如比较对象的得 0 分。在进行所有比较后，将每一个人的所得分加总就是这个人的相对绩效，根据这个得分来评价出被考评者的绩效优劣次序。

（3）评级量表法。在实际操作中主要考虑两个因素：一是考评项目，即要从哪些方面对主管人员的绩效进行考评；二是考评内容说明，即对每个考评项目作详细地说明。在确定了这两者后，即可由考评者按照评级量表的要求对被考评者给出分数。如表 8-2 所示。

表 8－2 评级量表

| 姓名： | 职务： | |
|---|---|---|
| 考评项目 | 考评内容说明 | 得分 |
| 领导统筹能力 | 1. 工作执行合理安排（10 分）<br>2. 工作计划性（10 分） | |
| 组织协调沟通能力 | 1. 与本部门组织协调配合能力（10 分）<br>2. 配合工作、组织服从性（10 分）<br>3. 团队精神（10 分） | |
| 工作能力 | 1. 认真性、责任心、积极主动性（10 分）<br>2. 判断、解决、改善、执行能力（10 分）<br>3. 工作承担与负荷量，独当一面（10 分） | |
| 亲和力、品德、个人状况 | 1. 员工信任度（8 分）<br>2. 职业道德、品行（4 分）<br>3. 个性、仪容、谈吐、表达能力（2 分）<br>4. 工作稳定性、忠诚度（6 分） | |
| 总分 | | |

### （四）目标管理法（management by objectives）

在传统的考评方法中，组织往往更多地把人员的个人品质作为主要的绩效考评项目，同时也过多的掺杂了考评者的个人偏好和主观意见。而目标管理法则把考评的重点放在人员的贡献上，通过主管人员与员工的共同建立目标的方式实现。类似于主管人员与组织签订一个合同，双方规定在某一具体时间达到某一特定的目标。主管人员的绩效水平就根据这一目标的实现程度来评定。这样就将主管人员的命运与组织的命运紧密结合起来，有利于组织目标的实现。

## 知识基础三 主管人员的培训

组织的发展总是处于一定的社会经济环境之中，适应环境变化的能力是组织具有生命力与否的重要标志。只有人力资源与各种发展需求相配套时，组织的发展、技术的提高、产品的开发等才会成为可能。要提高组织的应变能力就需要不断提高人员的素质，主管人员对于组织来讲更重要。因此，只有对主管人员进行不断的培训开发，组织才能与时俱进、才能适应不断变化的环境。

对于主管人员来讲，培训的内容无非也包括以下三方面：理论知识的传授、技能的培养和态度动机的转变。理论知识的更新和补充可以相对迅速地通过集中脱产培训或业余学习的方法来完成；而态度动机的转变与技能的培养则需要在参与管理工作的实践中长期不懈的摸索。

### （一）在职培训

在职培训，意指在不脱离工作岗位的情况下，对主管人员进行培训，也称“在岗培训”、“不脱产培训”等。

**1．工作轮换**

工作轮换包括管理工作轮换与非管理工作轮换。非管理工作轮换是根据受培训者的个人经历，让他们轮流在公司生产经营的不同环节工作，以帮助他们取得各种工作的知识，熟悉公司的各种业务。管理工作轮换是在提拔某个管理人员担任较高层次的职务以前，让他先在一些较低层次的部门工作，以积累不同部门的管理经验，了解各管理部门在整个公司中的地位，作用及其相互关系。

工作轮换，作为培养管理技能的一种重要方法，不仅可以使受训人与富技术知识和管理能力，掌握公司业务与管理的全貌，而且可以培养他们的协作精神和系统观念，使他们明确系统的各部分在整体运行和发展中的作用，从而在解决具体问题时，能自觉地从系统的角度出发，处理好局部与整体的关系。

**2．"助理"方式**

在一些较高的管理层次设立助理职务，不仅可以减轻主要负责人的负担，使之从繁忙的日常管理中脱出身来，专心致力于重要问题的考虑和处理，而且具有培训待提拔管理人员的好处。比如，可以使助理开始接触较高层次的管理实务，并通过处理这些实务，积累高层管理的经验，熟悉高层管理工作的内容与要求；可以使助理很好地观察主管的工作，学习主管处理问题的方法，吸收他的优秀管理经验，从而促进助理的成长；此外，还可使培训组织者更好地了解受训人（助理）的管理能力，通过让他单独主持某项重要工作，来观察他的组织能力和领导能力，从而决定是否有必要继续培养或是否有可能予以提升。

**3．临时职务**

当组织中某个主管由于出差、生病或度假等原因而使某个职务在一定时期内空缺时（当然组织也可有意识地安排这种空缺）则可考虑让受培训者临时担任这项工作。安排临时性的代理工作具有和设立助理职务相类似的好处，可以使受培训者进一步体验高层管理工作，并在代理期内充分展示或迅速弥补他所缺乏的管理能力。设立代理职务不仅是一种培训管理人员的方法，而且可以帮助组织进行正确的提升，防止"彼得现象"的产生。

**阅读资料**

### 劳伦斯·彼得："彼得现象"

"在实行等级制度的组织里，每个人都崇尚爬到能力所不逮的层次。"并把这种由于组织中有些管理人员被提升之后不能保持原来的成绩，反而可能给组织效率带来滑坡的现象，称为"彼得现象"。某个人被提拔担任管理工作后，任职初期由于缺乏经验，只能表现平平，甚至有点不自在。但随着工作时间的延长，管理经验不断丰富，能力不断提高，从而政绩不断改善。这时可以考虑对其进行提升，提升之后可能经历与前阶段类似的过程，即逐渐从"表现平平"到"超越职务需要"，这样便可再度获得晋升的机会。

**4．提升**

提升是指将人员从较低的管理层级暂时提拔到较高的管理层级上，应给予一定试用期。这种方法可以是有潜力的主管人员获得宝贵的锻炼机会，既有助于主管人员扩大工作范围，把握机会展示能力和才干，又能使组织全面考察其是否适应和具备领导岗位上的能力，并为今后发展奠定良好的基础。

（二）脱产培训

脱产培训指离开工作和工作现场，由组织内外的专家和教师，对组织内的主管人员进行集中教育培训，其本意是"职业外培训"。

**1．短期课堂讨论或研讨会**（seminar）

一些研究机构、行业协会、咨询机构和培训机构经常会举办各种内容为期一天至一周的短期课堂讨论或研讨会。这些短期课堂讨论或研讨会有较强的针对性，内容安排紧凑，集中较新的研究成果，使参加者在较短时间内得到大量新的信息。

**2．学院、大学学历教育项目**

许多员工在参加工作以后，感到需要再"充电"，他们会选择一些院校来继续受教育。现在较为普及的如上夜大、在职进修等。一些公司考虑到员工这方面的需要，愿意为员工承担全部或部分培训费用。

**3．高级管理培训**

为了提高主管人员的管理水平，一些知名大学的管理学院推出了面向中、高级管理人员的高级管理培训。这种培训往往需要参加者离开工作岗位一段时间，较为系统的接受新知识、新信息。考虑到这个层次的管理人员很难长时间离开工作岗位，有些主办者采用变通手法，如允许学员每周脱产两天，持续三个月至半年参加培训。

**4．各类企业外会议**

多数主管人员与专业技术人员都有机会外出参加工作会议，如年会、各类展览会、交易会、研讨会、技术标准会等。这也是他们学习的良好机会。

以上我们探讨了几种常见的脱产培训方式，可以看出，它们的实践性、针对性相对在职培训来说要弱一点；但是，在脱产培训中得到的知识、信息往往更系统和更全面些。

# 任务三　认知薪酬管理

现实生活中，很多人一谈薪酬或待遇就将薪酬理解为基本工资而忽略了薪酬的其他组成部分，这是对薪酬的片面认识，因员工个人的片面理解加之企业组织未通过合适的途径告知员工，因此甚至产生了一些劳动争议，事实上薪酬及薪酬管理的含义及内容远远比我们常规理解的要宽泛得多。

## 知识基础一　薪酬和薪酬管理

### （一）薪酬的含义及形式

**1．薪酬的含义**

薪酬是指员工因为雇佣关系的存在而从雇主那里获得的所有各种形式的酬劳。从某种意义上说，薪酬是组织对员工的能力和贡献等所做出的各种回报，是员工从企业

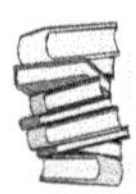

那里得到的各种直接的和间接的经济收入。

员工的薪酬一般是由三个部分组成的，一是基本薪酬，指企业基于员工所承担的工作的价值或员工能力而支付给他们的较为稳定的经济收入；二是激励薪酬，指企业根据员工、团队或者企业自身的绩效而支付给他们的动态的经济收入，包括绩效工资、红利和利润分成等；三是间接薪酬，是给员工提供的各种福利，包括国家法定的福利和企业自主的福利。其中，基本薪酬与激励薪酬构成了薪酬的主体。

（1）基本薪酬。基本薪酬是指一个组织根据员工所承担或完成的工作本身或者是员工所具备的完成工作的技能或能力而向员工支付的稳定性报酬。大多数情况下，企业是根据员工所承担的工作本身的重要性、难度或者是对企业的价值来确定员工基本薪酬的。此外，企业对企业中的一些特殊人员或者是在整个公司还采取根据员工所拥有的完成工作的能力或技能来作为确定薪酬的基础。

基本薪酬是一位员工从企业那里获得的较为稳定的经济报酬，因此，这一薪酬组成部分对于员工来说是至关重要的。它不仅为员工提供了基本的生活保障和稳定的收入来源，而且还往往是确定激励薪酬的一个主要依据。

（2）激励薪酬。激励薪酬又称可变薪酬，是薪酬系统中与绩效挂钩的部分，也被称为浮动薪酬或奖金。激励薪酬的目的实在绩效和薪酬之间建立一种直接的关系，而这种绩效既可以是员工个人的绩效，也可以是组织中某一业务单位、员工群体、团队甚至整个组织的绩效。由于在绩效和薪酬之间建立起了这种直接的关系，因此，激励薪酬对员工具有很强的激励性，对于组织绩效目标的达成起着非常积极的作用。

（3）间接薪酬。间接薪酬就是提供给员工的各种福利。福利的本质是一种补充性报酬，它往往以实物或服务的形式支付给员工，一般包括带薪休假、养老金、人寿保险等。一般情况下，福利的费用是由雇主全部支付的，但有时也要求员工承担其中的一部分。

**2. 薪酬的形式**

薪酬的具体形式多种多样，主要包括工资、奖金、福利、津贴、股权等具体形式。

（1）工资。工资又称薪资或薪金，它是指人力资源个体被一定的用人单位雇佣后，完成规定的工作任务而作为劳动付出所换取的、由该用人单位支付的货币报酬。在一般情况下，工资是构成薪酬的主题部分，它是劳动者的主要经济来源。

（2）奖金。奖金的性质是超额劳动的报酬，其类型多种多样。他们与员工绩效挂钩，也可以与群体以及整个企业绩效结合。奖金是一种灵活、有效的常用工资形式。如：全勤奖、年终奖、效益奖等。

（3）津贴。津贴是对劳动者提供特殊劳动所作的额外劳动消耗的补偿，它是员工工资的补充形式，按岗位的具体条件、劳动的特殊内容（如出差）以及其他因素（如物价、高温等）发放。主要的津贴包括：地区津贴、野外作业津贴、井下津贴、夜班津贴、放射性或有毒气体津贴、高温津贴、冬季取暖津贴、流动施工津贴、价格补贴等。

（4）福利。从本质上讲，福利是一种补充性报酬，是对工资或奖金等难以包含、准确反映情况的一种补充性报酬，单位往往不以货币形式直接支付，而多以服务和事物的形式支付，如带薪休假、子女教育津贴、医疗、廉价住房、保险等。

（5）股权。股权也是一种员工的薪酬形式。股权作为一种长期激励手段，能够促使员工为企业长期利润最大化而努力。

## （二）薪酬管理

### 1．薪酬管理的含义

薪酬管理是指组织在经营战略和发展规划的指导下，针对薪酬水平、薪酬等级、薪酬结构以及特殊员工群体的薪酬进行计划、组织、调整与控制的过程。

薪酬水平指组织内部各类职位以及组织整体平均薪酬的高低状况，它反映了组织支付薪酬的外部竞争性。薪酬等级指组织内部各个职位之间薪酬的相互关系，它反映了组织支付薪酬内部一致性。薪酬结构则是指在员工和组织总体的薪酬中，不同类型的薪酬的组合方式及比例。薪酬调整是指组织根据内外部各种因素的变化，对薪酬水平、薪酬结构和薪酬等级进行相应的变动。薪酬控制是指组织对支付的薪酬总额进行测算和监控，以维持正常的薪酬成本开支，避免给组织带来过重的财务负担。薪酬管理的关键问题是如何科学合理地确定员工之间的薪酬差别，体现出劳动分配上的公平性和激励性。

### 2．薪酬管理的内容

（1）员工工资总额管理。工资总额管理不仅包括工资总额的计划与控制，还包括工资总额调整的计划与控制。对于一个组织而言，工资总额是人工成本的一部分，是组织进行人工成本控制的重要方面。国家统计局对于工资总额的组成有明确的界定，确定工资总额的组成是：

工资总额 = 计时工资 + 计件工资 + 奖金 + 津贴和补贴 + 加班加点工资 + 特殊情况下支付的工资

工资总额的管理方法，首先考虑确定合理的工资总额需要考虑的因素，如企业支付能力，员工的生活费用，市场薪酬水平，以及员工现有薪酬状况等，然后计算合理的工资总额，可以采用工资总额与销售额的方法推算合理的工资总额或采用盈亏平衡点方法推算合理的工资总额，还可以采用工资总额占附加值比例的方法来推算合理的工资总额。

（2）员工薪酬水平的控制。组织要明确界定各类员工的薪酬水平，以实现劳动力与组织之间公平的交换，这是薪酬管理的重要内容。正确的做法是，依据员工贡献的大小支付薪酬，以保证薪酬管理的内部公平性。同时，为了体现薪酬管理对外的公平性，还必须根据劳动力的供求关系以及社会消费水平的变化，及时对员工的总体薪酬水平进行调整，以最大限度地调动员工的工作积极性、主动性和创造性。

（3）薪酬制度设计与完善。薪酬制度设计完善是薪酬管理的一项重要任务，包括工资结构完善，即确定并调整不同员工薪酬项目的构成，以及各薪酬项目所占的比例，还包括工资等级标准设计，薪酬支付形式设计，即确定薪酬计算的基础是按照劳动时间，还是按照生产额、销售额计算。

不同的组织薪酬制度有不同的适用对象和范围，它们有的简单，有的复杂，关键

是要选择与组织总体发展战略以及实际情况相适应的薪酬制度。

（4）日常薪酬管理工作。日常薪酬管理工作具体包括：①开展薪酬的市场调查，统计分析调查结果，写出调查分析的报告；②制订年度员工薪酬激励计划，对薪酬计划执行情况进行统计分析；③深入调查了解各类员工的薪酬状况，进行必要的员工满意度调查；④对报告期内人工成本进行核算，检查人工成本计划的执行情况；⑤根据组织薪酬制度的要求，结合各部门绩效目标的实现情况，对员工的薪酬进行必要调整。

## 资料链接

### 朗讯公司的薪酬管理

以贝尔实验室为依托的朗讯公司是国际知名的通信技术公司，一直注重发展宽带和移动因特网基础设施，以及通信软件、半导体和光电子设备等。富有特色的薪酬体系是朗讯成功的重要基石。

朗讯的薪酬结构由两部分构成：保障性薪酬和业绩薪酬。保障性薪酬主要和员工的岗位相关联。业绩薪酬则和员工的工作成效紧密挂钩，也是朗讯薪酬的主体。

在朗讯，非常特别的一点是，朗讯中国所有员工的薪酬都与朗讯全球的业绩有关，这是朗讯在全球执行 GROWS 行为文化的一种体现。朗讯为此设立了一个专项奖——LU、CENTAWARD，也称全球业绩奖。朗讯的销售人员的待遇中有一部分专门属于销售业绩的奖金，业务部门根据个人的销售业绩，每一季度发放一次。

朗讯的薪酬结构中浮动的部分根据不同岗位会不一样。浮动部分的考核绝大部分和一些硬指标联系在一起。朗讯在加薪时做到对员工尽可能透明，让每个人知道他加薪的原因。加薪时员工的主管会找员工谈，说明其根据今年的业绩可以加多少薪酬。每年的 12 月 1 日是加薪日，公司加薪的总体方案出台后，人力总监会和各地负责薪酬管理的经理进行交流，告诉员工当年薪酬的总体情况，市场调查的结果是什么，今年的变化是什么，加薪的时间进度是什么。公司每年加薪的最主要目的是：保证朗讯在人才市场增加一些竞争力。

朗讯公司在执行薪酬制度时，不仅仅看公司内部的情况，而是将薪酬放到一个系统中考虑。朗讯的薪酬政策有两个大考虑，一个方面是保持自己的薪酬在市场上有很大的竞争力。为此，朗讯每年委托一个专业的薪酬调查公司进行市场调查，以此来了解人才市场的宏观情形。另一方面考虑是人力成本因素。综合这些考虑之后，人力资源部将各种调查汇总后会告诉业务部门总体的市场情况，在这个情况下每个部门有一个预算，主管在预算允许的情况下对员工的待遇做出调整决定。

## 知识基础二　薪酬管理的意义

薪酬管理是指根据企业总体发展战略的要求，通过管理制度的设计与完善，薪酬激励计划的编制与实施，最大限度地发挥各种薪酬形式如工资、奖金和福利等的激励作用，为企业创造更大的价值。

作为人员配备的一项重要职能活动，薪酬管理具有非常重要的意义。

### （一）有效的薪酬管理有助于吸引和保留优秀的员工

吸引和保留优秀的员工是薪酬管理基本的作用，组织支付的薪酬是员工最主要的经济来源，是他们生存的重要保证。一项调查的结果显示，在组织各类人员所关注的问题中，薪酬问题排在了最重要或次重要的位置（表8－3）。薪酬管理的有效实施，能够给员工提供可靠的经济保障，从而有助于吸引和保留优秀的员工。

表8－3 组织各类人员关注的问题

| 排序 | 管理者 | 专业人员 | 事务人员 | 钟点工 |
|---|---|---|---|---|
| 1 | 晋升 | 挑战性 | 薪酬 | 薪酬 |
| 2 | 薪酬 | 薪酬 | 晋升 | 稳定 |
| 3 | 权威 | 新技能 | 管理 | 尊重 |
| 4 | 成就 | 晋升 | 尊重 | 管理 |
| 5 | 挑战性 | 管理 | 稳定 | 晋升 |

### （二）有效的薪酬管理有助于实现对员工的激励

马斯洛的需求理论指出，人们存在着五个层次的需求，有效的薪酬管理能够程度不同地满足这些需要，从而可以实现对员工的激励。员工获得的薪酬，是他们生存需要满足的直接来源；没有一定的经济收入，员工就不可能有安全感，也不可能有与他人进行交往的物质基础；此外，薪酬水平的高低也是员工绩效水平的一个反映，较高的薪酬表明员工具有较好的绩效，这可以在一定程度上满足他们被尊重和自我实现的需要。

### （三）有效的薪酬管理有助于改善组织的绩效

薪酬管理的有效实施，能够对员工产生较强的激励作用，提高他们的工作绩效，而每个员工个人绩效的改善将使组织整体的绩效得到提升。此外，薪酬管理对组织绩效的影响还表现在成本方面，对于任何组织来说，薪酬都是一项非常重要的成本开支，通过有效的薪酬管理，组织能够降低成本，扩大产品和服务的利润空间从而提升组织的经营绩效。

### （四）有效的薪酬管理有助于塑造良好的组织文化

良好的组织文化对于组织的正常运转具有重要的作用，而有效的薪酬管理则有助于组织文化的塑造。薪酬是进行组织文化建设的物质基础，员工的生活如果不能得到保障，组织文化的建设就是一纸空文；组织的薪酬政策本身就是组织文化的一部分内容，如奖励的导向、公平的观念等；组织的薪酬政策能够对员工的行为和态度产生引导作用，从而有助于组织文化的建设。

## 知识基础三　薪酬管理的原则

有效的薪酬管理，应当遵循以下几项原则。

### （一）合法性原则

合法性是指企业的薪酬管理政策要符合国家法律的有关规定，这是薪酬管理应遵循的最基本的原则。例如，我国《劳动法》第四十八条规定：“国家实行最低工资保障

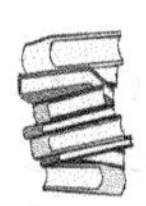

制度。最低工资的具体标准由省、自治区、直辖市人民政府规定，报国务院备案。用人单位支付劳动者的工资不得低于当地最低工资标准。”

### （二）公平性原则

公平性原则是企业实施薪酬管理应遵循的最重要的原则，亚当斯的公平理论是这一原则重要的理论基础。公平性包括三个层次的含义：一是指外部公平性，就是说在不同企业中，类似职位或者员工的薪酬应基本相同；二是指内部公平性，就是说在同一企业中，不同职位或者员工的薪酬应当与各自对企业的贡献成正比；三是指个人公平性，就是说在同一企业中，相同或类似职位上的员工的薪酬应当与其贡献成正比。许多国有企业的薪酬管理之所以出现问题，就是在公平性方面没有做好，特别是后两种公平性。

### （三）及时性原则

及时性是指薪酬的发放应当及时，这可以从两个方面来进行理解。首先，薪酬是员工生活的主要来源，如果不能及时发放势必会影响到他们的正常生活；其次，薪酬亦是一种重要的激励手段，特别是激励薪酬，是对员工有效行为的一种奖励，而按照激励理论的解释，这种奖励只有及时兑现，才能够充分发挥对员工的激励效果。

### （四）经济性原则

经济性是指企业支付薪酬是应当在自身可以承受的范围内进行，虽然高水平的薪酬可以更好地吸引和激励员工，但由于薪酬毕竟是企业一项很重要的开支，因此在进行薪酬管理时必须要考虑到自身承受能力的大小，超出承受能力的过高薪酬必然会给企业造成沉重的负担。有效的薪酬管理应当在竞争性和经济性之间找到恰当的平衡点。

### （五）动态性原则

由于企业面临的内外部环境处于不断的变化之中，因此薪酬管理还应当坚持动态性的原则，要根据环境因素的变动随时进行调整，以确保企业薪酬的适应性。这表现在两个方面，一是企业的整体薪酬水平、薪酬结构的薪酬形式要保持动态性；二是员工个人的薪酬要具有动态性，要根据其职位的变动、绩效的表现进行薪酬的调整。

## 知识基础四　影响薪酬体系的因素

在市场经济条件下，组织的薪酬管理活动会受到内外部多种因素的影响，为了保证薪酬管理的有效实施，必须对这些影响因素有所认识和了解。一般来说，影响组织薪酬管理的因素主要有三类：一是组织外部因素；二是组织内部因素；三是员工个人因素。

### （一）企业外部因素

#### 1. 国家法律法规

法律法规对于企业的行为具有强制约束性，一般来说，它规定了企业薪酬管理的最低标准，因此企业实施薪酬管理时应当首先考虑这一因素，要在法律规定的范围内进行活动。例如，政府的最低工资立法规定了企业支付薪酬的下限；社会保险法律规定了企业必须为员工缴纳一定数额的社会保险费。

#### 2. 物价水平

薪酬最基本的功能是保障员工的生活，因此对员工来说更有意义的是实际薪酬水平，即货币收入与物价水平的比率。当整个社会的物价水平上涨时，为了保证员工的生活水平不变，支付给他们的货币薪酬相应地也要增加。

**3．劳动力市场状况**

按照经济学的解释，薪酬就是劳动力的价格，它取决于供给和需求的对比关系，在组织需求一定的情况下，当劳动力市场紧张造成供给减少时，组织的薪酬水平就应当提高；反之，组织就可以维持甚至降低薪酬水平。

**4．其他组织的薪酬状况**

其他组织的薪酬状况对组织薪酬管理的影响是最为直接的，这是员工进行横向比较时非常重要的一个参照。当其他组织，尤其是竞争对手的薪酬水平提高时，为了保证薪酬的外部竞争力，组织也要相应地提高自己的薪酬水平，否则就会造成员工的不满意甚至流失。

### （二）企业内部因素

**1．企业的经营战略**

薪酬管理应当服从和服务于企业的经营战略，在不同的经营战略下，企业的薪酬管理也会不同。表8－4列举了在三种主要的经营战略下薪酬管理的区别。

**表8－4　不同经营战略下的薪酬管理**

| 经营战略 | 经营重点 | 薪酬管理 |
| --- | --- | --- |
| 成本领先战略 | ●一流的操作水平<br>●追求成本的有效性 | ●重点放在与竞争对手的成本比较上<br>●提高薪酬体系中激励部分的比重<br>●强调生产率<br>●强调制度的控制性及具体化的工作说明 |
| 创新战略 | ●产品领袖<br>●向创新型产品转移<br>●缩短产品生命周期 | ●奖励在产品以及生产方法方面的创新<br>●以市场为基准的工资<br>●弹性/宽泛性的工作描述 |
| 客户中心战略 | ●紧紧贴近客户<br>●为客户提供解决问题的办法<br>●加快营销速度 | ●以顾客满意为奖励的基础<br>●有顾客进行工作或技能评价 |

**2．企业的发展阶段**

由于企业处于不同的发展阶段是其经营的重点和面临的内外部环境是不同的，因此在不同的发展阶段，薪酬形式也是不同的。表8－5对企业不同发展阶段下的薪酬管理进行了简单的比较。

**表8－5　企业不同发展阶段下的薪酬管理**

| 企业发展阶段 | | 开创 | 成长 | 成熟 | 稳定 | 衰退 | 再次创新 |
| --- | --- | --- | --- | --- | --- | --- | --- |
| 薪酬形式 | 基本薪酬 | 低 | 有竞争力 | 有竞争力 | 高 | 高 | 有竞争力 |
| | 激励薪酬 | 高 | 高 | 有竞争力 | 低 | 无 | 高 |
| | 间接薪酬 | 低 | 低 | 有竞争力 | 高 | 高 | 低 |

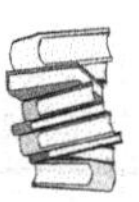

**3．企业的财务状况**

薪酬是企业的一项重要成本开支，因此企业的财务状况会对薪酬管理产生重要影响，它是薪酬管理各项决策得以实现的物质基础。良好的财务状况，可以保证薪酬水平的竞争力和薪酬支付的及时性。

**（三）员工个人因素**

**1．员工的职务或岗位**

这是决定员工个人基本薪酬以及企业薪酬结构的重要基础，也是内部公平性的主要体现。职位对员工薪酬的影响并不完全来自它的级别，而主要是职位所承担的工作职责以及对员工的任职资格要求。随着薪酬理论的发展，由此衍生出另一个影响因素，那就是员工所具备的技能。

资料链接

为了体现公平，我们应对不同的工种实行不同的工资激励，这样的制度才能真正有效地调动员工的积极性。

——霍尔曼

**2．员工的绩效表现**

员工的绩效表现是决定其激励薪酬的重要基础，在组织中，激励薪酬往往都与员工的绩效联系在一起，具有正相关的关系。总的来说，员工的绩效越好，其激励薪酬就会越高。此外，员工的绩效表现还会影响他们的绩效加薪，进而影响基本薪酬的变化。

**3．员工的工作年限**

工作年限主要有工龄和司龄两种表现形式。工龄指员工参加工作以来整个的工作时间，司龄则指员工在本组织中的工作时间。工作年限会对员工的薪酬水平产生一定的影响，在技能工资体系下，这种影响更加明显。一般来说，工龄和司龄越长的员工，薪酬的水平相对也会高一些。

工龄的影响则主要源于组织社会化理论，就是说员工在组织中的时间越长，对组织和职位的了解就越深刻，其他条件一定时，绩效就会越好。此外，保持员工队伍的稳定也是一个原因，司龄越长的员工，薪酬水平相对就越高，这样可以在一定程度上减少员工的流动率，因为如果流动的话，就会损失一部分收入。

## 项目小结

确定了组织内的结构与职位后，就要配备组织所需的人员。人员配备就是将人力资源投入到各个部门、地区、下属组织的职业劳动岗位之中，使之与其他经济资源相结合，形成现实的经济运动。人员配备扮演着越来越重要同时也是相当困难的角色。面对迅速变化的人才需求、不断变化的人口结构以及劳动力供给，组织必须更加主动和有效地招募人才，改进人才、选拔人才，以及使人才保持活力，更有效地管理内部人才开发活动。

本项目通过对人员配备原则、招聘、培训、考核、薪酬等内容的介绍，说明组织管理中人员配备工作的重要性。人员配备要遵循因事责任、用人所长、适才适所、动态适应等原则。人员选聘的重要途径是外部招聘和内部提升。要通过在职培训、脱产培训等多种方式提高管理者和员工的素质。

薪酬是指员工因为雇佣关系的存在而从雇主那里获得的所有各种形式的酬劳。薪酬由三个部分组成：基本薪酬、激励薪酬和间接薪酬。薪酬管理是指组织在经营战略和发展规划的指导下，针对薪酬水平、薪酬等级、薪酬结构以及特殊员工群体的薪酬进行计划、组织、调整与控制的过程。薪酬管理的内容包括：员工工资总额管理、员工薪酬水平的控制、薪酬制度设计与完善、日常薪酬管理工作。薪酬管理应当遵循的原则包括合法性原则、公平性原则、及时性原则、经济性原则和动态性原则。

## 思考与练习

1. 单选题

（1）管理学中的人员配备，是对（　　）的配备。

A. 全体人员　　B. 主管人员　　C. 非主管人员　　D. 高层管理者

（2）主管人员的用人艺术之一是知人善任，这也反映了人员配备工作的（　　）原理要求。

A. 公开竞争　　B. 因事择人　　C. 动态适应　　D. 用人之长

（3）组织内部提升和外部招聘各有利弊，在（　　）情况下适合采用内部提升的方式。

A. 选拔关键性的主管人员时　　B. 需要对公司战略进行重大修改时

C. 组织有持续发展的既定战略时　　D. 以上情况都不适宜

（4）采取工作轮换的方式来培养管理人员，其最大的优点是有助于（　　）。

A. 提高受训者的业务专精能力　　B. 减轻上级领导的工作压力

C. 增强受训者的综合管理能力　　D. 考察受训者的人际关系能力

2. 判断题

（1）人员配备过程中，随着环境和员工变化，人与事的配合需要不断的调整。（　　）

（2）工作轮换可以防止“彼得现象”的发生。（　　）

3. 问答题

（1）简述外部招聘的优缺点。

（2）主管人员考评的方法有哪些？

（3）简述薪酬的形式及薪酬管理内容。

### ■应用案例

#### 中国科健的用人理念

科健在选择招聘形式时通常会视招聘目的及招聘职位的不同而选择不同的招聘形式：对于高级人才的引进我们主要通过猎头、行业协会、专门推荐等形式达成；对于中级人才如行政管理人才、中层管理人才、技术人才一般通过网络发布招聘信息；对于普通人才直接通过人才市场进行招聘。同时，科健会在本地主流招聘媒体上发布招

聘广告，事实上这种多种方式联动招聘的效果比较好。

按照惯例，科健一般会让应聘者的个人简历到达人力资源部，由人力资源部对求职资料按应聘岗位进行分类，当求职资料有足够的数量后，即按每个岗位20个候选者的比例，从中筛选出符合条件、相对优秀的个人资料，送达用人部门，用人部门再从中按每个岗位选出10份的比例，各选出10个条件相对优越者参加初试。一般在招聘启事刊出后的一周之内即可举行首轮初试，当应聘者数量较多或岗位要求比较严格时，会分期分批地进行多轮初试。

外部招聘中，初试阶段侧重由人力资源部门负责执行，初试的形式包括笔试和面试两种，两种形式中又包含了两项测试：一项是综合测试，另一项是专业测试。综合测试主要考察应聘者的团队协作意识、沟通能力、价值取向、逻辑思维、稳定性、外语能力等综合素质与能力；专业测试主要是评估应聘者的专业水平和能力。前者主要由人力资源部门考察，后者则由用人部门进行评估，根据岗位特点的不同，综合素质及专业能力要求的重点也不一样。每个人的初试时间约为两个半小时左右，其中面试时间约为20分钟左右。

面试环节的专业测试的问题一般根据岗位及专业特点来提问，所提问题的专业化、个性化较强。进行综合测试时向应聘者所提的问题共性较大，不同职位都适用，但情况不同也会有所侧重。譬如在综合测试时，对方如果是应届毕业生，侧重问他职业生涯规划及个人的潜力、兴趣方面的问题；如果对方是一个工作多年且频繁跳槽的人，则会侧重从“稳定性”的角度问应聘者辞职的原因，从对方的回答中分析其频繁跳槽的内在动因，对其所持态度与跳槽行为的合理性与正当性做基本的评估，最终对其稳定性和忠诚度做出初步的判断。

初试之后一周左右举行复试。一般情况下，初试后每个岗位会有三个人选参加复试的角逐，取得复试资格的人员一般在初试结束一周时间内可接到公司人力资源部门参加复试的通知，在初试结束一周后仍未接到复试通知一般可视为落选。复试一般由用人部门负责执行，人力资源部门协助服务。复试的实战特点比较鲜明，复试时间也根据岗位性质和特点的不同而不尽相同，有时也可能反复进行几次，但一个招聘周期最长不会超过三周。

科健的用人理念和用人机制一般着眼于公司的长远利益，在引才和用才方面并不急功近利，除个人的文化程度、专业能力、工作经验、个人特长等条件外，科健还注重应聘者的综合素质和发展潜质。如果一个人的发展潜质比较好，即使他（她）的工作经历浅短一些，专业能力并非上乘，但只要他（她）综合素质高、学习能力强、有创新精神，科健会给他（她）培训的机会与发展的平台，让各类人才与科健共同进步。

**思考题：**

科健的用人理念具有哪些特色？

## 项目实训

**实训目的：**

系统掌握主管人员培训的各种方法。

**实训内容：**

假设你是某公司的培训部经理，公司出于战略调整需要，不久前对生产、企划、财务、市场、研发等部门主管人员进行了调整。有些人是从一线提升的，有些是岗位轮换的，还有从外部招聘过来的。现需对这批主管人员进行相关培训，请你为他们设计一套培训方案。

**实训要求：**

培训方案应包括培训意义、目标、内容、方法、考核等部分，请分条目进行说明。

**实训考核：**

提交设计方案，分组考核。

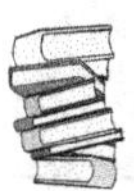

# 项目九　组织文化

## 知识目标

◆掌握组织文化的构成部分。

◆掌握组织文化的功能。

## 能力目标

◆理解文化对管理的影响。

◆掌握组织文化建设的途径。

## 导入案例

### 现代中外许多成功企业的经营之道

**民生文化：**

民生公司发展之所以如此迅速，和创始人卢作孚的经营成功有着极大关系。在卢作孚的长期经营实践中，一个突出的特点便是十分注重文化意识在经营管理中的作用。例如，他极为注意强化企业对职工的凝聚力，鼓励企业和职工的双向参与。他曾提出一个著名的口号：公司问题，职工来解决；职工问题，公司来解决。他把这一口号印在轮船的床单和茶杯上，逐步培养职工树立一种和公司同生存、共荣辱的集体意识，在企业发展中起到良好的作用。

**松下文化：**

松下公司在几十年的经营生涯中形成了独特的企业文化，制定了七大精神：“产业报国、光明正大、和亲一致、奋斗向上、礼节谦虚、顺应同比、感谢报恩”，充分表现了松下那种谦和、执着、一以贯之的朴实风格。

**大庆文化：**

以“铁人”王进喜为代表的大庆油田工人，把“艰苦创业”作为座右铭，坚持“有条件上，没有条件创造条件也要上”的创业精神。大庆人艰苦创业、“三老四严”的精神，化作了中国工人阶级自力更生、艰苦创业的强大力量。

**索尼文化：**

索尼的企业哲学中突出的一点就是十分重视人的因素和民主作风，特别看重中层管理人员的作用，并设法淡化等级观念。该公司领导努力将工厂的车间搞得比工人的家庭更舒服，而把管理人员的办公室尽量布置得朴素些。另外，索尼人始终不满足现状，时时有“饥饿感”、“紧迫感”伴随，这可谓索尼文化的另一特色。正因如此他们能不断学习世界上比自己先进的东西，经过消化，创造出别人没有的东西，适应了市场，赢得了声誉。

**IBM 文化：**

IBM 公司即美国国际商用机器公司，该公司的信条就是“IBM 就意味着最佳服务”。因为他们懂得，优质服务是顾客最需要的。这不能不说是 IBM 公司多年来一直取得成功的一个奥秘。

# 任务一　认知组织文化

组织具有自己的各种构成要素，把这些要素有机地整合起来除了要有“硬性”的规章制度之外，还要有一种“软性”的协调力和凝合剂，它以无形的“软约束”力量构成组织有效运行的内在驱动力，这种力量就是组织文化。

## 知识基础一　组织文化的概念

### ■管理故事

有位学者在北非旅游途中，先后遇到三个工人在砌一堵墙，问了他们一个同样的问题：“你在干什么？”第一个人没好气地说：“没看见吗？砌墙。”第二个人抬头笑了笑说：“我们在盖一栋高楼。”第三个人边干边哼着歌曲，他的笑容很灿烂：“我们正在建设一个新城市。”

10 年后——第一个人在另外一个工地砌墙；第二个人坐在办公室中画图纸，他成了工程师；第三个人呢，是前两个人的老板。

由此可见，这三个人虽然在做同样的事情，却拥有完全不同的内心世界。最后导致完全不同的生活状态。

是什么原因导致干同样活的人对自己的工作有不一样的理解呢？原因在于他们不同的经历和处境所形成的价值取向的差异。而价值观正是要讨论的组织文化的精髓。

文化可以有广义和狭义两种理解：广义的文化是指人类在社会历史实践过程中所创造的物质财富和精神财富的总和。狭义的文化是指社会的意识形态，以及与之相适应的礼仪制度、组织机构、行为方式等物化的精神。文化具有民族性、多样性、相对性、积淀性、延续性和整体性的特点。

每个组织都有自己特定的环境条件和历史传统，从而也就形成自己独特的哲学信仰、意识形态、价值取向和行为方式，于是每个组织也都具有自己特定的组织文化。正如美国哈佛大学教授迪尔和肯尼迪曾经指出的那样：“每个企业（事实上也是组织）都有一种文化。不管组织的力量是强还是弱，文化在整个组织中都有着深刻的影响，它实际上影响着企业中的每一件事：从某个人的提升到采用什么样的决策，以至职工的穿着和他们所喜爱的活动。”

“组织文化”一词最早出现于 20 世纪 60 年代的英文文献之中，它是作为“气氛”

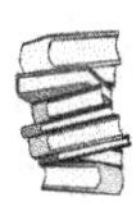

（climate）这术语的同义词使用的，到20世纪70年代，又出现了“公司文化”（corporate culture）一词，到20世纪80年代，“组织文化”一词得到了比较广泛的应用，并迅速扩大到其他语种。“组织文化”一词自20世纪80年代从日本、美国引入中国，从而在我国各行业掀起了建设组织文化的热潮。

对组织文化的界定向来是众说纷纭，莫衷一是。西方学者希恩于1984年对组织文化下的定义是：“组织文化是特定组织在适当处理外部环境和内部整合过程中出现的种种问题时，所发明、发现或发展起来的基本假设的规范。这些规范运行良好，相当有效，因此，被用作教导新成员观察、思考和感受有关问题的正确方式。”

就组织特定的内涵而言，组织是按照一定的目的和形式而建构起来的社会集团，为了满足自身运作的要求，必须要有共同的目标、共同的理想、共同的追求、共同的行为准则以及相适应的机构和制度，否则，组织就会像一盘散沙，而组织文化的任务就是努力创造这些共同的价值观念体系和共同的行为准则。

**小词典**

组织文化是指组织在长期的实践活动中所形成的并且为组织成员普遍认可和遵循的具有本组织特色的价值观念、团体意识、行为规范和思维模式的总和。

## 知识基础二　组织文化的基本特征

组织文化本质上属于“软文化”管理的范畴，是组织的自我意识所构成的文化体系。组织文化是整个社会文化的重要组成部分，既有社会文化和民族文化的共同属性，也有自己的不同特点。

**1．组织文化的核心是组织价值观**

任何一个组织总是要把自己认为最有价值的对象作为本组织追求的最高目标、最高理想或最高宗旨，一旦这种最高目标和基本信念成为统一本组织成员行为的共同价值观，就会构成组织内部强烈的凝聚力和整合力，成为统领组织成员共同遵守的行动指南。因此，组织价值观制约和支配着组织的宗旨、信念、行为规范和追求目的。从这个意义上来说，组织价值观是组织文化的核心。

**2．组织文化的中心是以人为主体的人本文化**

人是整个组织中最宝贵的资源和财富，也是组织活动的中心和主旋律。因此，组织只有充分重视人的价值，最大限度地尊重人、关心人、依靠人、理解人、凝聚人、培养人和造就人，充分调动人的积极性，发挥人的主观能动性，努力提高组织全体成员的社会责任感和使命感，使组织和成员成为真正命运共同体和利益共同体，这样才能不断增强组织的内在活力和实现组织的既定目的。因此组织文化的中心是以人为主体的人本文化。

**3．组织文化的管理方式以软性管理为主**

组织文化管理是以一种文化的形式出现的现代管理方式，也就是说，它通过柔性的而非刚性的文化引导，建立起组织内部协作、友爱、奋进的文化心理环境，以及协调和谐的人群氛围，自动调节组织成员的心态和行动，并通过对这种文化氛围的心理认同，逐渐地内化为组织成员的个体文化，使组织的共同目标转化为成员的自觉行动，使群体产生最大的协同合力。事实证明，由柔性管理所产生的协同力比刚性管理制度有着更为强烈的控制力和持久力。

**4. 组织文化的重要任务是增强群体凝聚力**

组织中的成员来自于五湖四海，不同的风俗习惯、文化传统、工作态度、行为方式、目的愿望等都会导致成员之间的摩擦、排斥、冲突乃至对抗，这往往不利于组织目标的顺利实现。而组织文化通过建立共同的价值观和寻找观念共同点，不断强化组织成员之间的合作、信任和团结，使之产生亲近感、信任感和归属感，实现文化的认同和融合，在达成共识的基础上，使组织具有一种巨大的向心力和凝聚力，这样才有利于组织成员采取共同行动。

# 任务二　认知组织文化的构成

组织文化是一个有着丰富内涵的系统体系，其中包括许多相互联系、相互制约的基本要素。迪尔和肯尼迪认为构成组织文化的要素有五种：环境条件、价值信仰、英雄人物、习俗礼仪、文化网络。

而美国学者彼得斯和沃特曼认为至少有七种要素：经营战略、组织结构、管理风格、工作程序、工作人员、技术能力、共同价值。这七种要素称为“麦金瑟 7—S 结构”。

如果从现代系统论的观点看，组织文化的结构层次有三个：精神层、制度层和物质层。

潜层次的精神层是指组织文化中的核心和主体，是广大员工共同而潜在的意识形态，包括管理哲学、敬业精神、人本主义的价值观念、道德观念等。

制度层是指体现某个具体组织的文化特色的各种规章制度、道德规范和员工行为准则的总和，也包括组织体内的分工协作关系的组织结构。它是组织文化核心层（内隐部分）与显现层的中间层，是由虚体文化（意识形态）向实体文化转化的中介。

显现层的物质层是指凝聚着组织文化抽象内容的物质体的外在显现，它既包括了组织整个物质的和精神的活动过程、组织行为、组织体产出等外在表现形式，也包括了组织实体性的文化设备、设施等，如带有本组织色彩的工作环境、作业方式、图书馆、俱乐部等。显现层是组织文化最直观的部分，也是人们最易于感知的部分。

如果从最能体现组织文化特征的内涵来看，组织文化的基本要素包括组织精神、组织价值观和组织形象。

**1. 组织精神**

组织精神一般是指经过精心培养而逐步形成的并为全体组织成员认同的思想境界、价值取向和主导意识，反映了组织成员对本组织的特征、地位、形象和风气的理解和认同，也蕴含着对本组织的发展、命运和未来所抱有的理想与希望，折射出一个组织的整体素质和精神风格，成为凝聚组织成员的无形的共同信念和精神力量。组织精神一般是以高度概括的语言精练而成的，如日本松下电器公司的“七精神”：“工业报国、

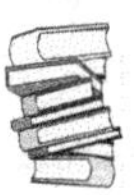

光明正大、团结一致、奋发向上、礼节谦让、适应形势、感恩报国。”美国国际商业机器公司的精神：“IBM 就是服务。”

**2. 组织价值观**

组织价值观是指组织评判事物和指导行为的基本信念、总体观点和选择方针。它的基本特征包括：

（1）调节性。组织价值观以鲜明的感召力和强烈的凝聚力，有效地协调、组合、规范、影响和调整组织的各种实践活动。

（2）评判性。组织价值观一旦成为固定的思维模式，就会对现实事物和社会生活做出好坏优劣的衡量评判，或者肯定与否定的取舍选择。

（3）驱动性。组织价值观可以持久地促使组织去追求某种价值目标，这种由强烈的欲望所形成的内在驱动力往往构成推动组织行为的动力机制和激励机制。

组织价值观具有不同的层次和类型，而优秀的组织总会追求崇高的目标、高尚的社会责任和卓越创新的信念。如美国百事可乐公司认为“顺利是最重要的”；日本三菱公司主张“顾客第一”；日本 TDK 生产厂则坚持“为世界文化产业做贡献”。

**3. 组织形象**

组织形象是各种活动成果的总体印象和总体评价，反映的是社会公众对组织的承认程度，体现了组织的声誉和知名度。

组织形象包括人员素质、组织风格、人文环境、发展战略、文化氛围、服务设施、工作场合和组织外貌等内容，其中对组织形象影响较大的因素有五个方面。

（1）服务（产品）形象。对于企业来说，社会公众主要是通过产品和服务来了解企业的，又是在使用产品和享用服务的过程中不断形成对企业的感性化和形象化的认识。因此，那些能够提供品质优良、造型美观的产品和优质服务的企业，总是能够赢得良好的社会形象。

（2）环境形象。这主要指组织的工作场所、办公环境、组织外貌和社区环境等，它反映了整个组织的管理水平、经济实力和精神风貌。因为整洁、舒适的环境条件不仅能够保证组织工作效率的有效提高，而且也有助于强化组织的知名度和信赖度。

（3）成员形象。这是指组织的成员在职业道德、价值观念、文化修养、精神风貌、举止言谈、装束仪表和服务态度等方面的综合表现，是组织形象人格化的体现。一般而言，组织成员整洁美观的仪容、优雅良好的气质、热情服务的态度，再加上统一鲜明的衣帽服装，既反映了个人的不俗风貌，也反映了组织的高雅素质，有利于在社会公众之中树立良好的组织形象。

（4）组织领导者形象。组织领导者（也指企业家）的形象是指他的领导行为、待人接物、决策规划、指导监督、人际交往乃至言谈举止之中的文化素质、敬业精神、战略眼光、指挥能力的综合体现。那些富有领导能力、公正可靠、气度恢弘、勇于创新、正直成熟、忠诚勤奋的组织领导者不仅能以无形的示范魅力潜移默化地影响组织中的每个成员，而且也会在社会公众中争取对组织的信赖和支持，以有利于不断扩大和巩固组织的知名度。

（5）社会形象。这是指组织对公众负责和对社会贡献的表现。组织要树立良好的社会形象，一方面有赖于与社会广泛的交往和沟通，实事求是地宣扬自己的社会形象；另一方面是在力所能及的条件下积极参与社会公益活动，例如支持教育科研文体事业，主动支援受灾地区，开展社区文明共建活动等。这样，良好的社会形象就会使组织在社会公众的心目中更加完美，使之增加对组织的认同理解。

# 任务三　认知组织文化的类型和功能

## 知识基础一　组织文化的类型

目前，根据不同的标准，对组织文化有着不同的划分方法，下面介绍几种最常见的划分方法。

### （一）按照组织文化的内在特征来划分

艾莫瑞大学的杰弗里·桑南菲尔德提出了一套标签理论，它有助于我们认识组织文化之间的差异，认识到个体与文化的合理匹配的重要性。通过对组织文化的研究，他确认了四种文化类型。

**1．学院型组织文化**

学院型组织是为那些想全面掌握每一种新工作的人而准备的地方。在这里他们能不断地成长、进步。这种组织喜欢雇用年轻的大学毕业生，并为他们提供大量的专门培训，然后指导他们在特定的职能领域内从事各种专业化工作。桑南菲尔德认为，学院型组织的例子有：IBM 公司、可口可乐公司、宝洁公司等。

**2．俱乐部型组织文化**

俱乐部型公司非常重视适应、忠诚感和承诺。在俱乐部型组织中，资历是关键因素，年龄和经验都至关重要。与学院型组织相反，它们把管理人员培养成通才。俱乐部型组织的例子有：联合包裹服务公司、德尔塔航空公司、贝尔公司、政府机构和军队等。

**3．棒球队型组织文化**

棒球队型这种组织鼓励冒险和革新。招聘时，从各种年龄和经验层次的人中寻求有才能的人。薪酬制度以员工绩效水平为标准。由于这种组织对工作出色的员工给予巨额奖酬和较大的自由度，员工一般都拼命工作。在会计、法律、投资银行、咨询公司、广告机构、软件开发、生物研究领域，这种组织比较普遍。

**4．堡垒型组织文化**

棒球队型公司重视创造发明，而堡垒型公司则着眼于公司的生存。这类公司以前多数是学院型、俱乐部型或棒球队型的，但在困难时期衰落了，现在尽力来保证企业的生存。这类公司工作安全保障不足，但对于喜欢流动性、挑战的人来说，具有一定的吸引力。堡垒型组织包括大型零售店、林业产品公司、天然气探测公司等。

### （二）按照组织文化对其成员影响力的大小来划分

哈佛商学院的两位著名教授约翰·科特（John P. Kotter）和詹姆斯·赫斯科特（James L. Heskett）于 1987 年 8 月至 1991 年 1 月，先后进行了四个项目的研究，依据

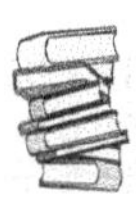

组织文化与组织长期经营之间的关系，将组织文化分为三类。

**1. 强力型组织文化**

在具有强力型组织文化的公司中，员工们方向明确，步调一致，组织成员有共同的价值观念和行为方式，所以他们愿意为企业工作或献身，而这种心态又使得员工们更加努力。强力型组织文化提供了必要的企业组织机构和管理机制，从而避免了组织对那些常见的、窒息组织活力和改革思想的官僚们的依赖，因此，它促进了组织业绩的提升。

**2. 策略合理型组织文化**

具有这种组织文化的企业，不存在抽象的、好的组织文化内涵，也不存在任何放之四海而皆准、适合所有企业的“克敌制胜”的组织文化。只有当组织文化“适应”企业环境时，这种文化才是好的、有效的文化。不同的组织，需要不同的组织文化，只有文化适应于组织，才能发挥其最大的功能，改善企业经营状况。

**3. 灵活适应型组织文化**

市场适应度高的组织文化必须具有同时在公司员工个人生活中和公司企业生活中都提倡信心和信赖感、不畏风险、注重行为方式等特点，员工之间相互支持，勇于发现问题、解决问题。员工有高度的工作热情，愿意为组织牺牲一切。

### （三）按照组织文化所涵盖的范围来划分

组织作为一个系统，是由各种子系统构成的，各个子系统又是由单个的具有文化创造力的个体组成。在一个组织中，除了整个组织作为一个整体外，各种正式的、有严格划分的子系统或非正式群体，相对于组织来说也都能够作为一个小整体。从这个角度来说，组织文化又可以分为主文化和亚文化两类。

**1. 主文化**

主文化体现的是一种核心价值观，它为组织大多数成员所认可。当我们说组织文化时，一般就是指组织的主文化。正是这种宏观角度的文化，使组织具有独特的个性。

**2. 亚文化**

亚文化是某一社会主流文化中一个较小的组成部分。在组织中，主文化虽然为大多数成员所接受，但是，它不能包含组织中所有的文化。组织中有各种小整体，在认同组织主文化的前提下，它们也有自己的独特的亚文化。亚文化或者是对组织主文化更好的补充，或者是与主文化相悖的，或者虽然与主文化有区别，但对组织来说是无害的，在一定条件下又有可能替代组织的主文化。

### （四）按照权力的集中或分散来划分

卡特赖特（Cartwright）和科伯（Cooper）于 1992 年提出四种文化类型。这四种组织文化的区别在于权力是集中的还是分散的，以及政治过程是以关键人物还是以要完成的职能为中心的。

**1. 权力型组织文化**

权力型组织文化也叫独裁文化，由一个人或一个很小的群体领导这个组织。组织往往以企业家为中心，不太看重组织中的正式结构和工作程序。随着组织规模的逐渐扩大，权力文化会感到很难适应，开始分崩离析。

**2. 作用型组织文化**

作用型组织文化也叫角色型组织文化。在这样的组织里，你是谁并不重要，你有多大能力也不重要，重要的是你在什么位置，你和什么人的位置比较近，做每件事情都有固定的程序和规矩，人们喜欢的是稳重、长期和忠诚，有的甚至是效忠。这种文化看起来安全和稳定，但是当组织需要变革的时候，这种文化则会受到较大的冲击。

**3. 使命型组织文化**

使命型组织文化也叫任务文化。在这种文化中，团队的目标就是要完成设定的任务。成员之间的地位是平等的，这里没有领导者，唯一的老板就是任务或者使命本身。有人认为这是最理想的组织模型之一，但这种文化要求公平竞争，而且当不同群体争夺重要的资源或特别有利的项目时，很容易产生恶性的政治紊乱。

**4. 个性型组织文化**

这是一种既以人为导向，又强调平等的文化。这种文化富于创造性，孕育着新的观点，允许每个人按照自己的兴趣工作，同时保持相互有利的关系。在这样的组织里，组织实际上服从个人的意愿，但是很容易被个人左右。

### （五）按照组织实践和价值来划分

弗恩斯·特朗皮纳斯（Fonts Trompenaars）根据他的组织文化纬度将组织文化分为四种类型：家族型组织文化、保育器型组织文化、导弹型组织文化、埃菲尔铁塔型组织文化。

**1. 家族型组织文化**

家族文化可能是最古老的一种文化，这是一种与人相关的文化，而不是以任务为导向的。在这种文化中，组织的领导者就像是组织的“父亲”，有较高的权威和权利。组织更倾向于直觉的学习而不是理性的学习，更重视组织成员的发展而不是更好地利用员工。当组织出现危机，通常都不会被公布出来，所以尽管在组织内部温暖、亲密和友好，但是这种内部一体化是以较差的外部适应性为代价的，他们能够在相互拥抱和亲吻之中破产倒闭。属于这类型组织文化的国家有：日本、巴西、土耳其、巴基斯坦、西班牙、意大利、菲律宾。

**2. 保育器型组织文化**

这是一种既以人为导向，又强调平等的文化，典型的代表就是在硅谷。这种文化富于创造性，孕育着新的观点。由于强调平等，所以这种文化的组织结构是最精简的，等级也是最少的。在这样的文化中，组织成员共同承担责任并寻求解决办法。

**3. 导弹型组织文化**

这是一种平等的、以任务为导向的文化。在这种文化中，任务通常都是由小组或者项目团队完成的，但是这种小组都是临时性的，任务完成，小组就会解散。成员们所做的工作都不是预先设定好的，当有需要完成的任务时，便必须去做。属于这类型组织文化的国家有：美国、英国、挪威、爱尔兰。

**4. 埃菲尔铁塔型组织文化**

埃菲尔铁塔型组织文化之所以称之为埃菲尔铁塔文化就是因为具有这种类型文化的组织结构看起来很像埃菲尔铁塔，等级较多，且底层员工较多，越到高层人数越少。

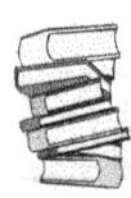

每一层对于其下的一层都有清晰的责任，所以组织员工都是小心谨慎的。对组织的任何不满都要通过一定的章程和实情调查才有可能反映到高层管理者。在这种文化的组织中，组织成员都相信需要必需的技能才能保住现在职位，也需要更进一步的技能才能升迁。属于这类型组织文化的国家有：德国、法国、苏格兰、澳大利亚、加拿大。

## 知识基础二　组织文化的功能

从耗散结构的理论来看，功能是指组织系统影响和改变其他系统以及抵抗与承受其他系统的影响和作用的能力，同时也是系统从其他系统中取得物质、能量、信息而发展自己的能力。组织文化作为一种自组织系统，也具有许多独特的功能。

### （一）自我内聚功能

组织文化通过培育组织成员的认同感和归属感，建立起成员与组织之间的相互依存关系，使个人的行为、思想、感情、信念、习惯与整个组织有机地统一起来，形成相对稳固的文化氛围，凝聚成一种无形的合力与整体趋向，以此激发出组织成员的主观能动性，为达成组织的共同目标而努力。正是组织文化这种自我凝聚、自我激励的作用，才构成组织生存发展的基础和不断成功的动力。从这个意义上来说，任何组织若想取得非凡的成功，其背后无不蕴藏着强大的组织文化作为坚强的后盾。但是，需要指出的是，这种内聚力量不是盲目的、无原则的、完全牺牲个人利益的绝对服从，而是在充分尊重个人价值、承认个人利益、有利于发挥个人价值的基础上而凝聚的群体意识。

### （二）自我改造功能

组织文化能从根本上改变员工的旧有价值观念，建立起新的价值观念，使之适应组织正常实践活动的需要。尤其对于新员工来说，为了减少他们个人带有的家庭、学校、社会所养成的心理习惯、思维方式、行为方式与整个组织的不和谐或者矛盾和冲突，就必须接受组织文化的改造、教化和约束，使他们的行为趋向组织的一致和谐。一旦组织文化所提倡的价值观念和行为规范被成员接受和认同，组织成员就会在不知不觉中做出符合组织要求的行为选择，倘若违反了组织规范，就会感到内疚、不安或者自责，这时组织成员会自动修正自己的行为。从这个意义上说，组织文化具有某种程度的强制性和改造性。

### （三）自我调控功能

组织文化作为团体共同价值观，并不对组织成员具有明文规定的具体硬性要求，而只是一种软性的理智约束，它通过组织的共同价值观不断地向个人价值观渗透和强化，使组织自动地生成一套自我调控机制，以“看不见的手”操纵着组织的管理行为和实务活动。这种以尊重个人思想、感情为基础的无形的非正式控制，会使组织目标自动地转化为个体成员的自觉行动，达到个人目标与组织目标在较高层次上的统一。组织文化具有的这种软性约束和自我协调的控制机制，往往比正式的硬性规定有着更强的控制力和持久力，因为主动的行为比被动的适应有着无法比拟的作用。

### （四）自我完善功能

组织在不断的发展过程中所形成的文化积淀，通过无数次的辐射、反馈和强化，会不断地随着实践的发展而不断地更新和优化，推动组织文化从一个高度向另一个高度迈进。也就是说，组织文化不断的深化和完善一旦形成良性循环，就会持续地推动组织本身的上升发展，反过来，组织的进步和提高又会促进组织文化的丰富、完善和升华。国内外成功组织和企业的实践表明，组织的兴旺发达总是与组织文化的自我完善密不可分的。

**（五）自我延续功能**

组织文化的形成是一个复杂的过程，往往会受到社会的、人文的和自然环境等诸多因素的影响，因此，它的形成和塑造不是一朝一夕就能一蹴而就的，必须经过长期的耐心倡导和精心培育，以及不断地实践、总结、提炼、修改、充实、提高和升华。同时，正如任何文化都有历史继承性一样，组织文化一经固化形成之后，也会具有自己的历史延续性而持久不断地起着应有的作用，并且不会因为组织领导层的人事变动而立即消失。如美国英特尔公司的领导人历经数次变动，但其经过多年培育出来的开拓创新精神仍然存在，成为公司不断进取的精神支柱和追求卓越的公司信条。

**资料链接**

联想在选择人时，最关注的是对联想价值的认同。企业文化是一脉相承的，我希望管理层有一个共同的愿景。

——联想集团董事局主席柳传志

技能达到岗位的基本要求就行，技能是可以培养的。关键是员工与企业价值观的匹配，员工的能力再强，如果不喜欢公司的文化和氛围，我们只能割爱。

——互联网公司阿里巴巴的观点

# 任务四　认知组织文化的塑造

组织文化的塑造或建设，就是在组织现有的条件下，用组织文化的先进管理思想作指导，通过扎扎实实、深入细致的工作，明确组织的目标、宗旨、道德等深层次内容，并将其融入各种规章制度和各种物质载体中，使组织的每一个成员都能够接受并按照组织文化的规定去调整自己的思想和行为。

## 知识基础　塑造组织文化的途径

**（一）选择组织价值观念**

由于组织价值观是组织文化的核心和灵魂，因此选择正确的组织价值观是塑造组织文化的首要战略问题。选择组织价值观有两个前提：

一是要立足于本组织的具体特点。不同的组织有不同的目的、环境、习惯和组成方式，由此构成千差万别的组织类型，因此必须准确地把握本组织的特点，选择适合自身发展的组织价值观，否则就不会得到广大员工和社会公众的认同与理解。

二是要把握住组织价值观与组织文化各要素之间的相互协调，因为各要素只有经过科学的组合与匹配才能实现系统整体优化。

在此基础上，选择正确的组织价值标准要抓住四点：

（1）组织价值标准要正确、明晰、科学，具有鲜明特点。

（2）组织价值观和组织文化要体现组织的宗旨、管理战略和发展方向。

（3）要切实调查本组织员工的认可程度和接纳程度，使之与本组织员工的基本素质相和谐，过高或过低的标准都很难奏效。

（4）选择组织价值观要坚持群众路线，充分发挥群众的创造精神，认真听取群众的各种意见，并经过自上而下和自下而上的多次反复，审慎地筛选出既符合本组织特点又反映员工心态的组织价值观和组织文化模式。

### （二）强化员工认同

选择和确立了组织价值观和组织文化模式之后，就应把基本认可的方案通过一定的强化灌输使其深入人心。

（1）大力宣传。充分利用一切宣传工具和手段，大张旗鼓地宣传组织文化的内容和要求，使之家喻户晓，人人皆知，以创造浓厚的环境氛围。

（2）树立榜样。典型榜样是组织精神和组织文化的人格化身与形象缩影，能够以其特有的感染力、影响力和号召力为组织成员提供可以仿效的具体榜样，而组织成员也正是从英雄人物和典型榜样的精神风貌、价值追求、工作态度和言行表现之中深刻理解到组织文化的实质和意义。尤其是组织发展的关键时刻，组织成员总是以榜样人物的言行尺度来决定自己的行为导向。

（3）培训教育。有目的的培训与教育，能够使组织成员系统接受和强化认同组织所倡导的组织精神和组织文化。但是，培训教育的形式可以多种多样，当前，在健康有益的娱乐活动中恰如其分地融入组织文化的基本内容和价值准则，往往不失为一种有效的方法。

### （三）提炼定格

（1）精心分析。在经过群众性的初步认同实践之后，应当将反馈回来的意见加以剖析和评价，详细分析和仔细比较实践结果与规划方案的差距，必要时可吸收有关专家和员工的合理化意见。

（2）全面归纳。在系统分析的基础上，进行综合的整理、归纳、总结和反思，采取去粗取精、去伪存真、由此及彼、由表及里的方法，删除那些落后的、不为员工所认可的内容与形式，保留那些进步的、卓有成效的、为广大员工所接受的内容与形式。

（3）精练定格。把经过科学论证的和实践检验的组织精神、组织价值观、组织文化，予以条理化、完善化、格式化，加以必要的理论加工和文字处理，用精练的语言表述出来。

建构完善的组织文化需要经过一定的时间过程。如我国的东风汽车公司经过将近二十年的时间才形成“拼搏、创新、竞争、主人翁”的企业精神。因此，充分的时间、广泛的发动、认真的提炼、严肃的定格是创建优秀的组织文化所不可缺少的。

### （四）巩固落实

（1）建立相关的制度。在组织文化演变为全体员工的习惯行为之前，要使每一位成员都能自觉主动地按照组织文化和组织精神的标准去行事，几乎是不可能的。即使在组织文化业已成熟的组织中，个别成员背离组织宗旨的行为也会经常发生。因此，建立某种奖优罚劣的规章制度是十分必要的。例如，就连具有高度文明和自律精神的新加坡，也少不了近乎苛刻的处罚制度。

（2）领导率先垂范。组织领导者在塑造组织文化的过程中起着决定性的作用，他本人的模范行为就是一种无声的号召和导向，会对广大员工产生强大的示范效应。所以任何一个组织如果没有组织领导者的以身作则，要想培育和巩固优秀的组织文化是非常困难的。这就要求组织领导者观念更新、作风正派、率先垂范，真正肩负起带领组织成员共建优秀组织文化的历史重任。

### （五）丰富发展

任何一种组织文化都是特定历史的产物。所以当组织的内外条件发生变化时，需要不失时机地调整、更新、丰富和发展组织文化的内容和形式。这既是一个不断淘汰旧文化性质和不断生成新文化特质的过程，也是一个认识与实践不断深化的过程，组织文化由此经过循环往复达到更高的层次。

以上塑造组织文化的途径，如图 9－1 所示。

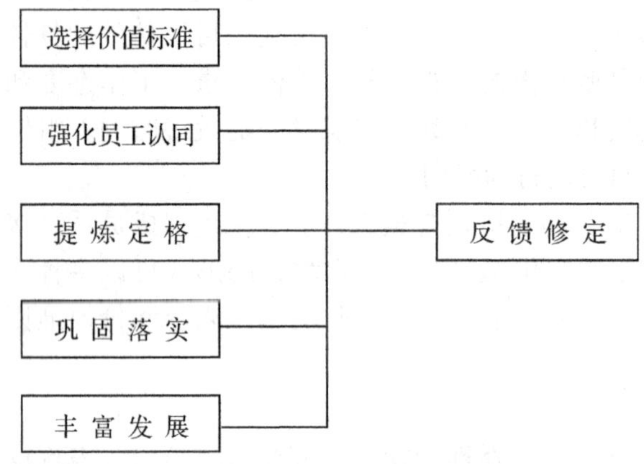


**图 9－1　组织文化的塑造途径**

## 资料链接

### 日本“企业文化”

日本企业文化具有鲜明的日本民族特色，强调团队意识、家族精神。日本企业文化的表现形式是多种多样的，如“社风”、“社训”、“社魂”、“组织风土”、“经营原则”、“企业使命感”等。

日本的资本主义是在封建家族制的基础上发展起来的，封建家族和村社的群体意识深深植根于日本传统文化之中。日本的企业又是由武士阶层首先发展起来的，武士阶层强烈的民族意识对日本文化有很深远的影响。日本的企业依靠传统的风土观念，在长期的经营实践过程中，建立起独特的思考和行为方式。它以重视群体为特征，倡导个体对群体的归属，强调群体和谐统一的价值观。以此为基础，建立了民族主义的、家长式的和反个人主义的企业文化。

同其他国家比较，日本企业文化的主要特点有：

(1) 现代文化同日本传统文化相结合。日本通过解散财阀等改革，以及引进欧美的先进思想和体制，抛弃了封建糟粕，在建立自己的企业文化中保留了民族的特点。在日本企业文化中，体现了组织上的集团意识和思想上的“和”、“忍”、“信”等观念。

(2) 企业家族化。在日本，强调企业是一个大家庭，成员、管理人员之间有一种亲属式的团结感。在企业决策方面采取集体决策的禀议制，征求各级管理人员的意见，以保持群体的亲和感。

(3) 重视培养职工忠于企业的观念。企业除了对职工进行技术、业务培训外，还十分重视对职工精神的培养，树立荣辱共存的集团主义精神，使职工把忠于企业作为自身行为的基本准则。

(4) 加强企业内部的凝聚力。采用各种制度，加强职工的群体观念。例如在用工制度方面实行终身雇佣制。注重雇佣人员的品质、忠诚和长期为公司做贡献的愿望，以实现企业群体长期稳定的发展；在分配制度方面采取年功序列制，以工龄长短作为衡量职工对企业贡献大小的重要标志，力求使职工的需要在企业内得到满足，增强职工对企业的归属感，增强群体的内聚力。

(5) 充分发挥群体的优势。提倡企业内部职工之间的竞争是一种竞相为企业出力的竞争。鼓励职工积极参与企业之间的竞争，提倡一致对外。

对日本企业文化形成的主要原因，学者们有如下看法：

第一，日本民族的单一性和社会结构的同质性，使日本国民的意识和行为趋向统一，具有相同的民族习惯。

第二，日本战后的改革为日本企业文化的发展创造了适当的环境和条件。

第三，日本社会文化的思耻感，强化了从业人员同所属集团的“一体感”，成为孕育日本企业文化的土壤。

第四，善于吸取外来文化。将外来文化与本国文化相结合，熔人性精神与无情效率于一炉，形成既有“原则”，又有“信念”和“精神”的企业文化。

第五，依靠企业自身的努力，依赖于宣传、教育、灌输、渗透、身体力行、潜移默化等一系列有效手段，经历了漫长的实践过程，而逐步形成。

## 美国“企业文化”

美国的企业文化具有其明显的特色。各国移民所带来的民族、种族文化在美国企业文化中得到体现，资本主义私有制所提倡的个人至上、个人奋斗和个人主义在企业文化中得到充分发展。

美国企业文化与美国的社会文化有着天然的联系。美国是一个只有200多年历史的多民族国家，他的社会文化流派甚多，十分复杂，其文化源头主要是基督教。这种社会文化背景决定了美国企业文化的最大特点是提倡自由贸易、自由经营，鼓励个人凭才智和工作致富。美国企业文化与美国管理理论的发展也密切相关。长期以来，美国是世界上管理科学最发达的国家，从科学管理到行为科学以及第二次世界大战后出现的管理理论丛林这几个阶段来看，美国都出现过十分著名、对世界管理理论做出重大贡献的管理专家，各种学派的理论对美国企业文化的形成和发展也产生了重大的影响。

美国的企业文化从总体上讲具有以下主要特点：

（1）强烈的竞争意识。鼓励发明创造，制定高水平的工作规范、生产计划和经营战略，强调个人竞争。

（2）强烈的个人奋斗意识和进取精神。它是美国企业文化的基本价值观。美国人认为，凭个人成绩和个人能力去工作、奋斗，是培养造就企业优秀人才的最好方法。

（3）强烈的自我驾驭生活的意识。强调个人决策，领导身体力行。

（4）明显的雇佣观念。由于个人有权选择自己的生活道路，使美国企业人员流动迅速，形成企业管理中的短期雇佣和对员工迅速评估及升级的特点。

（5）人际关系淡漠。由于不干涉个人私事，企业和职工之间、职工和职工之间的关系成为单纯的工作关系，造成美国企业文化人际关系淡漠。形成过分重视利润、市场占有率和技术革新等实际价值的特点。

美国企业文化的发展迄今大体经历了三个阶段：

第一，美日比较管理学阶段。这是20世纪70年代美国管理界兴起的一股热潮，它的基本特征是寻求美日两国在管理方面的文化差异，从而为企业文化理论的诞生奠定了理论基础。

第二，公司文化阶段。进入20世纪80年代后，从对美日管理比较的研究转移到对美国自身管理模式的研究上，确立了立足于美国国情，寻求自身优势，创建具有美国特色的企业文化。同时，美国企业文化理论和概念传到国外。

第三，组织文化阶段。美国学者埃德加·沙因于1985年出版了《组织文化与领导》一书，标志着美国企业文化由经验阶段进入理论研究阶段，研究的内容和方向明显带有学术色彩，不再是经验的罗列和事迹的陈述，形成一支以学者为主，有广泛的企业文化理论研究人员参加的队伍，使企业文化成为一种理论。

美国企业文化理论的研究，从理论哲学和文化哲学的高度，开拓了管理科学研究纳新视野，把管理科学的研究推向了一个新的阶段。然而，美国传统的个人主义文化的超然独立态度，又影响着他们对国外先进文化的吸收，阻碍了美国企业文化的发展。20世纪80年代以来，美国在全国进行了一场对企业文化的研究与重塑的实践运动，其中强调研究和探索企业文化对企业生产率、企业效率以及企业市场地位等各方面的影响，寻求适应新经济形式的企业价值准则，重塑和发展美国企业文化。

## 项目小结

组织文化是指组织在长期的实践活动中所形成的并且为组织成员普遍认可和遵循的具有本组织特色的价值观念、团体意识、行为规范和思维模式的总和。组织文化的结构层次有三个：精神层、制度层和物质层。组织文化的功能应包括自我内聚功能、自我改造功能、自我调控功能、自我完善功能和自我延续功能。组织文化对组织的发展有着重要的意义，必须高度重视组织文化的建设。

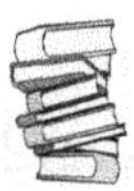

## 思考与练习

1. 单选题

(1) 组织文化的核心是（　　）。

A. 组织价值观　　B. 以人为主体的人本文化

C. 柔性化管理　　D. 组织的制度

(2) 组织文化的结构层次有（　　）。

A. 符号层　　B. 制度层　　C. 精神层　　D. 物质层

2. 简答题

(1) 如何理解组织文化的概念?

(2) 组织文化的基本特征有哪些?

(3) 组织文化有哪些基本要素?

(4) 组织形象包括哪些主要内容?

(5) 组织文化有哪些重要功能?

(6) 为什么说组织价值观是组织文化的核心?

(7) 联系实际谈谈塑造组织文化的途径。

(8) 班级是否有文化? 如果有，它是如何约束你的老师和同学的?

## ■应用案例

### 企业文化评价

2005 年 2 月 23 日，国家质量监督检验检疫总局发出紧急通知，在全国展开对含有苏丹红食品的抽查行动。当天 H 公司等涉嫌企业发表声明，声称在中国的产品没有受到影响。然而到了 3 月 4 日，北京首先检出 H 公司某品牌辣椒酱含有“苏丹红一号”，次日广州又检出大批 H 公司涉嫌食品，此时 H 公司迅速展开产品召回行动，但其邮寄回收至总部的手续相当繁琐。

H 公司自 20 世纪 80 年代在中国成立营养科学研究所以来，不断宣扬其企业文化，做了一系列品牌推广活动，在中国消费者心中树立了营养、健康、科学、美味的形象。但 H 公司在中国的“苏丹红事件”中的表现为何如此低调? 这不仅让媒体和消费者不满，也让许多一向视这些公司为管理楷模的研究人员颇为不解。

企业文化是通过企业和企业人的行为表现出来的。在某些企业文化研究者看来，这些企业的价值观尽管完成了漂亮的起飞阶段，但没有完美落地。所谓价值观的落地，就是企业文化的价值观通过一系列手段内化为企业的行为和习惯，形成一种特定的氛围，即使不必通过规章制度也同样约束员工的行为。H 公司对于苏丹红事件所做出的反应与他们所宣扬的企业文化价值观是不一致的，可见他们的企业文化价值观没有实现完美落地。在公关传播中，品牌的塑造是通过美誉度与知名度所构成的坐标达成的。当某一品牌已具备很高的知名度，其美誉度的维护就显得至关重要。如果企业文化价值观没有落地，在风云难测的社会经济环境中，知名度越高，越容易身败名裂。

**思考题：**

1. 从本案例可以看出企业文化评价的重点是什么？

2. 案例中的企业在处理“苏丹红事件”中的做法给企业文化带来哪些损害？

3. 本案例对于建设优质企业价值观带来哪些启示？

## 项目实训

**实训项目：**

模拟公司的组织文化建设。

**实训目的：**

培养学生初步分析与建设组织文化的能力。

**实训内容：**

（1）把班级学生分成小组，每个小组 7 ~ 10 人，成立一家模拟公司。

（2）每个模拟公司结合自己的实际，确定应树立哪些先进的管理理念。

（3）对本模拟公司的文化建设提出各种设想，并制定建设方案。

（4）在课堂上组织一次小组之间的交流，每个模拟公司推荐一名成员谈本公司的文化建设方案。

**实训要求：**

每个模拟公司提交一份本公司的文化建设方案。

**实训考核：**

由教师对各模拟公司所交材料与交流中的表现进行评估打分。也可以由教师和学生共同评价。

# 模块四　领导职能

## 项目十　领导工作

### 知识目标

◆了解领导的含义与作用，理解领导与管理的区别。
◆了解领导艺术的特征。
◆熟悉领导艺术的内容。

### 能力目标

◆能够区分管理者和领导者的差异。
◆能够充分认识作为领导者应具备的个人素质和作为领导群体应具备的素质。
◆掌握领导权力的五种来源，并能够具体运用。

### 导入案例

#### 张瑞敏与海尔的崛起

1984年，海尔的前身——青岛电冰箱总厂是一个亏空100多万元，濒临倒闭的集体小厂，这一年的12月26日，35岁的张瑞敏，以青岛市原家电公司副经理的身份出任厂长。临危受命，张瑞敏面对车间里的木窗都被职工拆下来取暖烧掉、人心涣散的集体小厂，没有退缩。他从"不准在车间里大小便"的基础管理做起，狠抓规章制度建设，狠抓作风建设。在海尔展览馆里，砸毁76台有质量缺陷冰箱的"功勋大铁锤"，至今还在警示着后人。1985年，一台冰箱的价格大约相当于一个工人两年的工资，张瑞敏面对职工心疼的眼泪痛下决心："如果不砸烂这些冰箱，将来被市场砸烂的将是这个企业。"张瑞敏的目光超越了这76台冰箱的价值。这一砸，砸出的不仅是质量意识，还砸出了一片新天地。第二年，海尔冰箱在北京、天津、沈阳三大城市开始畅销。第三年，海尔冰箱在国际招标中中标。1991年海尔品牌被评为首届"全国十大驰名商标"。在张瑞敏的领导下，2000年海尔集团实现全球营业额406亿元，总资产达167.5亿元。在欧洲、美国、亚洲、中东建立了自己的生产基地，销售网络遍布全球，成为一个国际化大公司。

# 任务一 认知领导

领导是管理工作的重要职能之一，有效的领导是实现组织目标的根本保证，是组织战略实施的有力支持。领导将科学性与艺术性结合在一起，领导的过程是科学与艺术的统一过程。本任务着重探讨关于领导的基本概念和作用，以及领导与管理的区别与联系。

## 知识基础一 领导的内涵

**小词典**

领导是指领导者依靠影响力，指挥、带领、引导和鼓励被领导者或追随者实现组织目标的活动和艺术。

管理学中的“领导”一词是指一种行为过程，管理学界对“领导”下过许多定义，如泰罗认为，领导是影响人们自动为实现团体目标而努力的一种行为；斯托格第尔认为，领导是对组织内群体或个人施加影响的活动过程；戴维斯提出，领导是一种说服他人热心于一定目标的能力；罗伯特认为，领导是在某种条件下经由意见交流的过程所实施出来的一种为了达到目标的影响力；哈罗德·孔茨认为，“领导是一种影响力，它是影响人们心甘情愿地和满怀热情地为实现群体目标努力的艺术或过程”，他还认为，“领导是一种影响过程，即领导者和被领导者个人的作用和特定的环境相互作用的动态过程”；《中国企业管理百科全书》把领导定义为“率领和引导任何组织在一定条件下实现一定目标的行为过程”。

以上的定义基本上都包含了“影响力”“过程”“达到目标”等核心内容，其中孔茨的定义更具代表性。我们认为，从管理学意义上来讲，领导的定义可概括为：领导是指领导者依靠影响力，指挥、带领、引导和鼓励被领导者或追随者实现组织目标的活动和艺术。

### （一）领导的本质是影响力

领导者拥有影响被领导者的能力或力量，它们既包括由组织赋予的职位权力，也包括领导者个人所具有的影响力。一个领导者如果一味地行使职权而忽视社会和情绪因素的作用力，就会使被领导者产生逃避和反抗行为。当一个领导者的职位权威不足以说服下属从事适当的活动时，领导是无效的。正是靠着影响力，领导者在组织或群体中实施领导行为，领导者凭借影响力获取组织或群体成员的信任并把组织或群体中的人吸引到他的周围来，因此，拥有个人影响力的人才能称得上是一位真正的领导者。

### （二）领导是一个活动过程

领导是引导人们的行为过程，是对人们施加影响的过程，是领导者带领、引导和鼓舞下属去完成工作、实现目标的过程。同时领导还是一种艺术，领导过程中所面临的组织或群体的内外部环境是千变万化的，被领导者也是各种各样的，他们身份不同，教育、文化和经历背景不同，进入组织或群体的目的和需要不同，因此领导的过程是一种充满复杂因素和不确定因素的过程，越是高层次的领导行为，这种复杂性和不确

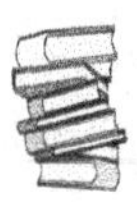

定性就越高，所以领导行为中艺术的成分就越多。

### （三）领导包含领导者和被领导者两个方面

领导者是指能够影响他人并拥有管理的制度权力、承担领导职责、实施领导过程的人。领导是领导者与被领导者的一种关系，如果没有被领导者，领导者将变成光杆司令，其领导关系也就不复存在。在领导过程中，下属都甘愿或屈从于领导者而接受领导者的指导。

### （四）领导的目的是为了实现组织的目标

领导是要让人们情愿地、热心地为实现组织或群体的目标而努力，而非无奈地、勉强地为组织或群体的目标而工作，这体现了领导工作的水平，也是领导者追求的完美目标。不能为了领导而领导，不能为了体现领导的权威而领导。领导的根本目的在于影响下属为实现组织的目标而努力。

## 知识基础二　领导的作用及与管理的区别、联系

### （一）领导的作用

领导工作包含与人的因素相关的活动内容，如激励、沟通、营造组织气氛和建设组织文化等内容。领导的作用具体包括：

（1）指挥作用。领导者应通过引导、指挥、指导或先导活动，帮助组织成员最大限度实现组织目标。在人们的集体活动中，需要有头脑清晰、胸怀全局，能高瞻远瞩、运筹帷幄的领导者帮助人们认清所处的环境和形势，指明活动的目标和达到目标的途径。领导者只有站在群众的前面，用自己的行动带领人们为实现组织目标而努力，才能真正起到指挥作用。

（2）协调作用。领导者应协调人们的关系和活动，迈向共同的目标。在许多人协同工作的集体活动中，即使有了明确的目标，也因各人的才能、理解能力、工作态度、进取精神、性格、作风、地位等不同，加上外部各种因素的干扰，人们之间在思想上发生各种分歧、行动上出现偏离目标的情况是不可能避免的。因此就需要领导者来协调人们之间的关系和活动，把大家团结起来，朝着共同的目标前进。

（3）激励作用。组织成员个人目标与组织目标不完全一致，领导活动的目的在于将其结合起来，调动组织中每个成员的积极性。在现代组织中，尽管大多数人都具有积极工作的愿望和热情，但是也未必能自动地长久保持下去。这是因为劳动是谋生的手段，人们需求的满足还受到种种限制。如果一个人的学习、工作和生活遇到了困难、挫折或不幸，某种物质的或精神的需要得不到满足，就必然会影响工作的热情。在复杂的社会生活中，组织的每一个员工都有各自不同的经历和遭遇，怎样才能使每一个员工都保持旺盛的工作热情、最大限度地调动他们的工作积极性呢？这就需要有通情达理、关心群众的领导者来为他们排忧解难、激发和鼓舞他们的斗志，发掘、充实和加强他们积极进取的动力。

引导不同下属努力地朝向同一个目标，协调这些下属在不同时空的贡献，激发下属的工作热情，使他们在组织经营活动中保持高昂的积极性，这便是领导者在组织和率领下属为实现组织目标而努力工作的过程中必须发挥的具体作用。

## （二）领导和管理

### 资料链接

**要学会领导而不是管理**

被誉为“全球第一职业经理人”和“21世纪最伟大的CEO”的通用电气公司总裁杰克·韦尔奇，非常讨厌管理这个概念，也不喜欢使用企业管理者这种说法。为什么呢？1982年10月，他在对法菲尔大学学生的一次演讲中，曾说道：“在20世纪五六十年代的高增长时代，企业需要的只是管理者而已。然而，到了80年代，当增长成为奢侈品时，我们就需要真正的企业领导人物。他们不是被动地获得增长的机会，而且更能主动地创造增长。”

杰克·韦尔奇不厌其烦地提醒大大小小的企业管理者：“要学会领导而不是管理。”

领导和管理是密切相关的，但它们之间又有明显的区别，是两个不同的概念。

（1）共性：从行为方式看，两者都是一种在组织内部通过影响他人的协调活动，实现组织目标的过程。从权力的构成看，两者也都是组织层级的岗位设置的结果。

（2）区别：从本质上说，管理是建立在合法的、有报酬的和强制性权力基础上的对下属命令的行为。而领导则是可能建立在合法的、有报酬的和强制性的权力基础上，也可能更多的是建立在个人影响权和专长权以及模范作用的基础上，且两者所担负的工作内容不同。见表10－1。

**表10－1　管理与领导的区别**

| | 管　理 | 领　导 |
|---|---|---|
| 确定目标进程 | 编制计划与预算<br>●为达成目标，制订出详细的步骤和计划进度<br>●为达到预期目标，进行资源分配 | 指明方向、给出战略<br>●展现未来的远景与目标<br>●指出达到远景与目标的战略 |
| 开发实现目标所需的人力和网络结构 | 组织和配备人员<br>●组建所需组织结构及配备人员<br>●规定权责关系<br>●制定具体政策和规程指导行动<br>●建立系统和方法监督完工状况 | 指导人们<br>●同协作者沟通，指明方向、路线<br>●让人们更好理解目标、战略及实现目标后的效益<br>●指引人们根据需要组建工作组、建立合作伙伴关系 |
| 执　行 | 控制和解决问题<br>●通过具体详细的计划监督进程和结果 | 鼓动和激励<br>●动员克服改革中的障碍<br>●鼓励在初具条件的情况下，努力克服人力与资源的不足，实现改革 |
| 结　果 | 具有一定程度的预见并建立良好的秩序<br>●得出各利益所有者如用户、股东期望的关键效果 | 取得较大进展的改革<br>●具备进一步改革如用户期望的新产品的潜力 |

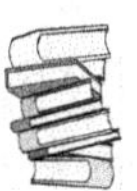

### （三）管理者和领导者

从一般的意义上说，管理的范围要大一些，而领导的范围相对要小一些。

管理者的职权是通过组织的正式任命获得的，其对下属命令行为是建立在合法的、有报酬的和强制性权力基础上。下属必须遵循管理者的指示。在此过程中，下属可能尽自己最大的努力去完成任务，也可能只尽一部分努力去完成工作。在组织的实践中，后者是客观存在的。领导者既可能是任命的，也可能是在非正式组织中产生或由非正式组织成员公认的，其对组织成员的影响可能建立在合法的、有报酬的和强制性的权力基础上，也可能是建立在个人影响权和专长权以及模范作用的基础之上。

一个人可能既是管理者，也是领导者。如组织中一个中层管理者，具有调动下属积极性的能力和有效沟通的能力，和下属一起完成预定的组织目标，那么他又是一个成功的领导者。并不是所有的领导者都是管理者。一种原因是其可能不处于管理岗位上，非正式组织中最具影响力的人就是典型的例子，组织没有赋予他们职位和权力，他们也没有义务去负责组织的计划和组织工作，但他们却能引导和激励、甚至命令自己的成员；另一种原因可能是，一个人能够影响别人并不表明他也同样能够做好计划、组织和控制等管理工作。

一个人可能是个管理者，但并不是个领导者。领导的本质就是被领导者的追随和服从，它不是由组织赋予的职位和权力所决定的，而是取决于追随者的意愿，因此，有些握有职权的管理者可能没有部下的服从，也就谈不上是真正意义上的领导者。对非正式组织中有影响力的人参加正式组织的管理，会大大有益于管理的成效。对不具备领导才能的人应该从管理人员队伍中剔除或减少。

## 任务二　认知领导者素质和领导集体的结构

### 知识基础一　领导者素质

领导者是否具有不同于他人的特征或特质？或者说一个好的领导者应当具备哪些条件？要回答这些问题，实际上就是要确定领导者到底有没有必备的素质，如果有的话，到底是什么。

西方研究领导者素质的理论是“领导特质理论”，按照领导特质理论对领导特质来源所做的不同解释，可以分为传统特质理论和现代特质理论。传统特质理论认为领导者所具有的特质是由遗传决定的，是与生俱来的特质；而现代特质理论则认为领导者的特质是在实践中形成的，是可以通过教育来培养和改变的。结合我国的实际情况，优秀的领导者应当具备的条件包括思想素质、业务素质、管理技能和心理身体素质。

#### （一）思想素质

领导者应品行端正、响应政府政策、遵守社会法律法规和企业规章制度；有强烈的事业心、责任感和创业精神；有良好的思想作风和工作作风，能一心为企业服务，公正廉洁、以身作则，谦虚谨慎、戒骄戒躁、严于律己、实事求是、不弄虚作假；有勇于不断创新的胆识；有较高的情商，具有影响他人的魅力，发扬民主作风、平易近人、和蔼可亲；能密切联系群众，关心员工需求、与员工同甘共苦。

**（二）业务素质**

领导者应掌握现代企业管理的相关知识和技能，主要包括：

（1）懂得市场经济的基本原理，掌握邓小平关于建设有中国特色的社会主义市场经济理论。

（2）懂得管理的基本原理、方法和各种专业管理的基本知识，还要学习管理学、会计学、统计学、市场营销、财政金融和外贸等方面的知识，还要及时了解国内外管理科学的发展动态。

（3）懂得生产技术和有关自然科学和技术科学的基本知识，掌握本行业的科研和技术发展方向和动态以及行业的发展和变化规律，了解本企业产品的结构原理、生产制造过程，熟悉产品的用途和性能。

（4）懂得思想教育工作、心理学、人才学、行为科学以及社会学等方面的知识，以便能有效地激发员工士气，协调人际关系，充分调动员工的积极性和创造性。

（5）能熟练运用计算机、信息管理系统和有关的系统网络，掌握现代管理的方法和手段，能及时地了解并处理有关的信息。

**（三）管理技能**

领导者不但应具备一定的业务素质，还应具备较高的管理和领导技能。

（1）较强的分析、判断和概括能力。

（2）科学的决策能力。

（3）组织、指挥和控制能力。

（4）沟通、协调企业内外各种关系的能力。

（5）探索和创新的能力。

（6）知人善任的能力。

**（四）心理和身体素质**

领导者要具备一定的心理素质和身体素质才能胜任领导职务。其中心理素质包括追求、意志、情感、风度和能力五个方面。

（1）追求，指领导者应该有崇高的事业理想、坚定的信念、积极向上的价值观和强烈的社会责任感。

（2）意志，指领导者应该有克服困难的巨大能力和百折不挠的坚定意志。

（3）情感，指领导者在承担职务时能体现出热爱岗位、热情待人、乐观向上等积极情感，避免冷漠、虚伪、嫉妒等消极的情感。

（4）风度，指领导者应该具有宽容大度、机智幽默、高瞻远瞩等个人魅力。

（5）能力，指领导者应该具有高度的直觉能力、思维能力和创新能力等。

而领导者要对组织活动进行有效的协调和指挥，不但需要足够的心智，还需要具备强健的身体，才能有充沛的精力去完成高强度的工作。

资料链接

表 10－2　美国、日本企业对领导者的素质要求

| 顺序 | 日本 | | 美国 |
|---|---|---|---|
| | 品德 | 能力 | |
| 1 | 使命感 | 思维决定能力 | 合作精神 |
| 2 | 责任感 | 规划能力 | 决策能力 |
| 3 | 依赖性 | 判断能力 | 组织能力 |
| 4 | 积极性 | 创造能力 | 授权能力 |
| 5 | 忠诚性 | 洞察能力 | 应变能力 |
| 6 | 进取心 | 劝说能力 | 勇于负责 |
| 7 | 忍耐性 | 对人理解能力 | 创新能力 |
| 8 | 公平性 | 解决问题能力 | 敢担风险 |
| 9 | 热情 | 培养下级能力 | 尊重他人 |
| 10 | 勇气 | 调动积极性能力 | 品德超人 |

## 知识基础二　领导集体的结构

组织的领导者往往不是指一个单独的个人，而是指一个群体，也即人们常说的“领导班子”或领导集体。

一个具有合理结构的领导班子，不仅能使每个成员人尽其才，做好各自的本职工作，而且还能通过有效的组合，发挥系统效应，产生巨大的集体力量，使企业持续稳定地发展下去。领导集体的结构一般包括年龄结构、能力结构、知识结构和性格结构等四个方面。

### （一）年龄结构

年龄不仅是人的生理功能的标志，也是人的知识、经验的标志，不同年龄的人具有不同的知识、智力和经验。组织领导班子的年龄构成，是不仅关系到个体，还关系到群体的创造力、生命力以及继承和发展的重要因素。

### （二）知识结构

知识结构包括两方面的含义：一方面指知识的纵向水平，即领导集体中不同成员的知识水平构成；另一方面指知识的横向组合，即成员的知识专业结构。

### （三）能力结构

领导班子的有效性不仅与领导者的知识水平有关，还与领导者运用知识的能力有密切的关系。运用知识的能力是一个内容十分广泛的概念，包括创造能力、决策能力、判断能力、分析能力、组织能力、指挥能力、协调能力、控制能力等。每个人的能力各有不同，有的人善于思考分析问题，提出好的意见和建议，但不善于组织工作；有的人善于处理人事关系，协调和解决矛盾，但不善于分析和决策，而有的人善于理解和执行上级的决策和计划，但不善于指挥等。因此，企业的领导集体应该包括不同能力类型的人，既要包括具有高超创造能力的思想家，具有高度组织能力的组织家，还要具有实干精神的实干家，才能形成最优的能力结构，在企业管理中发挥作用。

**（四）性格结构**

性格组合对于领导集体的结构合理化是十分重要的。性格不合的领导班子往往摩擦不断，容易产生严重的内耗。从理论上讲，领导者可以根据不同的性格特点进行组合。一个理想的领导集体，应当是不同性格互补和配合，总体上具备多方面良好性格的群体。有的领导者应有魄力，办事果断；有的头脑冷静，善于出谋划策；有的百折不挠，坚韧不拔；有的任劳任怨，恭谨谦让等。这样才能相互补充，协调一致，形成一个结构优化、富有效率的领导集体。

## 任务三　认知领导的权力与运用

### 知识基础一　领导者的权力来源

既然领导是一种影响力，那么，领导的这种影响力来自哪里？它由哪些内容组成？领导的影响力其实就是领导者的权力，这种权力是促使下级服从的一种力量。领导的权力和影响力主要来自两个方面：一个是职位权力；另一个是个人权力。

领导的职位权力是由于领导者在组织中所处的位置决定的，由上级或组织赋予的一种权力，这种权力随职务的变动而变动，有职就有权，无职就无权。人们对这种权力的服从是出于组织的压力而不得不服从这种权力。领导的个人权力不是由领导者在组织中所处的位置决定的，而是由于领导者自身的条件决定的，这些条件包括领导者的素质、能力、品德和行为表现。例如：一个善解人意的领导，一个可亲、可敬、可爱的领导，一个有良好工作能力和人际关系的领导，一个善于创造有利于工作环境的领导，一个能满足群众需求的领导，就具有很大的个人权力。这种权力不会随着职位的消失而消失，它对人的影响是发自内心的，是长远的，这种权力是伴人终生的，而且可以由自己决定，是不断增长的。

如果再细分，领导权力可以分为五种。

**（一）惩罚权**

惩罚权是指下级感到领导有能力惩罚他，使他产生痛苦、不安或不能满足某些需求。惩罚权是迫使下级服从的一种权力。

**（二）奖励权**

奖励权是指下级感到领导有能力奖励他，使他得到某种满足和需求。奖励权是通过用利益引诱下级服从的一种权力。

**（三）法定权**

法定权指组织内各领导所固有的合法的、法定的权力。它可以被看作是一个人的正式或官方明确规定的权威地位，是指领导具有组织的授权，对下级施加影响或使下级服从的一种权力，下级必须接受、服从领导。

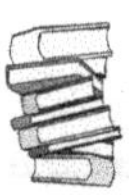

### （四）专长权

专长权是指下级认为领导者具有某种专门的知识、技能和特长，能够帮助他指明方向、排除困难，达到组织和个人的目标。这种权力主要来自下级对领导者的尊敬。

### （五）参照权（个人影响权）

参照权指领导者由个人的品质、魅力、资历、背景等相关的权力。下级认为领导者具有他所尊敬的品质和智慧，具有共同的愿望和利益，从而对领导产生钦佩感，愿意模仿、跟随和服从领导。当人们钦佩一位领导者，将他视为楷模时，我们就说他拥有参照性权力。它表现在下级对领导者的信任。

惩罚权、奖励权、法定权属于职位权力，专长权、参照权属于个人权力。

不同的权力对下级所产生的影响和效果以及个人的满意度是不同的。惩罚权虽然可以使下级基于恐惧而服从，但这种服从是表面的、暂时的，内心不一定受到影响。为了维持这种服从，领导必须时常监督下级是否按照他的要求去做，如果发现下级不遵守职业规范，为了维持恐惧，一定要加以惩罚，而监督与惩罚的成本是很昂贵的。

奖励权是采用奖励的办法来引起人们按照要求行为，其效果要比惩罚让人感到恐怖而服从好。它可以增加领导对下级的控制，也能引起满意并提高工作效率，但这种激励作用要视奖励的大小和公平性而定。奖励权容易引起本位主义，使下级缺乏整体和长远观念，过分使用这种权力容易形成人们对金钱和利益的依赖心理。

法定权是下级基于正式或官方明确规定的权威地位所引起的服从，拥有法定性权利的个人凭借与其职位、岗位相当的要求或主张，来施加其影响。但这种服从不能导致较高的工作水平和个人满意度。下级接受这种权力是因为只有这样才会得到领导者的赞扬、大家的接纳和认可，满足安全感和亲和力的要求。

专长权和参照权一般都能引起公开和私下的服从及内心的信服，从而其影响力也较持久。

## 知识基础二 权力的获得与运用

### （一）权力的获得

由于权力可以分为职位权力和个人权力，两者的获取方式就有所不同。那么，如何获得职位权力呢？西方的理论提供了这些基本观点：①通过取得关键性的工作而获得职位权力；②通过正常的晋升而获得职位权力；③在克服危机中获得职位权力；④通过上级的赏识和信任而获得职位权力。

如何获得个人权力呢？西方理论认为：①通过人格感染力获得个人权力；②通过自身专长的提升获得个人权力；③通过感情和利益的投放而获得个人权力；④通过特殊关系获得个人权力。

在组织体制科层化普遍存在的今天，一个领导者往往是以其对某一职位的占有作为前提的。但是掌握职权的人并不一定拥有权威，即职权并不是一个人成为优秀领导者的充分条件。因为职权只有在灵活的运用中才能产生权威并为下属所接受。

因此领导者拥有的权力，并不是赋予其社会优势地位的资源，权威从其本源上说来源于人民，领导者的身份从根本上说是服务者，而不是一个指挥者。领导者的权力需要个人威望、多数人的支持和拥护等资源的支撑和巩固，否则，权力只能是静止的而不是扩展的或增值的。我们平常所说的强制性不过是权力运用的消极形式而已，这种消极形式是保障领导活动能顺利展开的最后一道防线。从这一角度来说，如何使下属接受领导者的权威，就成为领导活动艺术化过程的一个组成部分。

## （二）权力的运用

### 1. 权力的运用方式

取得权力以后，领导者如何运用权力呢？可以从不同角度划分权力的运用方式。

（1）从领导者自身的行为方式来看，领导者运用权力的方式有三种：说服、示范、命令。

说服是权力运用的一种常见形式，也是最符合领导者本职要求的运用形式。领导者在与外界和组织成员的互动过程以及领导集体内部的交往中，更多的是采用说服的形式。说服的成功与否在很大程度上有赖于领导者掌握的信息、技巧以及他的信誉和声望。谈判是说服的一种常见形式，它实际上是领导者和被领导者在沟通的基础上界定双方权利和义务的过程。

与说服相对应的是示范和命令。示范属于一种静止性的权力运用方式，它不具有说服所具备的扩展性；而命令则是一种强制性的权力运用方式，是不得不采取的一种形式，这一形式构成了领导活动得以展开的底线。一般来说，说服的效果要比命令好得多，因为组织成员内部都有自尊的需要。命令是一种体制性的结果，而说服则具有艺术化的特点。

（2）从被领导者所承受的结果来看，领导方式可以分为奖赏和惩罚两种。

奖赏是对组织目标的实现有贡献者给予一定的物质、精神的回报，实际上是领导权力运用过程中的一种激励机制。在物质奖励与精神奖励的基础上，晋升是一种富有激励功能的奖赏，它是领导者权力运用的一种积极形式。但是，奖赏不可多予，更不可随意给予。这是因为，奖赏泛滥会导致这一形式失去其积极意义。

惩罚是一种消极的权力运用形式，是领导者在事情失败之后所采取的一种补救性的领导方法。这是对阻碍完成组织目标的一种回报。同奖赏一样，惩罚也不可滥用，更不能随意采用，因为惩罚会给人带来一种精神上的痛苦和物质上的损失，会使人产生不满。当然，惩罚也和奖赏一样，也是领导过程中的一种激励措施，它具有“逆反激励”的某些特点，即通过惩罚提醒人们防止阻碍组织目标实现的恶性行为出现。总之，奖赏和惩罚都应该按照制度化了的规则进行，同时也要将它纳入组织成员的监督之下。

（3）在相当程度上，对权力的使用效果依赖于权力的来源和领导者使用它的方式。在权力使用上有三种典型的使用效果：承诺、服从和抵制。

当下属认为领导的影响方式是合理而又合法的时候，其领导的效果就是承诺。这时下属心甘情愿地接受领导，并积极主动地开展工作。

对权力的另一个反应是服从，在这种情况下，尽管下属接受影响，服从要求，但这并不是个人的意愿上接受或情愿采纳要执行的命令，下属与领导者保持一致，只是他们不得不这样做。比如，领导做出某些规定下属并不满意，但又慑于领导权威，不

得不服从。

第三种对权力的反应是抵制。在这种情况下，下属不同意这种影响，企图积极或消极地进行抵制。这种情况也经常发生。当管理者不能满足员工的要求，强制员工做出一些事情的时候，员工就会对管理者的领导行为进行抵制。当员工对领导者的想法与决定采纳和服从时，领导者的权力才会增大，但是领导者也不能简单地依赖服从，简单的服从也可能带来一些灾难性的后果。

**2. 权力的运用原则**

领导者必须正确运用组织赋予的权力，才能进行有效的领导。为了正确运用权力，必须注意以下三个问题：

（1）慎重用权。作为企业某个部门的主管，领导者有着相当的人事、财务等经营权力。少数领导者头脑不够清醒，以为有了权就有了一切，往往自觉或不自觉地夸耀手中的权力，试图以此树立自己的权威。这样做的结果，通常只能招致同事的反感和群众的厌恶，损害自己的形象，降低自己的威信。所以成熟的领导者必须十分珍惜国家和人民赋予自己的权力，十分珍惜自己多年辛勤工作在群众中形成的权威，绝不可轻易地滥用权力。但是，当情况确实需要使用权力时，领导者又要当机立断、雷厉风行地使用权力来维护国家和人民的利益，而不应为了维护个人的私利患得患失，谨小慎微，优柔寡断，坐失时机，使国家和人民的利益遭受损失。

（2）公正用权。企业领导者运用权力的最重要原则是公正严明。领导者必须用自己的实际行动使部下相信，在他运用权力时一定能做到不分亲疏，不徇私情，不谋私利。只有如此，才能服从。一个领导者，在其所办的一百件事中，如果有一件事由于考虑顶头上司、老领导、老同学、老同乡、老朋友、老部下以及自己亲属子女的利害得失，未能秉公处理，就会在群众中造成不良影响，甚至丧失个人威信。在这种情况下，他的行政权威虽然未变，但其实际的指挥、协调和激励作用都大大削弱了。伴之而来的是牢骚怪话、扯皮推诿、组织涣散、营私舞弊等现象在企业的蔓延。所以，领导者必须充分认识公正用权的重要性。

（3）例外处理。规章制度是企业职工的行为准则，领导者必须维护规章制度的严肃性，但也有权进行例外处理。例外处理不是为了破坏规章制度，而正是为了使规章制度更加合理，更能得到职工的拥护和执行。但是，进行例外处理，必须有充分的正当理由，必须光明正大，并有助于树立正气，强化职工的“期望行为”。通过实施例外处理，要使职工知道领导者是通情达理的，同时又要使职工对领导者期望自己表现出何种行为产生明确的认识。

# 任务四 认知领导艺术

## 知识基础一 领导艺术的特征

领导艺术，是指领导者在行使领导职能时，运用自己的智慧和经验，在领导活动中所表现出来的工作技能和技巧。在领导工作中，领导除了运用科学的领导方法外，还需要运用领导艺术，以充分发挥领导效能。领导艺术的特征可以概括为六个方面。

**1. 经验性**

领导艺术来自领导者在长期的工作中积累的知识、阅历和经验，是经验的总结和提炼。领导艺术常常带有一定的感情色彩，高超的领导艺术，具有吸引人、感染人的魅力。对于那些较稳定的并被实践反复证明的经验，通过总结并加以理论概括，又可以上升为科学。

**2. 灵活性**

领导艺术表现为领导者在思考和处理随机事件时，能针对实际情况，做出反应的一种能力和技巧。在现实经济生活中，企业生存和发展面临的环境复杂、影响因素众多、形势多变、随机性大，在许多情况下，没有现成的模式可循。领导艺术的运用，都是因事因时因地制宜。

**3. 多样性**

领导艺术的多样性是由领导者的素质和个人的特点决定的。不同领导者在处理类似问题时，往往会采用不同的方法和技巧；即使同一领导者在处理类似问题时，也会因环境、形势以及其他条件的变化而采用不同的解决方法。

**4. 创造性**

领导艺术构思独特，风格各异，凝聚着领导者的智慧、才华和创造力。领导者管理工作中实施领导艺术的过程，实际上就是一个不断开拓和不断创新的过程。

**5. 技巧性**

领导艺术表现为领导巧妙、和谐地处理和解决问题的能力。领导者运用领导艺术的高低，一个重要的方面是看在解决实际问题中，运用技巧的娴熟程度。

**6. 实践性**

领导艺术来自于领导者在实践中的体验和琢磨，同时领导艺术又必须运用到实践之中才能发挥其作用。

## 知识基础二　领导艺术的内容

领导艺术内容繁多，概括起来，可分为四个方面：待人的艺术、授权的艺术、办事的艺术和管理时间的艺术。

### （一）待人的艺术

领导者为了有效地行使领导职能，对企业职工施加影响，必须首先讲究待人的艺术。

**1. 坦诚相见，一视同仁**

领导者对企业的所有职工都应做到以诚相见，公正待人。领导者能否公正待人，直接关系到企业职工积极性的发挥，领导者在用人上，要任人唯贤，一心为公，而不能任人唯亲或论资排辈；在奖惩上，要严格规章制度，赏罚分明；在其他经济利益和荣誉上，也必须一视同仁，秉公办事。

**2. 严于律己，宽以待人**

领导要以身作则，高标准要求自己，做到言行一致，在工作中起好模范带头作用。

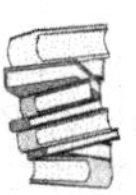

为人楷模的领导者，往往会产生一种无声的命令，身教重于言教。对于下属则要容人之短，宽宏大量。对下属在工作上犯的错误，领导者应勇于承担责任，并真诚地帮助他们认识和改正错误。在下属受到外界侵犯或蒙受冤屈时，领导者要挺身而出，保护好下属。这样，企业的职工就会感受到自己有了安全感和归属感。

**3. 尊重下属，信任下属**

领导者要尊重下属的人格、意见、权利和劳动成果，使他们感受到在这样的领导下面工作，心情舒畅，并力求以实际行动对这样的尊重予以回报。同时，领导对下属的尊重，也能唤起下属对领导的尊重，有利于维护领导的权威，保证领导工作的顺利开展。在分工授权后，领导者对下属不要再三关照叮嘱，更不要随便插手干预，使下属感到你对他的能力有所怀疑。相反，领导者要用实际行动使下属感到你对他的信任。这样，下属就会主动加强同领导者的合作，增进相互之间的友谊和合作。

**4. 善于与下属交谈，倾听他们的意见**

领导者在实施指挥和协调的职能时，必须把自己的想法、感受和决策等信息传递给下属，才能影响下属的行为。同时，为了有效地领导，领导者也需要了解下属的反应、感受和困难。这种双向的信息交流对于上下级之间相互沟通、相互理解非常重要。交流信息可以通过正式的文件、报告、书信、会议、电话和非正式的面对面的会谈。其中面对面的个别交谈可以从下属获得更多、更详细的情况，因此，它是了解下属的最好方式。领导者要广泛听取和采纳下属的意见，切不可偏听偏信，带片面性；对于企业重大问题，尤其应采取民主方式，广纳下属意见，以避免或减少决策的失误。

**5. 关心下属，以情感人**

领导者不仅要信任下属，使他们发挥聪明才智，出色地完成自己的本职工作，而且还要在政治、思想、业务、生活等方面关心他们，要为下属提高思想业务水平创造条件，为他们的生活排忧解难，在经济利益和荣誉面前应首先想到下属。当企业取得成功时，对做出重要贡献的下属应给予鼓励和奖励。

**6. 表扬有方，批评得法**

表扬是调动积极性、协调上下关系的重要方法。领导者应重视表扬，善于表扬，给予下属精神上的鼓励。表扬应着眼于人的长处，不要求全；要针对人的行为，不要笼统地表扬个人；要实事求是，恰如其分，不要随意夸大和提高；表扬方式应灵活多样，因人而异。领导者还要正确运用批评的方法，以制止和纠正不良行为。批评要选择合适的时机，区别不同的对象，采用适当的方法；批评方式要运用恰当、准确、文明的语言；批评要掌握好度，适可而止；批评和鼓励、批评与思想工作要相结合。

**阅读资料**

### 领导艺术：聪明的首相

历史上很多成功的领导人都具有以情感人的艺术，19世纪英国首相狄斯雷利就是一例。有个军官一再请求狄斯雷利加封他为男爵。首相知道此人才能超群，也很想跟他搞好关系，但军官不够加封条件，因此狄斯雷利无法满足他的要求。一天，首相把该军官单独请到办公室，对他说：“亲爱的朋友，很抱歉我不能给你男爵的封号，但我可以给你一件更好的东西，”狄斯雷利放低声音说，“我会告诉所有人，我曾多次请你接受男爵的封号，但都被你拒绝了。”

消息传出，众人都称赞这位军官谦虚无私、淡泊名利，对他的礼遇和尊敬远超过任何一位男爵。军官由衷感激狄斯雷利，后来成了首相最忠实的伙伴和军事后盾。

首相的聪明就在于，他明白军官真正需要的不是一个男爵头衔，而是封爵之后的巨大荣耀。

### （二）授权的艺术

领导者愿意授权的一个根本标志是他乐意给别人以机会发表意见。决策总是包含着某种决定权的，这就意味着，下属做出的决策不大可能完全和上级做出的决策相同。懂得如何授权的领导者必定不仅欢迎别人的意见，而且还会帮助别人按他们自己的独创性去完成任务。

领导者要想有效地授权，一定要乐意把决策的权力让给下属。有这样一位总经理，坚持要亲自批准所有的采购项目或所有工人、秘书的任命，而没有认识到这样做会占去他考虑更重要的决策时间与注意力。如果组织的领导把自己的注意力放到实现企业目标最有利的任务上，而把其他任务分配给下属，那么他就一定会对企业做出更大的贡献。

要实现真正的授权，还要允许别人犯错误。如果一个领导者经常地检查下属的工作以便确保他们永不出差错，就不可能实现真正的授权，正因为任何人都会犯错误，所以应该允许下属犯错误，错误的代价就是在人员培养中所付的学费。

有效的授权还包括领导者对下属的信任程度。因为授权就意味着上下级之间的信任。

领导者可能由于一些考虑而推延授权，例如下属的锻炼还不够；他们不善于处理人事问题；他们的判断力还不够等。这些考虑虽然是实在的，但上级还可以作另外的考虑，就是要么训练下属，要么挑选别的人来承担这一职责。然而，上级不信任下属大多数是因为他们不想放手，不会明智地授权，或不了解如何确定控制标准以确保恰当地利用职权。

当然，授权不等于放弃权力，授权是在上级领导认识到授权能确保企业或部门目标的实现时做出的选择。否则，授权就是一种失败。为了保证授权后企业的目标得以顺利实现，授权时应注意以下几点：

（1）根据预期的目标规定任务和授权。或者说为了有可能实现指定的目标而授权。

（2）根据所要完成的任务挑选人员。

（3）保持信息沟通渠道的畅通。

（4）建立适当的权力控制制度，即领导者在授权的同时还必须有确保职权得到恰当利用的方法，使授权不至于导致失权。

### （三）办事的艺术

领导者的工作复杂纷繁，如不妥善处理，就会顾此失彼、事倍功半。这就需要讲究办事的艺术。

**1．抓大事，顾全局**

领导者必须而且只能集中精力抓好企业的大事。领导的大事包括决策、用人、指挥、协调和激励等；这些大事应该由领导去做，但并不是说都应该由最高领导去做，而应分轻重缓急、主次先后，有些事可以授权下属各级领导去做。企业的最高领导应该只抓重中之重、急中之急的大事，而不应该不分巨细，事必躬亲，面面俱到。否则，不仅浪费了自己宝贵的时间和精力，而且还挫伤下属的积极性，不利于增加下属的责任感。当然，领导者在集中精力抓好大事的同时，还要照顾一般，搞好全局性的工作。

**2．重实干，戒空谈**

领导者一定要“务实”“求实”，讲求实干，少说多做。美国 T. J. 彼得斯等著《成功之路》一书将“贵在行动”列为美国出色企业的八项优秀品质之首。领导者应该是一位脚踏实地、埋头苦干的实干家，要清除一切形式主义、繁文缛节、文山会海等现象。

**3．排干扰，减负担**

领导者在日常工作中常常会受到各种意外的干扰，对这些干扰应区别对待。对有些干扰，如接受有助于提高企业影响力和树立良好形象的新闻采访，应加以重视，并亲自处理，但对另一些干扰，领导者应尽可能地排除，或交代给下属处理，从而减轻自己的负担，腾出更多时间来思索和筹划企业的发展问题，更好地发挥领导的职能作用。

**4．坚韧不拔，知难而进**

市场经济是一种竞争经济，是一种优胜劣汰的经济。因此，在企业的发展过程中，不可能一帆风顺，会遇到各种各样的问题，有的甚至事关企业生存或企业发展方向的艰难问题摆在领导者面前，需要领导者做出决策。仅在现实生活中，常常是机遇与挑战并存，困难与希望同在。这就要求领导者正确对待困难与风险，勇于开拓，坚韧不拔，知难而进。不过，领导者要有胆有识，保持冷静头脑和理智的决断。因为，对有些重大问题，领导者一旦做出错误的决策，将直接对企业生存构成威胁。

**5．居安思危，防患未然**

企业即使处在顺境中发展，企业领导者也应居安思危，未雨绸缪，注意发现企业发展过程中隐含的一些不利因素，以便及早采取措施，防患于未然。古人说：居安思危，思则有备，有备无患。因此，企业领导人必须高瞻远瞩，从顺境中预见日后可能出现的危机，早做准备，减轻或消除危机，确保企业持续、稳定发展。

**6．精心准备，开好会议**

会议是领导者重要的工作方式。通过会议可以交流信息，集思广益，加强沟通，协调关系。但要使会议富有成效，就必须讲求开会的艺术。在会前要认真准备会议材料，确定会议的中心议题和主要议题以及会议所要达到的效果；严肃会风，开短会，少开会；限定发言时间，避免离题发言和重复发言；要有议有决，重大问题实行民主表决；善于处置会议中出现的问题，等等。

### （四）管理时间的艺术

做任何事情都需要占用时间，创造一切财富也需要耗用时间。时间似乎是一种用之不竭的资源。但对个人来讲，时间又是一个常数，是一种特殊的、最稀有的和最宝贵的资源。因此，领导者应该特别珍惜时间、科学合理地利用时间，从而提高工作效率。

**1. 合理安排时间**

这是要把完成的工作，按小时、按每天、按每周地将先后时序安排好，然后按计划逐个完成。这就需要首先对自己的工作认真分析，如一天内或一周内，要做好哪几件事；哪些是每天做的固定工作，哪些是非固定工作；哪些工作花的时间多，哪些工作花的时间少等。其次，对工作的性质、类型和要求进行分析，区分主次轻重缓急并估计每项工作所需花费的时间。最后，将工作时间统一运筹，制定时间分配表（表10－3）。在计划执行过程中，还要灵活调度，并将实际消耗时间和预定时间比较，以便总结经验，为今后工作时间的合理安排提供依据。

**表10－3　领导者每周工作时间分配表**

| 工作内容 | 每周工作小时数 | 时间使用方式 |
|---|---|---|
| 1. 了解经营活动情况，检查工作 | 5 | 每天1小时 |
| 2. 研究业务工作，进行决策 | 14 | 每次3~4小时 |
| 3. 与主要业务骨干交谈，了解他们的业务、工作、生活情况，并做思想工作 | 5 | 每次0.5~1小时 |
| 4. 处理企业与外部的重大业务关系 | 8 | 每次1~2小时 |
| 5. 处理企业内部各部门的重大业务关系 | 8 | 每次2~3小时 |
| 6. 参加社会活动（接待、开会） | 6 | 每次1~2小时 |
| 7. 学习与思考 | 4 | 每次2小时 |

**2. 当日工作当日完成**

领导者应该懂得把握“今天”的重要性，凡属于当天应该完成而又能够完成的工作任务，一定要在当天完成，不要拖延到次日，只有这样，才能抓紧时间，提高时间利用效率。另外，抓紧今天，也就意味着抓住了今天出现的机会，而机会是转瞬即逝，不易再来的。

**3. 充分利用时间**

一是充分利用间隙时间。领导者每天都有可能会有一些零星的时间，如候车、会前等人等。充分利用这些零碎的间隙时间来处理一些需要的时间短、不甚重要的事务。二是要善于“挤”时间。如增加工作密度，加快工作节奏；开短会、说短话、写短文；简化办事程序和手续等。

**4. 尽量避免“无效功”**

领导者应对自己将要处理的工作进行逐项分析，从中确定哪些工作必须自己亲自处理，哪些工作可以授权下属处理。对于需要领导自己处理的事项，也应考虑何时、以何种方式进行处理，尽量避免“无效功”。

**5．提高开会效率**

开会是交流信息的一种有效方式。领导离不开开会，但开会也要讲究艺术。企业领导者每年要开几百次会，但重视研究和掌握开会艺术的人却不多。有许多领导者整天沉沦于文山会海之中，似乎领导的职能就是开会、批文件，而开会是否解决了问题、效率如何，却全然不顾。只要开了会，该传达的传达了，该说的说了，就算尽到职责了。其实不解决问题的会有百害而无一利。开会要简明扼要，突出主题，讲求时间效率，节约领导者和与会者的宝贵时间。

领导者只有充分了解、娴熟地运用上述领导艺术，领导者才可能充分利用自身的良好素质，取得比较理想的领导效果。

## 项目小结

领导是指领导者依靠影响力，指挥、带领、引导和鼓励被领导者或追随者，实现组织目标的活动和艺术。领导者是群体的核心。他要根据环境条件的变化以及群体内成员的要求，制定为实现群体目标所必需的各种措施和方法。对外他代表自己所在的群体，向其他群体发生各种关系；对内部成员，他要给予其奖励或惩罚，并保持群体内的稳定、协调和平衡等。领导在带领员工实现组织目标的过程中，主要在企业决策方面起指向和决断作用，在企业体系中起纽带和核心作用，在企业行为方面发挥激励和协调作用等。

领导者的素质是指领导者所具有的在领导活动中经常起作用的基本条件或内在因素。根据我国现阶段用人的标准，所要求的领导者个人素质包括六个方面，即政治思想素质、业务知识素质、工作能力素质、气质修养素质、身体健康素质、心理素质等。

现代企业通常不是一个领导者，而是由一个领导群体，即领导班子来进行领导的。这不仅要强调每个领导者的个人素质，还要重视领导班子结构的优化。所谓领导班子结构的优化，就是要按照人才结合、功能互补的原则配备领导班子成员。领导集体的结构一般包括年龄结构、能力结构、知识结构和性格结构等四个方面。

领导权力包括惩罚权、奖励权、法定权、专长权、参照权（个人影响权）；领导在运用权力时要遵循慎重用权、公正用权和例外处理三个原则。

领导艺术的内容繁多，概括起来，可分为四个方面：待人的艺术、授权的艺术、办事的艺术和管理时间的艺术。领导者为了有效地行使领导职能，对企业职工施加影响，必须首先讲究待人的艺术。也就是说，作为领导者在实施领导过程中，要做到：坦诚相见，一视同仁；严于律己，宽以待人；尊重下属，信任下属；善于与下属交谈，倾听他们的意见等。由于领导者的工作复杂纷繁，如不妥善处理，就会顾此失彼、事倍功半。这就需要讲究办事的艺术。也就是说，领导者在工作中必须抓大事，顾全局；重实干，戒空谈；排干扰，减负担；居安思危，防患未然等。

## 思考与练习

1. 不定项选择题

(1) 领导者的个性特征包括（　　）。

A. 才智　B. 自信心　C. 性别　D. 成熟程度　E. 决断能力

(2) 有效管理者必须具备的素质有（　　）。

A. 品德素质　B. 知识素质　C. 能力素质　D. 思想素质

(3)（　　）是一种影响力，它是影响人们心甘情愿地和满怀热情地为实现群体目标努力的艺术或过程。

A. 管理　B. 领导　C. 组织　D. 激励

2. 判断题

(1) 领导在管理活动中处于首要地位。（　　）

(2) 领导是指引和影响个体、群体或组织来完成所期望目标的各种活动过程。（　　）

3. 简答题

(1) 简述管理者和领导者的区别与联系。

(2) 领导者应具备的素质有哪些？

(3) 如何正确运用领导权力？

(4) 领导者科学用人的艺术表现在哪些方面？

## ■应用案例

### 王嘉廉：领导精英的人

1998 年 5 月 13 日，“北京高新技术产业周”拉开帷幕。会上，美国 CA 有限公司和日本富士通有限公司联合宣布，共同推出二者合作开发的中文版 Jasmine。这是两家高科技领域内的精英公司，实力相当雄厚。CA 是年营业额达 45 亿美元的世界商用软件界翘楚；富士通是年销售额逾 360 亿美元的信息技术产业巨人。二者联袂亮相，自然给会议带来不小的轰动。然而，这其中更为引人关注并为新闻界所追逐的，却是一位以往在国内并不声名显赫的美籍华人——王嘉廉先生。

如果用业绩来衡量，王嘉廉应在当今最成功的企业家之列，而且成就非凡。1976 年，王嘉廉抱着“技术必须服务于商业”的信念，赤手空拳与三位员工创建了 CA 公司。21 年后，CA 已成为在 43 个国家拥有 11 000 名员工，市场资本近 300 亿美元，年营业额达 45 亿美元的软件王国。CA 曾被美国《财富》杂志评为美国最有价值的 100 家公司之一。他的成功，让羁旅异乡的华人感到骄傲，像 20 世纪 80 年代叱咤美国电脑界的王安一样，王嘉廉在办高技术企业上的非凡成就，证明了华人在海外除了开饭店、洗衣房外，在其他事情上也能超人出众。

从白手起家到缔造出年营业额高达 45 亿美元的软件公司，CA 的实力与潜力为公众所称道。虽说不能完全用金钱来衡量一个人的价值与成就，但 45 亿美元的年营业额，又怎能不叫人赞叹王嘉廉的才能与聪慧，对他成功背后的原因与动力感到好奇。

一个成功企业的成长过程，是一个渐渐形成自身独有风格的过程。而这一风格，

又往往与领导者的作风与独特的领导方式有着最直接的联系。

王嘉廉的个性非常突出，有着过人的精力，动作麻利，工作效率高，说话心直口快不拐弯抹角。因而也就有了“积极进取”“坚定不移”“温和”“桀骜不驯”“激情”“冷静”“斗志高昂”等描述他的词汇不断在众多报刊上出现。美国广播公司曾标榜他是“具独创性、最有效率的主管之一”。他领航的CA如同一台高速运转而又井然有序的大机器，又像一个温情和睦、充满活力的大家庭。

王嘉廉最讨厌也最怕官僚系统，视其为腐蚀人心、摧毁企业的罪魁祸首，因而在他身上，你看不到老板架子。他要员工有话直说，有困难直接找他。为了破除官僚系统，CA公司每年四月有一次“大地震”——人事组织的变动。你今年在某一部门工作，明年就会被调到另一个部门工作，今年你在这个国家任职，明年又会被换到另一个国家。这种岗位的互换制，不仅使员工总是在面对挑战的环境中自我成长、成为精英，更重要的在于激发出员工个人的潜能与才智，使他们自觉地体会到团队精神和整体表现才是把握成功的关键。

王嘉廉建立的CA，是一个没有等级观念的公司，这里的工作方式是追求高效而不是拘于形式。CA的每一个部门都有自主权，做决策可以直通最高主管而无需浪费在写报告上。像许多大公司一样，CA也有大大小小开不完的主管会议。但这些会议并非是例行或事先安排好的，而是根据实际需要随时召开。在CA的一次重要会议现场，看到的是在其他公司看不到的情景：一大群高级主管正准备开会，有些人手持咖啡、早点；有些人交头接耳；有的人忙着把笔记本电脑连接在大电视屏幕上。这里没有传统和正规的会议规则，会议的气氛时而轻松，时而激烈。他们可以声嘶力竭地争论，毫无忌惮地彼此交换意见，在碰到意见不同时，任何人都可以打断董事长、上司的话而不会被视为冒犯。讨论的过程不是单向的，王嘉廉的话亦不会被员工奉为圣旨。双方一来一往的激辩，其他人有不同的意见也不时地切入，没有所谓的发言次序。这种介于“正经”与“不正经”之间的沟通方式，刺激了大家的参与感、强化了每个人的思考能力。两个多小时的会议上，只有嗓门提高的声音，却见不到有人打盹儿、打哈欠，而王嘉廉不时冒出的幽默比喻，更是动不动让大家笑得人仰马翻。于是，一个生硬的议题便在轻松与活泼的气氛中，得出了一个共识，找出了一个完善的解决方案，而这一方案很可能会给CA增添一大笔收益。

王嘉廉把今日CA的成功归功于公司大量的出色人才。然而在软件界，聪慧的一流人才俯拾即得，无人不想坐立山头。能够把这些聪明过人的人吸引在一起共同为CA效力，这本身就是一件难度很高又很能说明问题的事情。难怪有人说，王嘉廉不仅自身是一个了不起的人才，而且还是一块能吸引人才的强力“磁石”。

王嘉廉提拔人才不看重学位，而是看他的工作热诚与能力。他认为拥有硕士学位或名校出身者，并不一定就是最适合在CA工作的人，学校教的东西并不等于实际。CA最迫切需要的是具有自发精神、不畏挑战而又善于因地制宜的人。CA最重要的哲学之一是：“有失败的权力”。王嘉廉告诉员工，犯错误没有关系，但谁都没有权力掩饰过失，因而相互指责、推卸责任的现象不会在CA出现。员工敢于冒险、独立思考、不怕发表自己的看法，每一个人都不会忙着掩饰自己的过失，这是CA和许多大公司不同的地方。“我们并不比其他公司的人聪明，但不同的是，我们节省下许多相互指责的时间来从错误中学到教训，不断成长。在CA工作的人，多是自动自发，希望共同为CA闯出一番天地的人。”王嘉廉以此为傲。

在美国电脑界大公司工作，员工们能得到很高的薪金待遇，而CA给员工的薪金报酬甚至比世界头号电脑公司IBM还高出三分之一。“你必须给予他们报偿，而且重重地报偿他们。当你找到一个全心投入的工作者时，付他两倍的代价，因为他可以顶三个人的工作。”在CA总部大楼内，甚至设有第一流的幼儿园、篮球场、健身房等福利设施。王嘉廉认为，尽可能地向员工提供丰厚的薪金与福利待遇，是CA一直在努力做的，因为只有为员工提供一个轻松愉快、毫无压力的“大家庭”式的温馨环境，才能激励他们热爱公司，并以主人翁的态度对待工作。在美国的大公司中，CA这种以人为本的企业文化，使人感到是中国文化传统的影响，因而有人称CA公司是“颇具东方色彩的西方公司”。

尽管在规模与待遇上CA颇显大公司实力，但在经营上却把自己当小公司来经营，这是他们一直努力保持的心态。“因为一旦你将自己视为大公司，你就会失去工作的积极性与乐趣，因而尽管我们的确是电脑软件界规模最大的公司之一，但在思考及工作的方式上，都是以小公司为基准的。”王嘉廉说。

成功绝不是偶然的，大凡成功的人比未成功的人还勤勉努力。但对此，王嘉廉却有着不同于一般人的理解：“我不像人想象中的有很大的工作压力。对我来说，工作如同游戏，已成为我生命的一部分。”他热爱自己的工作，因而繁忙的工作也就变成了自己兴趣所致的“努力游戏”。成功只是对这种努力绩效的一种印证，而由努力中得来的愉快与乐趣，才是对生命的回报。

**思考题：**

王嘉廉具备哪些领导者的素质？

## 项目实训

**实训项目：**

校园模拟指挥。

**实训目的：**

通过实训，培养现场指挥的能力和应变能力。

**实训指导：**

指导教师主要给予实训对象两个方面的指导：一是领导相关基础知识要点的指导；二是指导实训对象深入学生生活或处理过较大危机的组织，获取相关资料。

**实训内容：**

（1）设定一定的管理情景，由学生即时进行决策或指挥。

晚上11点多，男生宿舍三楼的卫生间上水管突然爆裂，此时楼门和校门已经关闭，人们都沉睡在梦中，只有邻近的几个宿舍的学生被惊醒。水不断地从卫生间顺着东西走廊涌出，情况非常紧急，假如你身处其中，如何利用你的指挥能力化险为夷。

（2）课下先进行分组讨论，然后各小组分别表述本组应急方案，看看谁的方案

最好。

**实训要求：**

实训结束后，每位学生必须当场编撰并完成实训报告，实训指导教师可给予点评。实训报告要求语言流畅、文字简练、条理清晰。实训报告内容主要包括实训报告封面（实训日期，实训人姓名、专业、班级等信息）、实训项目名称、实训目的、实训内容、实训资料（实训所依据的原始资料和使用的工具、材料等）、实训过程（实训采用的方法、步骤等）、实训结果或结论、收获与体会、实训指导教师评价意见等。

**实训考核：**

实训成绩按优秀、良好、中等、及格和不及格五级计分法评定。

# 项目十一　领导理论

## 知识目标

◆理解并掌握几种主要的领导特质理论、领导行为理论及领导权变理论。

## 能力目标

◆培养提高领导有效性的能力。

◆初步具有判别与运用领导方式理论的能力。

## 导入案例

### 一次重大的人事任免

某钢铁公司领导班子会议正在研究一项重大的人事任免案。总经理提议免去公司所属的、有2 000名职工的主力厂——炼钢一厂厂长姚成的厂长职务，改任公司副总工程师，主抓公司的节能降耗工作；提名炼钢二厂党委书记林征为炼钢一厂厂长。姚、林二人都是公司的老同志了，从年轻时就在厂里工作，大家对他们的情况可以说是了如指掌。

姚成，男，48岁，中共党员，高级工程师。20世纪60年代从南方某冶金学院毕业后分配到炼钢厂工作，一直搞设备管理和节能技术工作，勤于钻研，曾参与主持了几项较大的节能技术改造，成绩卓著，在公司内引起较大震动。1983年他晋升为工程师，先被任命为一厂副总工程师，后又任生产副厂长，1986年起任厂长至今，去年被聘为高级工程师。该同志属技术专家型领导，对炼钢厂的生产情况极为熟悉，上任后对促使炼钢一厂能源消耗指标的降低起了巨大的推动作用。他工作勤勤恳恳，炼钢转炉的每次大修理他都亲临督阵，有时半夜入厂抽查夜班工人的劳动纪律，白天花很多时间到生产现场巡视，看到有工人在工作时间闲聊或乱扔烟头总是当面提出批评，事后通知违纪人所在单位按规定扣发奖金。但群众普遍反映，姚厂长一贯不苟言笑，没听姚厂长和他们谈过工作以外的任何事情，更不用说和下属开玩笑了。他到哪个科室谈工作，一进办公室大家的神情便都严肃起来，犹如“一鸟入林，百鸟压音”，大家都不愿和他接近。对他自己特别在行的业务，有时甚至不事先征求该厂总工程师的意见，直接找下属布置工作，总工对此已习以为常了。姚厂长手下几位很能干的“大将”却都没有发挥多大的作用。据他们私下说，在姚厂长手下工作，从来没受过什么激励，特别是当他们个人生活有困难需要厂里帮助时，姚厂长一般不予过问。用工人的话说

是"缺少人情味"。久而久之，姚厂长手下的骨干都没有什么积极性了，只是推推动动，维持现有局面而已。

林征，男，50 岁，中共党员，高中毕业。在基层工作多年，前几天才转为正式干部，任车间党支部书记。该同志脑子灵活，点子多，宣传、鼓动能力强，具有较突出的工作协调能力。1984 年出任炼钢二厂厂办主任，1986 年调任公司行政处副处长，主抓生活服务，局面很快被打开。1988 年炼钢二厂党委书记离休，林征又回炼钢二厂任党委书记。林征长于做人的工作，善于激励部下，据说对行为科学很有研究。他对下属非常关心，周围的同志遇到什么难处都愿意和他说，只要是厂里该办的，他总是很痛快地给予解决。民主作风好，工作也讲究方式方法，该他做主的事从不推三阻四。由于他会团结人（用他周围同志的说法是"会笼络人"），工作能力强，因此在群众中享有一定的威望。他的不足之处是学历低，工作性质几经变化，没有什么专业技术职称（有人说他是"万金油"），对工程技术理论知之不多，也没有独立指挥生产的经历。

姚、林二人的任免事关炼钢一厂的全局工作，这怎么能不引起公司领导们的关注？公司领导们心里在反复掂量，考虑着对炼钢一厂厂长这一重大人事变动提议应如何表态。

**思考题：**

1. 根据姚成的性格特点和技术专长，对他这次任免是否合适？

2. 对厂长的领导素质、领导风格应有什么要求？林征会成为一名合格的厂长吗？

领导理论是研究领导有效性的理论，是管理学理论研究的热点之一。自 20 世纪 40 年代以来，西方组织行为学家、心理学家从不同角度，对领导问题进行了大量研究，研究的核心内容是影响领导有效性的因素以及如何提高领导的有效性。

# 任务一　认知领导特质理论

多年来，国内外许多管理学家、心理学家和行为学家一直试图通过调查研究寻找成功的领导者具备的一些共性的个人特质。各种研究，因为角度不同，得出的结果各有特色。下面简单介绍几种研究结果。

## 知识基础一　拉尔夫 · M. 斯托格第的领导者品格理论

拉尔夫 · M. 斯托格第（Ralph M. Stogdill）通过查阅大量有关领导素质的资料后，总结出领导者的品格，包括：

（1）五种身体特征，如精力、外貌、身高、年龄、体重等。

（2）两种社会性特征，如社会经济地位、学历等。

（3）四种智力与才干特征，如果断性、说话流利、知识广博、判断分析能力等。

（4）十六种个性特征，如适应性、进取心、热心、自信、独立性、外向、机警、支配、有主见、急性、慢性、见解独到、情绪稳定、作风民主、不随波逐流、智慧等。

（5）六种与任务有关的特征，如责任感、事业心、毅力、首创性、坚持、对人的关心等。

（6）九种社交特征，如能力、合作、声誉、人际关系、经验阅历、正直、诚实、权力的需要、与人共事的技巧等。

### 知识基础二　诺斯科特·帕金森的领导者特质理论

诺斯科特·帕金森（N. Parkinson）总结出以下一些成功的领导者具备的特性：

（1）总是遵守时间。

（2）让下属充分施展才能，并通过良好的、恰如其分的管理，而不是靠硬干来达到目标。

（3）注意提高自身素质，也注意提高上司下级的素质，绝不姑息缺点。

（4）抓住关键，先做最重要的事，次要的事宁可不做。

（5）深知仓促决定容易出错。

（6）尽可能授权他人，使自己获得时间规划组织未来。

### 知识基础三　德鲁克的领导者特质理论

美国管理学家德鲁克（P. Drucker）在《有效的管理者》一书中指出了五种有效领导者的特性，并指出它们是可以通过学习掌握的。这五种特征包括：

（1）知道时间该花在什么地方，领导者支配时间常处于被动地位，所以有效的领导者都善于系统地安排与利用时间。

（2）致力于最终的贡献，他们不是为工作而工作，而是为成功而工作。

（3）重视发挥自己的、同事的、上级的和下级的长处。

（4）集中精力于关键领域，确立优先次序，做好最重要的和最基本的工作。

（5）能做出切实有效的决定。

领导特质理论是从领导者具有的品质出发进行研究的，并且每一种理论的看法又有所不同，所以领导特质理论在现实中并未获得很大的成功。但即便如此，这些理论研究也在一定程度上表明了领导的有效性与领导者本身的特性有着千丝万缕的关系，如领导者的才干、社交手段等，因此，对于培养领导者具有重要的作用。

## 任务二　认知领导行为理论

领导的行为理论将过去人们对于领导者的内在特征的研究转移到了外在行为上。这种理论认为，个人的行为方式对领导者来说是至关重要的。

### 知识基础一　库尔特·勒温的三种领导方式

美国心理学家库尔特·勒温（Kurt Lewin）通过试验研究不同的领导方式对下属群体行为的影响，根据领导者如何运用职权，认为领导者在领导过程中有三种领导方式：

（1）专制式领导方式。专制式的领导者独断专行，喜欢以权力和威望压制、命令下属听从；决策的制定由领导者一人完成；主要采取行政惩罚、强制的措施；与下属很少交流。这种领导行为的优点是：决策直接由领导者制定，再下达任务，因此，工作效率较高。缺点在于，下属在执行过程中会产生不满的情绪，并容易把这种情绪带

到工作中，从而增加领导者的负担，导致工作效果较差。

（2）民主式领导方式。民主式领导者能够听取下属意见并采纳使用；能充分考虑到下属的具体情况；领导工作主要靠个人的威望，而不是手中的权力，在组织中深得大家的尊重。这种领导方式的优点是：领导者寻求与下属并肩作战，重视下属，认可下属的能力，甚至也考虑到下属各方面需要，允许下属参与制定决策，工作效果较好。缺点在于，因为决策的制定过程是大家参与的过程，导致工作效率相对低下。

（3）放任式领导方式。放任式领导者没有很好地进行工作计划，对手中的权力不关心，对工作进展不关注，对员工的工作态度和需求不重视。因此，造成了组织中自由散漫的工作氛围，变成了无组织、无纪律的管理。

勒温通过实验发现，这三种领导方式中，专制式领导方式导致工作成员间意见颇多，出现相互间不配合工作的情况，群体凝聚力不强，成员多以“我”为中心；民主式领导团体中，成员间关系融洽，大家对团体认可，对领导尊重，领导能发挥下属的主动性和积极性，成员多以“我们”为中心；放任式领导团体中成员大多各自为政，士气低落，情绪消极，效率最低。

## 知识基础二 双中心理论

美国密执安大学的研究由 R. 利克特（Rensis Likert）及其同事在 1947 年开始进行，该研究试图比较群体效率如何随领导者的行为变化而变化。这项研究的目的，是打算建立实现预期的绩效和满意水平的基本原理，以及有效的领导方式类型，结果发现了两种不同的领导方式。

一种是以工作为中心（工作导向型）的领导行为。这种领导方式关心工作的过程和结果，并用密切监督和施加压力的办法来获得良好绩效、满意的工作期限和结果评估。对这种领导者而言，下属是实现目标或任务绩效的工具，而不是和他们一样有着情感和需要的人，群体任务的完成情况是领导行为的中心。

另一种领导方式是以员工为中心（员工导向型）领导行为。这种领导方式表现为关心员工，并有意识地培养与高绩效的工作群体相关的人文因素，即重视人际关系。员工导向型领导者把他们的行为集中在对人员的监督，而不是对生产的提高上。他们关心员工的需要、晋级和职业生涯的发展。

密执安大学的研究人员发现，在以员工为中心（员工导向型）的组织中，生产的数量要高于以工作为中心（工作导向型）组织的生产数量。另外，这两种群体的态度和行为也根本不同。在以员工为中心（员工导向型）的生产单位中，员工的满意度高，离职率和缺勤率都较低。在以工作为中心（工作导向型）的生产单位中，产量虽然不低，但员工的满意度低，离职率和缺勤率都较高。在这种经验观察的基础上，密执安大学领导行为方式研究的结论是，员工导向的领导者与高的群体生产率和高满意度成正相关，而工作导向的领导者则与低的群体生产率和低满意度相关。

## 知识基础三 领导行为连续统一体理论

美国管理学家坦南鲍姆（Robert Tannenbaum）和施密特（Warren H. Schmidt）认

为，从以领导人员为中心到以下级人员为中心的领导方式之间存在着若干过渡形式的领导方式。由此，他们提出了“领导方式的连续统一体理论”，如图 11－1 所示。

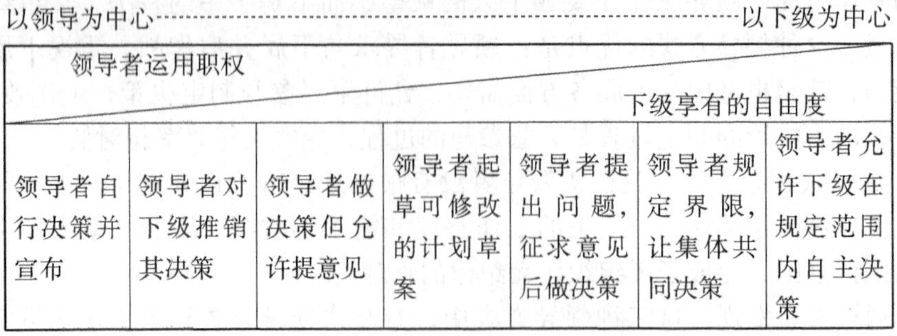

| 领导者自行决策并宣布 | 领导者对下级推销其决策 | 领导者做决策但允许提意见 | 领导者起草可修改的计划草案 | 领导者提出问题，征求意见后做决策 | 领导者规定界限，让集体共同决策 | 领导者允许下级在规定范围内自主决策 |
|---|---|---|---|---|---|---|

**图 11－1　领导方式的连续统一体**

图 11－1 中列出了七种典型的领导方式：

(1) 领导者做出并宣布决策。领导者自己考虑问题，自己做出决策，然后向下属宣布，要求下属执行。下属只能听从领导者的命令，而没有参与决策的机会。

(2) 领导者“销售”决策。领导者做出决策，然后说服下属接受他的决策，而不是简单地命令下属执行。

(3) 领导者提出计划并允许下属提出修改意见。领导者做出决策，为了让下属更好地了解他的用意并接受他的决策，因此，征求下属的意见。

(4) 领导者提出可以修改的暂定计划。在这种方式中，允许下属对决策发挥某些影响作用，但决策的主动权仍操纵在领导者手中。

(5) 领导者提出问题，接受下属建议，再做出决策。在这种方式中，虽然确认问题和进行决策仍由领导者进行，但下属有建议权。下属可以在领导者提出问题后，提供各种解决问题的方案，领导者从中选择满意的方案，从而可以极大地提高下属的参与积极性。

(6) 领导者提出限定条件，并让集体共同决策。在这种方式中，领导者提出要解决的问题，并规定决策的限定条件，然后把决策权交给团体。

(7) 领导者允许下属在规定的界限内行使职权。在这种方式中，团体有极度的自由，行使一定的职权。领导者往往以普通成员的身份参加决策过程，并执行团体所做出的任何决定。

坦南鲍姆和施密特认为，上述方式孰优孰劣没有绝对的标准，应当根据具体情况考虑各种因素，选择适当的领导方式。适宜的领导方式取决于环境和个性。在这一连续统一体中可能影响领导方式的最重要的因素包括以下几方面：

第一，对领导者的个性起作用的一些因素，如领导者的价值观体系、对下属的信任程度、对某些领导方式的偏好等。

第二，下属所具有的可能影响领导者行为的因素，如责任心、经验和知识等。

第三，环境因素，如组织的价值准则和传统、问题的性质、时间的压力等。

资料链接

**彼得·莫斯的蔬菜管理**

彼得·莫斯是一名生产和经营蔬菜的企业家。现在他已有50 000平方米的蔬菜温室大棚和一座毗邻的办公大楼，并且聘请了一批农业专家顾问。

莫斯雇用了一班专门搞蔬菜杂交品种的农艺专家，这个专家小组负责开发杂交品种蔬菜，并不断向莫斯提出新建议，如建议他开发菠生菜（菠菜与生菜杂交品种）、橡子萝卜瓜、橡子南瓜以及萝卜的杂交品种。特别是一种柠檬辣椒，是一种略带甜味和柠檬味的辣椒，他们的开发很受顾客欢迎。

莫斯热衷于使他的员工感到自身工作的价值。他希望通过让每个员工“参与管理”，了解公司的现状，调动职工的积极性。他相信：这是维持员工兴趣和激励他们的最好办法。

开会时，彼得·莫斯要求员工务必准时到会，积极参与发表意见，并期望得到最有效的结果。

## 知识基础四　领导行为四分图理论

美国俄亥俄州立大学的研究人员弗莱西曼（E. A. Fleishman）和他的同事们也进行了关于领导方式的研究。他们把领导方式分为两个维度：关怀维度主要以关心人为中心，强调领导者对员工之间以及领导者与追随者之间的关系，领导者信任、尊重下属，关心下属的需要，下属有较多的自主权；定规维度主要以工作为中心，强调领导者通过构建任务、明确职责、建立群体之间的关系和沟通渠道，达到组织目标，领导者制定制度来引导和控制下属的行为。

通过研究表明，一个领导者的行为在每一种维度中可以出现很大的变化。由此，领导行为可以是这两个维度的任意组合，图 11－2 所示的领导行为四分图是表示四种不同的领导行为。

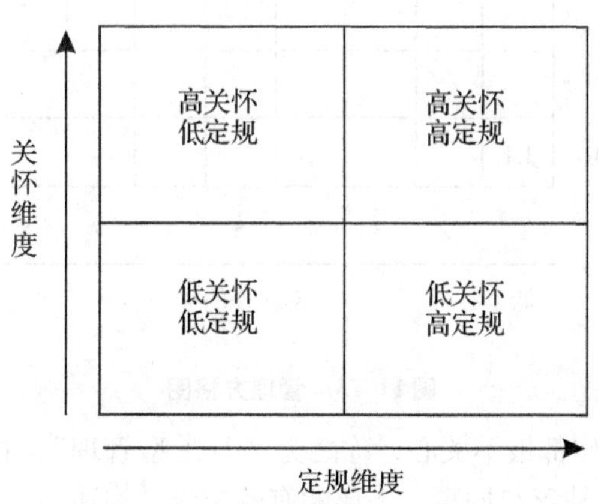


图 11－2　领导行为四分图

（1）低关怀—低定规。这种行为对人和工作都不关心。领导者采取了放任的领导方式，因此，是一种不负责任的领导行为。

（2）低关怀—高定规。这种行为对人不关心，但关心工作。这类领导者追求工作的完美，但忽视对员工的应有关怀。因此，是一种任务型的领导行为。

（3）高关怀—低定规。这种行为对人充分关心，但不关心工作。这是一种工作氛围轻松，但工作效率较低的领导行为。

（4）高关怀—高定规。这种行为既关心人，又关心工作。领导者制定出适合员工的工作制度，并且在执行过程，以高度的人文关怀为保证，关心和尊重下属，是一种理想的领导行为。

## 知识基础五　管理方格理论

这是一种用方格图表示和研究领导方式的理论。美国行为科学家罗伯特·布莱克（Robert R. Blake）和简·莫顿（Jane S. Mouton）认为，在管理过程中，会出现一些极端方式，或以生产为中心，或以人为中心，或以强制的监督管理为主，或认为要相信人。为避免趋于极端，他们于1964年发表《管理方格》一书，提出了管理方格法，如图11－3如示。图中横坐标表示领导者关心工作，纵坐标表示领导者关心人，分别分成9等份，组成了81个小方格。以其中五种典型的组合为例，说明领导方式。

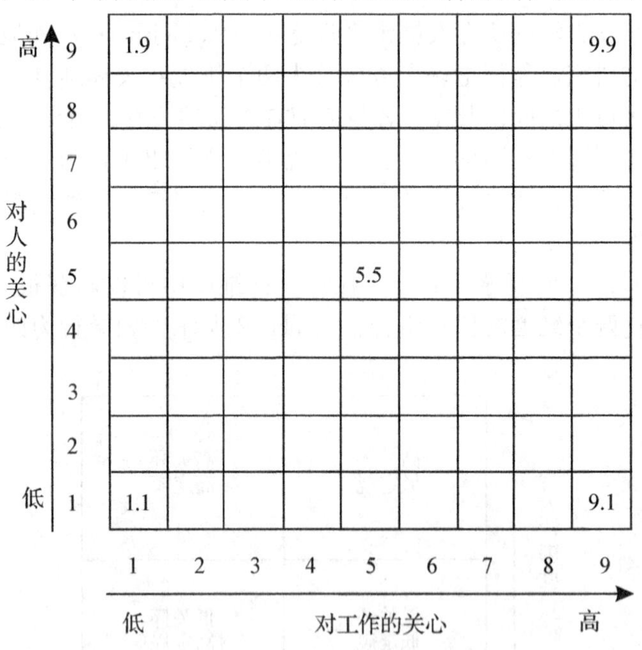


**图11－3　管理方格图**

1.1表示对人和工作都极不关心，称之为“贫乏型管理”。这类领导者讲究安稳度日，不喜承担责任，也缺乏与同事、下属的有效交流、沟通。

1.9表示对人相当关心，对工作的关心却不足，称之为“俱乐部型管理”。这类领导与下属关系融洽，并且能及时满足下属的要求，但忽略了对工作的关心，因此工作效果较差。

9.1 表示对人不关心，但对工作要求严格，讲究效率，称之为“任务型管理”。这类领导者工作重心在于抓工作效率，但忽视了下属的需求。

5.5 表示对人和对工作的关心都较适中，称之为“中间式管理”。领导能采取适当的激励方式来引导下属及时完成工作，但完成任务不突出。这类领导往往缺乏进取心，乐于维持现状。

9.9 表示对人和对工作都相当关心，称之为“理想型管理”。领导者充分关注下属的需求，并能合理安排工作任务，使组织的目标和个人的需求最理想、最有效地结合。

# 任务三 认知领导权变（情景）理论

权变理论是20世纪70年代形成的一种管理理论。权变理论认为，在领导方式方面不存在一种普遍适用的“最好的”或普遍不适用的“不好的”领导方式，要根据组织内外部条件权宜应变，以领导工作任务、行为特点以及领导者与下属的关系而定。具体地说，领导方式是领导者特征、追随者特征和环境的函数。用以下的公式来表示这种关系：

$$S=f(L, F, E)$$

在上式中，$S$ 代表领导方式，$L$ 代表领导者特征，$F$ 代表追随者的特征，$E$ 代表环境。

下面介绍几种典型的权变理论。

## 知识基础一 弗雷德·菲德勒的权变理论

美国心理学家弗雷德·菲德勒（Fred E. Fiedler）经过15年的研究，于1967年提出了菲德勒权变理论，又称为菲德勒权变模型。他认为，要按照领导者同成员的相互关系、工作结构（对于工作明确规定的程度）、地位、权力来确定采取以人际关系为中心的领导方式或以工作为中心的领导方式。

**1. 领导有效性的关键要素**

菲德勒权变理论认为，领导的有效性取决于三种关键因素：

（1）任务结构，指下属对任务的明确程度和负责程度。任务越明确，下属越易操作，则领导者对工作质量就容易把握；反之，任务不明确，下属不知如何去做，则领导对于工作质量的控制就比较被动。

（2）职位权力，指领导者所拥有的正式权力的大小。领导者掌握的职位权力越明确、越大，则对下属的影响越大，领导环境越好；反之，则越差。

（3）领导者与下属的关系，指被领导者对领导者的信任、尊重和忠诚程度。下属越尊重、信任领导者，则领导者对下属的影响就越大；反之，则越小。

**2. 菲德勒权变模型**

菲德勒在以上三个因素的基础上，提出了领导权变模型。这个模型以“领导者与下属的关系”“任务结构”“职位权力”三种基本情境因素上的强弱程度，组合为8种类型情境条件，如图 11－4 所示。他认为，三种条件都具备或基本具备，是有利的领导情境（情境1、2、3）；三种条件都不具备，是不利的领导情境（情境6、7、8）。面对非常有利和非常不利环境的领导者，宜采用任务中心型的领导方式；处在中间程度有利环境和中间程度不利环境的领导者，则宜采用人际关系型的领导方式。

| 有效的领导方式 | 任务中心型 ← | | | 人际关系中心型 | | | → 任务中心型 | |
|---|---|---|---|---|---|---|---|---|
| 任务结构 | 明　确 | | 不明确 | | 明　确 | | 不明确 | |
| 职位权力 | 强 | 弱 | 强 | 弱 | 强 | 弱 | 强 | 弱 |
| 领导者与下属的关系 | 好 | 好 | 好 | 好 | 差 | 差 | 差 | 差 |
| 情境类型 | 1 | 2 | 3 | 4 | 5 | 6 | 7 | 8 |
| 环境的有利程度 | 有　利 | | | 中　等 | | 不　利 | | |

**图 11－4　菲德勒模型**

## 知识基础二　罗伯特·豪斯的路径—目标理论

加拿大多伦多大学教授罗伯特·豪斯（Robert House）提出的路径—目标理论，是以期望概率模式以及对工作和对人的关心程度模式为依据，认为领导者的效率是以他能激励下属达到组织目标，并在工作中得到满足的能力来衡量的。该理论认为，领导者的工作是帮助下属达到他们的目标，并提供必要的指导和支持，以确保各自的目标与群体或组织的总体目标一致。“路径—目标”的概念来自于这样的观念，即有效领导者能够明确指出实现工作目标的方式来帮助下属，并为他们清除各种障碍和危险，从而使下属的相关工作容易进行。根据路径—目标理论，领导者的行为被下属接受的程度，取决于下属是将这种行为视为获得当前满足的源泉，还是作为获得未来满足的手段。为此，豪斯确定了四种领导行为：

（1）指示式。领导者让下属知道他对他们的期望是什么，以及他们完成工作的时间安排，并对如何完成任务给予具体指导。

（2）支持式。领导者十分友善，表现出对下属需要的关怀。

（3）参与式。领导与下属共同磋商，并在决策之前充分考虑他们的建议。

（4）成就导向式。领导者设定富有挑战性的目标，并期望下属发挥出自己的最佳水平。

与菲德勒的领导方式理论不同的是，豪斯认为领导者是灵活的，可以根据不同的情景表现出不同的领导方式，其中的权变因素主要有两方面：环境因素，包括任务结构、正式权力组织、工作群体等；下属的个人特点，如控制点、经验和知觉能力。环境因素和下属个人特点决定着领导行为类型的选择。这一理论指出，当环境因素与领导者行为不相符或领导者行为与下属特点不一致时，效果均不佳。

## 知识基础三　领导生命周期理论

领导生命周期理论是由美国管理学者保罗·赫塞（Paul Hersey）和肯尼斯·布兰查德（Kenneth Blanchard）提出的。他们认为，领导者在选择合适的领导方式之前，必须考虑被领导者素质特征，这样才能使所采取的领导行为产生应有的效能。即领导行为在确定是任务绩效还是维持行为更重要之前应当考虑的因素——成熟度，并以此发展为领导方式生命周期理论。这一理论把下属的成熟度作为关键的情景因素，认为依据下属的成熟度水平选择正确的领导方式，决定着领导者的成功。

下属成熟程度反映被领导者在执行某一特定任务时承担起指导自己行动责任的能力和意愿。它包括工作成熟度和心理成熟度。工作成熟度是下属完成任务时具有的相关技能和技术知识水平。心理成熟度是下属的自信心和自尊心。高成熟度的下属既有能力又有信心做好某件工作。成熟度可以划分为低、中（中等偏低、中等偏高）和高这三个程度，与此相对应，能够取得成功的、合适而有效的领导行为也就表现出不同的方式、风格或形态。如图 11－5 所示。

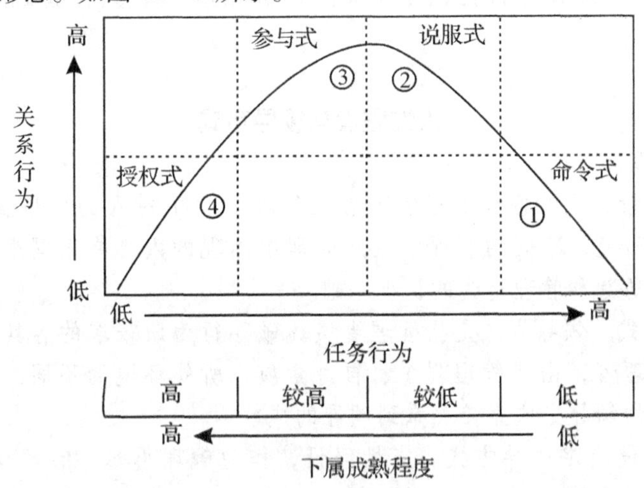


图 11－5　领导方式生命周期曲线图

**1．命令式**

这是一种高任务与低关系组合的领导行为，适用于下属成熟程度很低的情形，即被领导者既无能力也无意愿承担责任。这时，领导者需要为被领导者确定工作任务，并以下命令的方式告诉他们做什么，怎么做，何时何地做。

**2．说服式**

这是一种高任务与高关系组合的领导方式，适用于下属成熟程度中等偏低（较低）的情形。这时，由于被领导者虽有意愿承担责任但缺乏应有的能力，所以需要领导者对其工作任务做出决策，但在决策下达过程中宜采取说服的方式让被领导者了解所做出的决策，并在决策任务执行中给予大力的支持和帮助，使其高度热诚又充满信心地产生预期的行动。

### 3. 参与式

这是一种低任务与高关系组合的领导方式，适用于被领导者有能力但不愿意承担责任的中等偏高（较高）成熟程度的情形。这时需要让被领导者参与做出决策，领导者则从中给予支持和帮助，而不给予过多的指示和约束。

### 4. 授权式

这是一种低任务与低关系组合的领导方式，只能适用于被领导者既有能力也有意愿承担责任的高度成熟的情形。领导者既不下达指令，也不给予支持，而是让被领导者自己决定和控制整个工作过程，领导者只起监督的作用。

总之，随着下属从不成熟逐渐向成熟过渡，领导行为应当按着命令式、说服式、参与式和授权式方向逐步推移和权变。因为这种趋势类似于产品寿命周期曲线的变化，所以这种权变领导理论被称为领导生命周期理论。

和菲德勒的权变理论相比，领导方式生命周期理论更容易理解和直观。但它只针对了下属的特征，而没有包括领导行为的其他情景特征。因此，这种领导方式的情景理论算不上完善，但它对于深化领导者和下属之间的研究，具有重要的基础作用。

**阅读资料**

#### 人性假设与领导方式

（一）人性假设与领导方式

(1) 人性假设。人性假设是指管理者在管理过程中对人的本质属性的基本看法。从管理学的角度研究，不同的管理学派对管理中体现的人性有不同观点。人性的假设问题是一切管理思想和管理行为的认识基础。

(2) 领导方式。领导方式是指管理者实施领导行为所采取的各具特色的基本方式与风格。不同管理者，由于管理观念、自身素质、所处环境的不同，领导方式有很大的差别。而不同的领导方式直接关系到领导的成效。

(3) 人性假设决定领导方式。人性假设，作为管理思想、管理观念的认识基础，直接决定着管理者的领导方式。有什么样的人性假设，就会形成与之相适应的领导方式。

（二）管理中人性假设理论的演进

随着管理实践的发展，人们对管理中人性的认识也不断深化，先后经历了“经济人”假设、“社会人”假设、“自我实现人”假设、“复杂人”假设等阶段。

(1)“经济人”假设。在管理早期，人们普遍持有“经济人”观念。“经济人”观念认为，人的一切行为都是为了最大限度满足自己的经济利益。人天生厌恶劳动，不愿负责任，一般人的个人目标与组织目标相矛盾。

与“经济人”假设这种人性观相适应，管理者采取一种注重物质刺激，并实行严格监督控制的领导方式。

(2)“社会人”假设。以霍桑试验为转折，在管理中，从“经济人”假设转变为“社会人”假设。“社会人”观点认为，人是社会人，调动人工作积极性最重要的因素不是物质利益，而是工作中人的社会心理需要的满足程度。职工的“士气”是提高生

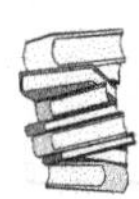

产率最重要的因素。因此，要重视人际关系的协调，重视非正式组织作用，鼓励职工参与管理。

与“社会人”假设这种人性观相适应，管理上采取一种重视人际关系，满足社会心理需要，鼓舞员工士气的领导方式。

(3)“自我实现人”假设。随着管理实践的进一步发展，行为科学的盛行，在管理界出现了“自我实现人”的人性观。“自我实现人”的观点认为，人特别注重自身社会价值，以自我实现为最高需要，而且人的自我实现需要是没有止境的。

与“自我实现人”假设这种人性观相适应，管理者采用一种注重对工作本身的满意，鼓励贡献，实行自我控制的领导方式。

(4)“复杂人”假设。“经济人”“社会人”及“自我实现人”的观念，都从某一角度反映了人的一些本质属性，具有其合理性。但是，任何人都不可能是单纯具有某一方面属性的，而且也会因人、随条件不同而不同。于是，提出了“复杂人”假设。这个观点认为，人是复杂的，其需要是多种多样的，并会受到环境等多重因素的影响。

与“复杂人”假设这种人性观相适应，管理者综合考虑经济、社会、自我实现等多种需要，按现代管理观念，对员工实行科学管理，采用系统的、权变的管理方式。

(三) 领导方式的权变观

人是“复杂”的，有多种需要的；但不同的人，其需要结构差异又是很大的，其行为会因时、因地、因条件的不同而不同。因此，对不同的群体与个人，对同一个人所处不同的环境与条件，管理的方式均应有所不同。有效的管理者，应在系统分析的基础上，因人、因事、因时、因地制宜，灵活采取更为适宜的领导方式。

## 项目小结

本项目介绍了领导理论，主要包括：领导特质理论、领导行为理论、领导权变(情景)理论。由于国内外许多管理学家、心理学家和行为学家的研究角度不同，得出的领导特质理论的结论各有特色。领导的行为理论将过去人们对于领导者的内在特征的研究转移到了外在行为上。这种理论认为，个人的行为方式对领导者来说是至关重要的。20 世纪 70 年代形成的权变理论认为，在领导方式方面不存在一种普遍适用的“最好的”或普遍不适用的“不好的”领导方式，要根据组织内外部条件权宜应变，以领导工作任务、行为特点以及领导者与下属的关系而定。

## 思考与练习

1. 单选题

(1) 俄亥俄州立大学的研究人员对领导方式的研究发现，(　　) 的领导者一般更能使下属达到高绩效和高满意度。

A. 高关怀—高定规　　B. 高关怀—低定规

C. 低关怀—高定规　　D. 低关怀—低定规

(2) (　　) 认为各种领导方式都可能在一定环境内有效，这种环境是多种外部与内部因素的综合作用体。

A．路径—目标理论　　　　B．四分图理论
C．权变理论　　　　D．管理方格论

（3）管理方格论中，表示领导者只重视任务效果而不重视下属的发展和士气的是（　　）。

A．俱乐部型管理　　　　B．理想型管理
C．贫乏型管理　　　　D．任务型管理

（4）当被领导者有能力但不愿意承担责任的中等偏高（较高）成熟程度的情形下，领导行为应采用（　　）领导方式。

A．命令式　　B．说服式　　C．参与式　　D．授权式

2．判断题

（1）菲德勒模型强调领导风格是固定不变的，提高领导者的有效性只有替换领导者以适应环境和改变情景以适应领导者两条途径。（　　）

（2）路径—目标领导理论是依据下属的成熟水平选择正确的领导风格的权变理论。（　　）

3．问答题

（1）诺斯科特·帕金森和德鲁克的领导者特质理论分别是什么？有什么区别？

（2）试述双中心理论、管理方格理论的主要内容和各自特点。

（3）在几种领导行为理论中，存在哪些相似之处？

（4）人性假设理论有哪几种类型？

## ■应用案例

### 哪种领导类型最有效

ABC公司是一家中等规模的汽车配件生产集团。最近，对该公司的三个重要部门经理进行了一次有关领导类型的调查。

**1．安西尔**

安西尔对他本部门的产出感到自豪。他总是强调对生产过程、出产量控制的必要性，坚持下属人员必须很好地理解生产指令以得到迅速、完整、准确的反馈。当安西尔遇到小问题时，会放手交给下级去处理，当问题很严重时，他则委派几个有能力的下属人员去解决问题。通常情况下，他只是大致规定下属人员的工作方针、完成怎样的报告及完成期限。安西尔认为只有这样才能形成更好的合作，避免重复工作。

安西尔认为对下属人员采取敬而远之的态度对一个经理来说是最好的行为方式，所谓的“亲密无间”会松懈纪律。他不主张公开谴责或表扬某个员工，相信他的每一个下属人员都有自知之明。

据安西尔说，管理中的最大问题是下级不愿意接受责任。他讲道，他的下属人员有机会做许多事情，但他们并不是很努力地去做。

他表示不能理解：以前他的下属人员如何能与一个毫无能力的前任经理相处，他说，他的上司对他们现在的工作运转情况非常满意。

**2. 鲍勃**

鲍勃认为每个员工都有人权，他偏重于管理者有义务和责任去满足员工需要的学说，他说，他常为他的员工做一些小事，如给员工两张下月在伽里略城举行的艺术展览的入场券。他认为，每张门票才15美元，但对员工和他的妻子来说却远远超过15美元。这种方式也是对员工过去几个月工作的肯定。

鲍勃说，他每天都要到工厂去一趟，与至少25%的员工交谈。鲍勃不愿意为难别人，他认为安西尔的管理方式过于死板，安西尔的员工也许并不那么满意，但除了忍耐别无他法。

鲍勃说，他已经意识到在管理中有不利因素，但大都是由于生产压力造成的。他的想法是以一个友好、粗线条的管理方式对待员工。他承认尽管在生产率上不如其他单位，但他相信他的雇员有高度的忠诚与士气，并坚信他们会因他的开明领导而努力工作。

**3. 查里**

查里说他面临的基本问题是与其他部门的职责分工不清。他认为不论是否属于他们的任务都安排在他的部门，似乎上级并不清楚这些工作应该谁做。

查里承认他没有提出异议，他说这样做会使其他部门的经理产生反感。他们把查里看成是朋友，而查里却不这样认为。

查里说过去在不平等的分工会议上，他感到很窘迫，但现在适应了，其他部门的领导也不以为然了。

查里认为纪律就是使每个员工不停地工作，预测各种问题的发生。他认为作为一个好的管理者，没有时间像鲍勃那样握紧每一个员工的手，告诉他们正在从事一项伟大的工作。他相信如果一个经理声称为了决定将来的提薪与晋职而对员工的工作进行考核，那么，员工则会更多地考虑他们自己，由此会产生很多问题。

他主张，一旦给一个员工分配了工作，就让他以自己的方式去做，取消工作检查。他相信大多数员工知道自己把工作做得怎么样。

如果说存在问题，那就是他的工作范围和职责在生产过程中发生的混淆。查理的确想过，希望公司领导叫他到办公室听听他对某些工作的意见。然而，他并不能保证这样做不会引起风波而使情况有所改变。他说他正在考虑这些问题。

**思考题：**

1. 你认为这三个部门经理分别采取什么领导方式？这些模式都是建立在什么假设的基础上的？试预测这些模式各将产生什么结果。

2. 是否每一种领导方式在特定的环境下都有效？为什么？

## 项目实训

**实训目的：**

通过测评，加深对领导者所需具有的特质和行为方式的了解；有意识地培养自身的领导才能。

**实训内容：**

独立完成测评表。通过自我测评，找出存在的问题，写出心得。

**实训要求：**

说明领导行为的特点；采取全班交流的方式巩固所学的领导理论。

**实训考核：**

附表：　　　　　　　对担任领导工作的准备程度测评

说明：对下列描述，按照你同意的程度，标出相应的分数：分数1表示非常不同意；分数2表示不同意；分数3表示中立；分数4表示同意；分数5表示非常同意。

1. 我乐意人们向我征求意见和建议。　1 2 3 4 5
2. 我总是鼓舞其他人。　1 2 3 4 5
3. 向人们提出一些关于其工作的有刺激性的问题是一种好的行为方式。　1 2 3 4 5
4. 称赞别人对我来说是件容易的事情。　1 2 3 4 5
5. 即使在我情绪不好时，我也喜欢让大家开心。　1 2 3 4 5
6. 我的团队取得的成就比我个人的荣誉更重要。　1 2 3 4 5
7. 许多人模仿我的观点。　1 2 3 4 5
8. 建立团队精神对我来说很重要。　1 2 3 4 5
9. 我喜欢指导其他团队成员。　1 2 3 4 5
10. 承认其他人的成就对我来说很重要。　1 2 3 4 5
11. 我乐于招待来访者，即使他打断了我的工作。　1 2 3 4 5
12. 代表我的团队到外面去参加活动，对我来说是一件有意思的事。　1 2 3 4 5
13. 我的团队成员的问题就是我的问题。　1 2 3 4 5
14. 解决冲突是我乐于做的事情。　1 2 3 4 5
15. 我愿意与组织中另一个部门合作，即使我不同意其团队成员的观点。　1 2 3 4 5
16. 我在工作中总会想出一些新点子。　1 2 3 4 5
17. 只要有机会我就喜欢与人讨价还价。　1 2 3 4 5
18. 当我讲话时，团队成员都在听。　1 2 3 4 5
19. 在我的一生中，有多次被人邀请去领导一项活动。　1 2 3 4 5
20. 我总是一个令人信服的人。　1 2 3 4 5

总分：________

解释：将每一项所得分数相加，得到总分

90～100分：对担任领导有充分的准备。

60～89分：对担任领导有中等程度的准备。

40～59分：对担任领导有些不适应。

39分或更低：对担任领导没有什么准备。

如果你已经是一个成功的领导者，但得分很低，请别在意这个得分。如果你得分很低，而且还不是一个领导者，或现在的领导效果不太好，请认真研究这些问题，考虑改变自己的态度和行为，使每项的得分能达到4分或5分。

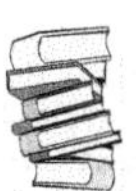

# 项目十二　激　　励

## 知识目标

◆理解激励的概念与激励原理。

◆了解人性假设理论。

◆掌握激励的理论和方法。

## 能力目标

◆能够根据组织环境，运用激励理论和方法进行组织激励管理。

## 导入案例

### 当一天和尚撞一天钟

有一个小和尚担任撞钟一职，半年下来，觉得无聊至极，“做一天和尚撞一天钟”而已。有一天，住持宣布调他到后院劈柴挑水，原因是他不能胜任撞钟一职。小和尚很不服气地问：“我撞的钟难道不准时、不响亮?”老住持耐心地告诉他：“你撞的钟虽然很准时、也很响亮，但钟声空泛、疲软，没有感召力。钟声是要唤醒沉迷的众生，因此，撞出的钟声不仅要洪亮，而且要圆润、浑厚、深沉、悠远。”

**思考题：**

这真的是小和尚的过错吗？如果你是老住持，你会怎么做？

“做一天和尚撞一天钟”这个故事中，老住持实际上就是组织中的管理者，而小和尚则是组织中新入职的员工。住持没有告诉小和尚工作标准，如果小和尚进入寺院的当天就明白撞钟的标准和重要性，他也就不会因怠工而被撤职。小和尚撞钟初期也没有得到老住持的肯定，并且老住持没有为其指明今后努力的方向，导致他最终工作懈怠。这种缺乏肯定与激励的领导方式，往往导致员工的努力方向与公司整体发展方向不统一，造成大量的人力和物力资源浪费。如果员工缺少积极性，错在管理者和组织，而不是员工！最有力的激励方式是：认可、认可、认可！

## 任务一　认知激励

激励是领导工作的重要方面。领导者要取得被领导者的追随与服从，首先必须能够了解被领导者的愿望并帮助他们实现各自的愿望。可以说，管理者越是懂得什么东西在激励员工，以及这些激励如何发挥作用，并把它们在各项管理工作中反映出来，那么，他们就越有可能成为有效的领导者。因此，要实现组织的活动目标，必须设法让组织成员提供有效的工作贡献。这意味着管理者不仅要根据组织活动的需要和个人素质与能力的差异，将不同的人安排在不同的工作岗位上，为他们规定不同的职责和任务，还要分析他们的行为特点和影响因素，创造并维持一种良好的工作环境，以调动他们的工作积极性，改变和引导他们的行为。

## 知识基础一　激励概念

激励，从词义中理解，是激发鼓励之意；从管理的角度理解，主要是指激发人的动机，使人有一股内在动力，朝向所期望的目标前进的心理活动过程。在管理学的一般教科书中，激励通常是和动机连在一起的。美国管理学家罗宾斯把动机定义为个体通过高水平的努力而实现组织目标的愿望，而这种努力又能满足个体的某些需要。因此，无论是激励还是动机，都包含三个关键要素：努力、组织目标和需要。一般而言，动机是指诱发、活跃、推动并指导和引导行为指向一定目标的心理过程。

**小词典**

激励就是调动人们的积极性，即创造满足下属各种需要的条件，激发其动机，使之产生实现组织目标的特定行为的过程。激励的目的在于充分发挥人的能动作用，提高组织的经济效益和社会效益。

企业的经济效益和社会效益取决于企业生产力要素的构成及其发挥程度的高低，企业生产力要素中最重要的因素是劳动者，而劳动者的生产力能发挥出多大程度则取决于他们的积极性。因此，激励是调动员工积极性的主要手段。美国哈佛大学的教授威廉·詹姆士研究发现，在缺乏激励的环境中，人们只发挥出20%～30%的能力，在良好的激励的环境中，同样的人员却可发挥出80%～90%的能力。可以看出，激发员工的积极性是企业发展的源泉。另外，激励是提高企业员工素质的有力杠杆。提高企业员工的素质主要是采取培训和激励的方法。

**阅读资料**

### 警觉性实验

1963年英国心理学家奥格登进行了“警觉性实验”，实验是在选定人数相等的四个组中间进行的，方法是选定某一光源的发光强度，记录试验者辨别光照轻度变化的感觉，从而测定其警觉性。四个组给予如下条件：A组为控制组，没有任何激励，只告诉他们试验的要求和方法。B组为奖惩组，对觉察的正确和错误给予奖励和惩罚：每看对一次，奖励5分钱，看错一次，则罚款1角。C组为个人竞赛组，告诉他们：你们这组的成员是经过挑选出来的，被认为是具有较强观察能力的，现需要试验哪一位的觉察能力最强。D组为集体竞赛组，告诉他们：你们这组要同另一组比赛，看哪个组的成绩好。

试验结果如表12－1所示。

表 12－1　警觉性实验的结果

| 组别 | 施加的条件 | 误差次数 | 名次 |
|---|---|---|---|
| A | 不施加任何措施 | 24 | 4 |
| B | 奖惩 | 11 | 2 |
| C | 个人竞赛 | 8 | 1 |
| D | 集体竞赛 | 14 | 3 |

## 知识基础二　激励的原理

行为科学认为，人的行为是由动机决定的，而动机则是由需要引起的。当人们有了某种需要且未得到满足之前，就会处在一种不安和紧张状态之中，从而成为干某件事的内在驱动力。心理学上把这种驱动力叫作动机。动机产生以后，人们就会寻找能够满足需要的目标，而一旦目标确定，就会进行满足需要的活动。活动的结果如果未使需要得到满足，则会出现三种情况：或目标不变，重新努力；或降低目标要求，即降低要求得到满足的档次；或再变更目标，从事别种活动，以满足相同或类似的需要。如果活动的结果使作为活动原动力的需要得到满足，则人们往往会被自己的成功所鼓舞，产生新的需要和动机，确定新的目标，进行新的活动。因此，从需要到目标，人的行为过程是一个周而复始不断进行、不断升华的循环。这个循环可用图 12－1 来简单概括。

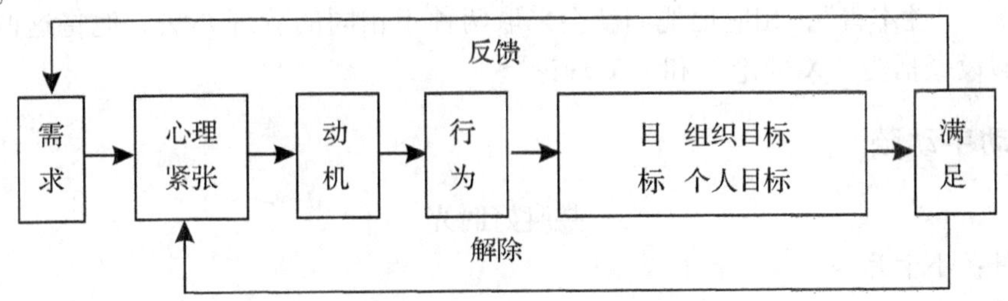


图 12－1　人的行为过程图

上述分析表明：需要是人类行为的基础；不同的需要在不同的条件下会诱发出不同的行为；本期行为的结果会使人们产生新的需要，从而影响下期行为。领导者要正确地引导人们的行为，必须做到：①分析需要的类型和特点；②研究需要是如何影响人的行为的，以及影响程度是如何决定的；③探索如何正确评价人们的行为结果，并据此予以公正的报酬，以使人们保持积极行为，或改正消极、不合理的行为。

# 任务二　认知人性

## 知识基础一　四种人性假设与激励

在项目十一中已介绍了人性假设与领导方式，这里仅简要介绍人性假设与激励：

（1）经济人假设。经济人假设认为人的行为动机就是为满足自己的私利，工作是为了得到经济报酬，追求个人利益的最大化。与之相应，激励的主要手段就是“胡萝卜加大棒”，即运用奖励和惩罚“两手”，来激发员工产生领导者和组织所要求的行为。

（2）社会人假设。社会人假设认为个人不是单纯地追求金钱收入的，他们还追求人与人之间的友情、安全感、归属感等方面的心理欲望和社会需要。与之对应的，领导者应该关心和体贴员工，重视员工之间的社会交往关系，通过培养和形成员工的归属感来调动人的积极性，以此来提高生产率。

（3）自我实现人假设。自我实现人假设认为人是自我激励、自我指导和自我控制的，要求提高和发展自己的能力并充分发挥个人的潜能。这样，领导者就应当把人作为宝贵的资源来看待，通过提供富有挑战性的工作使人的个性不断成熟并体验到工作的内在激励。

（4）复杂人假设。复杂人假设认为现实组织中存在着各种各样的人，不同的人以及同一个人在不同的场合会有不同的动机和需要。相应的，激励的措施也应该力图多样、变化，并根据具体的人灵活机动地采取合适的激励办法。

## 知识基础二　X—Y 理论

美国哈佛大学和麻省理工学院长期从事心理学教学和研究工作的道格拉斯·麦格雷戈，在其 1957 年发表的《管理理论 X 或 Y 的抉择——企业的人性面》一文中提出了著名的“X—Y 理论”。麦格雷戈认为，管理者对员工有两种不同的看法，一是“性本恶”，二是“性本善”，相应地他们就会采取两种不相同的管理办法。他将这两种不同的人性假设概括为“X 理论”和“Y 理论”。

### ■动手动脑

#### 共度好时光

材料：小卡片

目的：

1. 让每个学生都对别人做出正面评价。

2. 巧妙地引导学生认识他人的优点。

程序：

1. 把上课的同学分成若干个两人小组。

2. 告诉同学们，每个人都需要别人的认可和正面评价，请他们关注搭档的任何优点或长处。

3. 关注思考后，请每个人在下面三个选项中至少选择一项，告诉他的搭档：

（1）一个特别漂亮的身体器官。

（2）一两项非常迷人的个性特征。

（3）一两项出众的才能或本领。

4. 听到你的搭档对你的评价后，自己的心里感觉有哪些变化？

# 任务三　认知激励理论

20 世纪 20 年代末梅奥的霍桑试验开创了行为科学研究的先河。从此，许多管理学家、心理学家和社会学家从不同角度研究了如何激励人的问题，并提出了相应的激励理论。通常，我们把各种激励理论归纳划分为四大类，即内容型激励理论、过程型激励理论、行为改造型激励理论和综合型激励理论。

## 知识基础一　内容型激励理论

这类激励理论，根据对人性的理解，着重突出激励对象的未满足的需要类型和性质，有两种思路。一种是从社会文化的系统出发，对人的需要进行分类，通过提供一种未满足的需要的框架，寻求管理对象的激励效率，称之为需要层次论；另一种是从组织范围角度出发，把人的需要具体化为员工切实关心的问题，称之为双因素理论。这两种激励理论形成于 20 世纪 50 年代。另外还有与强调需要相关的成就需求理论和 ERG 理论。

### （一）需要层次论

需要层次理论是由美国社会心理学家亚伯拉罕·马斯洛（Abraham Maslow）提出来的。马斯洛在深化了包括霍桑试验在内的其他关于激励对象的行为科学研究，通过对需要的分类，找出对人进行激励的途径，即激励可以看成是对具体的社会系统中未满足的需要进行刺激的行为过程。

马斯洛的需要层次论有两个基本出发点。一个基本论点是人是有需要的动物，其需要取决于他已经得到了什么，还缺少什么，只有尚未满足的需要才能够影响行为。换言之，已经得到满足的需要不再起激励作用。另一个基本论点是人的需要都有层次，某一层需要得到满足后，另一层需要才出现。

在这两个论点的基础上，马斯洛认为，在特定的时刻，人的一切需要如果都未能得到满足，那么满足最主要的需要就比满足其他需要更迫切。只有前面的需要得到充分的满足后，后面的需要才显示出其激励作用。

为此，马斯洛认为，每个人都有五个层次的需要：生理需要、安全需要、社交需要、尊重需要、自我实现需要。如图 12－2 所示。

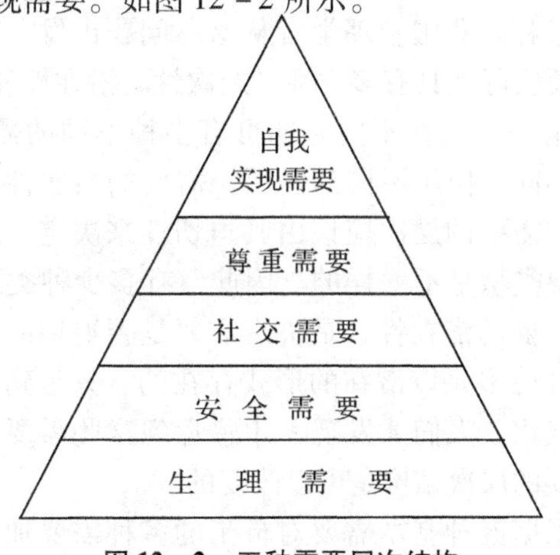


图 12－2　五种需要层次结构

（1）生理需要。这是任何动物都有的需要，只是不同的动物这种需要的表现形式不同而已。对人类来说，这是最基本的需要，如衣、食、住、行等。所以，在经济欠发达的社会，必须首先研究并满足这方面的需要。

（2）安全需要。这是保护自己免受身体和情感伤害的需要。它又可以分为两类：一类是现在的安全需要，另一类是对未来的安全需要。即一方面要求自己现在的社会生活的各个方面均能有所保证，另一方面希望未来生活能有所保障。

（3）社交需要。这包括友谊、爱情、归属及接纳方面的需要。这主要产生于人的社会性。马斯洛认为，人是一种社会动物，人们的生活和工作都不是孤立地进行的，这已由20世纪30年代的行为科学研究所证明。这说明，人们希望在一种被接受或属于的情况下工作，属于某一群体，而不希望在社会中成为离群的孤鸟。

（4）尊重需要。尊重需要分为内部尊重和外部尊重。内部尊重因素包括自尊、自主和成就感；外部尊重因素包括地位、认可和关注或者说受人尊重。自尊是指在自己取得成功时有一种自豪感，它是驱使人们奋发向上的推动力。受人尊重，是指当自己做出贡献时能得到他人的承认。

（5）自我实现需要。自我实现需要包括成长与发展、发挥自身潜能、实现理想的需要。这是一种追求个人能力的内聚力。这种需要一般表现在两个方面：一是胜任感方面，有这种需要的人力图控制事物或环境，而不是等事物被动地发生与发展；二是成就感方面，对有这种需要的人来说，工作的乐趣在于成果和成功，他们需要知道自己工作的结果，成功后的喜悦要远比其他任何报酬都重要。

马斯洛还将这五种需要划分为高低两级。生理的需要和安全的需要称为较低级需要，而社交需要、尊重需要与自我实现需要称为较高级的需要。高级需要是从内部使人得到满足，低级需要则主要是从外部使人得到满足。马斯洛的需要层次论会自然得到这样的结论，在物质丰富的条件下，几乎所有员工的低级需要都得到了满足。

马斯洛的理论特别得到了实践中的管理者的普遍认可，这主要归功于该理论简单明了、易于理解、具有内在的逻辑性。但是，正是由于这种简捷性，也提出了一些问题，如这样的分类方法是否科学等。其中，一个突出的问题，就是这种需要层次是绝对的高低还是相对的高低？马斯洛理论在逻辑上对此没有回答。事实上，高低的需要被满足，是一种相对的过程。我国管理学者从这一问题出发，对马斯洛的需要本身进行了讨论，认为人类需要实际上具有多样性、层次性、潜在性和可变性等特征。

需要的多样性，是指一个人在不同时期可有多种不同的需要，即使在同一时期，也可存在着好几种程度不同、作用不同的需要。需要的层次性，应是相对排列，而不是绝对由低到高排列的，需要的层次应该由其迫切性来决定。对于不同的人在不同时期，感受到最强烈的需要类型是不一样的。因此，有多少种类型的需要，就有多少种层次不同的需要结构。需要的潜在性，是决定需要是否迫切的原因之一。人的一生中可能存在多种需要，而且许多是以潜在的形式存在的。只是到了一定时刻，由于客观环境和主观条件发生了变化，人们才发现，才感觉到这些需要。需要的可变性，是指需要的迫切性，从而需要的层次结构是可以改变的。

因此，管理者可以根据五种基本需要对员工的多种需要加以归类和确认，然后针

对未满足的或正在追求的需要提供诱因，进行激励；同时也应更加注意高层次需要的激励作用。

**阅读资料**

**《不知足》**

清人胡澹庵编辑的《解人颐》一书中收录了一首《不知足》诗，来看看是不是和马斯洛的需要层次论有异曲同工之妙。

终日奔波只为饥，方才一饱便思衣。
衣食两般皆具足，又想娇容美貌妻。
娶得美妻生下子，恨无田地少根基。
买到田园多广阔，出入无船少马骑。
槽头拴了骡和马，叹无官职被人欺。
县丞主簿还嫌小，又要朝中挂紫衣。
做了皇帝求仙术，更想登天跨鹤飞。
若要世人心理足，除是南柯一梦西。

### （二）双因素理论

双因素理论是由美国心理学家弗雷德里克·赫兹伯格（Frederick Herzberg）于20世纪50年代后期提出的。这一理论的研究重点，是组织中个人与工作的关系问题。赫兹伯格试图证明，个人对工作的态度在很大程度上决定着任务的成功与失败。为此，他在20世纪50年代后期，在匹兹堡地区的11个工商业机构中，向近2 000名工程师和会计师进行了调查。在调查中，他用所设计的诸多有关个人与工作关系的问题，要求受访者在具体情景下详细描述他们认为工作中特别满意或特别不满意的方面。最后，通过对调查结果的综合分析，赫兹伯格发现，引起人们不满意的因素往往是一些工作的外在因素，大多同他们的工作条件和环境有关，而能给人们带来满意的因素，通常都是工作内在的，是由工作本身所决定的。

由此，赫兹伯格提出，影响人们行为的因素主要有两类：保健因素和激励因素（表12－2）。保健因素是那些与人们的不满情绪有关的因素，如公司的政策、管理和监督、人际关系、工作条件等。保健因素处理不好，会引发对工作不满情绪的产生，处理得好，可以预防或消除这种不满。但这类因素并不能对员工起激励的作用，只能起到保持人的积极性、维持工作现状的作用。所以保健因素又称为“维持因素”。激励因素是指那些与人们的满意情绪有关的因素。与激励因素有关的工作处理得好，能够使人们产生满意情绪，如果处理不当，其不利效果顶多只是没有满意情绪，而不会导致不满。他认为，激励因素主要包括这些内容：工作表现机会和工作带来的愉快，工作上的成就感，由于良好的工作成绩而得到的奖励，对未来发展的期望，职务上的责任感。

表 12－2 保健因素与激励因素

| 保健因素（工作环境） | 激励因素（工作本身） |
| --- | --- |
| 薪　　金 | 工作本身 |
| 管理方式 | 赏　　识 |
| 地　　位 | 进　　步 |
| 安　　全 | 成长的可能性 |
| 工作环境 | 责　　任 |
| 政策与行政管理 | 成　　就 |
| 人际关系 | |

赫兹伯格双因素激励理论的重要意义在于它把传统的满意—不满意（认为满意的对立面是不满意）的观点进行了拆解，认为传统的观点中存在双重的连续体：满意的对立面是没有满意，而不是不满意；同样，不满意的对立面是没有不满意，而不是满意。这种理论对企业管理的基本启示是：要调动和维持员工的积极性，首先要注意保健因素，以防止不满情绪的产生，但更重要的是要利用激励因素去激发员工的工作热情，努力工作，创造奋发向上的局面，因为只有激励因素才会增加员工的工作满意感。

不过，正如马斯洛的需要层次论在讨论激励的内容时有固有的缺陷一样，赫兹伯格的双因素理论也有欠完善之处。像在研究对象、研究方法、研究方法的可靠性以及满意度的评价标准这些方面，赫兹伯格这一理论都存在不足。另外，赫兹伯格讨论的是员工满意度与劳动生产率之间存在的一定关系，但他所用的研究方法只考察了满意度，并没有涉及劳动生产率。

### （三）成就需要理论

成就需要理论是由美国心理学家麦克莱兰（D. C. Maclelland）提出的，他认为人的基本需要有三种，即成就需要、权力需要和社交需要。这一研究是值得重视的。因为，任何一个组织及每一个部门都代表了实现某些目标而集结在一起的工作群体。所有这三种动力，对管理工作都有特别的关系。

（1）权力需要。麦克莱兰发现，具有较高权力欲的人对施加影响和控制表现出极大的关心。这样的人一般寻求领导者的地位，他们十分健谈、好争辩、直率、头脑冷静、善于提出要求、喜欢讲演、爱教训人。

（2）社交需要。极需社交的人通常从友爱中得到快乐，并总是设法避免因被某个团体拒之门外带来的痛苦。作为个人，他们往往保持一种融洽的社会关系，与周围的人保持亲密无间和相互谅解，随时准备安慰和帮助危难中的伙伴，并喜欢与他们保持友善的关系。

（3）成就需要。极需要成就的人，对成功有一种强烈的要求，同样也强烈担心失败。他们愿意接受挑战，为自己树立具有一定难度的（但不是不能达到的）目标。对待风险采取一定的现实主义态度，宁愿承担所做工作的个人责任，对他们正在进行的工作情况，希望得到明确而又迅速的反馈。他们一般喜欢表现自己。麦克莱兰的研究表明，对主管人员来说，成就需要比较强烈。

因此，这种理论常常应用于对主管人员的激励。他还认为，成就需要可以通过培

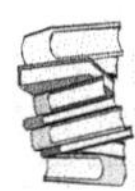

养来提高。他指出，一个组织的成败，与它们具有高成就需要的人数有关。

成就需要理论对于我们把握管理人的高层次需要具有积极的参考意义。麦克莱兰认为在对员工实施激励时需要考虑这三种需要的强烈程度，以便提供能够满足这些需要的激励措施。

一是成就动机高的个人应在其工作中提供个人的责任感、承担适度的风险并且及时得到工作情况的反馈。

二是选择高的权力需要者作为企业的管理者，从而提高管理的有效性。

三是根据员工的社交需要特征来安排工作，提高工作效率。

**阅读资料**

### 高成就需要者的特征

乐于设置自己的目标，并承担风险；采取适中程度的风险措施，即既敢于冒风险，又能以现实的态度对待风险。要求及时得到工作的信息反馈，他们喜欢那些在达到目标的过程中能得到及时和明确反馈信息的职业和工作。注重内在激励，他们会从工作的完成中得到很大的满足，而不单纯追求物质报酬。

**（四）ERG 理论**

ERG 理论是由美国耶鲁大学组织行为学教授奥德弗（Clayton Alderfer）提出的，即生存（existence）、相互关系（relatedness）、成长（grouth）需要理论。这是奥德弗根据试验和研究于20世纪70年代提出的一种内容型激励理论。他的这一理论系统阐述了一个关于需要类型的新模式，可以说发展了马斯洛和赫茨伯格的理论。

**1．ERG 理论的主要内容**

奥德弗认为把人类需要适当加以归类是必要的，而且在较低层次需要和较高层次需要之间要有基本区别。

（1）生存的需要，是指全部的生理和物质需要。这一类需要大体上同马斯洛“需要层次论”中的生理的需要和部分安全的需要相对应。

（2）相互关系的需要，是指人与人之间相互关系、联系的需要，它同马斯洛需要层次论中的部分安全的需要、社交的需要、部分尊重的需要相对应。

（3）成长的需要，是指一种要求得到提高和发展的内在欲望。它不仅强调充分发挥个人的潜能、有所作为和成就，还包括发展新能力的需要。它同马斯洛需要层次论中部分尊重的需要和自我实现的需要相对应。

奥德弗的 ERG 需要层次如图 12－3 所示。

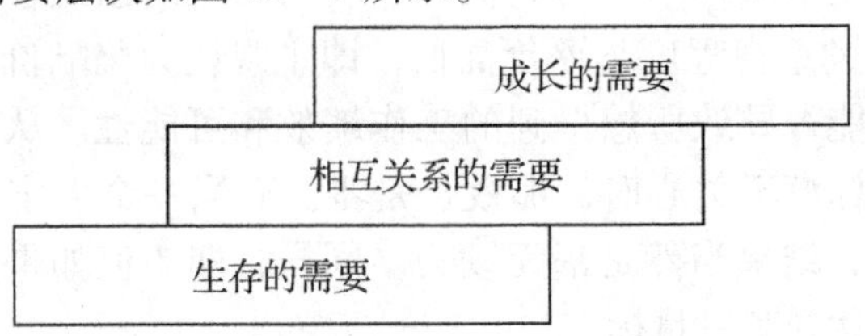


**图 12－3　奥德弗 ERG 需要层次**

显然，奥德弗对需要的这种归类，同马斯洛和赫茨伯格的方式是相似的，只是他把需要归为三种，并认为它们之间没有严格的界限。

**2. ERG 理论的主要观点**

（1）各个层次的需要得到的越少，则这种需要越为人们所渴望。

（2）较低层次的需要越是得到较多的满足，对较高层次需要就越渴望。这点属于需要层次的“满足—上升”趋势。

（3）较高层次需要一再遭受挫折，得不到满足，人们则会重新追求较低层次需要。这点属于需要层次的“挫折—倒退”趋势。

这一规律在管理中很有启发意义。在管理实践中，员工之所以追求低层需要，也许是由于管理者的决策未给员工提供能满足较高层需要的环境和条件所致。奥德弗的这一观点是对激励理论的最大贡献。

总的来说，激励的内容理论突出了人们根本上的心理需要，并认为正是这些需要，激励人们采取行动。需要层次论、双因素理论、激励需求理论和 ERG 理论，都有助于管理人员理解是什么在激励人们。所以，管理人员可以设计工作去满足需要，并付诸适当的工作行为。

## 知识基础二　过程型激励理论

激励的过程理论试图说明员工面对激励措施，如何选择行为方式去满足他们的需要，以及确定其行为方式的选择是否成功。

### （一）期望理论

期望理论是美国心理学家弗鲁姆（V. H. Vroom）于 1964 年在他的《工作与激励》一书中提出的。相比较而言，对激励问题进行比较全面研究的，是激励过程的期望理论。弗鲁姆通过考察人们的努力行为与其所获得的最终奖酬之间的因果关系，来说明激励的过程。

期望理论的基本观点是：人们在预期他们的行动将会有助于达到某个目标的情况下，才会被充分激励起来去做某些事情以达到这个目标。他认为，任何时候，一个人从事某一行动的动力，是由他的行动的全部结果（或积极的或消极的）的期望值乘以那个人预期这种结果将会达到所要求目标的程度决定的。换言之，他认为，激励是一个人某一行动的期望价值和那个人认为将会达到其目标的概率的乘积，用公式表示：

$$激励力 = 期望值 \times 效价$$

在这里，激励力是指激励水平的高低，它表明动机的强烈程度；效价是指一个人对某一目标（奖酬）的重视程度与评价高低，即主观认为奖酬价值大小；期望值是指一个人对自己的行为能否导致所想得到的工作绩效和可能性。从公式上可以看出，当一个人对达到某一目标漠不关心时，那效价是零。而当一个人宁可不要达到这一目标时，那就是负的效价，结果当然是毫无动力。同样，期望值如果是零或负值时，一个人也就无任何动力去达到某一目标。

期望理论对管理者的启示是，管理人员的责任是帮助员工满足需要，同时实现组织目标。管理者必须尽力发现员工在技能和能力方面与工作需求之间的对称性。为了

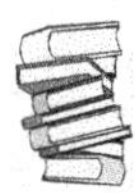

提高激励，管理者可以明确员工个体的需要，界定组织提供的结果，并确保每个员工有能力和条件（时间和设备）得到这些结果。企业管理实践中不时有公司在组织内部设置提高员工积极性的激励性条款或措施，如为员工提供担任多种任务角色的机会，激发他们完成工作和提高所得的主观能动性。通常，要达到使工作的分配出现所希望的激励效果，根据期望理论，应使工作的能力要求略高于执行者的实际能力，即执行者的实际能力略低于（既不太低又不太高）工作的要求。

因此，为了激励职工，主管人员应当一方面提高职工对某一成果的偏好程度，另一方面帮助职工实现其期望值，即提高期望值的概率。

### （二）公平理论

公平理论是美国心理学家亚当斯（J. S. Adams）根据社会心理学中的认知失调理论于 1965 年提出的。这一理论是侧重于研究工资报酬分配的合理性、公平性对职工生产积极性和工作态度影响的一种激励理论。

**知识**

认知失调理论是由美国社会心理学家费斯廷格提出的。是指个体认识到自己的态度之间或者态度与行为之间存在着矛盾。在费斯廷格看来，所谓的认知失调是指由于做了一项与态度不一致的行为而引发的不舒服的感觉，比如，你本来想帮助你的朋友，实际上却帮了倒忙。费斯廷格认为，在一般情况下，人们的态度与行为是一致的，如你和你喜欢的人一起郊游或不理睬与你有过节的另一个人。但有时候态度与行为也会出现不一致，比如，尽管你很不喜欢你的上司夸夸其谈，但为了防止他报复你而恭维他。

公平理论认为，职工的生产积极性不仅受其所得的绝对报酬的影响，而且还要受到相对报酬的影响。一般来说，职工在得到自己的劳动报酬后会进行两个比较：一是把自己现在所付出的劳动和所得的报酬与自己过去的劳动和所得的报酬进行个人历史的比较；二是把自己付出的劳动和所得的报酬与他人付出的劳动和得到的报酬进行社会的比较。如果经过比较两种比值是相等的，人们便会产生公平感；如果两种比值不相等，就会产生不公平感。

“他人”包括在本组织中从事相似工作的其他人以及别的组织中与自己能力相当的同类人，包括朋友、同事、学生甚至自己的配偶等。“制度”是指组织中的工资政策与程序以及这种制度的运作。“自我”是指自己在工作中付出与所得的比率。

对某项工作的付出，包括教育、经验、努力水平和能力等。通过工作获得的所得或报酬，包括工资、表彰、信念和升职等。

亚当斯的公平公式可表示为：

$$\frac{\text{自己现在所得报酬}}{\text{自己现在付出的劳动}}=\frac{\text{自己过去所得报酬}}{\text{自己过去付出的劳动}}$$

$$\frac{\text{自己所得报酬}}{\text{自己付出的劳动}}=\frac{\text{他人所得报酬}}{\text{他人付出的劳动}}$$

根据亚当斯的公平理论，当人们面临不公平，尤其是由于自己所得与付出的比值偏低而引起的不公平时，他们在心理上将会产生紧张、不安和不平衡，在行为上将会采取下列方式以减小自己心理上的不公平感。

（1）通过自我解释，达到自我安慰，以消除内心的不公平感。

（2）采取一定的行为，努力改变别人的收支状况。或者减少其所得量，或者增加其付出量。

（3）采取一定的行为，努力改变自己的收支状况。或者向领导要求增加报酬，或者"给多少钱，干多少活"，减少劳动支出。

（4）改变比较或参照对象，以获得主观上的公平感。即换一个人进行比较，虽然"比上不足"，但"比下有余"。

（5）摆脱目前的分配关系，要求调离工作单位，或者发牢骚、泄怨气，制造人际矛盾，甚至放弃工作。

尽管公平理论的基本观点是普遍存在的，但在实际运用中很难把握。因为个人的主观判断对此有很大的影响，人们总是倾向于过高估计自己的投入，而过低估计自己所得的报酬，对别人的投入和所得报酬的估计则与此相反。因此，管理者在运用该理论时应当更多地注意实际工作绩效与报酬之间的合理性，除了制定公平的奖酬体系外，还要及时体察员工的不公平心理，并认真分析、教育员工正确认识、对待自己和他人的投入和报酬，树立正确的比较观，避免人为的、主观的因素造成的不公平感。

## 知识基础三　行为改造型激励理论

与前面介绍的内容型和过程型激励理论不同，行为改造型激励理论是把个人看作"黑箱"，试图避免涉及人的复杂心理过程而只讨论人的行为，研究某一种行为及其结果对以后行为的影响。这种理论观点主张对激励进行针对性的刺激，只看员工的行为及其结果之间的关系，而不是突出激励的内容和过程。

### （一）强化理论

强化理论是由美国心理学家斯金纳（B. F. Skinner）在巴甫洛夫"条件反射"理论的基础上提出的，也称"操作条件反射"理论。该理论认为人的行为是其所受刺激的函数。如果这种刺激对他有利，则这种行为就会重复出现；若对他不利，则这种行为就会减弱直至消失。因此管理要采取各种强化方式，以使人们的行为符合组织的目标。根据强化的性质和目的，强化可以分为以下四种类型：

（1）正强化。所谓正强化，就是奖励那些符合组织目标的行为，以使这些行为得到进一步加强，从而有利于组织目标的实现。正强化的刺激物不仅包含奖金等物质奖励，还包含表扬、提升、改善工作关系等精神奖励。为了使强化达到预期的效果，还必须注意实施不同的强化方式。有的正强化是连续的、固定的正强化，譬如对每一次符合组织目标的行为都给予强化，或每隔一段固定的时间给予一定数量的强化。尽管这种强化有及时刺激、立竿见影的效果，但久而久之，人们就会对这种正强化有越来越高的期望，或者认为这种正强化是理所应当的。管理者要么不断加强这种正强化，否则其作用会减弱甚至不再起到刺激行为的作用。另一种正强化的方式是间断的、时间和数量都不固定的正强化，管理者根据组织的需要和个人行为在工作中的反映，不

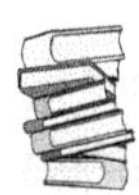

定期、不定量实施强化，使每次强化都能起到较大的效果。实践证明，后一种正强化更有利于组织目标的实现。

（2）惩罚。所谓惩罚，就是当员工出现那些不符合组织目标的行为时，采取惩罚的办法，迫使这些行为少发生或不再发生。与正强化是鼓励所希望的行为更多地出现并维持下去不同，惩罚是力图使所不希望的行为逐渐削弱，甚至完全消失。惩罚的手段也包括经济方面的，如减薪、扣发奖金或处以罚款，以及非经济方面的，如批评、处分、降级、撤职或免除其他可能得到的好处等。根据所发生行为的性质及严重程度不同，惩罚可以间隔地或者连续地进行。相对于间隔性惩罚是间隔一段固定或不固定的时间间隙或者某种行为发生了固定或不固定的次数才进行惩罚处理，连续性惩罚则是每次发生所不希望的行为都及时地予以惩罚处理，这样可消除人们的侥幸心理，减少直至完全消除这种行为重复出现的可能性。

（3）负强化。与正强化和惩罚都是在行为发生之后再进行处理不同，负强化是一种事前的规避。它通过对什么样的行为会不符合组织目标的要求以及如果员工发生不符合要求的行为将会予以何种惩罚的规定，使员工从力图避免得到不合意、不愉快结果的考虑中对自己的行为形成一种约束力。这种约束、规避的作用会使组织成员的行为趋向于符合要求的比较规范的状态，所以，这是一种非正面的对所希望行为的强化，称之为负强化。负强化与惩罚是相关联但不同的两个就念。俗语“杀鸡儆猴”形象地说明了两者的联系与区别。对出现了违规行为的“鸡”加以惩罚，意欲违规的“猴”会从中深刻地意识到组织规定的存在，从而加强对自己行为的约束。当然，规定本身并不一定就是负强化，只有当它使员工对自己的行为形成了约束即“规避”作用时才是。

（4）忽视。忽视就是对已出现的不符合要求的行为进行“冷处理”，达到“无为而治”的效果。与惩罚一样，忽视也可能使组织或管理者所不希望的行为弱化下来，但因为这种行为弱化过程并不需要管理者的干预，所以常称之为自然消退。

强化理论认为，管理者影响和改变员工的行为应将重点放在积极的强化而不是简单的惩罚上，惩罚虽然在表面上会产生较快的效果，但其作用通常仅是暂时的，而且对员工的心理易产生不良的副作用。负强化和忽视对员工行为的影响作用也不应该轻视。因此，四种行为强化方式应该配合起来使用。

强化理论的不足之处，在于它忽视了诸如目标、期望、需要等个体要素，而仅仅注重当人们采取某种行动时会带来什么样的后果，但强化并不是员工工作积极性存在差异的唯一解释。

## ■管理故事

### 训练师训练海豚

训练师开始训练海豚跳出水面的方式是先等它自己跳出水面，当它做出这样的动作时，训练师就会给它一条鱼作为奖励，后面只要海豚每做出跳出水面的动作，训练师就必然会给它一条鱼作为奖励。这样次数多了以后，海豚的脑神经便会使“跳出水面”和“给它鱼”产生关联；为了得到鱼吃的奖赏，这只海豚便会不时跳出水面。相对于训练师来说，海豚的这种行为正是他所要的，而当海豚跳出水面便给它鱼吃，则

在于刺激它，让它一而再、再而三地跳出水面。

当海豚已经学会了跳出水面后，训练师便不再每一次给它鱼，而要等它跳得比较高时才给鱼，随之训练师便慢慢地提高海豚跳的高度来给鱼，之所以要这么做乃是为了不让海豚养成认为只要跳出水面便有鱼吃的习惯。当海豚已经能够跳到训练师所希望的高度后，训练师就又不再每一次都给它鱼吃，而是在它第二次跳或第五次跳之后给它鱼。这么做的用意是要让海豚不敢确知哪一次会有鱼吃，除非它有最佳的表现时才会有赏。那么每一次它在跳时便会竭尽全力。

### （二）归因论

归因论是由美国心理学家凯利（Harold H. Kelley）等人提出来的。目前，归因理论的研究着重在两个方面：一个方面是把行为归结为外部原因还是内部原因；另一个方面是人们获得成功或遭受失败的归因倾向。而人们的行为获得成功还是遭受失败可以归因于四个要素，即努力、能力、任务难度、机遇。这四个因素可以按以下三个方面来划分：

（1）内因或外因：努力和能力属于内因，任务难度和机遇属于外因。

（2）稳定性：能力和任务难度属于稳定因素，努力和机遇属于不稳定因素。

（3）可控性：努力是可控因素；能力在一定条件下是不可控因素，但人们可以提高自己的能力，这种意义上的能力又是可控的；任务难度和机遇是不可控的。

人们把成功和失败归因于何种因素，对以后的工作态度和积极性有很大影响。例如，把成功归因于内部原因，会使人感到满意和自豪，归因于外部原因，会使人感到幸运和感激；把失败归因于稳定因素，会降低以后工作的积极性，归因于不稳定因素，可能提高以后的工作积极性，等等。

归因理论有助于主管人员了解下属的归因倾向，以便正确指导和训练正确的归因倾向，调动下属的积极性。

# 任务四　认知激励的原则与方法

上述关于激励的各种理论，都是突出不同激励环节的结果。在管理实践中，孤立地看待和应用它们都是不完善的。实践中激励和绩效之间并不是简单的因果关系。要使激励能产生预期的效果，就必须考虑到奖励内容、奖励制度、组织分工、目标设置、公平考核等一系列的综合因素，并注重个人满意程度在努力中的反馈。另外，需要注意的是，所有的激励理论都是一般而言的，而每个员工都有自己的特性，他们的需求、个性、期望、目标等个体变量各不相同。因而领导者根据激励理论处理激励实务时，应该针对员工的不同特点采用不同的方法。

## 知识基础一　激励的一般原则

### （一）物质激励与精神激励相结合的原则

物质激励是提高员工积极性很重要的一个方面。在我国这样一个发展中国家，温饱问题才基本解决，奔小康正是许多人追求的目标，员工关心组织给予的物质待遇是

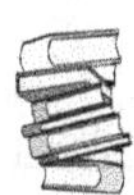

十分正常的。邓小平同志指出："不重视物质利益对少数先进分子可以，对广大群众不行。一段时间可以，长时期不行。革命精神是宝贵的，没有革命精神，就没有革命行动。但是，革命是在物质利益的基础上产生的。如果只讲牺牲精神，不讲物质利益，那就是唯心论。"我们可以把物质利益理解为人们的生存需要和安全需要，而奉献精神甚至牺牲精神则反映了人们高级的自我实现需要。在某些特定情况下，人们可以为组织牺牲自己个人的物质利益、不计较个人得失，但不能把这些情况看作是普遍的规律。

当然仅有物质激励显然是不够的。根据马斯洛的需要层次论，物质是人们较低层次的需要，当这一层次需要得到相对满足后，人们就会重视其他方面的需要，总希望得到社会和组织的尊重、重视和认可。譬如，公司对员工的公开表扬、授予各种荣誉证书（如优秀员工）、给予某种职位、让其承担重要岗位和责任、对其工作和生活给予各种关心和照顾，这些措施对员工来说，都是重要的激励方式。

总之，考虑到我国社会主义市场经济的特定历史条件、政治方向、经济基础、文化传统的制约，任何一个组织都要将物质激励与精神激励有机结合起来，既要反对"唯精神主义"，也要反对"拜金主义"。只有这样，才能取得最大的激励效果。

### （二）正激励与负激励相结合的原则

正激励指的是用某种正面的结果，譬如，认可、赞赏、增加工资、提升或创造一种令人满意的环境等，以表示对员工的奖励和肯定。而负激励指的是对员工不良的行为或业绩，采用某种负面的结果，譬如，批评、扣发或少发工资、降级、处分等，来表示对员工的惩罚或批评。

在实际的管理工作中，应该将正激励与负激励相结合，实行所谓"奖惩结合""奖罚分明""批评与教育结合"的制度。因此，对于员工好的工作成绩和行为要及时给予表扬，使之得到大家的认可，从而继续发扬下去。对于有破坏性倾向等不良的行为，必须严格管理，按企业的制度进行查处，这样就避免再次发生，做到"防患于未然"。总之，只有从正负两个相反的角度同时对员工的工作和行为进行评价和反馈，才能使他们不断提高自己。

### （三）内在激励与外在激励相结合的原则

传统的激励办法是以各种物质刺激和精神刺激为手段，根据员工的绩效给予一定的工资、奖金、福利、提升机会，以及各种形式的表扬、认可和荣誉等。这些激励都与工作本身并不直接相关，只是作为对于员工付出劳动的补偿，因而称为外在激励。它对人的激励作用是有限的，而人们"对工作本身的兴趣以及从中得到的快乐"才对人具有根本性的激励作用，这就是内在激励的概念，它包括人们对工作本身的兴趣、工作对人的挑战性、工作中体会到的责任感和成就感、人从工作本身体会到的价值和意义等，都是对人更直接的激励。这些激励属于工作本身，可以激发人们内在的积极性，因而称为内在激励。

因此，我们应该将外在激励与内在激励有机地结合起来。当然，在我国经济和社会发展的现阶段，对很多人来说，工作还是重要的谋生手段，外在激励仍然是很重要的。人们很难完全根据自然的需要来选择工作。但不管怎么说，企业还是应该最大限度地进行内在激励，从而取得最大的激励效果。

（四）按需激励的原则

对经济发展水平不同的国家或同一个国家处在不同的时期，人们对生理、安全、归属、尊重和自我实现的需要是不同的。同样，在一个组织中，因为年龄、个性、性别、职位、经历、教育程度等各方面的不同，员工对不同方面的需要都会有差别。同一个人，由于时间和位置的变化，各方面的需要也在变化。因此，动态地掌握员工需要的变化，并根据这些变化制定相应的激励措施，这一直是管理者面临的重要问题。这就是按需要激励原则。要做到这一点，需要考虑以下几个方面：

第一，要根据不同的需要理论，开发测试员工需要的方法和工具。测试方法包括问卷测试、投射法测试等。组织要定期地对员工的需要进行调查，并就员工的年龄、性别、职务、地位、教育程度等找出各类人员需要的特点。

第二，要在组织内建立多种多样满足员工不同需要的方法。这包括两个方面的含义：①不同层次的需要都有具体的措施对应，以马斯洛的需要层次论为例，对员工的生理、安全、归属、尊重和自我实现的需要，组织都应有相应的措施；②对同一层次的需要，要有不同的选项，使员工有挑选的余地。

第三，实施报酬制度时，真正建立员工可以选择的制度。近年来国外推行的自助餐式的福利制度就是适应员工具体要求的一种典型的奖酬办法。它可以让员工根据自身的需要，从公司所提供的报酬项目中，选择自己想要的。

（五）组织目标与个人目标相结合的原则

员工之所以能从组织中得到其所需，是因为组织目标的实现。也就是说，个人投入自身的资源给组织，使组织的目标得以实现，员工再从中实现个人的目标。所以，组织目标和个人目标是相互依存的。从激励的角度来说，就是要贯彻组织目标与个人目标相结合的原则。

要贯彻组织目标与个人目标相结合的原则，必须真正建立组织目标和个人目标的正相关关系。组织战略目标的制定，必须根据市场情况、顾客需求、技术发展等来正确制定，使组织提供的产品和服务能得到社会的承认，实现组织的目标和价值。员工看到了这一点，就会看到实现自身目标的希望。另外，更重要的一方面是要让员工看到，组织在实现其目标的过程中，个人也在不断地向自身的目标前进。我们要强调，在制定激励制度时，应该建立组织目标和个人目标的正相关关系，让所有的员工都看到组织目标实现了，自身的目标也就达到了。达到这一点对人的激励作用将是巨大的、长远的。

要贯彻组织目标与个人目标相结合的原则，除了要建立组织目标和个人目标的正相关关系外，还要建立“赏罚分明”的制度，让每一个员工看到，只要自己为组织的目标做出了贡献，就会得到回报，自身的目标就能实现。因此，建立量化考核制度、提高奖励制度的公开性、透明度，就能使员工抛弃各种顾虑，将所有的精力和能量集中在工作上，有利于组织目标和个人目标的实现。

（六）严格管理与思想政治工作相结合的原则

严格管理包括两个方面的含义。第一，严格管理是指组织对于员工的工作方法（如各种操作规程）、工作标准（如成本、质量、效率）以及其他工作制度等方面实行

严格控制，完全按规定办事，对任何人一视同仁。第二，在评价员工的工作绩效和行为、对员工实施奖励、惩罚或提升时，一切照章办事，赏罚分明，而不考虑任何人情面子，真正实行“能者上、平者让、庸者下”。

所谓思想工作，一方面是指企业在制定各种严格管理标准并据对员工进行考核的时候，要通过双向沟通让员工理解企业这样做的理由，只有这样，才能真正使员工从心理上接受这些严格管理方法。另一方面是指思想工作强调在对员工进行评价、管理、奖惩和提升的过程中，要考虑员工的心理需要、加强沟通、倾听员工的所思所想、关心员工的切身利益、采用各种形式使员工保持良好的情绪。

因此，实践中，管理者在实行严格管理的同时，应该及时做好有关员工的思想工作，让他们理解企业的意图和难处。从而使员工以更高的热情去工作，为企业目标的实现做出自己的贡献。

**阅读资料**

### 通用电气公司员工激励六原则

通用电气仔细研究了奖金发放中的利与弊，建立起合理的奖金制度。它遵循以下原则：

1. 明确发放奖金的条件。明确告诉每个工程师、会计师、流水线工人等员工的具体责、权、利。

2. 合理评估制度。全面评估当事人。通用电气使用了360级评估法，员工不仅由上级严格评估，还同时由平级和下级来评估，最后综合考虑。打破由于“领导说好就好”而滋生巴结讨好上司的现象，更全面地、立体地看待员工业绩。

3. 及时奖励。迟到的奖励简直比没有奖金还令人沮丧，因为拖沓滞后的奖励让员工觉得公司对自己业绩的承认很勉强，容易被挫伤积极性，奖金的激励作用无法正常发挥。通用公司虽然管理阶层庞大，但资金发放不需要层层审批，好让员工及时得到奖金，使他们感到自己的细微成绩都被公司所熟悉了解，更有成就感。

4. 广泛传播奖励信息，改变把奖金看作个人隐私的陈旧观念。当公司奖励某个有功人员时，广泛的宣传不仅让他更有成就感，而且可以激励其他人，使这种获奖示范效应传递到公司每个角落，激发他人努力工作的欲望。

5. 割断奖金与权利之间的“脐带”。通用电气废除奖金多寡与职位高低联系的旧做法，使奖金的发放与职位高低脱离，给人们更多的不需提高职位而增加报酬的机会，让奖金真正起到奖励先进的作用，也防止高层领导放松工作、不劳而获的官僚作风。

6. 奖励可逆性。不把奖金固定化，否则员工会把奖金看作理所当然，“奖金”也就沦为一种“额外工资”了，起不到奖励作用。通用电气根据员工表现的变化随时调整奖金数额，让员工有成就感，更有危机感，从而鞭策员工做好本职工作，长期不懈。

通用电气的奖金原则不仅包含物质奖励，还包含精神激励的成分，而且更侧重后者。强大的物质刺激和精神鼓舞推动全体员工不断上进。

## 知识基础二 激励的方式与方法

### （一）常见的激励方式

有效的激励，必须通过适当的激励方式与方法来实现。按照激励中诱因的内容和性质，可将激励的方式与方法大致划分为四类：工作激励、物质激励、精神激励和培训教育激励。

**1. 工作激励**

按照赫茨伯格的双因素论，对人最有效的激励因素来自于工作本身，即满意于自己的工作是最大的激励。日本著名企业家稻山嘉宽曾在回答“工作的报酬是什么”时指出：“工作的报酬就是工作本身！”这个回答深刻地指出内在激励的无比重要性。特别在解决了温饱问题之后，员工更关注工作本身是否有吸引力——在工作中是否有无穷的乐趣，在工作中是否会感受到生活的意义；工作是否具有创造性、挑战性，工作内容是否丰富多彩、引人入胜；在工作中能否取得成就，获得自尊，实现自我价值等。管理者必须善于调整和调动各种工作因素，千方百计地使员工满意自己的工作，以实现最有效的激励。实践中，一般有以下几种途径。

（1）工作适应性。工作适应性是指工作的性质和特点与从事该工作的员工的条件与特长相吻合，能充分发挥其优势，引起其工作兴趣，从而使员工高度满意地工作。科学合理的人与事的配合是有效激励的重要手段。管理者要善于研究人与工作的性质与特点，用人所长，用人之兴趣，科学调配与重组，实现人与事的最佳配合，尽可能地使员工满意于工作。

（2）工作的意义与工作的挑战性。员工怎样看待自己所从事的工作，直接关系到其对工作的兴趣与热情，进而决定其工作积极性的高低。人们愿意从事重要的工作，并愿意接受挑战性的工作，这反映了人们追求实现自我价值，渴望获得别人尊重的需要。激励员工的重要手段就是向员工说明工作的意义，并增加工作的挑战性，从而使员工更加重视和热衷于自己的工作，达到激励的目的。

（3）工作的完整性。人们愿意在工作实践中承担完整的工作。从一项工作的开始到结束，都是由自己完成的，工作的成果就是自己努力与贡献的结晶，从而可获得一种强烈的成就感。管理者应根据工作的性质与需要，以及人员情况，尽可能将工作划分成较为完整的单元分配给员工，使每个员工都能承担一份较为完整的工作，为他们创造获得完整工作成果的条件与机会。

（4）工作的自主性。人们出于自尊和自我实现的需要心理，期望独立自主地完成工作，而自觉不自觉地排斥外来干预，不愿意在别人的指使或强制下被迫工作。这就要求管理者能尊重员工的这种心理，通过目标管理等方式，明确目标与任务，提出规范与标准，然后大胆授权，放手使用，让员工进行独立运作，自我控制。当员工意识到一项工作的成功完全归功于自己的自主运作，便会对由自己自主管理的工作高度感兴趣，并以极大的热情全身心投入，以谋求成功。

（5）工作设计。管理者通过开展工作设计研究，增加工作的丰富性、趣味性，克服单调乏味和简单重复，以提高员工的工作兴趣。工作设计的方式有工作扩大化和工

作丰富化两种。

工作扩大化是从横向扩大工作的内容，通过增加员工工作的种类，令其同时承担几项工作或周期更长的工作，消除单调乏味状况。其具体形式有：兼职作业，即同时承担几种工作或几个工种的任务；工作延伸，即前向、后向地接管其他环节的工作；工作轮换，即在不同工种或工作岗位上进行轮换。这样，既有利于增加员工对工作的兴趣，又有利于促进员工的全面发展，是重要的工作激励手段。

工作丰富化是从纵向扩大工作内容，让员工参与一些具有较高技术或管理含量的工作，即提高其工作的层次，从而使员工获得一种成就感，使其要求得到尊重的需要得到满足，具体形式包括：将部分管理工作交给员工、吸收员工参与决策和计划、对员工进行业务培训、让员工承担一些较高技术的工作等。

（6）及时成果反馈。根据强化理论，对人们所取得的成果及时给予反馈，能极大地推动员工继续努力。否则，这种工作积极性就会消退。为此，管理者在工作过程中，应注意及时测量并评定、公布员工的工作成果，尽可能早地使员工得到工作的反馈，及时看到他们的工作成果，就会有效地激发其工作积极性，促其努力扩大战果。

**2．物质激励**

物质激励是指以物质利益为诱因，通过调节被管理者的物质利益来刺激其物质需要的方式与手段，主要包括以下具体形式：

（1）报酬激励。报酬包括工资、奖金、各种形式的津贴及实物奖励等。虽然对于国外一些较高收入水平的人来说，工资、奖金已不成为主要的激励因素，但对于我国相当一部分收入水平较低的人来说，工资、奖金仍是重要的激励因素。

在进行报酬激励时，应注意处理好三个问题。一是报酬与贡献挂钩。设计报酬机制与体系要为实现工作目标服务，这是报酬能否发挥激励作用及其作用大小最重要的问题。报酬与贡献直接挂钩，管理者应引导下属为多得报酬而多干工作，从而通过利益驱动实现组织目标。离开目标与贡献来发放报酬，就不会产生激励作用，甚至会南辕北辙，起副作用。二是要确定适当的报酬。报酬的表现有两类：报酬的绝对量和报酬的相对量，前者是指工资、奖金的数量大小；后者是指工资奖金同一时期不同人的差别以及同一个人不同时期的差别。根据公平理论可以知道，报酬激励作用主要取决于相对量，即同一时期不同人之间的奖酬差别以及个人不同时期报酬变化的幅度。在实践工作中，应根据工作完成情况、人的贡献、总体奖酬水平，公平合理地确定奖酬的增长水平和人们之间的差别。三是要防止金钱万能化倾向。报酬的作用是重要的，但也不能搞金钱万能，必须注意辅以必要的思想工作及其他激励形式，尽可能限制物质刺激的副作用。

（2）福利照顾。福利是指组织为员工提供的除工资与资金之外的一切物质待遇。对员工而言，福利没有工资、奖金那样明显而直接产生激励，但它的积极作用虽然间接而隐约，却是巨大而深远的。全面而完善的福利制度，使员工因受到周到的体贴和照顾而体会到组织这个大家庭的温暖，产生出一种强烈的归属感，增强了认同忠诚、责任心与义务感。这是一种很宝贵的持久而自觉的激励力量，与某次单项奖励的作用相比，更具有根本性与内在性。

（3）经济处罚。在经济上对员工进行处罚，是一种管理上的负强化，属于一种特殊形式的激励。管理者运用这种方式时要注意：必须有可靠的事实根据和政策依据，令其心服口服；处罚的方式与处罚量要适当，既要起到必要的教育与震慑作用，又不要激化矛盾；同时要与深入细致的思想工作相结合，注意疏导，化消极为积极，真正起到激励作用。

**3. 精神激励**

精神激励是指通过满足职工的社交、自尊、自我发展和自我实现的需要，在较高的层次上调动职工的工作积极性，其激励深度大，维持时间长，主要包括以下一些具体形式。

（1）目标激励。目标激励是以目标为诱因，通过设置适当的目标，激发动机，调动积极性的方式。员工在管理中的自觉行为，都是追求目标的过程，正是一个个目标，引导着员工去采取一个又一个行动，可见，追求目标是满足需要的可行途径，目标成为管理激励中极为重要的诱因。

用以激励的目标主要有两类：组织目标与个人目标，其中个人目标包括个人工作目标、个人职业成长目标和个人生活目标。在进行目标激励时，应注意把组织目标与个人目标结合起来，宣传组织目标与个人目标的一致性，组织目标中包含着员工的个人目标，员工只有在完成企业目标的过程中才能实现其个人目标。

（2）感情激励。感情激励是以感情作为激励的诱因，通过加强与员工的感情沟通，尊重员工、关心员工，与员工之间建立平等和亲切的感情，让员工体会到领导的关心、组织的温暖，从而激发出主人翁责任感和爱厂如家的精神，调动员工的积极性。感情激励主要包括以下几方面内容：一是在上下级之间建立融洽和谐的关系。管理者对下级的一个重要影响力来源是亲和力。这就要求管理者高度重视与下级的个人关系，使上下级关系融洽，或有较深的友谊，以增强亲和影响力。二是促进下级之间关系的协调与融合。通过协调与沟通，对组织中各成员之间的关系以及非正式组织的关系进行积极引导，以尽可能满足各成员社会交往的需要。三是营造健康、愉悦的团体氛围，满足组织成员的归属感。管理者应注意以维系感情为中心，组织开展各种健康、丰富多彩的组织文化活动，营造愉悦的团体氛围，使每个成员以置身于这一团体感到满意和自豪，造就一种高质量的社会生活，满足其归属感，从而实现有效激励。

（3）尊重激励。尊重激励是指管理者利用各种机会信任、鼓励、支持下级，努力满足其尊重的需要，以激励其工作积极性。随着人类文明的发展，人们越来越重视尊重的需要。尊重激励的开展应从三个方面着手进行。一是要尊重下级的人格。上下级只是管理层次和职权的差别，彼此之间在人格上是平等的。管理者应尊重自己的下级，特别是尊重其人格，使下级始终获得受到尊重的体验。二是要尽力满足下级的成就感。管理者应创造条件鼓励和支持下级实现自己的工作目标，追求事业的成功，以满足其成就感，并通过授予荣誉，满足人们自尊的需要。三是支持下级自我管理，自我控制。管理者通过授权于下级，充分信任他们，放手让下级实行自我管理，自我控制，以满足其自主心理。

（4）参与激励。参与激励是以让下级参与管理为诱因，调动下级的积极性和创造

性。通过参与，形成员工对组织的归属感、认同感，进一步满足自尊和自我实现的需要；有利于集思广益，集中群众意见，以防决策的失误；同时也增强下级对决策的认同感，从而激励他们积极自觉地去推进决策的实施。管理者在实施参与激励时应注意以下几点：一是增强民主管理意识。管理者与下级双方都要树立民主管理的意识，民主管理既是员工的政治权利，又是现代管理方式，需要双方自觉地推进其实施。二是建立科学、可行的员工参与管理的制度、结构、程序和方法，从制度方法体系上保证民主管理的实施。三是真正授权于下级，使下级真正地参与决策和管理过程。四是有效利用多种参与形式，鼓励全员参与。例如，TQC（全面质量管理）小组，员工参与班组民主管理，员工通过“职代会”“企业管理委员会”中的代表参与企业重大决策，是目前我国员工参与企业决策和企业管理的主要渠道。其他常见的参与激励形式还有家庭访问、“诸葛亮会”“花钱买批评”等。现在国内外企业普遍采用的“奖励职工合理化建议”制度，是一种行之有效的职工参与形式。

（5）榜样激励。榜样激励是在组织内树立英雄模范人物的形象，号召和引导模仿学习。“榜样的力量是无穷的”，管理者通过树立先进典型，满足员工的模仿和学习的需要，引导员工的行为到组织目标所期望的方向。榜样激励主要包括以下两方面：一是先进典型的榜样激励。管理者要注意发现和总结先进事迹和先进人物，以他们的感人事迹来激励下级。二是管理者自身的模范作用。对于号召和要求下级做到的，管理者应身先士卒，率先垂范，以影响、带动下级。

（6）竞争激励。竞争激励是组织通过各种形式的竞赛，鼓励各种形式的竞争，并以此激发员工的热情、工作兴趣和克服困难的勇气与力量。根据马斯洛的需要层次论，人们普遍存在着争强好胜心理，这是由于人们谋求实现自我价值、重视自我实现的需要所决定的。管理者结合工作任务，在组织竞赛、鼓励竞争的过程中，注意以下几方面：一是竞争要有明确的目标和要求。这样，才能确保竞争能沿着正确的轨道进行，防止偏离组织目标。二是竞争必须是公平的。竞争的基础、条件、起点、过程、结果衡量与对待，都必须是公平合理的。三是竞争的结果要有明确的评价和相应的奖励，并尽可能增加竞争结果评价或奖励的效价，以加大激励作用。

（7）兴趣激励。兴趣对人们的工作态度、钻研程度、创造精神的影响很大，往往与求知、求美和自我实现密切相连。人们往往对于自己感兴趣的事物十分专注，甚至入迷，而这正是获得突出成就的重要动力。在管理中重视兴趣因素会取得很好的激励效果。人们的兴趣表现在两个方面：一方面是工作的兴趣，管理者通过了解员工的兴趣所在，把员工安排在其最感兴趣的工作岗位上，不仅使他们的兴趣爱好有用武之地，而且还可激发出参与感、归属感，增加其主人翁责任感；另一方面是业余兴趣，业余文化活动是员工兴趣得以施展的另一个舞台，管理者通过组织摄影、舞蹈、棋类、书画、集邮等兴趣小组或兴趣协会，使员工的业余爱好得到满足，增进员工之间的感情交流，并让他们感受到组织的温暖和生活的丰富多彩，从而增加员工的归属感，满足其社交的需要，有效地提高企业的凝聚力。

（8）荣誉激励。荣誉激励是对优秀员工授予劳动模范、先进人物等荣誉称号。荣誉是满足人们自尊的需要，激发人们奋发进取的重要手段。从人的动机来看，人人都有自我肯定、光荣、争取荣誉的需要。对于一些工作表现比较突出、具有代表性的先进员工，给予必要的荣誉奖励，是很好的精神激励方法。这种激励方法成本低廉，效果却很好，但要注意以下几点：一是种类要适当少而精；二是不要轮流"做庄"；三是荣誉要与物质奖励相结合；四是要避免重复；五是不仅仅偏重于个人荣誉，还要兼顾集体荣誉。

（9）信任激励。信任激励是指组织领导者充分信任员工的能力和忠诚，放手、放权，使员工充分发挥自己的聪明才智，以达到激励的目的。"民无信不立"，领导者与下属的互相理解、互相信任是同心协力、发挥下属能动性的前提。这种方法没有什么固定的程序，总的思路是领导者对下属应贯彻"用人不疑，疑人不用"的原则，为下属创造一个宽松的工作环境，充分地信任下属，给他们足够的权力，鼓励他们大胆地开展工作。这种激励法是通过在工作中满足组织成员的信任感、责任感等需要来达到激励作用的。

（10）文化激励。文化激励是指通过组织文化激励组织成员培养自觉为组织发展而积极工作的精神。组织文化是只看不见的手，具有激励作用。组织文化的这种激励作用，一方面是由于组织文化是一种以人为中心的管理，承认人的价值，尊重人，爱护人，注重对人的思想、行为的"软"约束，从而起到传统激励方式起不到的作用；另一方面是组织文化的激励功能不是消极被动地去满足人们对自身价值的心理需求，而是通过组织的共同价值观的形成，使其转化为员工实现自我激励的动力，自觉地为组织的生存和发展而工作。许多优秀的企业正是利用企业文化这只"看不见的手"，通过以企业的理念、纲领为准则建立心灵契约，以良好的企业作风为平台激发员工创造力，以价值观和企业精神为引擎推动企业快速扩张，以文化融合为切入点激活企业员工的创造力。

**4．培训教育激励**

培训教育激励是指通过对员工思想、文化、专业技能等方面知识的培训，提高员工的素质，增强其进取精神，激发其工作热情。

（1）知识激励。知识激励是人才管理的一项重要措施。随着知识经济扑面而来，当今世界日趋信息化、数字化、网络化，知识更新速度不断加快，员工队伍中存在的知识结构不合理和知识老化现象也日益突出，这就需要领导者一方面在实践中不断丰富和积累知识；另一方面也要不断地加强学习，树立"终身教育"的思想，变"一时一地"的学习为"随时随地"的学习；对组织一般员工应采取自学和加强职业培训的力度的方法；对各类人才应采取脱产学习、参观考察、进高等院校深造等激励措施。作为一个跨世纪的人才，还应掌握必要的外语和计算机知识，能够运用因特网获得各类信息（本组织也应建立高效率的信息情报网络），各级各类人才只有在"专"和"博"上下功夫，不断提高自己的思想品德素质、科学文化素质、社会活动素质、审美素质和身心素质，成为"T"型或"A"型人才，才能适应时代要求。

（2）培训激励。培训激励对年轻人尤为有效。通过培训，可以提高员工实现目标的能力，为其承担更大的责任、更富挑战性的工作及提升到更重要的岗位创造条件。在许多著名的公司里，培训已经成为一种正式的奖励。培训在激励中占有重要的位置，

尤其是对那些年轻的下属更有吸引力。“享受培训就是最好的激励”有科学的道理，但是对于那些有一定成就和相当经验的部下来讲，培训激励已经不那么重要了，而领导者个人魅力和公司的前景引导是潜在的培训引导力量。部下如果从领导身上看不到发展的希望，领导的个人魅力起不到潜在的培训引导作用，那么属下的积极性是调动不起来的。领导在公司的地位越高，其潜在的示范作用越大，因为他个人的素养代表了公司发展的希望，所以培训的另一个意思就是领导的示范作用和言传身教。

### （二）激励的基本方法

激励就是通过满足人的需要，激发人的动机，调动人的积极性。那么，如何满足人的需要呢？其基本方法有直接满足和间接满足两种。

#### 1. 直接满足

直接满足又叫“职务内”满足或“岗位上”满足。这就是工作本身和工作中与其他人的正常关系使他得到满足。一般来说，直接满足的内容有如下几种：

（1）工作本身有利于自我成长，专业对口，满足兴趣，符合志愿，适应特长等。

（2）工作本身能获得社会认可，评价较高。

（3）工作具有挑战性，干起来有奔头，能获得成就感。

（4）在工作中，同事间和谐、友爱、安全、团结，对劳动者有内吸力。

#### 2. 间接满足

间接满足又叫“职务外”满足或“岗位外”满足。这是工作以外即工作过程以后获得的满足，把工作当成以后得到满足的手段。间接满足的内容基本有如下两种：

（1）工资。工作一定时期后，人们从工作和工资本身并未获得实际需要的满足。而是用所得工资去购买食物、衣服、用品等后，才满足了多方面的实际需要。所以，工资是间接满足的一种重要形式。

（2）津贴、奖励、福利费、医疗费、养老金、休假等，也是间接满足的重要形式。间接满足是满足人们需要的重要方面，是人们工作动力的基本来源，它能保持人们的积极性，增加同心力，增强归属感，因而，必须予以足够的重视。但是，间接满足也有一定的局限性，主要是工作与满足需要之间缺乏直接联系，因而可能出现对工作满不在乎，只要有物质利益就行的态度。所以，间接满足除尽量与工作、成果相联系外，还必须与思想政治工作结合起来，才能充分发挥激励的作用。

## 项目小结

激励是领导工作的一个有机组成部分。有效的领导者必须能充分地调动员工的积极性，使其潜能最大限度地发挥出来。为此，领导者要着实了解员工的需要和动机是什么，并通过一定的激励手段和激励过程使其个人需要的满足与组织目标的达成能同时得到实现。

激励就是调动人们的积极性，即创造满足下属各种需要的条件，激发其动机，使之产生实现组织目标的特定行为的过程。为此，领导者要着实了解员工的需要和动机是什么，并通过一定的激励手段和激励过程使其个人需要的满足与组织目标的达成能同时得到实现。

西方有关的激励理论主要可归纳为以下三种类型：内容型激励理论着重研究如何激发人的工作动机的因素，包括马斯洛的需要层次理论、赫茨伯格的双因素理论、麦克莱兰的成就需要理论；过程型激励理论着重研究从动机的产生到采取行动的心理过程，包括弗鲁姆的期望理论、亚当斯的公平理论；行为改造激励理论着重研究如何改造和转化人的行为，变消极行为为积极行为，包括强化理论、归因理论。

有效的激励，必须通过适当的激励方式与手段来实现。按照激励中诱因的内容和性质，可将激励的方式与手段大致划分为四类：工作激励、物质激励、精神激励和培训教育激励。

## 思考与练习

1. 单选题

（1）关于社会人基本假设，正确的是（　　）。

A. 不能从工作上的社会关系去寻求意义

B. 从根本上说，人是由经济需求而引起工作动机的

C. 职工对同事们的社会影响力，要比管理者所给予的经济诱因及控制更为重视

D. 职工的工作效率与上司能满足他们的社会需求无关

（2）比较马斯洛的需求层次理论和赫兹伯格的双因素理论，马斯洛提出的五种需求中，属于保健因素的是（　　）。

A. 生理和自尊的需要　　B. 生理、安全和自我实现的需要

C. 生理、安全和社交的需要　　D. 安全和自我表现实现的需要

（3）曹雪芹虽食不果腹，仍然坚持《红楼梦》的创作，是出于其（　　）。

A. 自尊需要　　B. 情感需要

C. 自我实现的需要　　D. 以上都不是

（4）中国有些国有企业引入奖金机制的目的是发挥奖金的激励作用，但现在许多企业的奖金已经成为工资的一部分，奖金变成了保健因素。这说明（　　）。

A. 双因素理论在中国不怎么适用

B. 保健和激励因素的具体内容在不同国家是不一样的

C. 防止激励因素向保健因素转化是管理者的重要责任

D. 将奖金设计成为激励因素本身就是错误的

（5）当人们认为自己的报酬与劳动之比，与他人的报酬与劳动之比是相等的，这时就会有较大的激励作用，这种理论称为（　　）。

A. 双因素理论　　B. 期望理论

C. 公平理论　　D. 强化理论

（6）某公司改善了小李的工作条件，小李的积极性和主动性并没有提高，不久小李接到了一项具有挑战性的任务，他工作特别卖力，这可运用（　　）来解释。

A. 期望理论　　B. 双因素理论

C. 公平理论　　D. 强化理论

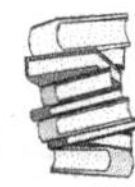

（7）根据弗鲁姆的期望理论公式，一般说来，效价越高，期望值越大，激励的水平就越（　　）。

A．高　　B．低　　C．一般　　D．不能确定

（8）根据强化理论，职工努力工作是为了避免不希望得到的结果，这就是(　　)。

A．自然消退　　B．惩罚

C．消极强化　　D．积极强化

2．判断题

（1）表彰和奖励能起到激励的作用，批评和惩罚不能起到激励的作用。（　　）

（2）高层次的专业人员和管理人员不是工作丰富化的重点对象。（　　）

（3）双因素理论认为如果缺乏保健因素，则员工会不满；但具有保健因素则不会导致满意，而是没有不满。（　　）

（4）实践证明正强化比负强化更有激励效果。（　　）

（5）激励的目的是强化、引导或改变人们的行为。（　　）

3．简答题

（1）简述激励及激励的过程。

（2）四种人性假设及对应的激励方式是什么？

（3）简述激励的主要理论及其观点。

（4）如果在组织中采取保密工资制，对广大员工而言公平吗？

## ■应用案例

### 晋升停滞的骨干员工留得住吗

康辉医药公司业务部经理王先生深受公司总裁的器重，总裁多次在公开场合称赞王先生为公司做出了巨大的贡献。王先生也的确通过自己出色的工作能力为公司开拓业务，使公司的业务蒸蒸日上。公司也没有亏待他，他很快由一个业务员升至公司中层经理，在各平级部门中也因为受到总裁的器重而颇有地位。但是由于公司的高层职位是有限的，王先生高升的空间已经快到尽头了。

突然有一天，总裁发现自己的办公桌上有一封辞职信，王先生已经注册了自己的公司，利用自己在康辉公司建立的客户和社会关系网络，经营与原公司相似的业务。

王先生的离去让康辉公司总裁感到无比恼怒，但既然公司已经不能提供更大的发展事业的机会，员工的离去是过分苛求的吗？然而，更严重的是，由于王先生在公司是“独当一面”，许多客户和重要信息都由他一手掌握，王先生离开后，公司其他人既不熟悉这些宝贵的信息，又暂时无法担当其业务经理的职责，原来的客户也纷纷转向与王先生的新公司进行合作。康辉公司面临艰难的困境！当然，最困惑的是，对王先生这类顶尖级骨干员工，除了晋升与加薪之外，还有没有更好的办法能留住他？

## 项目实训

**实训项目：**

结合有关激励理论，为本班制定一套学习激励方案，提高本班同学的学习动力。

**实训目的：**

能够运用激励理论制定激励方案，提高学生运用激励理论解决组织激励问题的能力。

**实训内容：**

以自愿为原则，6 ~ 8 人为一小组，为本班制定激励方案。

**实训要求：**

（1）以小组（公司）为单位以 PPT（要有图片等资料）的形式展示各自的方案。

（2）每个小组独立完成，不要雷同。

**实训考核：**

（1）接受老师和学生的现场提问。

（2）由老师和学生组成评委进行评分。

# 项目十三　沟　　通

## 知识目标

◆了解沟通的含义与过程。

◆掌握组织沟通的方法。

◆了解沟通中的障碍并能掌握改善障碍的方法。

## 能力目标

◆能够站在管理者的角度，用组织沟通的基础知识初步分析和解决组织沟通中常见的问题。

## 导入案例

### 沟通的障碍

LE 集团公司东北分公司最近从华南分公司调来一位广东籍总经理陈某，陈某在广东一带是很有名气的经理人，他有个特点：讲话从来不用讲稿，经常即兴发言，广东话风趣幽默，常常博得满堂喝彩。但他讲不好普通话。到东北分公司就任后，他召开全体员工大会，阐述经营理念和战略，与下属积极沟通，以了解情况。开始下属很愿意找他汇报工作，但他经常打断下属的汇报，提出评价意见。员工渐渐地不愿意向他汇报工作了；同时陈某也发现他在大会上的即席讲话也没有得到员工的响应，不能引起共鸣。陈某感到非常苦恼。

**思考题：**

从沟通的角度看，陈某的工作中存在什么问题？是何原因造成的？如何改善？

管理问题在很大程度上就是沟通问题，80% 的管理问题实际上就是由于沟通不畅所致。管理者应提高沟通水平，通过与下属进行畅通的沟通，提高管理的效果。

在管理的领导职能中，如何使领导者和组织成员同心协力实现组织目标，并不是简单地贯彻领导方式和激励的基本内容。事实上，管理的领导职能，除在行为的作用方向上有领导者和被领导者两方面外，要真正发挥这种管理职能，还取决于作为组织成员的各方对组织目标及其实施方式的理解，并在多大的程度上达成一致。这关系到管理的绩效。沟通和管理绩效的密切相关引出组织的沟通问题。沟通关系到组织的活动有效性，以中医学的行话来形象地表达："痛则不通，通则不痛"。一个组织如果沟通不畅，则必然产生一系列问题，从而有碍于组织目标的实现。因此，把沟通问题研究作为组织、领导管理的一个基本方面，显然是十分必要的。从根本上说，沟通是关于如何使领导方式和激励行为保持一致的问题，是领导者和被领导者之间不断回旋的过程，它是让组织成员之间取得共同的理解和认识的一种方法。

## 任务一　认知沟通

### 知识基础一　沟通的含义

管理学者纽曼和萨伊将沟通解释为：在两个或更多的人之间进行的事实、思想、意见和情感等方面的交流。巴纳德认为信息沟通是将一个组织内的人联系在一起以达到共同的目的的一种手段。

**小词典**

沟通是指可理解的信息或思想在两个或两个以上人群中的传递或交换的过程，目的是激励或影响人的行为。

在很大程度上，组织的整个管理工作都和沟通有关。在组织内部，有员工之间的交流、员工与工作团队之间的交流、工作团队之间的交流；在组织外部，有组织与客户之间的交流、组织之间的交流。

20 世纪 90 年代以来，随着信息手段的现代化和经济活动的全球化，企业已经不太可能采取一般性的纵向整合方式扩大企业的边界，企业的盈利区间开始向企业之间的关系领域移动，即企业间的关系及其基础上的网络形式正在与企业纯粹的市场交易关系共存。这样一来，虽然可能增大企业与别的组织之间的协调成本，但同时因信息的传递和共享，又会降低企业的交易成本或因市场组织复杂化而产生的信息搜寻成本。

### 知识基础二　沟通的作用

沟通对管理者履行职能有以下作用：

（1）搜集信息。管理者对组织外部环境变化的了解，以及内部有关信息的掌握，都是靠沟通来获得的。

（2）影响和改变别人的态度与行为。管理者为了执行某个决策或推行某项变革，必须说服、激励和领导别人，以影响和改变别人的态度和行为，博得上级的支持和下属的合作，而为了做到这一点，就必须通过有效沟通。

（3）改善人际关系。沟通不仅可以增进彼此之间的了解，而且由于它能表达人的感情，促进彼此之间的同情和共鸣，所以，还有助于解除人们内心的紧张，使人们心情舒畅，从而改善人与人之间的关系。

### 知识基础三　沟通的要素

沟通应包括以下要素：

（1）信息发送者：负责做有意识、有目的的文字或语言的传递者，如发言人、建

议人、发令人等。

（2）沟通渠道：信息传递应有一定的媒介与路线，以便传播与散布，如收发室、公告处、广播电台等。

（3）所期待的反应：信息的反馈。

（4）信息接受者：消息、命令、报告及任何沟通程式的接受者。

（5）沟通的程式：如命令、规则、通知、报告、公函、手册、备忘录等。

（6）沟通中的噪声：信息的沟通中出现的各种妨碍因素。

## 知识基础四　沟通的过程

从表面上看，沟通就是传递信息的过程。但实际上，管理学意义上的沟通是一个复杂的过程。这种复杂过程可以用图 13－1 简要反映出来。

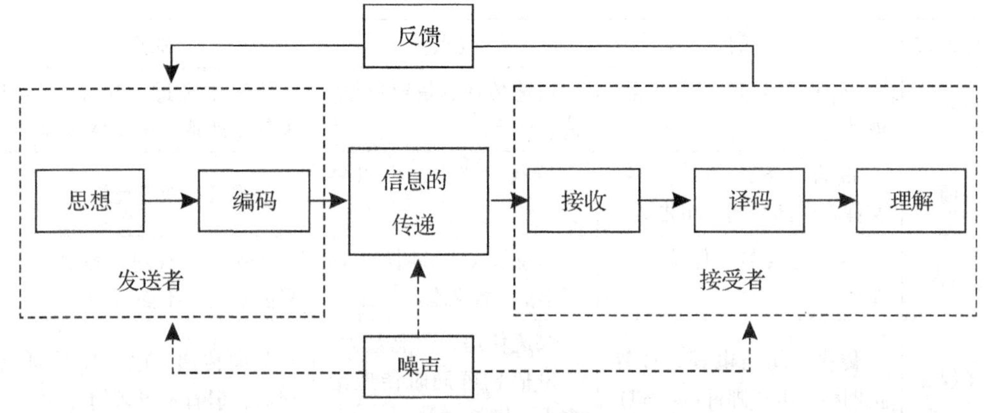


图 13－1　沟通的基本过程

上述过程中包含了沟通所必须具备的四个基本要素：发送者、接受者、传递渠道和所传递的内容。对该过程中各主要环节的进一步说明如下：

（1）形成思想。信息发送者发出信息是因为由于某种原因希望接受者了解某些事情，因此，自己首先需要明确要进行沟通的信息内容。

（2）编码。发送者对信息的编码方式是多种多样的，例如，口头语言、书面语言、计算机语言、面部表情、手势等。

（3）渠道。信息传递的渠道或媒介也很多，例如，书面报告、备忘录、交谈、电子计算机、电话、电报、电视等。各种渠道互有利弊，要进行有效的沟通，应注意选择适当的渠道。

（4）译码。译码就是把信息译回为思想。只有在发送者和接受者对信息符号的含义都有相同或近似的理解时，才可能出现正确的沟通。除非接受者理解了信息的含义，否则，沟通就不算完成。

（5）噪声。沟通会受到“噪声”的影响。所谓噪声，是指一切（无论是发送者、传递者或接受者发出的）妨碍沟通的因素。

（6）反馈。反馈就是把所收到的或所理解的信息再返送到发送者那里。为了检验沟通的效能，反馈是必不可少的。反馈构成了信息的双向沟通。

# 任务二　认知沟通的类别和方法

## 知识基础一　沟通的类别

沟通的类别依划分的标准不同而不同。

### （一）按照方法划分

按照方法划分，沟通可分为口头沟通、书面沟通、非语言沟通和电子媒介沟通等。这些沟通方式的比较如表 13－1 所示。

表 13－1　各种沟通方式的比较

| 沟通方式 | 举例 | 优点 | 缺点 |
|---|---|---|---|
| 口头 | 交谈、讲座、讨论会、电话 | 快速传递、快速反馈、信息量大 | 传递中经过层次愈多信息失真愈严重、核实越困难 |
| 书面 | 报告、备忘录、信件、文件、内部期刊、布告 | 持久、有形，可以核实 | 效率低、缺乏反馈 |
| 非语言 | 声、光信号、体态、语调 | 信息意义十分明确，内涵丰富，含义隐含灵活 | 传递距离有限，界限模糊，只能意会，不能言传 |
| 电子媒介 | 传真、闭路电视、计算机网络、电子邮件(e-mail) | 快速传递、信息量大、一份信息可同时传递给多人、廉价 | 单向传递，电子邮件可以交流，但看不见表情 |

### （二）按照组织系统划分

按照组织系统划分，沟通可分为正式沟通和非正式沟通。

**1．正式沟通**

正式沟通指通过正式组织所规定的渠道进行信息传递和交流。正式沟通依其信息流向分为下行沟通、上行沟通、横向沟通和斜向沟通。如图 13－2 所示。

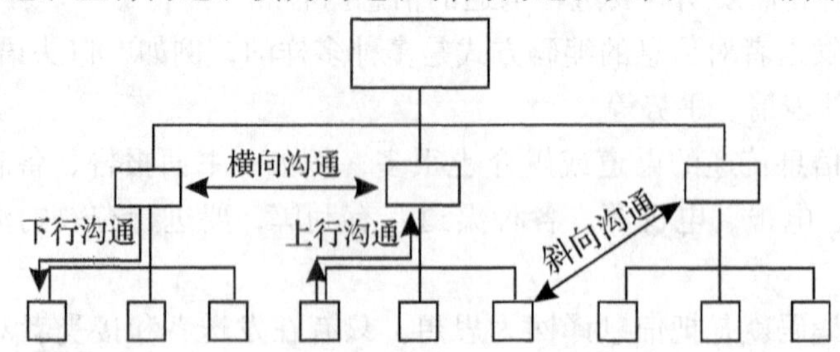


图 13－2　组织的正式沟通渠道

（1）下行沟通。即自上而下的沟通。这是在传统组织内最主要的沟通流向。一般以命令方式传达上级组织或其上级所决定的政策、计划、规定之类的信息，有时颁发某些资料供下属使用等。

这种沟通可以起到非常重要的作用：一是帮助管理者执行目标；二是使各阶层的工作人员对其工作能够满意与改进；三是增强员工的合作意识，使员工了解、赞同并支持管理者所处的地位；四是有助于管理者的决策和控制，减少信息的曲解与误传。

但是，这种沟通也存在许多缺陷：一是易于形成一种“权力气氛”，因而影响士气。二是对部属是一种沉重的负担，原因是沿组织层次而下的信息，受影响人数的增多，具有扩大作用。三是由于曲解、误解或搁置等因素，沿线而下的信息将不免逐步损失。关于这一点，有人曾做过一项调查，发现逐级传送中信息损失情况如表 13 – 2 所示。这种沟通问题，经常因为沟通路径上的连接点数目增多而加剧，牵涉的人数越多，信息的损失就越大。

**表 13 – 2　信息传递中的损失情况**

| 层级 | 信息接受百分比 |
|---|---|
| 董事会 | 100% |
| 副总经理 | 63% |
| 高级主管 | 56% |
| 工厂主管 | 40% |
| 领班 | 30% |
| 员工 | 20% |

（2）上行沟通。即自下而上的沟通。这是指下级人员以报告或建议等方式，对上级的意见反映。除此以外，许多机构还采取某些措施以鼓励向上沟通，例如意见箱、建议制度，以及由组织举办的征求意见座谈会或态度调查等。有时某些上层主管采取所谓“门户开放”政策，使下属人员可以不经组织层次向上报告。

这种沟通有以下作用：一是给下属提供参与机会，为管理者做出较好的决定提供依据，同时，下属也能从中获得自尊，更乐意接受管理者下达的命令。二是可以从中发现下属是否已经了解上级的原意。三是可以鼓励下属发表有价值的意见，同时，员工直接、坦诚地向上级说出心中想法，可以使他在紧张情绪和所受压力上获得一种解脱。否则，他们不是批评管理层以求发泄，就是失去工作兴趣和工作效率。但是据研究，这种沟通也不是很有效的，而且由于当事人的利害关系，往往使沟通信息发生与事实不符或压缩的情形。

（3）横向沟通。即平行沟通，主要是指同一层次、不同业务部门之间的沟通。在正式沟通系统内，一般机会并不多，若采用委员会和举行会议方式，往往所费时间人力甚多，而达到的沟通效果并不理想。因此，组织为顺利进行其工作，必须依赖非正式沟通以辅助正式沟通的不足。

（4）斜向沟通。斜向沟通是指不属于同一组织层次上的单位或个人之间的沟通。在直线部门和幕僚部门之间，倘若幕僚人员拥有职能职权，便经常有斜向沟通发生。在直线部门与直线部门之间，如果其中某一部门的人员拥有职能职权，也会有斜向沟通。

正式沟通的优点是：沟通效果好，比较严肃，约束力强，易于保密，可以使信息沟通保持权威性。重要的消息和文件的传达，组织的决策等，一般都采取这种方式。

其缺点在于，因为依靠正式组织系统层层传递，所以很刻板，沟通速度很慢，此外也存在着信息失真或扭曲的可能。

**2. 非正式沟通**

非正式沟通是非正式组织的产品。它一方面满足了员工的需求；另一方面也补充了正式沟通系统的不足。非正式沟通具有以下特征：①非正式沟通系统是建立在组织成员的社会关系上，也就是由人员之间的社会交往行为而产生；②非正式沟通来自人员的工作专长及爱好闲谈的习惯，其沟通并无规则可循；③非正式沟通对信息的传递比较快速；④非正式沟通大多在无意中进行，可以发生于任何地方、任何时间，内容也无限定。

许多管理者认为，非正式沟通会起消极作用。但是，美国有些管理学家认为，它是沟通系统的一个正常组成部分。非正式沟通的存在，说明人们希望能在正式渠道之外获得更多的有关工作、公司、同事等的信息，同时又能更好地满足组织成员间的社交和其他需要，增进他们的满意程度。

具体而言，非正式沟通可以起到如下作用：①传递正式沟通的功能；②传递正式沟通所不愿传送的消息，例如，假定有一名管理者突然辞职，最高管理当局不希望正式公开他辞职的原因，但又担心这样可能会引起人们的种种猜测，产生各种谣传，为了防止这种可能性，最高管理当局往往故意泄露一点真情，让它通过非正式沟通去传播；③将上级的正式命令转变成基层人员较易了解的语言；④非正式沟通具有弹性，富有人情味，可以比正式沟通更快传播；⑤减轻管理者的工作负担。

非正式沟通有四种基本形态，如图 13－3 所示。

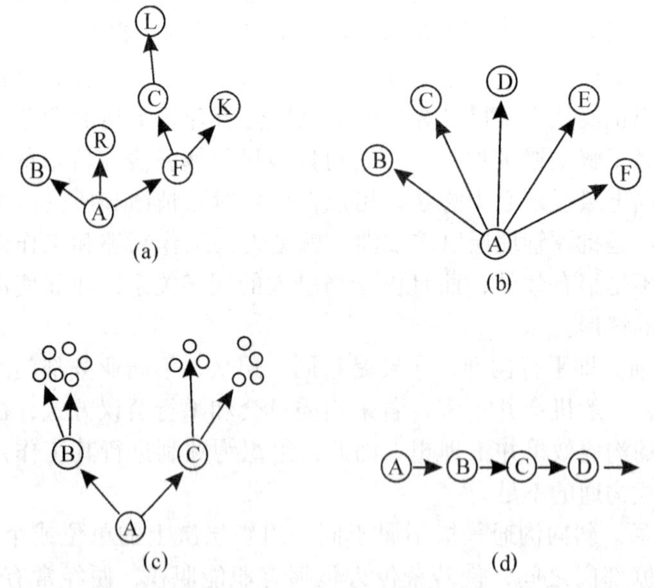


**图 13－3　非正式沟通的传播类型**

依照最常见至较少见的顺序分别为：①集群连锁，即在沟通过程中，可能有几个中心人物，由他转告若干人，而且有某种程度的弹性；如图 13－3（a）中的 A 和 F 两

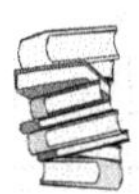

人就是中心人物，代表两个集群的“转播站”；②密语连锁，由一人告知其他人，犹如其独家新闻，如图 13－3（b）；③随机连锁，即碰到什么人就转告什么人，并无一定中心人物或选择性，如图 13－3（c）；④单线连锁，就是由一人转告另一个人，后者也只再转告另一个人，如图 13－3（d），这种情况最为少见。

表 13－3 比较了这两种沟通的优缺点。

**表 13－3　正式沟通和非正式沟通的比较**

| 沟通方式 | 优　　点 | 缺　　点 |
|---|---|---|
| 正式沟通 | 沟通效果好，比较严肃、慎重，约束力强，易于保密，可以使信息沟通保持权威性 | 依靠组织层层传递，较刻板，沟通速度慢，存在信息失真和扭曲的可能 |
| 非正式沟通 | 沟通形式灵活多样，直接明了，沟通速度快，效率较高，容易及时了解到正式沟通难以提供的“内幕消息”，可以满足组织成员的心理需要 | 难控制，传递的信息不确切，容易失真，可能导致小集团、小圈子，影响组织的凝聚力和稳定性 |

### （三）按照功能划分

按照功能划分，沟通可以分为工具式沟通和感情式沟通。工具式沟通指发送者将信息、知识、想法、要求传达给接受者，目的是影响和改变接受者的行为。感情式沟通指沟通双方表达情感，获得对方精神上的同情和谅解，最终改善相互之间的人际关系。

### （四）按照是否进行反馈划分

按照是否进行反馈划分，沟通可分为单向沟通和双向沟通。一般来说，单向沟通指没有反馈的信息传递。双向沟通指有反馈的信息传递，是发送者和接受者相互之间进行信息交流的沟通。表 13－4 比较了这两种沟通的优缺点。

**表 13－4　单向沟通与双向沟通的比较**

| 因　　素 | 结　　果 |
|---|---|
| 时　　间 | 双向沟通比单项沟通需要更多的时间 |
| 信息和理解的准确程度 | 在双向沟通中，接受者理解信息和发送者意图的准确程度大大提高 |
| 接受者和发送者的置信程度 | 在双向沟通中，接受者和发送者都比较相信自己对信息的理解 |
| 满　　意 | 接受者比较满意双向沟通　发送者比较满意单向沟通 |
| 噪　　声 | 由于与问题无关的信息交易进入沟通过程，双向沟通的噪声比单向沟通要大得多 |

## ■自我测试

**请回想一下你在赞美或批评你的部下时是否有以下的行为**

你常常赞美你的部下吗？

你对他们的赞美是发自内心的吗？

你能针对部下的具体行为及时加以赞美吗?

你喜欢当众赞美或批评你的部下吗?

当部下不在场的时候，你还会赞美他吗?

你常常因为害怕影响与部下的关系而不愿当面批评他吗?

你的批评常常令你的部下难堪吗?

你在批评部下的时候能做到对事不对人吗?

参考答案:

是；是；是；否；是；否；否；是

如果你的答案正确率在80%以上，那么恭喜你，你已经很好地掌握了赞美和批评部下的方法，你和他们的沟通应该是很融洽的；如果你的答案正确率在50%以下，那么我们建议你应该认真地学习以下内容，以改善你与部下之间的沟通效果。

## 知识基础二　沟通的方法

沟通方法是指在沟通过程中所采取的具体方式与手段。沟通的方法多种多样，既有对外的沟通方法，如广告、谈判、公关等，也有对内的沟通方法，如批示、汇报、个别访谈和会议等。在管理过程中最经常使用的沟通方法主要有以下几种:

### (一) 发布指示

指示是上级对下级指导工作时常用的一种沟通方法，它具有强制性与权威性。通常它由上级发布，由下级服从并执行。同时，指示中明确规定了上下级之间的关系以及各自的职责。如果上级不能正确地向下级下达命令、发布指示，则会导致下级在工作中无所适从，上级也很难树立权威；如果下级不服从指示或不恰当地执行了指示，那么上级的指示会失去作用，同时下级的职责也将难以维持。为了避免这种情况的出现，就要求上级在发布指示之前必须进行调查研究，征求各方面的意见，并对下级进行必要的指导，这样才能保证上级的指示正确并使下级能够贯彻执行。

**阅读资料**

#### “便笺式”管理

通用电气公司董事长杰克·韦尔奇最擅长的沟通方式就是提起笔来写便笺。他写的便笺，有给直接负责人的，也有给小时工的，无一不语气亲切而发自内心，蕴含了无比强大的影响力。每次韦尔奇从董事长文具夹中拿起黑色圆珠笔，过了一会儿后就有便笺通过传真直接传给雇员。

写这些便笺的目的就是为了鼓励、激发和要求行动。韦尔奇通过便笺表明他对员工的关怀，使员工感到他们之间已从单纯的领导与下属的关系升华为人与人之间的关系。这种非正式沟通，实在是最有效的沟通。

### (二) 请示汇报

请示是下级向上级表达想法和要求的一种常用的沟通方法，它可采用书面与口头两种方式。如果要求上级给予支持的事项较为复杂，且涉及的部门较多，一般采用书面请示的形式；如果要求上级给予支持的事项较为简单，且不需经繁杂与严谨的手续

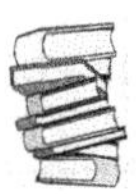

和程序就可以解决的，则可以采用口头请示的形式。

汇报是下级在执行上级指示及日常工作任务的过程中，将其所遇到的困难与问题、工作的进展等情况向上级反映并提出下一步设想的一种沟通方式。汇报通常也可以分为书面汇报与口头汇报两种。如果所碰到的问题需要经过上级批示或需要两个以上部门的协调才能加以解决的，一般采用书面汇报的形式；如果只是向上级反映工作进度的，可采用口头汇报的形式；如果是带有总结性质及规划意向的，为了突出其严肃性与权威性，通常采用书面汇报与口头汇报相结合的沟通方式，如年度工作总结及工作计划，经常采用的就是书面汇报与口头汇报相结合的沟通方法。

### （三）召开会议

人与人之间的沟通是人们思想、情感的交流，开会就是给人与人的沟通提供交流的场所和机会。会议的种类很多，包括日常例会、研讨会、论证会、总结会、表彰会、座谈会等。随着科技的迅猛发展，人们的沟通方式越来越多，现在人们可以通过 e－mail（电子邮件）、多媒体等多种形式进行沟通，但是，群体沟通即会议这种方式，是任何其他沟通方式都无法替代的。因为这种方式最直接、最直观，这种方式最符合人类原始的沟通习惯。当然必须强调的是，虽然会议是管理沟通的重要方法，但绝不能完全依赖这种方法。

### （四）个别访谈

个别访谈是组织内部为了搜集信息或了解工作进展情况而向员工进行访问谈话的沟通方式。这种沟通方式能够拉近组织成员之间的情感距离。由于它是一对一、面对面的直接沟通，因而能够有效地消除人们沟通中的心理压力，所获得的信息可信性也相对较强。在这种情况下，人们往往更愿意表露自己的真实想法，提出不便于在公众场合提出的问题，因而有助于领导者掌握下属的思想动态。

### （五）内部沟通制度

要搞好组织内部沟通，除了要掌握组织内部人际关系类型、了解各种沟通模式之外，还必须具备一套系统的、完善的沟通制度，这样才能取得最佳的沟通效果，使组织走上科学化、程序化、规范化的道路。内部沟通制度主要包括员工建议制度、领导接待来访制度、例会制度等。组织应根据本组织实际情况制定相应的沟通制度，并把沟通制度落到实处，切实贯彻执行。为此，应注意以下几点：第一，必须有专人负责实施沟通制度。第二，及时反馈信息。“有去无回”的信息会挫伤员工的积极性，使组织沟通失去真诚的协作。第三，适当的奖励。这是保证职工积极参与沟通的重要措施。

### （六）内部刊物

内部刊物主要是以组织内部员工为读者对象的刊物，主要有报纸、杂志、电子读物等形式，内容包括时事通讯、组织消息、文化艺术、体育娱乐等。内部刊物一般是定期或不定期发行，我国许多企业的内部刊物大多以免费赠阅的方式发行。内部刊物是组织内部沟通的重要手段之一，相关人员必须掌握为组织内部刊物写作、编辑、摄影、设计的有关知识和技能，不断提高内部刊物的质量。

## ■动手动脑

除了本书介绍的沟通的常用方法之外，你认为还有哪些沟通的方法和形式？

# 任务三　认知沟通的障碍与克服

## 知识基础一　沟通的障碍

在沟通的过程中，由于存在着外界干扰以及其他种种原因，信息往往丢失或被曲解，使得信息的传递不能发挥正常的作用。这些影响沟通的各种因素，就是沟通的障碍。

从沟通的过程来看，沟通的障碍主要有以下几个方面。

### （一）信息发送方面的障碍

有效的沟通首先要求信息发送者能将心中的想法以合适的语言加以编码，使之成为可传递的信息。这一编码过程的质量如何会极大地影响到信息沟通的总体效果水平。具体说有四个因素限制着信息发送者生成高质量的编码信息：

（1）技能。有效沟通的一个最起码条件是，编码者必须具备良好的口头或书面表达能力以及逻辑推理能力。缺乏这方面的技能，就势必造成所传递信息的先天性缺陷。

（2）知识。任何人都无法传递自己不知道的东西。信息发送者在特定问题上所掌握的知识范围影响着传递信息的质量。

（3）态度。信息发送者的态度会影响其编码行为。任何人，包括管理者在内，都难以避免会在许多问题上持有自己的某种预先定型的想法，这些想法影响和左右着个体对所沟通信息的编码。

（4）社会文化系统。社会文化系统会通过对信息发送者的地位与威信、信仰与价值观的作用而影响到信息沟通行为。比如，在“报喜不报忧”现象盛行的社会文化环境中，个体就可能对所传递的信息进行有意识的过滤、选择，从而造成沟通信息的失真。

### ■管理故事

**Do you want the can，sir?（您需要罐装饮料吗?）**

电影《在云端》中乔治·克鲁尼饰演的男主人公在飞机上与乘务人员发生了下面的对话：

乘务人员：“Do you want the can，sir?”（您需要罐装饮料吗?）

克鲁尼：“The what?”（什么?）

乘务人员：“Do you want the can，sir?”（您需要罐装饮料吗?）

克鲁尼：“The cancer?”（癌症?）

乘务人员：“The can... sir”（罐装饮料，先生）

这次沟通中由于信息发送者表达不当，或信息接受者对语义理解的差异和沟通方式差异导致沟通障碍，从而影响沟通效果。

### （二）信息传递中的障碍

信息传递需要通过合适的通道并以某种特定的网络连接方式来进行。信息传递中

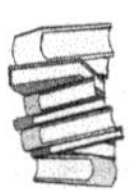

技术的障碍时常存在。比如，在对公众发表演讲时，扩音器出现问题，或者演讲者突然声音嘶哑或失音，这些无疑会对沟通效果产生重大影响。同样，在书面沟通及电子沟通过程中，用以传递信息的媒介物和支持性装置也都有发生故障的可能性。除了通道本身所可能存在的问题外，在经由多环节通道连接而进行的沟通中，沟通网络中的每一个环节实际都对信息起了某种筛选和过滤作用，这样，信息沟通经过的环节越多，失真的程度就越严重。

信息沟通通道和网络的技术性障碍确实是客观存在和在一定程度上难以避免的，但是鉴于这些通道和网络是沟通者预先选定和建设的，因而其中潜存的沟通障碍又是在相当程度上可以预防和改变的。换句话说，技术性障碍也夹杂着人为的因素。再者，特定的信息通道和网络有其特定的用途及适用场合，沟通者在选择或者使用时可能会出现失当或失误，从而影响沟通的效果。举个极端的例子，如果大厦起火，使用备忘录方式传递这一信息，沟通的效果可想而知。古代周天子为博爱妃一笑，不惜点燃烽火台以娱之，结果导致烽火台作为传递敌情信息快道的功用减弱。这些都是人为因素所引起的信息传递中的障碍。此外，信息传递时机和地点选择的不合适，也与沟通者的人为因素有关。改进信息传递的效果，需要在技术因素和人为因素上同时采取措施克服各种可能存在的障碍。

### （三）信息接受方面的障碍

信息传递到接受方，并不等于接受者就会接受和理解该信息。接受者需要将其收到的信息中所包含的符号，通过解码过程而译成自己可理解的语言形式。这一解码过程，同编码过程一样，也受到个体自身的技能、知识、态度和社会文化背景的影响。从技能方面来看，如果说信息发送者应该擅长说或写，则接受者应该擅长于听或读，并具有相应的逻辑推理能力，在需要反馈的时候能够善于把自己的问题表达出来反馈给信息发送者。在知识方面，信息接受者是否具有信息发送者编码时所认定或设定具有的知识水平，也妨碍着沟通的默契。态度上，先入为主，怀有成见，缺乏信任，紧张、嫉妒或恐惧等情绪，都会影响到信息接受效果。另外，社会文化系统同样也左右着处于其中的个体对沟通信息的理解。例如，在权力、地位差距很大的组织中，上下级之间的信息沟通就经常容易出现失真。在分工过度的组织中，不同部门人员间的沟通就面临更大的障碍。

## 知识基础二　有效沟通的实现

从上述的沟通障碍看，只要采取适当的行动方式将这些沟通障碍有效消除，就能实现管理的有效沟通。因而，无论是对组织中沟通还是组织间沟通，有效沟通的实现取决于对沟通技能的开发和改进。克服沟通中的障碍一般有以下准则：

（1）明确沟通的重要性，正确对待沟通。管理人员十分重视计划、组织、领导和控制，对沟通常有疏忽，认为信息的上传下达有了组织系统就可以了，对非正式沟通中的“小道消息”常常采取压制的态度。上述种种现象都表明沟通没有得到应有的重视，重新确立沟通的地位是刻不容缓的事情。

（2）培养“听”的艺术。对管理人员来说，“听”绝不是件轻而易举的事情。“听”

不进去一般有下列三种表现：①根本不“听”；②只“听”一部分；③不正确地“听”。如何才能较好地“听”呢？表13－5列出了一些要点。

**表13－5 “听”的艺术**

| 要： | 不要： |
|---|---|
| ●表现出兴趣 | ●争辩 |
| ●全神贯注 | ●打断 |
| ●该沉默时必须沉默 | ●从事与谈话无关的活动 |
| ●选择安静的地方 | ●过快地或提前做出判断 |
| ●留适当的时间用于辩论 | ●草率地给出结论 |
| ●注意非语言的暗示 | ●让别人的情绪直接影响你 |
| ●当你没有听清楚时，请以疑问的方式重复一遍 | |
| ●当你发觉遗漏时，直截了当地问 | |

**知识链接**

### 倾听是管理者成功的首要条件

成功的管理者大多是善于倾听的人。美国企业家亚科卡（Iacocca）曾对管理者的倾听有过精辟的论述：“我只盼望找到一所能够教导人们怎样听别人讲话的学院。一位优秀的管理人员需要听到的至少与他所需要说的一样多，许多人不能理解沟通是双方面的。”他认为管理者必须鼓励人们积极贡献，使他们能发挥最大的干劲。虽然你不可能接受每一项建议，但你必须对每一项建议做出反应，否则，你将听不到任何好的想法。他总结说：“假如你要发动人们为你工作，你就一定要好好听别人讲话，一家蹩脚的公司和一家高明的公司之间的区别就在于此。作为一名管理人员，使我感到最满足的莫过于看到某个企业内被公认为一般的或者平庸的人，因为管理者倾听了他遇到的问题而发挥出了他应有的作用。”从这些经验之谈中我们可以了解，倾听是管理者成功的首要条件。

（3）创造一个相互信任，有利于沟通的小环境。经理人员不仅要获得下属的信任，而且要得到上级和同僚们的信任。他们必须明白，信任不是人为的或天上掉下来的，而是诚心诚意争取来的。

（4）缩短信息传递链，拓宽沟通渠道，保证信息的畅通无阻和完整性。信息传递链过长，减慢了流通速度并造成信息失真，这是人所共知的事实。减少组织机构重叠、层次过多，确实是必须要做的事情。此外，在利用正式沟通渠道的同时，可开辟高级管理人员至低级管理人员的非正式的沟通渠道，以便于信息的传递。

（5）建立特别委员会，定期加强上下级的沟通。特别委员会由管理人员和第一线的工人组成，定期相互讨论各种问题。国外的特别委员会通常每年碰头2～6次，并且会前有正式的会议议题，会后公开讨论结果。会中如有问题不能解决，可上报高级管理人员。

（6）职工代表大会。每年一度的职工代表大会为厂长经理汇报工作提供了良机。厂长经理将就企业过去一年取得的成绩、存在的问题及未来的发展等重大问题通报全

体员工，而职工也可以就自己所关心的问题与厂长经理进行面对面的沟通和交流。

（7）非管理工作组。当企业发生重大问题，引起上下关注时，管理人员可以授命组成非管理工作组。该工作组由一部分管理人员和一部分职工自愿参加，利用一定的工作时间，调查企业的问题，并向最高主管部门汇报。最高管理阶层也要定期公布他们的报告，就某些重大问题或“热点”问题在全企业范围内进行沟通。

（8）加强平行沟通，促进横向交流。一般说来，企业内部的沟通以与命令链相符的垂直沟通居多。部门间、车间间、工作小组间的横向交流较少，而平行沟通却能加强横向的合作。具体说来，可以定期举行由各部门负责人参加的工作会议，其主题是允许他们相互汇报本部门的工作、对其他部门的要求等，以便强化横向合作。

## 项目小结

沟通是指可理解的信息或思想在两个或两个以上人群中的传递或交换的过程，目的是激励或影响人的行为。信息沟通在管理人员的工作中占有非常重要的地位，但不是所有的信息沟通都是有效的。有效的沟通是指发出的信息与对方收到的信息在内容上达到相互一致或基本上相接近的这样一种状态。信息沟通过程的各步骤、各要素都可能对有效信息沟通构成某种障碍或不利的影响。根据信息发送者与接受者在组织中所处的位置及信息传递和流通的方向不同，信息沟通可分为下行沟通、上行沟通、横向或平行沟通、斜向沟通几种形式。沟通方法主要有以下几种：发布指示、请示汇报、召开会议、个别访谈、内部沟通制度、内部刊物。

## 思考与练习

1. 单选题

（1）如果发现一个组织中的小道消息很多，而正式渠道的消息较少，这是否意味着该组织（　　）。

A. 非正式沟通渠道中信息传递很通畅，运作良好

B. 正式沟通渠道中信息传递存在问题，需要调整

C. 其中有部分人特别喜欢在背后乱发议论，传递小道消息

D. 充分运用了非正式沟通渠道的作用，促进了信息的传递

（2）著名管理学家巴纳德说过：“高层管理人员的首要作用，就是发展并维持意见沟通系统。”在实践中，进行意见沟通需要一定技巧。通常不能采取的技巧是（　　）。

A. 该告诉职工的全部告诉

B. 让下级明了他在领导心目中的地位

C. 不要经常称赞下级

D. 要明白上行沟通效率永远不会太高

（3）人际沟通中会受到各种“噪声干扰”的影响，这里所指的“噪声干扰”可能来自于（　　）。

A. 沟通的全过程　　　　　　　　B. 信息传递过程

C. 信息解码过程　　　　　　　　D. 信息编码过程

(4) 在组织中，下级向上级提出自己的意见和建议被称为　(　　)。

A. 上行沟通　　B. 横向沟通　　C. 斜向沟通　　D. 下行沟通

2. 判断题

(1) 沟通可以影响和改变别人的态度与行为。(　　)

(2) 对非正式沟通中的“小道消息”应当采取压制的态度。(　　)

(3) 非正式沟通可以起到传递正式沟通的功能的作用。(　　)

3. 简答题

(1) 什么是沟通?

(2) 简述沟通的基本过程。

(3) 沟通的形式有哪些?

(4) 观察你所在的学校学习环境是否存在影响沟通的因素。如果有，你认为有效的改进方法是什么。

## ■应用案例

### 万科的沟通环境

万科从成立以来的实践中摸索出：“专业化+规范化+透明化=万科化管理模式”。企业要搞专业化，不要分散资源，反对黑箱操作，提倡信息资源共享，沟通顺畅。成功上市后，万科在完善治理结构的基础上建立了一套规范化的、透明的管理制度。万科的管理理念是坚持简单不复杂、透明不暗箱、规范不权谋，这也是万科在管理企业和内部沟通时坚持的原则。

为了减少错误，提高效率，万科建立了以尊重人为基础的透明化制度。万科以“用心尊重人”的理念，形成简单透明的组织架构、清晰明确的职责分工，各个专业领域各司其职，设计、开发、销售、投诉全程得到监控，制度一目了然。

万科的制度建设有两大特色：

第一是规范化。万科的内部网站上有一个制度规范库，其制度主要是工作指引型的，告诉职员遇见各种状况应该如何操作，而无须层层请示。万科规范的制度体系使得万科内部很少出现繁琐的请示汇报，提高了工作效率，降低了内部交易成本。同时职员可以将主要精力放在工作上，而无须将过多的精力花费在与上级的沟通上。

第二是流程优先。在制定每一项新制度之前，首先就考虑流程的规范。在流程中充分考虑总部与地区公司、公司各部门之间的对接；考虑最直接、有效的渠道，打破上下级之间、各部门之间的职能刚性束缚。员工有流程作指导，工作起来得心应手。

万科作为一个大型企业，其高效运转的背后是其建立了一个完备的内部网系统，各公司、各部门之间的沟通便捷、顺畅。

内部网是万科信息管理的平台，总部和各地区公司均有独立的内部网。内部网涵盖了制度、通知、会议纪要、审批结果、工作总结、工作计划、政策动向、市场动态、企业动态、人事变动、绩效考核、薪金查询、客户投诉、内部论坛等各方面的信息，是万科内部管理信息的重要沟通平台。集团内各部门都有属于自己的专栏，配有专职

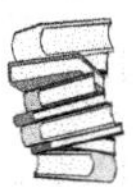

的信息管理员，负责将信息进行更新、发布。内部网由专门的技术部门进行技术指导。

内部网最大的功能是构建了扁平化的信息反馈体系，提高了工作效率，信息反馈迅速。避免了大集团由于集权管理而产生的信息阻隔，也避免了繁琐的形式化办公弊病。

邮件系统是万科集团实现网络办公的主要工具。职员可以通过邮箱，随时浏览公司各种资讯和发布各种资讯，与同事进行沟通。通过邮件系统，万科总部各种指令的传达减少了中间环节，直接传递到指定员工的信箱，无须进行层层传达。这样可以确保所有的信息和指令能够在最短的时间内以最准确的方式传达给每个指定员工。与其他的网上办公系统相比，通过邮件系统进行信息传递，其准确性和时效性能够得到保证。

**思考题：**

1. 万科在日常管理工作中都采用了哪些沟通的方法？

2. 请结合有效沟通的方法谈一谈万科选择的这些沟通方法有哪些优势，又有哪些不足。

## 项目实训

**实训目标：**

（1）培养与陌生人交际的能力。

（2）培养与别人沟通的能力。

**实训内容与要求：**

（1）主动同一位相关专业的陌生人士交往，交流某个专业问题。

（2）或是同一位认识的人，通过沟通解决一个难题。

（3）事后对沟通过程进行记录，记录要全面，包括沟通过程出现了什么障碍，怎么解决障碍等情况，班级交流实地沟通情况。

**实训考核：**

根据沟通过程记录和交流情况进行评分。

# 模块五　控制职能

## 项目十四　控　　制

### 知识目标

◆掌握管理学中控制的含义、原则和类型。
◆理解控制的地位和作用。
◆掌握控制的过程。
◆了解控制的主要方法。

### 能力目标

◆掌握控制的原则和类型，并联系实际加以运用。
◆能够运用控制理论分析问题，对个人和组织进行有效的管理。

### 导入案例

#### 哈勃太空望远镜

经过长达15年的精心准备，耗资15亿美元的哈勃太空望远镜终于在1990年4月发射升空。但是，美国国家航天局（NASA）仍然发现望远镜的主镜片存在缺陷。由于直径达94.5英寸（1英寸=2.54厘米）的主镜片的中心过于平坦，导致成像模糊。因此望远镜对遥远的星体无法像预期那样清晰地聚焦，结果造成一半以上的实验和许多观察项目无法进行。

更让人觉得可悲的是，如果有一点更细心的控制，这些是完全可以避免的。镜片的生产商珀金斯—埃默公司，使用了一个有缺陷的光学模板来生产如此精密的镜片。具体原因是，在镜片生产过程中，进行检验的一种无反射校正装置没设置好。校正装置上的1.3毫米的误差导致镜片研磨、抛光成了误差形状。但是没有人发现这个错误。具有讽刺意味的是，与其他许多美国国家航天局项目所不同的是，这一次并没有时间上的压力，而是有足够充分的时间来发现望远镜上的错误。实际上，镜片的粗磨在1978年就开始了，直到1981年才抛光完毕，此后，由于“挑战者号”航天飞机的失事，完工后望远镜又在地上待了两年。

美国国家航天局中负责哈勃项目的官员，对望远镜制造中的细节根本不关心。事后航天管理局中一个6人组成的调查委员会的负责人说：“至少有三次明显的证据说明问题的存在，但这三次机会都失去了。”

# 任务一　认知控制

管理是一个建立组织目标并加以实现的过程。在这一过程中，计划提出了管理者追求的目标，组织提供了完成这些目标的结构、人员配备和责任，领导提供了影响、指挥、激励和沟通的环境，而控制提供了有关偏差的知识以及确保与计划相符的纠偏措施。在组织目标实现的过程中，由于组织内部与外部的因素影响，会出现各种影响组织目标实现的障碍，导致实际工作中出现偏离计划的误差。这些障碍和误差必须及时发现与处理，管理工作中的控制职能由此产生。

## 知识基础一　控制的含义、地位和作用

### （一）控制的含义

管理学中的控制，是指监督各项活动并消除行动偏差以保证既定目标的有效实现的过程。其包括两个层次的内容：一是纠正偏离工作标准的实际状况；二是调整偏离组织目标的工作标准。

“控制”来源于希腊语“掌舵术”，是指领航者通过发号施令将偏离航线的船只拉回到正确的航向上来。按照我国《辞海》的解释，控制一词的含义是“节制，掌握住，不使任意活动或超出范围”。

法约尔曾经说过：“在一个企业中，控制就是核实所发生的每一件事是否符合所规定的计划、所发布的指示以及所确定的原则，其目的就是要指出计划实施过程中的缺点和错误，以便加以纠正和防止重犯。控制对每件事、每个人、每个行动都起作用。”

哈罗德·孔茨认为，控制职能就是按照计划标准衡量计划的完成情况并纠正计划执行中的偏差，以确保计划目标的实现。

理查德·L. 达夫特认为，控制就是调节组织行为，使之与计划、目标和绩效标准相一致，是以某种标准衡量和改进现实工作的过程。

弗莱蒙特·E. 卡斯特认为，控制是管理系统的一个运行阶段，目的在于监控绩效并提供用来调整目标与手段的反馈信息。在具有既定目标和工作计划的情况下，控制职能的含义是度量实际情况，传达组织活动信息，使之向正确的方向前进并达到前进中的动态平衡。

在实际工作中，要理解两种不同层次的控制。一是狭义的理解，把控制工作理解为消除与计划或既定标准不符的偏差，使工作按照预定的轨道进行。二是广义的理解，把控制工作理解为实现组织目标的动态平衡，目的是保证组织不断适应环境的变化，以动态适应的方式实现组织的根本目标。

### （二）控制在管理工作中的地位和作用

#### 1. 控制在管理工作中的地位

管理的目的是有效地实现组织目标，为此就要进行计划、组织、领导、控制。计划工作是对整个组织确定目标，做出总体规划和部署；组织工作是内部结构设计和组织关系的确定，在组织中进行部门划分，权力分配，确定组织内各部门的职责，以保

证计划的落实和完成；领导工作是管理者运用职权和威信施加影响，以充分发挥每个人的积极性，指导各类人员努力实现组织目标；控制工作是检查、监督、确定组织活动进展情况，对实际工作与计划之间所出现的偏差加以纠正，从而确保整个计划组织目标的实现。如果没有好的控制，实际工作就可能偏离计划，组织目标就可能无法实现。因此，控制是一项重要的管理职能，与计划、组织和领导职能有着密切的关系。

（1）控制是贯穿于管理全过程的一项重要职能。现代组织规模庞大，人员众多，工作复杂，要使组织的各项活动达到协调一致，管理者就必须依赖于控制手段监督管理的全过程。

（2）控制要以计划、组织和领导职能为基础。计划工作为控制提供了确定控制标准的基本依据；组织工作为控制工作提供了组织基础；领导工作为控制工作实施的有效性提供了有力保证。没有这三项工作，控制工作本身也就不存在。

（3）控制是计划、组织和领导工作有效开展的必要保证。计划、组织、领导工作的开展都要以控制为基本手段。离开了控制工作，各项工作就有可能流于形式，难以取得实效。

**2．控制在管理工作中的作用**

就整个组织而言，控制过程在整个管理过程中的作用可以归纳为两大方面：

（1）防止和纠正偏差的发生，使计划执行结果符合计划目标的要求，这是控制确保组织的稳定运行的作用。

（2）修改原定计划或重新制订新的计划，通过积极调整计划目标来保证组织对内外环境的适应性，这是控制确保组织的应变能力的作用。

任何一个系统的运行与计划相比，总是有偏差的，如果计划方案合理时出现偏差，则将来应采取相应措施消除各种干扰因素，任何管理者都必须承担控制的职责。另外，广义的控制职能实际上也包含了对计划的修改和重订。计划在执行过程中产生结果与目标之间的偏差，其原因除了执行不力外，还可能是计划之初对外部环境和内部条件估计出现失误，造成了目标设定过高或过低，或者是计划执行中所面临的内外环境条件出现了重大变化，导致目标脱离现实，这时，改变计划本身就是控制工作的一大任务。

## 知识基础二　控制的原则

控制和其他管理职能一样，要发挥出有效的作用，必须在执行过程中遵循一定的原则。

### （一）反应计划原则

控制是计划实现的保证，所以控制系统的设计必须遵循既定的计划。计划越明确、全面和完整，控制效果也就越好。没有计划就无法衡量行动是否偏离计划，更谈不上纠正偏差。如果没有控制系统，没有实际与计划的比较，就不知道计划是否完成，计划也就毫无意义。因此计划和控制是密不可分的。

### （二）未来导向原则

未来导向原则是指控制工作应当着眼于未来，分析现状所预示的趋势，及时发现

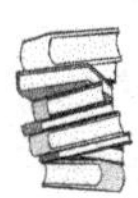

可能出现的偏差，预先采取防患措施，而不是只有出现了偏差才进行控制。这个原则在实践中常常被忽视，其主要原因在于管理人员常常依靠历史数据进行控制。而管理控制系统中有时间滞后的问题，所以控制系统必须努力实现针对未来的控制，从而达到最有效的控制。我们应该认识到预防火灾比发展灭火技术更重要。一个好的管理者应该在预防危机方面集中注意力。控制措施的设计应该能阻止事情向错误方向发展。

### （三）控制权责匹配原则

权力应与责任相匹配。控制工作的主要责任，应该由与计划执行有关的管理者来承担。一个组织，设计的控制系统越能反映负责的单位或个人，也就越有利于偏差的纠正。

### （四）及时性和准确性原则

信息是控制的基础。如果信息的收集和传递不及时，信息处理的时间又过长，则偏差就不能及时地纠正。如果发现偏差未及时采取行动，这样的控制是毫无意义的。另外，现实中由于各种因素的影响，常常将不准确的信息带入控制系统中，对控制的有效性产生影响。管理者一是要选择适用的、精确的衡量方法和工具来避免误差；同时应尽量避免形而上学，避免个人的主观偏见，确保信息的准确性。

### （五）例外原则

管理者越是集中精力对例外情况进行控制，那么他们的控制效果就越有效。也就是说越是把控制的主要注意力集中在那些超出一般情况的、特别好或特别坏的情况上，控制工作就越有效。在偏离标准的各种情况中，有一些是无关紧要的，而另外一些则不然，某些微小的偏差可能产生很大的影响。例如，在企业中，对合理化建议的奖励超出 20% 可能影响不大，但产品的合格率下降 1% 却有可能造成产品的滞销。

### （六）控制关键点原则

管理者在控制过程中面临的内、外环境是复杂多变的，影响控制系统的因素也较多，如果所有因素都要考虑往往是既不现实也不经济。这就要求管理者要善于把握问题的关键，将注意力集中到计划执行中的一些主要影响因素上来。事实上，控制了关键点，也就控制了全局。

### （七）经济性原则

控制活动需要一定的经费。是否进行控制，控制到什么程度都要考虑费用问题。要使控制费用合理，就应当将控制所需费用和控制所产生的结果进行比较。当通过控制所获得的价值大于所需费用时，才有必要进行控制。所以控制工作必须注意经济性，一是要实行有选择的控制；二是要努力降低控制的各种耗费而提高控制效果，改进控制方法和手段，以最小的成本查出偏离的现行或潜在的原因。

## 知识基础三　控制的类型

在管理活动中，控制承担着纠正和消除工作偏差的任务。而在实际工作中，不同的偏差有不同的产生原因，需要不同的防范和处理方法。与此相应，控制工作也有多种多样的方式。对复杂多样的控制方式进行类型划分，把握不同控制类型的作用特点，有助于建立合理的控制机制，提高控制工作效率。

### （一）按控制目的和对象划分控制类型

按照这个标准，控制工作可分为纠正执行偏差和调整控制标准两种类型。

通常计划的执行过程中出现偏差有两方面的原因，一方面是计划的执行过程出现问题，即计划的实际执行未按照计划标准进行；另一方面是已经制订的计划不适应组织内外日益变化的环境。因此，针对前一种情况采取的措施即纠正执行偏差，针对后一种情况采取的措施即调整控制标准。具体来说，纠正执行偏差是使执行结果符合控制标准的要求，为此需要将管理循环中的实施环节作为控制对象，这种控制的目的就是为缩小实际情况与控制目标的偏差，即负馈控制。调整控制标准则是使控制标准发生变化，以便更好地符合内外现实环境条件的要求，为此需要将计划环节作为控制对象，这种控制的目的就是改变控制标准，使之与实际情况更接近，即正馈控制。

### （二）按控制信息获取的时间划分控制类型

**阅读资料**

魏文王问名医扁鹊：“你们家兄弟三人，都精于医术，到底哪一位医术最好呢？”扁鹊回答说：“大哥最好，二哥次之，我最差。”

魏文王再问：“那么为什么你最出名呢？”

扁鹊答：“我大哥治病，是治病于病情发作之前。由于一般人不知道他事先能铲除病因，所以他的名气无法传出去，只有我们家里的人才知道。我二哥治病，是治病于病情刚刚发作之时。一般人以为他只能治轻微的小病，所以他只在我们的村子里才小有名气。而我扁鹊治病，是治病于病情严重之时。一般人看见的都是我在经脉上穿针管来放血、在皮肤上敷药等大手术，所以他们以为我的医术最高明，因此名气响遍全国。”

魏文王连连点头称道：“你说得好极了。”

按照这个标准，控制工作可分为前馈控制、现场控制和反馈控制三种类型。

**1. 前馈控制**

前馈控制，是主管人员运用所能得到的最新信息，包括上一个控制循环中所产生的经验教训，反复认真地对可能出现的结果进行预测，然后将其同计划要求进行比较，从而在必要时调整计划或控制影响因素，以确保目标的实现。和反馈控制不同，它的纠正措施往往是预防式的，作用在计划执行过程的输入环节上。工作重点是防止所使用的各种资源在质和量上产生偏差，而不是控制行动结果，这是前馈控制在现代化管理中的一个重要的特点。

实行前馈控制的优越性在于，前馈控制能使主管人员及时得到信息以便采取措施，也能使他们知道如果不及时采取措施就会出现问题。它克服了反馈控制中因时间滞差所带来的缺陷。因此，从某种意义上说，我们可以把前馈控制系统视为一个真正的反馈系统。

在我们的周围，经常可以碰到许多运用前馈控制的例子。例如，猎人为了纠正子弹与飞行的野鸭之间的时间延迟，常常把瞄准点定在野鸭飞行的前方；农业公司往往是根据当年的虫情预报提前做好农药储备，而不是等到出现了虫害才去寻找货源。

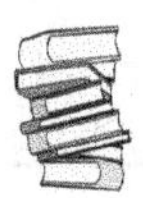

前馈控制所要控制的因素除了人、财、物等以外，还要考虑社会、经济、历史等诸方面因素，也就是既要控制组织内部的影响因素，又要控制组织外部的影响因素。前馈控制的工作内容常见的有以下几种。

（1）人力资源的前馈控制。这是一项把管理的诸多职能联系在一起的工作。所谓人力资源的前馈控制，就是根据组织结构所规定的职位要求及由此而决定的对处在这些职位上的人员的技术和素质的要求，对主管人员和非主管人员的选拔、培养和训练等。

（2）原材料的前馈控制。常用的方法是通过检查样品而不是全部原材料，利用统计采样来进行控制。

（3）资金的前馈控制。首先建立一个标准，然后通过计算回收期或投资收益率来决定是否要投资和进行资金筹集。

（4）财政资源的前馈控制。主要方法是通过预算——特别是现金和流动资金预算来控制财政资金的来源和支出。

**2．现场控制**

现场控制也叫同步控制或者同期控制，是指在工作开始到完成的全过程中，深入工作现场进行检查督促，发现偏差随时纠正。主管人员通过深入现场来亲自监督检查、指导和控制下属人员的活动，是一种主要为基层主管人员所采用的控制工作方法。

现场控制包括的内容有：

（1）向下级指示恰当的工作方法和工作过程。

（2）监督下级的工作以保证计划目标的实现。

（3）发现不符合标准的偏差时，立即采取纠正措施。

在计划实施过程中，大量的管理控制工作，尤其是基层的管理控制工作都属于这种类型。因此，它是控制工作的基础。一个主管人员的管理水平和领导能力常常会通过这种工作表现出来。在现场控制中，组织机构授予主管人员的权力使它们能够使用经济的和非经济的手段来影响其下属，控制活动的标准来自计划工作所确定的目标和政策、战略、规范和制度。控制工作的重点是正在进行的计划实施过程。控制的有效性取决于主管人员的个人素质、个人作风、指导的表达方式以及下属对这些指导的理解程度，其中，主管人员的“言传身教”具有很大的作用。

**阅读资料**

在进行现场控制时，要避免单凭主观意志进行工作。主管人员必须加强自身的学习和提高素质，亲临第一线进行认真仔细的观察和监督，以计划（或标准）为控制依据，服从组织原则，遵从正式指挥系统的统一指挥，逐级实施控制。在国外的组织管理中，有一种很受推崇的名为“走动式管理”的方法，其实质就是重视同步的、现场的控制。如在日本，土光敏夫出任东芝电器公司总经理之初，每天巡视工厂，遍访了公司设在日本各地的30多个企业，终于使每况愈下的东芝重振雄风。在美国，使联合航空公司扭亏为盈的公司总裁卡尔森最重要的经验就是实行“看得见的管理”——四处周游。他一年跑20万英里（约32.2万千米），每到一地，一下飞机就去工作现场与

员工见面，检查工作业绩。

**3．反馈控制**

这是指工作完成之后，对最终结果进行多方面的考核和分析，总结经验教训，指导未来工作。企业工作系统的运行是一个连续的、循环的过程，对前一过程的考核和分析，是指导下一过程的必要环节。因此，反馈控制是一种承前启后的控制，它是对工作系统进行循环控制的联结点。

这类控制主要是分析工作的执行结果，将它与控制标准相比较，发现已经发生或即将出现的偏差，分析其原因和对未来的可能影响；及时拟定纠正措施并予以实施，以防止偏差继续发展或防止其今后再度发生。这类控制工作是一个不断提高的过程。它的工作重点是把注意力集中在历史结果上，并将它作为未来行为的基础。

与前两者相比，反馈控制在两个方面具有优势。首先反馈控制为管理者提供了关于计划的效果究竟如何的真实信息。如果反馈显示标准与现实之间只有很小的偏差，说明计划的目标达到了。如果偏差很大，管理者就应该利用这一信息，使新计划制订得更有效。其次反馈控制可以增强员工的积极性。因为任何员工都希望获得评价他们绩效的信息，而反馈正好提供了这样的信息。

目前，在组织中应用最广泛的反馈控制方法有下面四种：财务报告分析；标准成本分析；质量控制分析；工作人员成绩评定。其中，最重要的、又是最困难的是工作人员成绩评定。它之所以重要，是因为任何企事业单位中最关键的资源是人。凡是效率高的医院、企业、大学及政府部门，配备的都是能有效地甚至创造性完成委派任务的人员。评定工作之所以很困难，是因为成绩标准很难是客观的，同时又是简短明了的。许多管理和非管理的任务不像可以用数值或其他客观标准来衡量的产品。因此，相当大的一部分评定过程几乎完全是根据主管人员的主观判断来进行的。

**（三）按照控制手段划分控制类型**

**1．间接控制**

间接控制是指通过建立控制系统，对被控制对象进行控制的一种方法。其控制主体是直接责任者的监督人。这种控制方法是根据计划和标准，对比和考核实际的结果，发现工作中出现的偏差，分析产生的原因，追究其责任，并采取适当的纠正措施。

在实际工作中，由于主管人员缺乏知识、经验和判断力所造成的管理上的失误和工作上的偏差，运用间接控制则可有助于这些误差的纠正；同时，间接控制还可帮助主管人员总结吸取经验教训，增加他们的知识和判断能力，提高他们的管理水平。但是，间接控制也有不少缺点，如只考核工作业绩，忽视了其他外部环境因素；对许多偏离计划的误差不能预先估计到或及时发现，以致难以采取有效的纠正措施；有时虽然能发现偏差，并找到原因，但大家却相互推卸责任或因为主管人员固执己见，不愿纠正错误。所以间接控制只有和直接控制结合应用，才能发挥出较好的作用。

**2．直接控制**

直接控制是相对于间接控制而言的，它是控制者与控制对象直接接触进行控制的形式。直接控制所依据的事实是计划实施的结果取决于执行计划的人，因此其往往通过提高主管人员的素质来进行控制工作。其着眼于培养更好的主管人员，使他们能够

熟练应用管理的概念、技术和原理，能以系统的观点来进行和改善他们的管理工作，从而防止出现因管理不善而造成的不良后果。直接控制的合理性是以四个较为可靠的假设为依据的：

（1）合格的主管人员所犯的错误较少。

（2）管理工作的成效是可以计量的。

（3）在计量管理工作的成效时，管理的概念、原理和方法是一些有用的判断标准。

（4）管理基本原理的应用情况是可以评价的。

直接控制的指导思想认为，合格的主管人员出的差错最少，他能觉察到正在形成的问题，并能及时采取纠正措施。所谓“合格”，就是指他们能熟练地运用管理的概念、原理和技术，能以系统的观点来进行管理工作。因此，直接控制的原则也就是：主管人员及其下属的水平越高，就越不需要进行间接控制。

# 任务二　认知控制的过程

管理的成败在于能否实施有效的控制。有效的控制除了以正确的计划目标为前提，还必须遵循管理控制的步骤。一般来说，管理控制的过程分为三个基本步骤：确定控制标准，设立若干标准的类型或指标；衡量工作绩效，即将实际工作与上述标准相对照，检查与衡量标准的执行情况；纠正已有偏差。

## 知识基础一　确定控制标准

建立工作状况测评标准是控制的第一步，这是控制过程的起点。这往往与计划工作一起进行。制订计划工作过程中，需要确定整个组织的工作目标，并层层分解到不同的责任主体，明确每一个部门和个体的任务和责任，这些任务和责任就是控制的依据。因此，控制工作从计划开始。

“标准”一词包括两个概念。标准是测量的一种尺度（或单位），人们试图把它作为一种模式或规范；标准是权威建立起来的，具有权威性。因此，可以对标准这样理解：标准是作为一种模式或规范而建立起来的测量单位。标准的建立取决于所需衡量的绩效和成果领域。

控制标准的类型很多，可以是定量的，也可以是定性的。前者具有明确、可证实和可度量等特点；后者由于难以用定量的方式表达，管理者往往只能借助经验和判断形成衡量的标准，如工作作风、道德水平和人际关系等。但无论是什么标准都应该是客观的，可考核的。

一个较好的标准体系，在内容上一般包括数量标准（实物数量和货币数量）、质量标准（实物质量和工作质量）、综合标准和时间标准等。如对一个企业而言，其常用的标准有以下几种：

（1）时间标准，是指完成一定数量的产品，或做好某项服务工作所限定的时间。

（2）生产力标准，是指在规定的时间内完成合格产品和满意服务的数量。

（3）消耗标准，是根据生产产品或服务计算出来的有关消耗。

（4）质量标准，是指保证产品符合各种质量因素的要求，或是服务方面需达到的工作标准。

（5）行为标准，是对职工规定的行为准则。

阅读资料

一个中国人和一个德国人每天早餐都是一杯牛奶和一个鸡蛋，中国人把鸡蛋往锅里一放，然后出去洗漱或干点别的，等再回来鸡蛋就煮好了。但德国人会用一个差不多刚好装得下一个鸡蛋的专门容器，下面焊一托盘，然后加满水，1 分钟水就开了，3 分钟就关火。关火之后他们利用余热再煮 3 分钟，把鸡蛋煮到刚刚达到营养价值最高的状态。接下来用凉水泡 3 分钟，使这个鸡蛋很好打开，德国人认为这样做很标准。跟中国人相比，他们节约了 4/5 的水、2/3 的热能，同时还让鸡蛋达到了最佳的营养状态。

## 知识基础二 衡量工作绩效

这是控制过程的第二个步骤。这一步是依据标准衡量执行情况，把实际工作与标准进行比较，对工作做出客观评价以便从中发现偏差，并分析偏差产生的原因。当然，按照标准衡量实际成效，最理想的是在偏差尚未出现之前就有所察觉，并采取措施加以避免。富有经验的管理者一般是这样的。但是，只凭管理者的经验是远远不够的，必须凭借切实可行的控制标准和测定手段，才能客观评价实际的或预期的执行情况。这个阶段的重点工作就是要采集实际工作的数据，了解和掌握工作的实际情况，整理为信息，并将信息传递到有权采取纠正措施的主管人员手中。

一般而言，工作绩效的衡量方式主要有四种：

### （一）个人观察

个人观察是管理者通过现场观察工作情况或者与被控制人员进行面对面的接触与讨论。个人观察提供了关于实际工作的最直接和最深入的第一手资料。通过这种方式，管理者可以获得最直接的信息，避免加工、整理和传递过程中的信息失真。而且，因为任何实际工作的过程总是可以观察到的，所以这种观察可以包括非常广泛的内容。但这种方法也有许多局限性。首先，这种方法费时费力，需要耗费管理者大量的劳动；其次，仅凭简单的观察往往难以考察更深层次的工作内容；再者，由于观察时间的有限性，往往不能全面了解各个方面的工作情况；最后，工作在被观察时和未被观察时往往不一样，管理者有可能被蒙蔽，只能得到有关工作的假象。

### （二）统计报告

统计报告就是将在实际工作中采集到的数据以一定的统计方法进行加工处理后得到的报告。随着组织规模的扩张，组织内部信息流量也变得越来越大，加上信息技术的普及与应用，管理者面对的不再是信息匮乏而是信息爆炸。利用现代统计技术和工具，可以极大地提高管理者对信息的管理效率。但这种方法不仅要求管理者具有一定的统计知识，而且，对于原始数据的精确性也提出了更高的要求，增加了控制的成本。另外，统计报告中是否全部包括了实际工作衡量的重要方面，是否遗漏或掩盖了其中

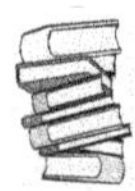

一些关键点，管理者也是难以确定的。

### （三）口头汇报和书面报告

绩效衡量的信息也可以通过口头汇报和书面报告的形式获得。口头汇报的形式可以有多种，比如各种会议，一对一的谈话或远程电视、电话会议等；其优点是信息直接、全面，缺点则是信息不易存储和保存，为以后的使用带来了一定的障碍。但随着信息技术的发展，这一缺点也逐渐被消除，利用信息技术的口头汇报形式将成为组织内衡量工作绩效的重要形式。书面报告通常是经过较为仔细的信息加工整理以书面形式来提交的，因此书面报告要比口头汇报更加精确和全面，而其也更加易于分类存档和查找，报告的质量也更容易得到控制。其缺点是传递速度较慢，往往是造成控制时滞的主要原因。

### （四）抽样调查

在工作量比较大而工作质量又比较平均的情况下，管理者可以通过抽样调查来衡量工作。管理者可以从调查对象中随机抽取一部分工作进行深入细致的调查，并把结果看成是全部工作的近似特征，以此来推测全部工作的质量。这种方法最典型的应用是产品质量调查。在产品数量极大或者产品检验具有破坏性时，这是唯一可以选择的衡量方法。此外，对一些日常事务性工作的检查来说，这种方法也非常有效。

## 知识基础三　纠正已有偏差

这是控制过程的第三个步骤。这一步是在衡量工作绩效的基础上，针对被控制对象状态相对于标准的偏离程度，及时采取措施予以纠正，使其恢复到正常状态上来。

为保证纠偏措施的针对性和有效性，必须在制定和实施纠偏措施的过程中注意下述问题。

### （一）找出偏差产生的主要原因

并非所有的偏差都会影响企业的最终成果。有些偏差可能反映了计划制订和执行工作中的严重问题，而另一些偏差则可能是由一些偶然的、短暂的、区域性因素引起的，从而不一定会对组织活动的最终结果产生重要影响。因此，在采取任何纠正措施以前必须对反映偏差的信息进行评估和分析。

首先，要判断偏差的严重程度，是否足以构成对组织行动效率的威胁，从而值得去分析原因，采取纠正措施。

其次，要探寻导致偏差产生的主要原因，通常产生偏差的原因主要有：

（1）因标准本身是基于错误的假设和预测的，从而使该标准无法达到。

（2）从事该项工作的员工不能胜任此项工作，或是由于没有给予适当的指令。

（3）和该项工作有关的其他工作发生了问题。

（4）从事该项工作的员工玩忽职守。

### （二）确定纠偏措施的实施对象

需要纠正的既可能是企业的实际活动，也可能是组织这些活动的计划或衡量这些活动的标准。如：大部分员工没有完成劳动定额，可能并不是由于员工不努力所造成的，而可能是定额水平太高；企业产品销售量下降，可能并不是由于质量劣化或价格不合理，而是由于市场需求的饱和或周期性的经济萧条，等等。在这些情况下，首先要改变的不是或不仅是实际工作，而是衡量这些工作的标准或指导工作的计划。

预定计划或标准的调整是由两种原因决定的：一是原先的计划或标准制定得不科学，在执行中发现了问题；二是原来正确的标准和计划，由于客观环境发生了预料不到的变化，不再适应形势的需要。负有控制责任的管理者应该认识到，即使内部活动组织得非常完善，企业也不可能实现预定的目标，譬如消费者的需求偏好转移，这时，企业的产品质量再好，功能再完善，生产成本、价格再低，仍然不可能找到销路，不会给企业带来期望利润。

### （三）选择恰当的纠偏措施

针对产生偏差的主要原因，可以制定改进工作或调整计划与标准的纠正方案。纠偏措施的选择和实施过程中应注意以下问题。

**1. 使纠偏方案双重优化**

纠正偏差，不仅在实施对象上可以进行选择，而且对同一对象的纠偏也可采取多种不同的措施。采取这些措施，总要优于不采取任何行动，使偏差任其发展可能给组织造成的损失。但如果行动的费用超过偏差带来的损失的话，此时最好的方案也许是不采取任何行动。这是纠偏方案选择过程中的第一重优化。第二重优化是在此基础上，通过对各种经济可行方案的比较，找出其中追加投入最少，解决偏差效果最好的方案来组织实施。

**2. 充分考虑原先计划实施的影响**

由于对客观环境的认识能力提高，或者由于客观环境本身发生了重要变化而引起的纠偏需要，可能会导致原先计划与决策的局部甚至全局的否定，从而要求企业活动的方向和内容进行重大的调整。这种调整有时被称为“追踪决策”，即当原有决策的实施表明将危及决策目标的实现时，对目标或决策方案所进行的一种根本性修正。

**3. 注意消除人们对纠偏措施的疑虑**

任何纠偏措施都会在不同程度上引起组织的结构、关系和活动的调整，从而会涉及某些组织成员的利益。不同的组织成员会因此而对纠偏措施持不同的态度，特别是纠偏措施属于对原先决策和活动进行重大调整的追踪决策时，控制人员要充分考虑到组织成员对纠偏措施的不同态度，特别是要注意消除执行者的疑虑，争取更多的人理解、赞同和支持纠偏措施，以保证避免在纠偏方案的实施过程中可能出现的人为障碍。

# 任务三　认知控制的方法

管理者控制什么？许多控制的对象主要集中在人员、财务、作业、信息和组织总体管理绩效上。相应地，根据控制的对象和内容，可以将控制的方法分为财务控制方法、人员控制方法、作业控制方法、信息控制方法等。

## 知识基础一　财务控制方法

### （一）预算控制

组织特别是企业的各项业务活动，几乎都是伴随着资金运动进行的。因此，预算

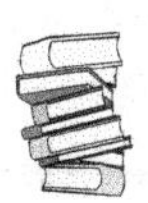

是一种运用很广泛的控制方法。它将计划规定的各种活动用货币为计量单位表示出来，实质上是一种数字化的计划。正是由于组织的活动离不开资金运动，通过预算，就可以使计划具体化，从而更易于控制。

预算在形式上是一整套预计的财务报表和其他附表，按照内容的不同，预算可分为经营预算、投资预算和财务预算三大类。经营预算是指企业日常发生的各项基本活动预算，主要包括销售预算、生产预算、成本预算等。投资预算是对企业固定资产的购置、扩建、改造更新等在可行性研究的基础上编制的预算。财务预算是指企业在计划期内反映有关预计现金收支、经营成果和财务状况的预算。

运用预算控制应注意的问题主要有：

（1）预算要有一定的弹性，不能过细、过死。对于主要活动及其费用的支出，应严格控制。但对一些细小的活动，不必面面俱到，以免主次不分或顾此失彼。

（2）预算目标不能取代组织目标。预算是为实现组织目标服务的，有的管理者热衷于使自己部门的费用支出不超过预算，而忘记了自己的首要职责是千方百计地去实现组织目标，这是不可取的。

### （二）财务审计

财务审计是根据审计原则通过价值形式对组织活动中的财务运行状况进行独立的审查和评价。其目的是保证经济组织所提供的财务报告既能真实反映组织系统的财务状况，又能符合国家所颁布的有关财务运行规则和会计原则。根据审计主体和内容的不同，财务审计可分为外部审计、内部审计和管理审计三大类。

（1）外部审计。外部审计是由外部机构选派的审计人员对企业财务报表及其反映的财务状况进行独立的评估。外部审计的优点是审计人员与被审计对象不存在行政隶属关系，因而可以保证审计的独立性和公正性。缺点是外来审计人员不了解组织的内部情况，当被审计对象不太配合时将增加审计难度。

（2）内部审计。内部审计是由企业内部的机构或由财务部门的专职人员来独立进行的。内部审计是组织自身专门设有审计部门，对企业的会计、财务和其他业务经营活动所做的定期和独立的评价。

（3）管理审计。管理审计是由外部或内部的审计人员对企业管理政策及其绩效进行评价。外部审计主要核对企业财务记录的真实性和可靠性；内部审计在此基础上对企业政策、工作程序和计划的遵循程度进行测定，并提出必要的改进企业控制系统的对策建议；管理审计的对象和内容则更广，它是一种对企业所有管理工作及其绩效进行全面系统的评价和鉴定的方法。管理审计虽然可由组织内部人员进行，但为了更加客观评价，企业常常聘请外部专家来进行。

## 知识基础二　人员控制方法

管理控制中最主要的内容就是对人员的行为进行控制，这是因为任何组织中最关键的资源都是人，而且其他几方面的控制都要靠人去实现。然而，由于人的行为是由人的思想、性格、经验、社会背景等多因素综合作用的结果，而这些因素本身又很难用精确的方法加以描述，这就使对人员的行为控制成为管理控制中相当复杂和困难的一部分。其中，对员工绩效的考评最为困难。

对员工绩效的考评之所以困难，首先是因为对许多人来讲很难建立起客观的绩效评价标准。特别是对知识型的员工，其工作绩效很难直接测量，也很难量化。其次是多数工作都需要有若干个标准来衡量，面对这种多目标的评价，权重的确定非常困难。面对这些困难，人们还是在实践中总结出了一些绩效考评的方法，常见的主要有鉴定评价法、实地考察法、强制分配法、成对比较法、关键事件法以及目标管理法等。

## 知识基础三　作业控制方法

一个组织的成功，在很大程度上取决于它在生产产品或提供服务的能力上的效率和效果。作业控制方法就是用来评价一个组织的转换过程的效率和效果的方法。它包括生产控制、库存控制、质量控制、成本控制等。

### （一）生产控制

生产控制就是在企业生产计划执行过程中，对基本生产过程的作业活动和产品生产的数量、速度所进行的控制。其主要的控制内容包括生产进度控制、在制品占用控制及生产调度等。控制的主要方法包括平衡线法、看板管理法、图表控制法、台账控制法等。

### （二）库存控制

库存控制是通过对物资库存量的掌握与调整，来保证企业生产经营过程的物资需求，合理安排库存资金占用，以求得最佳的总体效益。主要有定量库存控制法和定期库存控制法等。

### （三）质量控制

质量控制是企业生产经营过程控制的重要一环，其目的在于保证本企业所生产的产品或服务达到一定的质量水平，以满足顾客需要。质量控制的方法有很多，最重要的现代质量控制方法就是全面质量管理，有三个特点：

（1）全过程管理。优质产品是设计和制造出来的，而不是检验出来的；越是处于开始阶段的问题，对产品质量的影响就越大。基于这样的思想，全面质量管理强调将质量思想贯穿于从用户调查、产品开发、生产、销售直至售后服务的全过程中，实行全过程管理。

（2）全部活动保证。产品是经由一系列的活动形成的，对产品质量的控制不能只着眼于产品本身，而应着眼于产品赖以形成的全部工作，对全部工作的质量进行控制。

（3）全员参加。质量控制绝不仅仅是质量部门的事，它跟企业每一个人都有关系。只有每一个员工都树立质量思想，积极参与质量管理，全面质量管理才能真正收到效果。

### （四）成本控制

成本控制是企业在生产经营过程中，根据一定的控制标准，对产品成本形成的整个过程进行经常性监督和控制，从而使各种费用支出和劳动消耗限制在规定的标准范围内，达到企业预定的成本目标。成本控制一般可分为事前成本控制和计划执行过程中的成本控制。

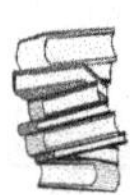

### 知识基础四　信息控制方法

管理者需要信息来完成他们的控制工作，不准确、不完整、不及时或不适量的信息将会严重阻碍他们的行动。如能开发出一种管理信息系统，使它能够在正确的时间，以正确的数量，为正确的人提供正确的数据，将对管理控制产生积极影响。信息控制就是通过建立管理信息系统来提高控制质量的方法。

## 项目小结

管理学中的控制，是指监督各项活动并消除行动偏差以保证既定目标有效实现的过程，包括两个层次的内容：一是纠正偏离工作标准的实际状况；二是调整偏离组织目标的工作标准。控制工作是检查、监督、确定组织活动进展情况，对实际工作与计划之间所出现的偏差加以纠正，从而确保整个计划组织目标的实现。控制在管理中有两方面的作用：一方面有确保组织的稳定运行的作用；另一方面有确保组织的应变能力的作用。有效控制的原则通常包括反映计划原则、未来导向原则、控制权责匹配原则、及时性和准确性原则、例外原则、控制关键点原则、经济性原则。按照标准不同，控制可划分为负馈控制、正馈控制，前馈控制、现场控制、反馈控制，直接控制、间接控制。控制过程可分为确定标准、衡量绩效、纠正偏差三个阶段。控制的主要方法主要包括财务控制方法、人员控制方法、作业控制方法、信息控制方法等。

## 思考与练习

1．单选题

（1）下列各项控制手段，（　　）属于前馈控制。

A．生产线终端检测　　B．宣讲员工行为规范

C．期中考试　　D．走动式管理

（2）进行控制时，首先要建立标准。关于建立标准，下列四种说法中（　　）是不正确的。

A．标准应该越高越好　　B．标准应考虑实际可能

C．标准应该是客观的　　D．标准应考虑顾客需求

（3）所有权和经营权相分离的股份公司，为强化对经营者行为的约束，往往设计有各种治理和制衡的手段，包括：①股东们要召开大会对董事和监事人选进行投票表决；②董事会要对经理人的行为进行监督和控制；③监事会要对董事会和经理人员的经营行为进行检查监督；④要量化审计监督。如此等等。这些措施（　　）。

A．均为事前控制

B．均为事后控制

C．①事前控制，②同步控制，③、④事后控制

D．①、②事前控制，③、④事后控制

（4）控制过程中合理的顺序应该是（　　）。

A. 制定标准，衡量绩效，纠正偏差　B. 衡量绩效，纠正偏差，制定标准
C. 衡量绩效，制定标准，纠正偏差　D. 制定标准，纠正偏差，衡量绩效

(5)（　）是指控制工作要突出重点，不能只从某个局部利润出发，要针对重要的、关键的因素实施重点控制。

A. 控制关键点原则　B. 及时性原则
C. 例外原则　D. 准确性原则

2. 判断题

(1) 俗话说的“吃一堑，长一智”在控制上就是前馈控制。（　）

(2) 由于控制的力度加大，可能出现的偏差就会减少，所以控制工作的力度越大越好。（　）

(3) 控制系统越是完善，组织目标就越易实现。（　）

(4) 所有的偏差都可能影响企业的最终结果。（　）

(5) 反馈控制通过对已发生的工作结果的测定来发现偏差和纠正偏差。（　）

3. 问答题

(1) 什么是控制？控制与计划、组织、领导分别是什么关系？

(2) 控制的原则主要有哪些？

(3) 控制过程包括哪些环节？

(4) 什么叫作反馈控制？怎样才能进行有效的反馈控制？

(5) 全面质量管理的特点是什么？

## ■应用案例

### 亲临生产第一线的总经理

M公司是从事通信器械制造的中等规模企业。近几年该公司在质量管理方面取得了很大成功，产品以优质赢得了用户的信赖，企业的利润成倍增长，并实现了快速成长。为了使企业建立起持久的竞争优势，实现持续经营，M公司的汪总经理决定在管理上再上一个台阶。为此，企业进行了组织机构调整，同时制定出一系列新的规章制度以及行为规范。

翻阅一下M公司的规章制度便不难发现，制度中对员工的各种违章行为都规定了严格的惩罚措施。例如，迟到一次，扣发当月奖金；上班不穿工作服，罚款10元；违反操作规程，罚款若干等。但是，细心的人会发现，在M公司的诸多规定中，却没有一条是关于如何对工作业绩良好员工进行奖励的。

自从这些规章制度实行以来，公司里变得更加井然有序了。员工们个个都变得小心翼翼，生怕由于不谨慎违反了哪条规定。无论是在办公室里还是车间里，除了必要的工作交流，大家经常是保持沉默。过去爱提建议的那些员工也不再发表意见了。尽管如此，还是经常发生某人被惩罚的事件。

汪总经理对这些新制度出台的效果颇感得意。他个人更是时刻注意以身作则，从不搞特殊化。一天深夜，已是凌晨时分，汪总经理还没有回家，干完工作后，他亲自来到车间的生产一线检查工作。正巧，当班的小李一面看管流水生产线，一面顺手从

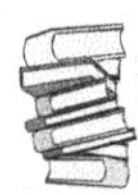

旁边的工作台上拿到一张报纸浏览。亲临工作现场的汪总经理恰好看到了这一幕，他当时就严厉批评了小李。汪总经理对此事非常气愤，为严肃生产纪律、保证质量，他决定“杀一儆百”。按照公司的生产操作规定，工人违反纪律，不仅本人受罚，而且要“三级连罚”。小李本人被罚款100元，车间主任被罚款200元，生产部部长被罚款400元。除罚款以外，小李及与该事件有关的主管人员受到全公司范围的通报批评。一时间，“小李事件”成为M公司上上下下关注的热点。大家议论纷纷，几乎所有的员工和管理人员都对此事感到不满。大家的积极性受到了严重挫伤，特别是小李的车间主任和生产部长，工作积极性受到极大的伤害。

“小李事件”发生之后，M公司的员工士气日渐低落。大家都保持一种“不求有功，但求无过”的工作态度。公司的业绩不再有新的改进，所有的活动都处于“维持”状态，昔日M公司员工的创新精神已不复存在。

面对M公司这种停滞不前的状态，汪总经理心急如焚。他想不明白，为什么加强了管理，公司业绩反而不再提高，员工的士气也越来越低……

**思考题：**

1. 通过“小李事件”，你如何评价该公司的管理制度？
2. 从管理控制的角度，你认为应该采取什么办法来扭转M公司目前的局面。

## 项目实训

**实训目的：**

系统掌握管理控制理论和方法。

**实训内容：**

由全班同学共同选定在班集体活动中采用合理的控制手段实现了目标和由于控制手段不完善而使目标偏离的两个案例。

**实训要求：**

分析在目标实施的过程中，为了纠正偏差，两项活动进行控制的过程与采用控制手段的类型，并总结控制在管理中的作用。每位同学写出总结，并重新设计该活动的控制方案。

**实训考核：**

由教师根据总结和控制方案确定成绩。

# 模块六　管理创新

## 项目十五　管理创新

### 知识目标

◆理解管理创新的含义和作用。
◆掌握管理创新的内容。
◆掌握创新过程及其管理。

### 能力目标

◆掌握管理创新的内容，并能够选择合适的内容进行创新。
◆能够对创新的过程进行管理。

### 导入案例

#### 英特尔公司的企业文化创新

英特尔公司（Intel）创立于1968年，自20世纪70年代开发出世界上第一块用于个人电脑的4004型微处理器以来，英特尔公司创造了一个又一个的辉煌，它的成功主要缘于决策层不断创新的理念。

英特尔公司的创始人摩尔从20世纪70年代起就构筑了其赖以成功的商业模式。摩尔提出，计算机的性能每18个月翻一番，只有不断创新，才能赢得高额利润，并将获得的资金再投入到下一轮的技术开发中去。摩尔定律的实质是树立企业的危机意识和竞争意识。企业决策层的创新意识、创新理念是企业成功的关键。尽管世界上85%以上的个人电脑装的都是英特尔的奔腾系列微处理器，但企业仍有一种危机感。英特尔副总裁保·奥特里尼说："为了保持英特尔的领先地位，我们每天从早上6时起来工作，晚上6时下班，有时晚上还要加班加点，一天至少要工作12个小时。"在英特尔公司，只能完成领班交给的任务的雇员是不会有大出息的。只有善于动脑筋、总结经验和有创新精神的雇员才能在英特尔立足和晋升。要创新仅仅靠8小时是远远不够的，大家都是利用工作之余看书和做实验，更新自己的知识，拿出准确的实验数据，证明自己的新见解。各级管理部门鼓励每个人献计献策。

# 任务一　认知管理创新

计划、组织、领导与控制作为管理的基本职能，是保证组织目标得以实现的不可缺少的职能。但就一般意义上来说，它们基本属于管理的“维持职能”，其任务是保证系统按预定的方向和规则运行。但是，人类的管理活动是处在动态环境中生存的社会经济系统，仅有维持是不够的，还必须不断调整系统活动的内容和目标，以适应环境变化的要求——这就是经常被人们忽视的“管理创新”。

## 知识基础一　管理创新的含义及作用

### （一）管理创新的含义

管理创新的概念源于管理的概念。管理是组织为了适应内外部环境变化，对组织的资源进行有效配置和利用，以达到组织既定目标的动态创造性过程。从经济学的观点看，人类始终面临着稀缺资源与无限需要之间的尖锐矛盾，需要做出抉择来恰当配置和充分利用稀缺资源以满足人们的需要，组织在动态的社会经济环境中生存，必须不断调整系统活动的内容和目标，以适应环境变化的要求，因此，管理需要不断创新。

创新理论源于美籍奥地利经济学家约瑟夫·阿罗斯·熊彼特（Joseph A. Schumpeter），在其1912年发表的著作《经济发展理论》中，首次提出了影响深远的创新理论。熊彼特所说的“创新”是一种从内部改变经济的循环流转过程的变革性力量，本质是“建立一种新的生产函数”，即实现生产要素和生产条件的一种新组合，创新包括以下五种情况：

（1）生产一种新的产品，或者开发一种产品的新属性。

（2）采用一种新的生产方法，新方法既可以是出现在制造环节的新工艺，也可以是出现在其他商务环节的新方式。

（3）开辟一个新的市场，不管这个市场以前是否存在。

（4）控制原材料或配件的一种新的供应来源，不管这种来源以前是否存在。

（5）实现任何一种产业的新的组织，比如造成一种垄断地位，或者打破一种垄断地位。

我国著名的管理学者芮明杰教授将管理创新定义为创造一种新的或更有效的资源整合范式，这种范式可以是新的有效整合资源以达到企业目标的全过程管理，也可以是某方面的细节管理，它至少可以包括以下五个方面情况：

第一，提出一种新发展思路。新发展思路如果是可行的，这便是管理方面的一种创新。但这种新发展思路并非针对一个组织而言是新的，而应对所有的组织来说都是新的。

第二，创新是建立一个新的组织机构并使之有效运转。组织机构是组织内管理活动及其他活动有序化的支撑体系。一个新的组织诞生的一种创新，如果不能有效运转则成为空想，不是实实在在的创新。

第三，提出一个新的管理方式。一个新的管理方式方法能提高生产效率，或使人际关系协调，或能更好地激励组织成员等，这些都将有助于组织资源的有效整合以达到组织既定目标和责任。

第四，设计一种新的管理模式。所谓管理模式是指组织综合性的管理范式，是组织总体资源有效配置实施的范式，这么一个模式如果对所有组织的综合管理而言是新的，则自然是一种创新。

第五，进行一项制度的创新。管理制度是对组织资源整合行为的规范，既是对组织行为的规范，也是对员工行为的规范。制度的变革会给组织行为带来变化，进而有助于资源的有效整合，使组织更上一层楼。因此，制度创新也是管理创新之一。

周三多教授认为：创新首先是一种思想以及在这种思想指导下的实践，是一种原则以及在这种原则指导下的具体活动，是管理的一种基本职能。从逻辑顺序上来考察，在特定时期内对某一社会经济系统（组织）的管理工作可以概括为：设计系统的目标、结构和运行规划，启动并监视系统的运行，使之按预定的规则操作；分析系统运行中的变化，进行局部或全局的调整，使系统不断呈现新的状态。显然，管理内容的核心就是：维持与创新。任何组织系统的任何管理工作无不包含在“维持”或“创新”中。维持和创新是管理的本质内容，有效的管理在于适度的维持与适度的创新的组合。

可见，从不同的角度定义管理创新有一定的差异。综合其他学者的观点，我们对管理创新作如下定义：

管理创新是指一个组织为了适应外部环境的变化，在经营观念、管理体制、管理制度、管理工具、管理方法上所做的变革，是创造一种新的更有效的方法来整合组织内外资源，以实现既定管理目标的活动。

管理创新的表现为：开拓和使用管理的新技术，开辟一个新市场或生产经营的新领域，组建一个新系统，制定一套新的管理程序或规章制度，创造一套全新的管理理论和管理模式，其目的在于提高组织的效能、效率和应变能力。

### （二）管理创新的作用

创新是组织的活力之源，是组织在市场竞争中求生存、求发展的必然选择，更是其立身之本，管理创新具有十分重要的作用。

**1. 管理创新能够将组织引向高效快速发展的轨道**

当今科技转化为生产力的速度日益加快，科学技术社会化的发展一日千里，以技术创新为核心的技术进步在经济增长中的作用明显突出。要使组织得到长期、健康的发展，唯一的出路是将国内外一切先进的东西为我所用，并加以创新发展，在管理上下功夫，不断推出适应市场需求的新产品。

**2. 管理创新能够改善组织的市场环境**

一是通过产品创新，组织能加速新技术、新材料在产品生产中的应用，提高产品的质量，使产品功能更好地满足用户的需要，使产品更富有竞争力，改变用户对产品的看法，改善现有市场条件；二是当组织的技术创新成果是适销对路的新产品时，会给组织带来新的用户，形成新的市场，使组织可以在更广泛的市场中进行选择；三是不断获得创新成功的组织，将能得到首次进入新市场领域的机会而具有领先者的优势，

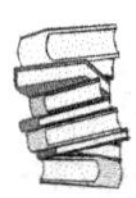

进而在很大程度上左右着这一新市场领域的价格、市场规模等。

**3. 创新能够降低产品成本，提高组织的生产效率**

工艺创新能加速新工艺在生产中的应用，由于改进了产品或工程、工艺的设计，开发或推广新工艺、新技术，改进或更新服务，提高加工系统、工具系统的效率和寿命等，可以节约材料消耗，缩短生产周期或在相同的时间内生产更多的产品，用较少的生产力生产出更多的产品，或减少工人劳动时间而生产出数量同样多的产品。

**4. 管理创新能提高组织的整体素质**

技术创新能改善研制条件，提高研制能力，提高基本素质（包括要素素质和组织内部结构素质）；组织创新和管理创新能提高对外适应能力，并通过对外部环境的有效影响，改善组织行为素质（组织系统内部要素对环境变化的适应性和与外部因素交互作用的特性）。

**5. 管理创新能够保持和提高组织的竞争力**

组织要在市场上建立和维持持久的竞争优势，就必须找出本组织比竞争对手做得更好、更有优势、更关键的价值活动，组织独特的、使竞争对手难以模仿的能力是组织的核心能力。而核心能力也有生命周期，要防止组织核心能力的刚性，就要不断抛弃过时的、陈旧的核心能力，不断培育新的核心能力，这都离不开创新。

**6. 创新的联动效应能够拓宽组织发展空间**

当通过产品创新使一种新产品进入市场后，随着该产品销量增加，该组织其他相关产品的销量也随之增加，创新的这种联动效应，已成为组织创新的重要动因。

## 知识基础二　管理创新的原则及内容

### （一）管理创新的原则

管理创新的原则是指产生管理创新创意的行为准则，是进行管理创新的出发点和评价标准。管理创新是一项复杂的活动，涉及的层面很多，要使管理创新活动能够顺利进行，并取得预期的效果，必须遵循一定的原则。

**1. 扬弃原则**

坚持扬弃原则就是在现有特色管理或在别人先进的管理思想、方式、方法上进行发扬或抛弃（抛弃是指在别人的基础上逆其发展趋势而行），有新意地进一步提高，在别人的基础上大胆探索出新的管理思路、方式、方法和理论。

扬弃原则是在原有的基础上展开，只需对原有的基础问题加以分析研究，把握深层原因，在研究中要注意自己的特点和长处，并进行深层思考，从中发掘出新的创意，实现管理创新。

**2. 突破常规思维束缚的原则**

已经形成的思维方式对人的思维路线会产生固化和引导作用，使人的思维活动“走老路”，“按常规思考”，这种常规思维会在人的大脑中形成“思维定势”，使人无法跳出原来框框的束缚。管理创新要求突破传统思维束缚，以新的视角审视、思考问题，找到解决问题的突破口。例如对于怎样抓住老虎这个问题，人们有很多方法，但一位研究拓扑学的专家离奇的意见却给了我们深刻的启示，他说：“抓老虎就以为是把老虎关在笼子里，让人站在外面观赏。如果对笼子做拓扑变换，即笼子的外面变为里面，里面变为外面，就是说把人关在笼子里，把老虎放到野生环境中。这样，只要人看到了笼子外面的老虎，也就等于人在笼子外面看笼子里面的老虎，于是老虎就等于被捉住了。”离奇不等于荒谬，人们从中得到启示，建立了野生动物园。有人坐在装有保护设施的汽车里，尽情观赏大自然中的各种动物，同时还保持了自然生态环境的原有状态。突破传统思维束缚的思维方式还有反向思维、侧向思维等。

**3. 交叉总和原则**

交叉总和原则实质创新活动的展开或创新意向的获得，要运用学科知识交叉、综合的方法。当今科学发展的趋势是在日益走向高度综合的情况下形成众多的边缘交叉学科，这为人们解决问题提供了理论武器。两个或几个学科形成的边缘地带是人们研究最活跃的地方，两个或几个学科相互交叉为人们解决问题提供了理论支撑，社会的高度发展使人们认识到问题的解决越来越难以建立在某一个理论体系的基础上，管理创新只有坚持交叉综合的原则才能探索出新的成果。

### （二）管理创新的内容

组织活动涉及的每个方面都是创新的对象，创新的内容十分广泛。

**1. 观念创新**

管理观念是指管理者在一定哲学思想支配下形成的对管理的感性认识和理性认识。管理观念受一定政治、经济、文化的影响，对组织战略目标具有导向作用，是组织价值观的体现，同时管理观念又折射在管理的各项活动中。

管理观念是指形成能够比以前更好地适应组织内外环境的变化，并更有效地利用资源的新概念、新认识或新构想的活动。管理者只有根据环境的变化和组织自身发展的要求不断更新观念，转变认识，才能做出正确的管理决策，并付诸管理实践，引导组织健康发展。观念创新要求人们使用体现事物发展规律的新思想、新观点去看待组织发展过程中出现的新情况、新问题，并引导组织的发展。

观念创新是管理创新的先导。积极进取的观念决定了管理者不满足现状，努力开拓知识、技术、产品等方面的新领域，相反，因循守旧的观念会使得管理者固步自封，眼界狭窄，迷失前进方向。

20 世纪 80 年代以来，经济发达国家的优秀企业家提出了许多新的管理观念，如知识增值观念、知识管理观念、全球经济一体化观念、战略管理观念、持续学习观念等。管理者应积极适应现代社会的需要，结合自身条件，构建自己独特的经营管理观念。

**2. 知识创新**

知识创新是指通过科学研究，获得新的基础科学和技术科学知识的过程。知识创新是新思想的产生、演化、交流，并应用到产品生产或服务中去的过程。知识创新的目的在于追求新发现、探究新规律、创建新学说、创造新方法、积累新知识，为组织谋求更有力的竞争地位创造条件。

在创新的道路上，知识创新与观念创新相辅相成、相得益彰，观念的更新会促使人们发现新知识，产生新知识；新知识的发现又反过来引导人们不断更新观念，实现观念飞跃。研究观念创新与知识创新之间的内在运行机制对于管理创新具有重要意义。

**3．组织机构和结构创新**

企业系统的正常运行，既要求具有符合企业及其环境特点的运行制度，又要求具有与之相应的运行载体，即合理的组织形式。因此，企业制度创新必然要求组织形式的变革和发展。

从组织理论的角度来考虑，企业系统是由不同的成员担任的不同职务和岗位的结合体。这个结合体可以从结构和机构这两个不同层次去考察。所谓机构是指企业在构建组织时，根据一定的标准，将那些类似的或为实现同一目标有密切关系的职务或岗位归并到一起，形成不同的管理部门。它主要涉及管理劳动的横向分工的问题，即把对企业生产经营业务的管理活动分成不同部门的任务；而结构则与各管理部门之间，特别是与不同层次的管理部门之间的关系有关，它主要涉及管理劳动的纵向分工问题，即所谓的集权和分权（管理权力的集中或分散）问题。不同的机构设置，要求不同的结构形式；组织机构完全相同，但机构之间的关系不一样，也会形成不同的结构形式。由于机构设置和结构的形成要受到企业活动的内容、特点、规模、环境等因素的影响，因此，不同的企业，有不同的组织形式；同一企业，在不同的时期，随着经营活动的变化，也要求组织的机构和结构不断调整。组织创新的目的在于更合理地组织管理人员的努力，提高管理劳动的效率。

**4．制度创新**

制度是组织运行方式的原则规定。企业制度主要包括产权制度、经营制度和管理制度等三个方面的内容。

（1）产权制度是决定企业其他制度的根本性制度，它规定着企业最重要的生产要素的所有者对企业的权力、利益和责任。生产资料是企业生产的首要因素，因此，产权制度主要指企业生产资料的所有制。企业产权制度的创新也许应朝向寻求生产资料的社会成员“个人所有”与“共同所有”的最适度组合的方向发展。

（2）经营制度是有关经营权的归属及其行使条件、范围、限制等方面的原则规定。它表明企业的经营方式，确定谁是经营者，谁来组织企业生产资料的占有权、使用权和处置权的行使，谁来确定企业的生产方向、生产内容、生产形式，谁来保证企业生产资料的完整性及其增值，谁来向企业生产资料的所有者负责以及负何种责任。经营制度的创新方向应是不断寻求企业生产资料最有效利用的方式。

（3）管理制度是行使经营权、组织企业日常经营的各种具体规则的总称，包括对材料、设备、人员及资金等各种要素的取得和使用的规定。在管理制度的众多内容中，分配制度是极其重要的内容之一。分配制度涉及如何正确地衡量成员对组织的贡献并在此基础上如何提供足以维持这种贡献的报酬。由于劳动者是企业诸要素的利用效率的决定性因素，因此，提供合理的报酬以激发劳动者的工作热情对企业的经营就有着非常重要的意义。分配制度的创新在于不断地追求和实现报酬与贡献的更高层次上的平衡。

产权制度、经营制度、管理制度这三者之间的关系是错综复杂的（实践中相邻的两种制度之间的划分甚至很难界定）。一般来说，一定的产权制度决定相应的经营制度。但是在产权制度不变的情况下，企业具体的经营方式可以不断进行调整；同样，在经营制度不变时，具体的管理规则和方法也可以不断改进。而当管理制度的改进一旦发展到一定程度，则会要求经营制度作相应的调整；经营制度的不断调整，必然会引起产权制度的革命。因此，管理制度的变化会反作用于经营制度；经营制度的变化也会反作用于产权制度。

**5. 技术创新**

技术创新是企业创新的主要内容，企业中出现的大量创新活动是有关技术方面的，因此，有人甚至把技术创新视为企业创新的同义语。由于一定的技术都是通过一定的物质载体和利用这些载体的方法来体现的，因此企业的技术创新主要表现在要素创新、要素组合方法的创新以及要素组合结果的创新三个方面。

（1）要素创新。主要包括材料的创新和生产设备的创新。材料创新的内容包括：开辟新的来源，以保证企业扩大再生产的需要；开发和利用大量廉价的普通材料（或寻找普通材料的新用途），替代量少价昂的稀缺材料，以降低产品的生产成本；改造材料的质量和性能，以保证和促进产品质量的提高。设备创新主要表现在下述几个方面：①通过利用新的设备，减少手工劳动的比重，以提高企业生产过程的机械化和自动化的程度；②通过将先进的科学技术成果用于改造和革新原有设备，延长其技术寿命，提高其效能；③有计划地进行设备更新，以更先进、更经济的设备来取代陈旧的、过时的老设备，使企业建立在先进的物质技术基础上。

（2）要素组合方法的创新。利用一定的方式将不同的生产要素加以组合，这是形成产品的先决条件。要素的组合方法包括生产工艺和生产过程的组织两个方面。工艺创新既要根据新设备的要求，改变原材料、半成品的加工方法，也要求在不改变现有设备的前提下，不断研究和改进操作技术和生产方法，以求使现有设备得到更充分的利用，使现有材料得到更合理的加工；生产过程的组织包括设备、工艺装备、在制品以及劳动者在空间上的布置和时间上的组合。

（3）要素组合结果的创新。生产过程中各种要素组合的结果是形成企业向社会贡献的产品。产品是企业的生命，企业只有不断地创新产品，才能更好地生存和发展。产品创新包括许多内容，这里主要分析物质产品本身的创新。物质产品创新主要包括品种的创新和结构的创新。

**6. 产品创新**

产品是组织向外界最重要的输出，也是组织对社会做出的贡献。产品创新是指组织向市场推出新产品，以调整自己对社会贡献的形式。顾客的需求要依靠组织所生产的产品来满足，不同时期顾客的需求可能不一样，因此，组织必须根据自己服务对象的需要不断进行产品创新。同时，组织也只有通过对自己产品的不断创新，不断满足服务对象的需要，才能源源不断地获得收益，以弥补生产的消耗，求得生存和发展。

### 资料链接

轮胎可以做什么？缺乏创造力的人会说用来做救生圈或者捆在树上做秋千，富有创造力的人会说诸如“当大象的眼镜架”或是“机器人头上的光环”。富有创造力的人比缺乏创造力的人更加灵活。

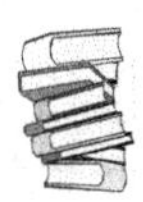

美国明尼苏达采矿公司能产生新颖的思想并转换成盈利的产品，如玻璃纸袋、防刮保护材料、带有松紧的一次性尿布等。同样，英特尔公司在芯片微型化方面领先于所有的制造商，当时，386芯片和486芯片的开发成功，使该公司占有了与IBM兼容的个人计算机微处理器市场的75%份额。以50亿美元的年销售收入作为支撑，该公司每年投入12亿美元用于厂房和设备，8亿美元用于研究开发，从而保证有新的更有力的产品源源推出，使公司保证竞争的领先地位。

**7．环境创新**

环境是企业经营的土壤，同时也制约着企业的经营。企业与环境的关系，不是单纯地去适应，而是在适应的同时去改造、去引导甚至去创造。环境创新不是指企业为适应外界变化而调整内部结构或活动，而是指通过企业积极的创新活动去改造环境，去引导环境朝着有利于企业经营的方向变化。例如，通过企业的公关活动，影响社区政府政策的制定；通过企业的技术创新，影响社会技术进步的方向等。就企业来说，环境创新的主要内容是市场创新。

市场创新主要是指通过企业的活动去引导消费，创造需求。成功的企业经营不仅要适应消费者已经意识到的市场需求，而且要去开发和满足消费者自己可能还没有意识到的需求。新产品的开发往往被认为是企业创造市场需求的主要途径。其实，市场创新的更多内容是通过企业的营销活动来进行的，即在产品的材料、结构、性能不变的前提下，或通过市场的地理转移，或通过揭示产品新的物理使用价值，来寻找新用户，或通过广告宣传等促销工作，来赋予产品一定的心理使用价值，影响人们对某种消费行为的社会评价，从而诱发和强化消费者的购买动机，增加产品的销售量。

## 任务二　认知创新过程及创新管理

创新不只是提出一个好创意的过程，还是一个将创意转化成实践应用的过程。爱迪生曾说过：创新过程中最重要的挑战不是发明，而是如何成功地实现发明的技术化和商业化。

### 知识基础一　创新的过程

总结众多成功企业的经验，成功的变革与创新要经历“寻找机会、提出构想、迅速行动、忍耐坚持”这样几个阶段。

**（一）寻找机会**

创新是对原有秩序的破坏。原有秩序之所以要打破，是因为其内部存在着或出现了某种不协调的现象。这些不协调对系统的发展提供了有利的机会或造成了某种不利的威胁。创新活动正是从发现和利用旧秩序内部的这些不协调现象开始的。不协调为创新提供了契机。

就系统的外部说，有可能成为创新契机的变化主要有：①技术的变化，从而可能影响企业资源的获取、生产设备和产品的技术水平；②人口的变化，从而可能影响劳动力市场的供给和产品销售市场的需求；③宏观经济环境的变化，迅速增长的经济背景可能给企业带来不断扩大的市场，而整个国民经济的萧条则可能降低企业产品需求者的购买能力；④文化与价值观念的转变，从而可能改变消费者的消费偏好或劳动者对工作及其报酬的态度。

就系统内部来说，引发创新的不协调现象主要有：①生产经营中的瓶颈，可能影响了劳动生产率的提高或劳动积极性的发挥，因而始终困扰着企业的管理人员。这种卡壳环节，既可能是某种材料的质地不够理想，且始终找不到替代品，也可能是某种工艺加工方法的不完善，或是某种分配政策的不合理。②企业意外的成功和失败，如派生产品的销售利润贡献出人意料地超过了企业的主营产品；老产品经过精心整顿改进后，结构更加合理，性能更加完善，质量更加优异，但并未得到预期数量的订单……这些出乎企业意料的成功和失败，往往可以把企业从原先的思维模式中驱赶出来，从而可以成为企业创新的一个重要源泉。

企业的创新，往往是从密切地注视、系统地分析社会经济组织在运行过程中出现的不协调现象开始的。

### （二）提出构想

敏锐地观察到了不协调现象的产生以后，还要透过现象究其原因，并据此分析和预测不协调的未来变化趋势，估计它们可能给组织带来的积极或消极后果，并在此基础上，努力利用机会或将威胁转换成为机会，采用头脑风暴、特尔菲、畅谈会等方法提出多种解决问题，消除不协调，使系统在更高层次实现平衡的创新构想。

### （三）迅速行动

创新成功的秘密主要在于迅速行动。提出的构想可能还不完善，甚至可能很不完善，但这种并非十全十美的构想必须立即付诸行动才有意义。“没有行动的思想会自生自灭”，这句话对于创新思想的实践尤为重要，一味追求完美，以减少受讥讽、被攻击的机会，就可能坐失良机，把创新的机会白白地送给自己的竞争对手。

### 资料链接

T. 彼得斯和 W. 奥斯汀在《志在成功》一书中介绍了这样一个例子：20 世纪 70 年代，施乐公司为了把产品搞得十全十美，在罗彻斯特建造了一座全由工商管理硕士（MBA）使用的 29 层高楼。这些 MBA 在大楼里对第一件可能开发的产品设计了拥有数百个变量的模型，编写了一份又一份的市场调查报告……然而，当这些人继续不着边际地分析时，当产品研制工作被搞得越来越复杂时，竞争者已把施乐公司的市场抢走了 50% 以上。

创新的构想只有在不断地尝试中才能逐渐完善，企业只有迅速地行动才能有效地利用“不协调”提供的机会。

### （四）忍耐坚持

构想经过尝试才能成熟，而尝试是有风险的，是不可能“一打就中”的，是可能失败的。创新的过程是不断尝试、不断失败、不断提高的过程。因此，创新者在开始行动以后，为取得最终的成功，必须坚定不移地继续下去，决不能半途而废，否则便

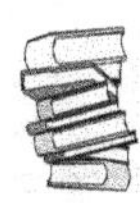

会前功尽弃。要在创新中坚持下去，创新者必须有足够的自信心，有较强的忍耐力，能正确对待尝试过程中出现的失败，既为减少失误或消除失误后的影响采取必要的预防或纠正措施，又不把一次“战役”（尝试）的失利看成整个“战争”的失败，要知道创新的成功只能在屡屡失败后才姗姗来迟。伟大的发明家爱迪生曾经说过：我的成功乃是从一路失败中取得的。这句话对创新者应该有所启示。创新的成功在很大程度上要归因于“最后五分钟”的坚持。

## 知识基础二　创新管理

管理创新与创新管理是两个相互联系又相互区别的概念。管理创新是对管理的创新，是创造一种新的更有效的方法来整合组织内外资源，以实现既定管理目标的活动。而创新管理是对创新活动的管理。创新管理是由经济发展、技术进步和企业生存与发展需要而产生的。创新管理的研究重点在于由新技术和科学发现带来的新产品开发改进，以及管理与服务流程的创新改进。

**小词典**

创新管理是指以有效提高企业的技术、业务、服务、研究开发、成果转化和持续创新能力，促进企业创新能够顺利实行为目标进行的一系列管理活动。

对于企业而言，问题不在于要不要进行创新，而在于如何成功地进行创新。从企业实践的情况来看，创新的成功率非常低，多数的创新型想法无法成为新产品，即使新产品能够进入市场，也只有很小的比例能够为企业带来经济回报。

这是由于创新本身是面向未来的活动，高不确定性是其固有的属性，没有人能够准确预测未来，因而在创新的各个环节都存在失败的可能：技术研发可能没有达到预期要求，生产原料可能不足，新生产设备可能存在潜在问题，市场需求可能没有达到足够的成熟度等。同时，创新还常常面临着资源不足，阻碍创新的组织特征、态度及行为等困难与障碍。因此，有效的创新工作首先要求管理者必须具有管理创新的技能，为部属的创新提供条件、创造环境，有效地组织系统内部的创新。

### （一）正确理解和扮演“管理者”的角色

管理人员往往是保守的。他们往往以为组织雇用自己的目的是维持组织的运行，因此自己的职责首先是保证预先制定的规则的执行和计划的实现，“系统的活动不偏离计划的要求”便是优秀管理的象征。因此，他们往往自觉或不自觉地扮演现有规章制度的守护神的角色。为了减少系统运行中的风险，防止大祸临头，他们往往对创新尝试中的失败吹毛求疵，随意惩罚在创新尝试中遭到失败的人，或轻易地奖励那些从不创新、从不冒险的人……在分析了前面的关于管理的维持与创新职能的作用后，再这样来狭隘地理解管理者的角色，显然是不行的。管理人员必须自觉地带头创新，并努力为组织成员提供和创造一个有利于创新的环境，积极鼓励、支持、引导组织成员进行创新。

## ■管理故事

### 不拉马的士兵

一位年轻有为的炮兵军官上任伊始，到下属部队视察操练情况。他在几个部队发现了相同的现象：在一个单位的操练中，总有一名士兵自始至终站在大炮的炮管下面，纹丝不动。军官不解，究其原因，得到的答案是：操练条例就是这样要求的。军官回去后反复查阅军事文献，终于发现，长期以来，炮兵的操练条例仍因循非机械化时代的规则。站在炮管下面的士兵的任务是负责拉住马的缰绳（在那个时代，大炮是由马车运载到前线的），以便在大炮发射后调整由于后坐力产生的偏差，减少再次瞄准所需的时间。现在大炮的自动化和机械化程度很高，已经不再需要这样一个角色了，但操练条例没有及时调整，因此出现了"不拉马的士兵"。军官的发现使他受到了国防部的嘉奖。

管理启示：因循守旧、墨守成规是管理最大的敌人。创新是组织生机勃勃的根本和源泉。

### （二）创造促进创新的组织氛围

促进创新的最好方法是大张旗鼓地宣传创新，激发创新，树立"无功便是有过"的新观念，使每一个人都奋发向上、努力进取、跃跃欲试、大胆尝试。要造成一种人人谈创新、时时想创新、无处不创新的组织氛围，使那些无创新欲望或有创新欲望却无创造行动、从而无所作为者感觉到在组织中无立身之处，使每个人都认识到组织聘用自己的目的不是要自己简单地用既定的方式重复那也许重复了许多次的操作，而是希望自己去探索新的方法，找出新的程序，只有不断地去探索、去尝试才有继续留在组织中的资格。

### （三）制订有弹性的计划

创新意味着打破旧的规则，意味着时间和资源的计划外占用，因此，创新要求组织的计划必须具有弹性。

创新需要思考，思考需要时间。把每个人的每个工作日都安排得非常紧凑，对每个人在每时每刻都实行"满负荷工作制"，创新的许多机遇就不可能发现，创新的构想也无条件产生。美籍犹太人宫凯尔博士对日本人的高节奏工作制度就不以为然，他说：一个人"成天在街上奔走，或整天忙于做某一件事……没有一点清闲的时间可供他去思考，怎么会有新的创见？"他认为，每个人"每天除了必需的工作时间外，必须抽出一定时间去供思考用"。美国成功的企业，也往往让职工自由地利用部分工作时间去探索新的设想。

### （四）正确地对待失败

创新的过程是一个充满着失败的过程。创新者应该认识到这一点，创新的组织者更应该认识到这一点。只有认识到失败是正常的，甚至是必需的，管理人员才可能允许失败，支持失败，甚至鼓励失败。当然，支持尝试、允许失败，并不意味着鼓励组织成员去马马虎虎地工作，而是希望创新者在失败中取得有用的教训，学到一点东西，变得更加明白，从而使下次失败到创新成功的路程缩短。美国一家成功的计算机设备

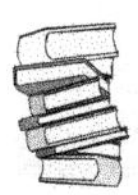

公司在它的企业哲学中甚至这样写道："我们要求公司的人每天至少犯10次错误，如果谁做不到这一条，就说明谁的工作不够努力。"

### （五）建立合理的奖酬制度

要激发每个人的创新热情，还必须建立合理的评价和奖惩制度。创新的原始动机也许是个人的成就感、自我实现的需要，但是如果创新的努力不能得到组织或社会的承认，不能得到公正的评价和合理的奖酬，继续创新的动力就会渐渐失去。促进创新的奖酬制度至少要符合下述条件：

（1）注意物质奖励与精神奖励的结合。奖励不一定是金钱至上的，而且往往是不需要金钱的，精神上的奖励也许比物质报酬更能满足驱动人们创新的心理需要。而且，从经济的角度来考虑，物质奖励的效益要低于精神奖励，金钱的边际效用是递减的，为了激发或保持同等程度的创新积极性，组织不得不支付越来越多的奖金。对创新者个人来说，物质上的奖酬只有在一种情况下才是有用的：奖金的多少首先被视作衡量个人工作成果和努力程度的标准。

（2）奖励不能视作"不犯错误的报酬"，而应是对特殊贡献甚至是对希望做出特殊贡献的努力的报酬。奖励的对象不仅包括成功以后的创新者，而且应当包括那些成功以前甚至是没有获得成功的努力者。就组织的发展而言，也许重要的不是创新的结果，而是创新的过程。如果奖酬制度能促进每个成员都积极地去探索和创新，那么对组织发展有利的结果是必然会产生的。

（3）奖励制度要既能促进内部的竞争，又能保证成员内部的竞争与合作。竞争能激发每个人的创新欲望，从而有利于创新机会的发现、创新构想的产生；而过度的竞争则会导致内部的各自为政，互相封锁；协作能综合各种不同的知识和能力，从而可以使每个创新构想都更加完善，但没有竞争的合作难以区别个人的贡献，从而会削弱个人的创新欲望。

要保证竞争与协作的结合，在奖励项目的设置上，可考虑多设集体奖，少设个人奖，多设单项奖，少设综合奖；在奖金的数额上，可考虑多设小奖，少设甚至不设大奖，以给每一个人都有成功的希望，从而避免部门或成员间相互封锁和保密，实现组织内部的密切合作。

## 项目小结

创新是组织发展的基础，是组织获取经济增长的源泉。企业组织的管理创新一般包括：观念创新、技术创新、制度创新、组织结构的创新、环境创新等内容。

创新是将创意转化成实践应用的过程。成功的变革与创新要经历"寻找机会、提出构想、迅速行动、忍耐坚持"四个阶段。

有效的创新离不开管理者的支持与推动。因此，组织中的管理者应做到：正确地理解和扮演"管理者"的角色；创造促进创新的组织氛围；制订有弹性的计划；正确地对待失败；建立合理的奖酬制度等。

## 思考与练习

1. 单选题

（1）下列不属管理“维持职能”的是（　　）。

A. 组织　　B. 创新　　C. 控制　　D. 领导

（2）以下（　　）不是技术创新。

A. 要素创新　　B. 要素组合方法的创新

C. 要素组合结果的创新　　D. 产品创新

2. 判断题

（1）观念创新也是一种管理创新。（　　）

（2）管理创新就是创新管理。（　　）

（3）管理制度的变化会反作用于经营制度；经营制度的变化也会反作用于产权制度。（　　）

（4）对企业来讲，环境创新就是市场创新。（　　）

3. 问答题

（1）什么是管理创新？管理创新的内容有哪些？

（2）企业为什么要进行创新管理？

（3）创新过程包括哪些阶段的工作？如何进行有效的创新？

### ■应用案例

#### 企业生命力源自自主创新

浙江吉利控股集团有限公司是中国汽车十强中唯一的民营轿车生产经营企业。1997年进入轿车领域以来，在党和国家领导的亲切关怀下，在有关部委和地方政府各部门的大力支持下，凭借灵活的经营机制和持续的自主创新，取得了较快的发展，资产总值超过90亿元，连续3年进入中国企业500强，连续两年进入中国汽车行业十强。

**一、多种渠道培育企业创新力**

浙江吉利控股集团有限公司现有员工7 998人，其中工程技术人员1 088人，占总人数的12.6%；其中大专以上868人，占79.8%；工程师以上中高级技术人员495人，占49.1%。

公司投资数亿元建立了吉利汽车研究院，总部设在临海。现拥有整车内外部造型、车身设计、底盘设计、有限元分析、快速成型加工、试制试装、整车和零部件试验、情报分析和标准化等研究开发能力；在杭州、上海建有分院，承担造型设计、整车匹配等研究开发工作；在宁波、上海建有发动机研究所、变速器研究所，承担吉利轿车动力总成的开发。在上海、临海、路桥、宁波四地建有与生产紧密联系的技术部门，负责将研究开发成果转化为批量生产的商品。2005年投入研发经费3.6亿元，占销售收入6.53%以上。2005年，吉利汽车研究院被评定为省级高新技术研发中心和国家级技术中心。2006年，经人事部批准，设立了博士后科研工作站。

浙江吉利控股集团有限公司十分注重整合社会各种资源进行自主创新，先后与韩国大宇国际、意大利汽车项目集团、德国吕克公司、韩国底派克公司、我国台湾地区的福臻公司、我国台湾地区的元创公司等国际知名汽车设计公司进行交流和技术合作；与国内的高水平院校和院所有着密切的合作和联系，获得最新最有力的技术和信息支持。如与上海同济大学联合开发混合动力和柴油动力技术以及可提升驾驶舒适度和整车电气系统水平的网格车身技术等。

## 二、创新取得丰硕成果

浙江吉利控股集团自进入汽车领域以来，面对跨国公司强大的技术封锁和市场垄断，针对国内轿车市场的实际特点，制定了自己的发展战略，即“从最简单的技术着手，从人才培养着手，从零部件体系建设着手，从标准、规范着手；先把低端市场做好，然后进入中级轿车市场；先把国内市场做好，逐步走向国际市场；逐步积累自己的研发能力，不断形成核心竞争力，最终实现三分之二产品出口的目标”。制定了实施上述战略的技术路线，即“借鉴日本和韩国优秀企业的技术成果，结合中国汽车工业50年发展经验教训，总结吉利十年来自主研发、大胆创新、艰苦创业、不断积累的实践，形成有吉利特色的汽车工业发展的技术路线”。

公司成立初期，为在激烈的市场竞争中生存和发展，必须走“自主创新、自主研发、自主知识产权”的道路。经过近十年的不懈努力和拼搏，取得了一些成果。现拥有各类专利126项，其中发明专利13项；正在办理的专利有数百项。自主开发并产业化的MR479Q发动机、MR479QA发动机、EPS电动助力转向、吉利自由舰车型、吉利金刚车型、FC—1车型、吉利Z系列自动变速器、4G18vvti发动机等项目已经通过了省部级以上科技成果鉴定。吉利拥有上述所有产品的完全知识产权。2001年批量上市以来累计销售各类吉利轿车50多万辆，出口2万多辆，所有销售的产品均属于自主创新的产品。

## 三、自主创新历程

浙江吉利控股集团有限公司的发展到目前为止，已经历了三个阶段，实施了三个战略创新。

第一阶段，1998年到2003年，以价格取胜战略。当时国内轿车市场上经济型轿车的价格在10万元左右，吉利轿车以5万~7万元的价格进入市场，打破了轿车市场已有的格局，为轿车进入老百姓家庭做出直接的贡献，也为吉利汽车跻身国内轿车市场前列奠定了基础。

第二阶段，2003年到2005年，以质量取胜战略。2003年下半年，国家开始宏观调控，汽车行业特别是轿车行业井喷之后的市场大幅度回落，一些企业处于产销低迷状态。吉利集团抓住这个时机，迅速做出进行战略调整的决策，取消了原有的建设项目、开始企业内部流程再造和信息化建设，对各基地布局进行重大整合；利用新产品自由舰的生产准备过程，投资数亿元对宁波基地实施了大规模的技术改造，使得冲压、焊装、涂装、总装等四大工艺水平和现场管理水平均达到国内一流企业水准；实施精致工程和用户满意工程，狠抓产品的内在质量和用户的感知质量改进，使现有产品的质量水平得到全面提升。

第三阶段，2004 年开始，全面创新战略。

技术创新方面：技术创新是先导创新，以“以我为主、以创造新市场、创造新机会、创造新价值”为原则，整合国内外资源，在消化、吸收国际汽车成熟技术和公开技术的基础上进行再创新，快速开发具有国际先进水平的、拥有完全知识产权的、填补国内空白的零部件、电子电器产品和整车产品，形成新的竞争优势。

管理创新方面：吸收优秀的管理思想，进行企业内部流程再造和内部市场化的尝试，创造出“3+3”滚动订单管理办法，降低了企业的资金占用，提高了对市场的快速反应能力；投资上亿元推进实施了基于 SAP 软件的 ERP 系统，具有强大支持功能的售后服务信息系统、工作流和绩效考核为一体的 CPC 协同商务系统和 PDM 等信息系统，形成管理的标准化和规范化体系。其中临海基地的 ERP 项目获得了“2006 年浙江省企业管理现代化创新成果”一等奖，被推荐为全国企业管理现代化创新成果一等奖候选项目。

制度创新方面：建立对人员资格、资历、资质实施动态管理的“三资”体系；创建了员工从技术、管理、技能和经营等方向发展的四大通道；形成了物质激励为基础、精神激励为导向、晋升激励为支持的激励三角形；推进了“充分授权、有效监督、考核清晰、赏罚分明”的神经管理；形成了以共同的价值观为基础、尊重个人兴趣和特长、满足不同薪酬体现方式需要的以感情和事业留人、用人的机制。

此外，公司在营销创新方面创造了“用户至尊、网络至上”的营销理念；在采购创新方面，实现整车零部件 100% 国产化，彻底摆脱受制于国外列强的被动局面；在人力资源开发创新方面，启动全员整体素质提升培训工程；在企业文化创新方面，2006 年，吉利提出了“艰苦创业、快速创新、全面创优”的经营方针。

**四、发展规划**

浙江吉利控股集团有限公司按照“总体跟随、局部超越、重点突破、招贤纳士、合纵连横、后来居上”战略思想已经制定出“十一五”发展规划。到 2010 年，吉利汽车整车产能将达到 100 万辆；国内销售 65 万辆，海外销售 25 万辆。

到 2010 年，吉利汽车将拥有以左、右舵兼顾，满足各国法规和消费习惯的、以经济型轿车为主向两头延伸的两厢、三厢、SUV、SRV 等 15 个系列整车车型；将拥有满足当时国内、国际排放等法规要求的汽、柴油兼顾的 8 个系列发动机；将拥有 6 款 MT 手动变速器，6 款 AT 自动变速器，3 款 ECVT 无级变速器；开展混合动力轿车研发和吉利方程式赛车项目，上述产品规划概括为 158663ES。

到 2010 年，把吉利汽车建成为中国汽车自主品牌的主力品牌，经济型轿车的首选品牌；国内市场占有率达到 8%，轿车销售排名进入前六名，在经济型轿车排名保二争一；国际市场开拓有重大突破。

到 2015 年，把吉利汽车建成为国际知名品牌；国内市场占有率保持在 10%，国际市场占有率达到 25%，进入中国汽车行业前五名；产品 2/3 出口，实现让吉利汽车走遍全世界的目标。

中国的汽车工业要改变现在的局面，必须高举自主品牌的大旗，需要一批尊重知识、尊重技术、敢于创新、大胆实践、能与国际汽车大公司抗衡的自主品牌企业，需

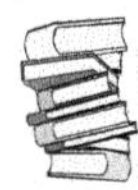

要一批有自强不息精神的、有中华民族基因的、有灵魂的自主品牌企业，浙江吉利控股集团希望能成为中国汽车自主品牌的主力军。

**思考题：**

1. 吉利控股集团的创新类型有哪些？
2. 结合案例简述创新对吉利控股集团的作用。
3. 吉利控股集团是如何创新的？

## 项目实训

**实训目的：**

强化对创新内容的把握，培养创新的实际操作能力。

**实训内容：**

（1）以小组为单位，针对本学院或本系学生管理的现状进行调研，找出存在的问题或制约环节。

（2）联系所学理论，结合调研结果提出创新方案。

**实训要求：**

要求设计问卷调查表并写出调研分析报告。

**实训考核：**

提交学生管理创新方案，在全班讨论并分组考核。

# 参考文献


[1] 斯蒂芬·P. 罗宾斯. 管理学 [M]. 9 版. 北京：中国人民大学出版社，2008.

[2] 斯蒂芬·P. 罗宾斯. 组织行为学 [M]. 12 版. 北京：中国人民大学出版社，2008.

[3] 王筝. 管理学基础 [M]. 郑州：河南人民出版社，2010.

[4] 朱友发，司树宏. 管理学基础 [M]. 北京：北京师范大学出版社，2010.

[5] 杨文士. 管理学原理 [M]. 2 版. 北京：中国人民大学出版社，2007.

[6] 周三多. 管理学 [M]. 3 版. 北京：高等教育出版社，2010.

[7] 江孝东. 管理学 [M]. 北京：北京理工大学出版社，2006.

[8] 徐二明. 企业战略管理 [M]. 北京：中国人民大学出版社，2003.

[9] 许云平. 管理学原理 [M]. 北京：石油工业出版社，2008.

[10] 朱林. 管理原理与实训教程 [M]. 北京：北京邮电大学出版社，2008.

[11] 秦志华. 管理学 [M]. 大连：东北财经大学出版社，2011.

[12] 刘汴生. 管理学 [M]. 北京：科学出版社，2006.

[13] 王方华，吕巍. 企业战略管理 [M]. 上海：复旦大学出版社，2010.

[14] 黄海力，曹继霞，杨欣. 管理学 [M]. 北京：经济科学出版社，2010.

[15] 刘冀生. 企业经营战略 [M]. 北京：清华大学出版社，2008.

[16] 赵曙明，杨忠. 国际企业：跨文化管理 [M]. 南京：南京大学出版社，2008.

[17] 张兆响，司千字. 管理学 [M]. 北京：清华大学出版社，2004.

[18] 芮明杰. 管理学：现代的观点 [M]. 2 版. 上海：上海人民出版社，2004.

[19] 曾宪达，毛园芳. 新编管理学基础实训教程 [M]. 杭州：浙江大学出版社，2009.

[20] 刘璇，贾亚东. 管理学基础 [M]. 上海：上海财经大学出版社，2009.

[21] 张瑞夫，王明东. 管理学：知识与技能 [M]. 上海：同济大学出版社，2006.

[22] 单凤儒. 管理学基础 [M]. 北京：高等教育出版社，2005.

[23] 单凤儒. 管理学基础实训教程 [M]. 北京：高等教育出版社，2005.

[24] 王建民. 管理学原理 [M]. 北京：北京大学出版社，2006.

[25] 叶萍. 管理学基础 [M]. 北京：电子工业出版社，2007.

[26] 王晓军. 管理学 [M]. 北京：中国人民大学出版社，2004.